保龄球基础教程

黄　锷　编著
王　珂　主审

哈爾濱工業大學出版社

内 容 提 要

本书较系统全面地介绍了保龄球运动的基本知识和技战术技巧。全书共分三章：第一章是保龄球的基础知识；第二章保龄球运动的基本技术；第三章是比赛和记分。

本书可作为高校本科体育专业的教材，也可供保龄球爱好者参考。

图书在版编目(CIP)数据

保龄球基础教程/黄锷编著.—哈尔滨：哈尔滨工业大学出版社，2013.8

ISBN 978-7-5603-4196-5

Ⅰ.①保… Ⅱ.①黄… Ⅲ.①保龄球运动-高等学校-教材 Ⅳ.①G849.4

中国版本图书馆 CIP 数据核字(2013)第 186323 号

策划编辑 杨 桦
责任编辑 刘 瑶
出版发行 哈尔滨工业大学出版社
社 址 哈尔滨市南岗区复华四道街 10 号 邮编 150006
传 真 0451-86414749
网 址 http://hitpress.hit.edu.cn
印 刷 哈尔滨市工大节能印刷厂
开 本 787mm×960mm 1/16 印张 11.5 字数 18.2 千字
版 次 2013 年 8 月第 1 版 2013 年 8 月第 1 次印刷
书 号 ISBN 978-7-5603-4196-5
定 价 48.00 元

前　言

作为世界三大绅士球之一的保龄球，在欧美早已普及，传到亚洲之后，流传甚广。保龄球运动是集技巧性、趣味性于一体的一项室内运动。它高雅、健康、有益，不受气候影响，适合不同年龄、性别和社会层次人们开展体育活动，因此，深受广大人民群众的喜爱。

保龄球运动是全身性运动，能增进健康、增强体质。据运动医学研究证实，保龄球运动能增强人体的血液循环，对神经衰弱、肩周炎、便秘、颈椎炎等具有显著的疗效，对青少年的身体发育和匀称成长有很大益处。保龄球运动也能提高人的心理素质，锻炼人的意志，培养勇敢顽强、遵守纪律、团结协作、不畏艰难、勇于奋进等优良品质。另外，保龄球运动还能增进友谊，提高青少年的社交能力，同时也是振奋民族精神、扩大国际交往的有效手段。

作者曾任教保龄球课程多年，并在国内保龄球比赛中多次获得佳绩，尤其是在代表全国保龄球最高水平的维达杯比赛中获得冠军，积累了丰富的教学和比赛经验。为进一步适应保龄球运动的发展和教学需要，因此编写了《保龄球基础教程》一书，希望本书对保龄球运动的发展和技战术水平的提高，起到一定的促进作用。

本书由哈尔滨工业大学黄锷编写，王珂任主审。全书共分三章：第一章为保龄球运动的基础知识；第二章为基本技法；第三章为比赛和记分。

由于时间仓促，书中不足之处在所难免，欢迎广大读者批评指正。

编　者

2013 年 2 月

目　录

第一章　保龄球的基础知识

第一节　概　　述

一、保龄球运动的起源、发展状况及发展趋势

保龄球运动的历史源远流长，早在距今 7 200 年前的古埃及就有了类似的活动。现代保龄球运动的雏形起源于公元 3 ~ 4 世纪德国的“九柱戏”，它是天主教会宗教仪式活动的一个组成部分，由于这项活动的娱乐性和趣味性而成为一种民间游戏，并很快传遍了整个欧洲。

1626 年，欧洲移民把“九柱戏”带到了美国，很快就被美国人所接受，运动场地逐渐由室外转到室内，19 世纪初，这项运动在美国因涉嫌赌博被取缔。后来经过行家们的改头换面，将原来的 9 柱增加 1 柱，变成 10 柱，并把原来的菱形排列改成三角形排列。到了 19 世纪中期，“十柱戏”已经到处可见，它的名称也改为“保龄球沙龙”。从此，保龄球运动成为一种高尚的体育娱乐活动，并作为一种室内运动传播到世界各地。

1874 年，美国成立了第一个保龄球中心，1875 年，公布了新保龄球规则，1895 年，美国保龄球协会（ABC 总会）成立。现在通用的世界保龄球规则，基本是由美国保龄球协会制定的。

1952 年，国际保龄球联合会成立，总部设在芬兰的赫尔辛基，他们在全世界推广保龄球运动，举办各种国际比赛，目前已有 100 多个国家和地区加入该组织。

在 1974 年、1978 年和 1986 年的亚洲运动会上，保龄球运动被正式列为比赛项目。在 1988 年的第 24 届汉城奥运会上，保龄球运动被列为表演项目。在 1992 年的第 25 届奥运会上，保龄球运动被列为正式比赛项目，这标志着保

龄球运动进入一个新的发展阶段。

我国保龄球运动起步较晚,20 世纪初保龄球传入我国以后,仅在上海、天津、北京等大城市作为外国人和少数有钱的中国人消遣之用。

保龄球运动在我国得到发展是在改革开放以后的 1981 年,上海锦江俱乐部首家引进美国保龄球设备。1984 年,我国决定将保龄球列为正式比赛项目。1985 年 5 月 24 日,中国保龄球协会成立,这促进了我国保龄球运动的迅速发展。近几十年来,随着我国经济的飞速发展,全民健身活动的深入开展,保龄球运动受到情趣高雅、热爱运动、珍惜健康的人们的青睐——开始步入百姓的生活。

二、保龄球运动对促进人体发展的意义及锻炼价值

保龄球运动又称为地滚球,是一种在木板球道上用球滚击木瓶的室内运动,因此它不受时间、气候等外界条件的影响和年龄的限制;易学易打,因此成为男女老少皆宜的体育运动。

由于保龄球运动具有娱乐性、趣味性、抗争性和技巧性,因而受到人们的喜爱,也充分展现了现代人休闲观念上的一种转变,即从文化性质的感官娱乐转向体育文化的身心锻炼。

保龄球运动对人体的心肺、四肢功能的健身功效是显而易见的。

①由于保龄球运动是全身运动,对身体素质的提高,尤其是提高身体的柔韧性和协调性,同时对足部、腿部、腰部、手臂和腕部力量的加强,以及对中指、无名指挂钩力的增强是十分显著的。

②运动医学研究证明,保龄球运动能加强人体的血液循环,对神经衰弱、肩周炎、便秘以及颈椎病等具有显著疗效,并对青年人身体发育和提高身体素质有很大益处。

③保龄球运动能够培养球员良好的心理素质,提高自信心。

④保龄球运动还能能够增进友谊,提高人们的社交能力。

三、保龄球的运动礼仪与注意事项

①遵守场规,正确处理好与记分员、裁判员之间的关系。

②在相邻的一对球道上打球时,应主动让右边球道上的球员先投球。每轮依次互分先后,避免同时投球,但是如果得到右边球员的示意,也可先投。

③必须等木瓶完全放置好以后才能投球。当对方球员站立在起步位置准备投球时，自己应停留在助走道底线之后，以免影响和干扰对方。

④每当对方球员准备起步时，自己不能为捡球而闯到他前面，以免分散对方的注意力。

⑤无论公用球还是个人专用球，未经对方允许均不能使用。如果使用，无论成绩好坏，都将被视为“死球”。

⑥正常投球以后，做个人各种习惯动作，应停留在自己的助走道上，投得好球时，不要因心情喜悦而动作太夸张。

⑦一旦投球失误，应控制情绪，防止语言粗鲁。他人切忌嘲笑，不要把自己的胜利寄托在他人的失误上。不要贬低他人的胜利，凡是好球都应互相鼓励。

⑧等待比赛的球员，不要在休息室和观众场内练习摆臂投球动作，以免发生意外。

⑨无论平时练习或比赛，都不准穿背心和短裤。在打球过程中，不得吸烟、饮酒和吃东西。

⑩暂时离开球台或上洗手间时，要注意水渍，并尽可能换下保龄球鞋。打球结束后，应主动把球和鞋放回原处。

四、保龄球的运动设备

1. 自动化机械系统

自动化机械系统包括扫瓶、送瓶、竖瓶、夹瓶、升球、回球、瓶位信号、补中信号显示和犯规器等。

2. 球道和助走道的构造

①球道是球员投球后，球向前滚动的道路。标准球道长 19.156 3 m，宽 1.042～1.066 m，一般由宽约 0.03 m、长约 0.15 m 的 39 块木板拼接而成。其中发球区和竖瓶区多采用枫木板，其余为松木板，现在因材料制造技术的发展，多采用复合板。

球道与投球区的分界线称为犯规线，用 0.95 m 宽的黑线表示。如越线或踩线投球时，算为犯规而不记分。在靠近犯规线一端，标有 7 个目标箭头和 10 个引导标点，标在离犯规线 4.572 m 的范围内。在远离犯规线一端设有置瓶区,从①号瓶中心到底线距离为0.868 3 m。瓶位共有10个,其间距为0.304 8 m,呈等边三角形排列。

球道两边有宽为0.241 cm的球沟,相邻两条球道之间的下面是公用回球道。

②助走道是球道的后方延续,供球员投球助走使用。助走道宽为1.522～1.929 m,长度不小于4.572 m。助走道通过犯规线与球道连接,犯规线上有光控犯规器。

在助走道内距离犯规线0.050 8～0.152 3 m的范围,嵌有7个滑步标点(投球点瞄准记号)。

离犯规线3.355～3.359 m和4.269～4.273 m的范围内,嵌有两排共14个站位标点(站位瞄准记号),每排为7个,这些标点箭头均在同一个木板条上。

保龄球球道示意图如图1.1所示。

3. 记分台

记分台包括双人座位、球员座位及电脑记分系统。

4. 附加设备

附加设备包括清洁打磨机、上油机、球箱和球架。

五、球员装备

保龄球鞋是球员的重要装备,一般分为通用鞋和专用鞋两种。通用鞋左、右脚的鞋底都用皮革制成,右手球员和左手球员均可使用。专用鞋又称为阴阳鞋,右手球员左鞋底用皮革制成,右鞋底用橡胶制成,用皮革制鞋底的目的是增加助走和滑步的稳定性(左手球员鞋的结构相反),保龄球鞋应全部用线缝制而成。

保龄球运动员的服装样式很多,一般男球员穿着运动长裤和质地柔软的翻领衫,女球员穿着短袖衫和短裙。对于初学者没有特殊的要求,只要服装宽松、舒适、自然、美观即可。

护腕的种类或样式很多,目的在于保护和固定手腕。长时间投掷保龄球时,腕部要承受较大的运动量,易引起疲劳或受伤,投掷手最好带上护腕。

当指孔松时粘上贴胶,而紧时再揭掉,这样才能始终保持球的指孔适合球

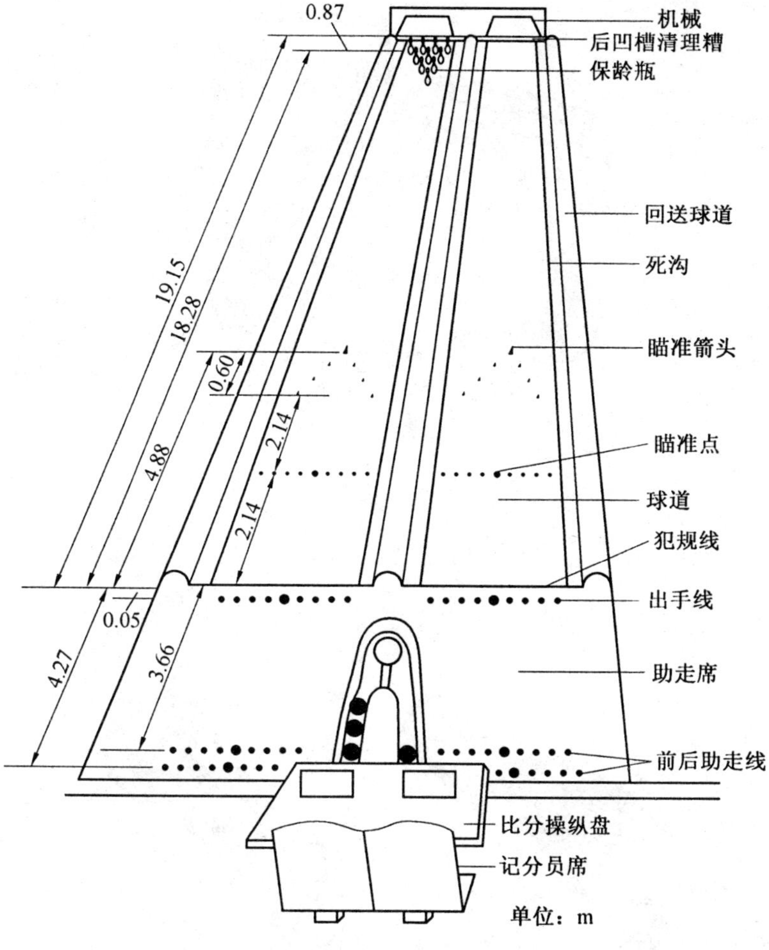

图 1.1　保龄球球道示意图

员使用。在投掷保龄球时，由于手的承受力大，手掌会不断出汗，妨碍握球和投球，所以，要求球员备有干毛巾擦手，以保持手部干燥，为了防止手出汗打滑，还应配以各种不同类型的粉剂，如吸潮沙、干粉、滑粉和防滑剂等。

球员装备如图 1.2 所示。各种护腕如图 1.3 所示。

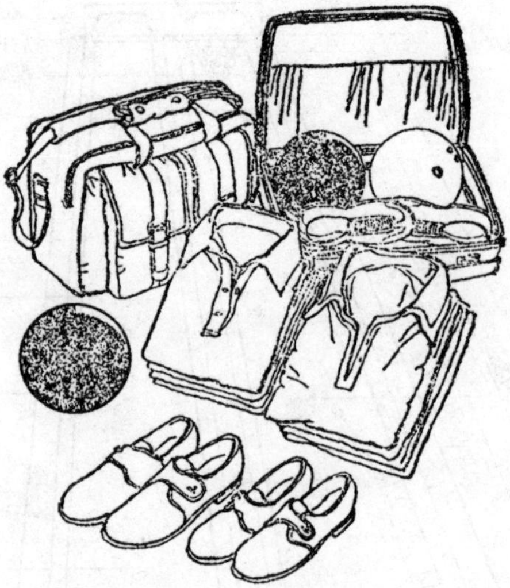

图 1.2　球员装备

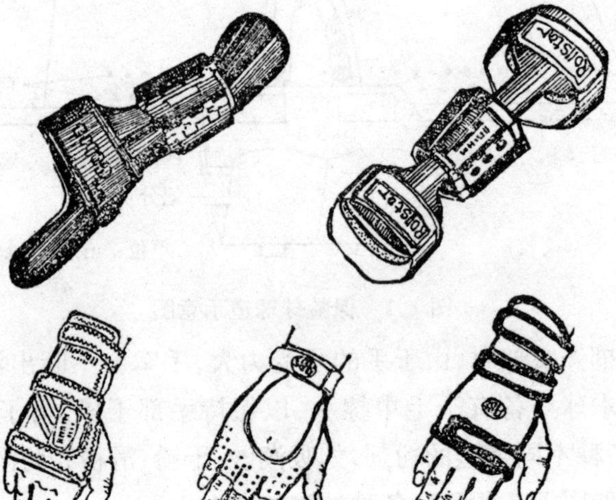

图 1.3　各种护腕

第二节　球与木瓶的结构

一、球的结构

“保龄”(Bow Ling)原译音出自埃及，意思为滚动与击打。保龄球运动中使用的投掷球称为保龄球。最早使用的保龄球是胶木球，硬而脆，易破裂，后改用了硬橡胶球，有了一定的柔软性和弹性。从20世纪40年代开始，制出了一种全黑色带花纹的塑胶球，为了便于抓握、投掷，上面钻有三个指孔。到了20世纪50年代后期，制作保龄球的材质又有了新的发展，出现了塑胶树脂高分子合成球。最近几年又进一步采用高分子硬胶和塑料混合材料制出了质地不同的软性、中性和硬性球，得到使用者的青睐。保龄球的规格如下。

(1)制球材料

球的内部是合成橡胶和软木塞等混合物，外表是硬橡皮、硬质橡胶或塑胶等，如图1.4所示。

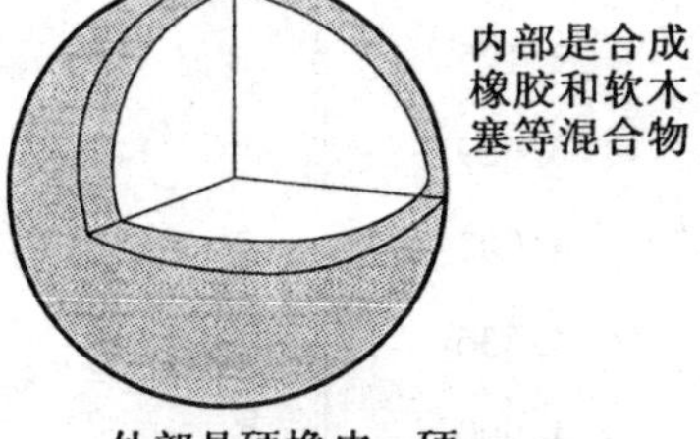

图1.4　保龄球构造

(2)一般公认的标准

保龄球直径约为21.8 cm，周长约为68.5 cm。球体由球核、重量堡垒和外壳三部分组成(图1.5)。球核是确保标准重量(以下“重量”均表示质量)的塑胶填充物。重量堡垒由重质塑胶构成，形状多样，如方形、饼形、杯形等，其主要作用是保证球钻孔后有一个重量补偿，并产生不平衡重量。球的外壳一般用纤维胶或树脂为原料制成。上述三部分通过一定的工艺合成，制出表面光滑、具有一定硬度和标准重量的保龄球。保龄球的表面除有牌名、商标、编号与重量堡垒等识别标记外,不容许有任何凹凸不平之处。

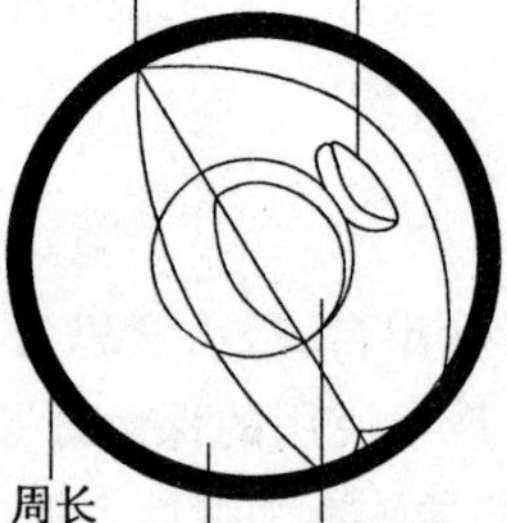

图 1.5　球体构成

(3)保龄球的重量

为了适应不同对象从事这项运动,保龄球的重量有 6 ~ 16 lb,共计 11 种规格,见表 1.1。

表 1.1　各种规格保龄球重量换算表

lb	kg	lb	kg
6	2.726	12	5.443
7	3.175	13	5.897
8	3.629	14	6.35
9	4.082	15	6.804
10	4.536	16	7.258
11	4.990		

(4)保龄球的定向

保龄球的定向是指球体不同部位的确定。球体可分为顶(上)、底(下)、前、后、左、右六个部位。保龄球的定向图如图 1.6 所示。

重量堡垒的识别标记一般在球的顶部,指控也钻在顶部,即可确定以上所属的六个部位。

(5)保龄球的硬度

型号不同、品种不同的保龄球,其硬度不尽相同。根据保龄球的硬度不同,保龄球分为软性球、中性球和硬性球三种。国际保龄球联合会规定,保龄

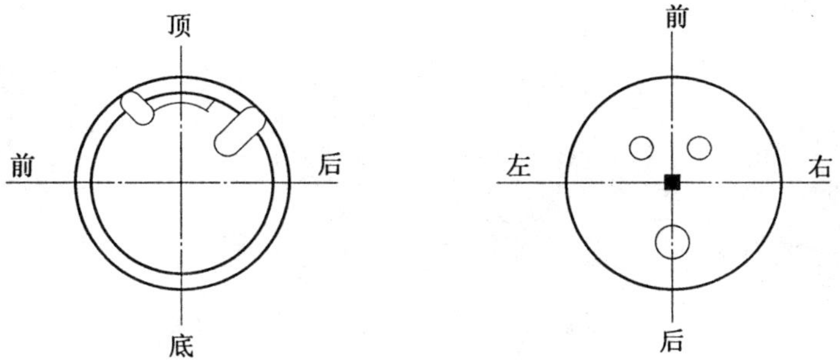

图 1.6　保龄球的定向图

球的最低硬度不能低于 72 度。一般保龄球硬度为 72 ~ 76 度的为软性球;硬度为 77 ~ 85 度的为中性球;硬度为 86 ~ 90 度的为硬性球;90 度以上的为极硬性球。

保龄球表面的原始硬度并非一成不变,由于较长时间的使用和滚动所产生的热温,会使球表面的硬度呈现不同程度的变化。按国际保龄球联合会规定,对原始硬度的测定,是在 23 ℃常温下用硬度表分别检查球的前、后、左、右四个部位。

保龄球运动员在训练与比赛中,对球道没有选择权利,但对球的硬度可以选择(选手应备有不同硬度的球)。由于每条球道都有其自己的特性,选择表面不同硬度的球来适应球道,使两者更好的配合,以保证正确的技术及技巧的发挥,并取得好的成绩。在一般情况下,在塑胶和油多的快球道上要使用软性球,普通球道应选用中性球,而油少的慢速球道则应选用硬性球。

(6)保龄球球体的不平衡重量

保龄球球体的重量一般均具有不平衡性。不平衡重量是指由于球体指孔位置与重量堡垒的不同位置关系,而产生的球体重心的偏移。一个新球根据指孔的位置与重量堡垒的位置关系,可产生四种不平衡重量:右侧不平衡重量,左侧不平衡重量,中指、无名指不平衡重量和拇指不平衡重量(图 1.7)。国际保龄球联合会对球体的不平衡重量规定:一般 10 ~ 16 lb 的球,顶部和底部不平衡重量正负不得超过 3 oz(84 g),前后(中指、无名指、拇指)和左右不平衡重量正负不得超过 1 oz(28 g)(图 1.8)。6 ~ 9 lb 的球,无论顶部和底部,还是左、右侧和前、后侧,不平衡重量正负相差都应在 0.75 oz(21 g)以内。由于不平衡重量的误差越大,保龄球的旋转速度越快,所以对保龄球的上、下部位的重量误差有极严格的限制规定。

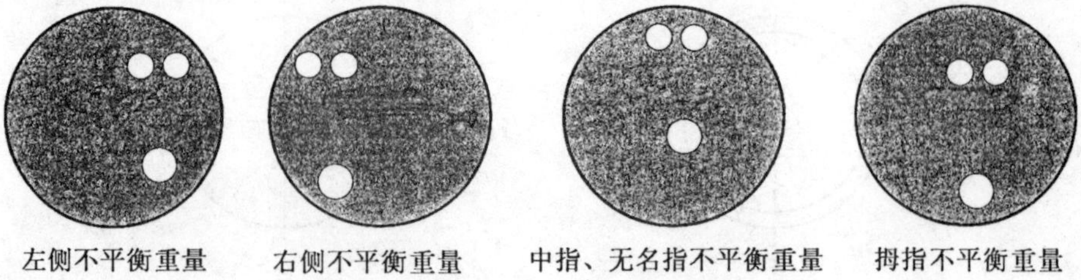

图 1.7　保龄球不平衡重量类型

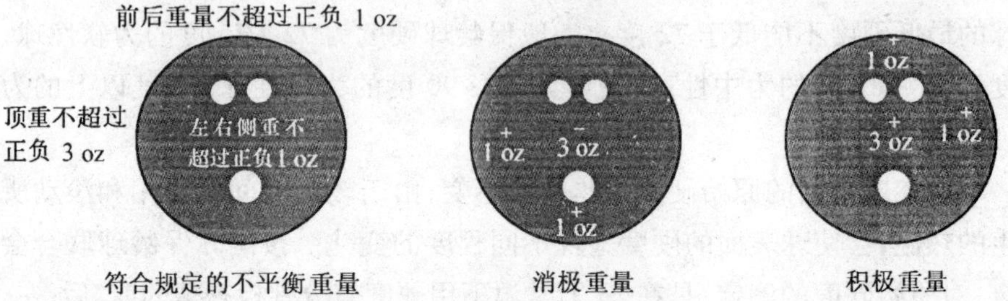

图 1.8　保龄球不平衡重量

不平衡重量由积极重量和消极重量两部分构成。以右手球员为例，右手球员采用由右侧不平衡重量 28 g、中指、无名指不平衡重量 28 g 和顶部不平衡重量 84 g 组成的积极重量的球；由左侧不平衡重量 28 g、拇指不平衡重量 28 g 和底部不平衡重量 84 g 组成的消极重量的球。

积极重量能增大球体投出后的旋转和滑行距离，使球的滚动轨迹呈曲线形，并能延迟转折，使球入球瓶袋的偏离度小，冲劲大，易取得理想的投球效果。而消极重量的作用则完全相反。因此，球员在选择球时要选用符合规定的积极不平衡重量球。

保龄球的重量、硬度和不平衡重量，必须经过严格检查。符合要求的方可发给合格证书。有合格证书的球才能用于正式比赛。国外曾有职业球员为获高分，违反上述规定，如在球顶部钻孔装进钢球或灌入水银，再补平球面，以制造大的不平衡重量；也有的球员在球的硬度上打主意，或降低球的硬度，或增加球的硬度等，进行欺骗。因此，保龄球运动大赛对球的检查非常严格，禁止使用“再生球”。

二、木瓶的结构

木瓶作为保龄球投掷的目标，每条球道上一般有两组共 20 个木瓶。木瓶材料应是枫木或其他优质木材，经钻孔、黏合、打磨定型和喷涂等特殊工艺加工而成。木瓶表面呈极为圆滑的曲线，涂在其表面的塑胶涂料厚度必须保持在 1 ~2.5 cm，避免受撞击而变形。正规比赛所用的木瓶颈部一般画上符号，其肩部还画上商标及国际保龄球联合会所认可的图案。木瓶重为 1.26 ~1.46 kg(误差在 112 kg 以内)，高 38.85 cm，最大部位直径为 12.10 cm，周长为37.99 cm，球瓶最大部位到底部的距离为 10.9 cm(图 1.9)。木瓶与保龄球的关系数如图 1.10 所示。木瓶在瓶台上的排列呈倒立三角形，木瓶与木瓶中心点的距离均为 30.48 cm，依次排成四列，依顺序编为 1 ~10 号(图 1.11)。

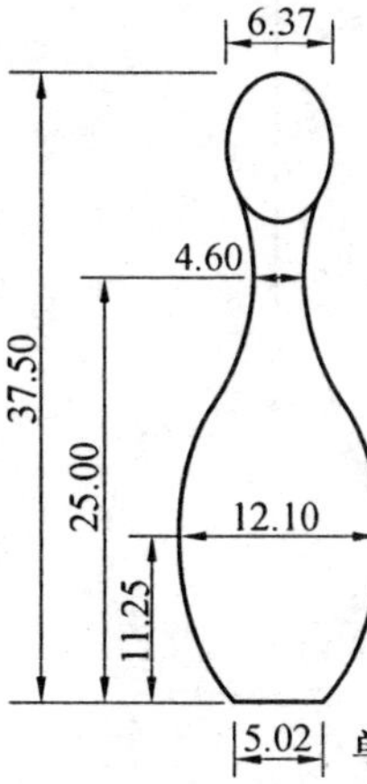

图 1.9　木瓶尺寸

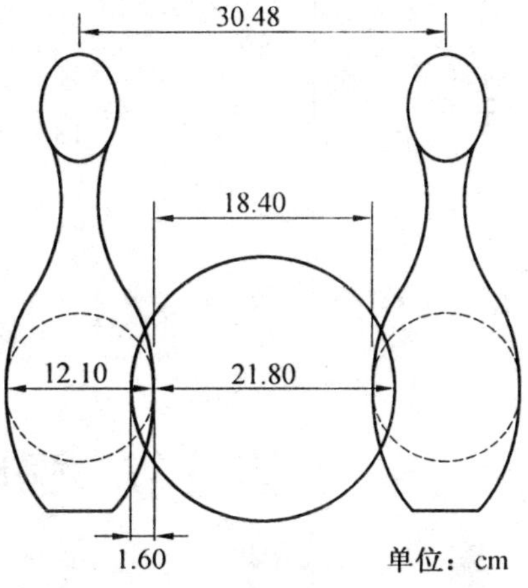

图 1.10　木瓶与保龄球的关系图

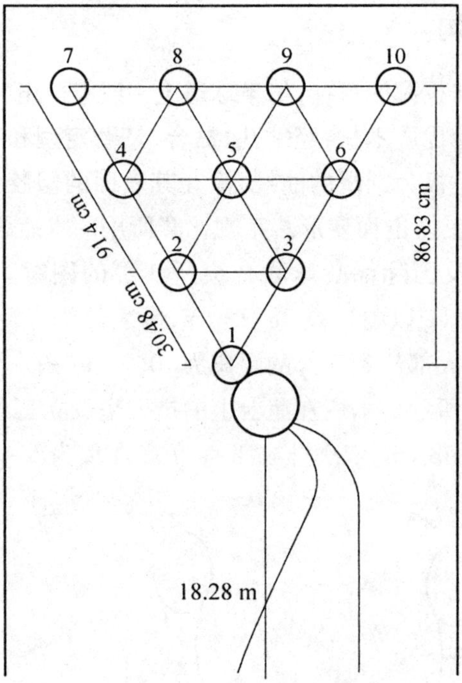

图 1.11　木瓶距离配置图

第三节　保龄球的选择

一、保龄球的种类

保龄球根据使用对象的不同可分为通用球和专用球两类。

1. 通用球

一般保龄球馆(场)中所用的都是通用球,也称为娱乐用球。通用球的三个指孔的距离较近。中指、无名指入孔至第二指关节为限,因此适于采用传统式握球法。对于初学者或业余保龄球员来说,使用这种球容易握住,有安全感,并且便于投掷出直线球或斜线球。

2. 专用球

专用球也称为个人球，是指个人独自使用的球。它的特点是，重量适合自己的体重、体力及握力，指孔的距离和大小完全和自己手的大小相配，非常容易抓球。专用球的指孔有两种深度：一种深度以中指、无名指的第一指节为限；另一种以 $1\frac{1}{2}$ 指关节为限。中高级球员和职业选手还可以根据自己的需要定制专用球。

二、挑选保龄球的方法

俗话说："工欲善其事，必先利其器。"要想打好保龄球，取得高分，必须选好投掷用球。

怎样选择适合于自己的用球？一个实用的选球方法就是根据个人的体重、体力、臂力、腕力和握力的大小，选择适当重量的用球。

若选用较轻的球，虽然投掷比较省力，但被击中的球瓶会剧烈跳动，影响成绩。

若选用较重的球，由于自己腕力、握力不足，球在到达球瓶台之前动力便已经不足，也就不可能击倒更多的球瓶，同样不能取得较好的成绩。

若选用重量适当的球，当单手拿住球做前后挥动时，就不致感觉到过重，而且投掷自如、有力，便于击中目标，取得良好的成绩。

1. 选择保龄球的一般标准

一般比赛和练习用保龄球选择标准如下：

①成年女性选用的是 10 ~ 12 lb 的球。

②体力和腕力胜于女性的成年男子可选用重量为 13 ~ 15 lb 的球。

③未成年的中学生，选用 8 ~ 9 lb 的球。

④中、高级保龄球专业球员，多选用 15 ~ 16 lb 的球。

对于初学保龄球运动的人来说，刚开始时会觉得"每个球都很重"。因为他（她）们对球场各种活动环境还不完全适应，投球时手臂、肩膀、腰部和脚步的动作也不够协调，用力不当，所以即使是体重较重的人，也不宜选用较重的球，否则步法和姿势都会受到影响，导致动作走形，成绩降低。因此，就是成年男子也不宜选用超过 14 lb 的球，女子至多使用 12 lb 的球。

初学者应使用较轻的球，虽然不易击中较多的目标，但便于校正投掷的动作、姿势。而如果投掷较重的球，虽然较具动力，但却难于驾驭和控制。因此，初学者都会选用轻一点的球进行练习。待步伐、姿势正确以后，再慢慢增加球的重量。当自己感到已经完全掌握了技术动作要领之后，就可选用重量适当的球，以便严格控制运球、投球的动作，使手臂和脚的动作协调一致，速度逐渐加快，步幅渐渐加大，使整个投球运作完成得完美、准确、有力。

2. 指孔的选择与调整

选择保龄球，除了重量以外，指孔的大小、指孔之间的距离以及指孔的角度也是不可忽视的问题。如果指孔的位置与手掌的大小配合不好，或者指孔的大小和角度与手指的粗细不够协调，同样会影响投掷动作的顺利完成。

保龄球上通常都钻有三个标准的指孔，分别可将拇指、中指和无名指插入其中进行抓握。

(1)指孔大小的选择

一般挑选的标准是大拇指能够充分伸进相应指孔，并且略大于拇指指围；中指和无名指能够伸进到第二指关节处，指孔的大小和空隙适当，即不感到太宽或太紧。若指孔太大，则抓球不稳，投掷时会出现球提早落地；若指孔太小，则难于使劲抓球，投掷时球容易从手中滑出。

(2)指孔距离的选择

三个指孔之间的距离如与运动员手型不能完全相配，就会造成三个手指抓球力量不均，并影响投掷效果。其中大拇指指孔与中指、无名指指孔间的距离称为指距(Span)。指距较长的球对变化球较为有利，但要注意手指的力量勿使用过度。相反，指距较短的球球速较慢，而且球的回转也做不出来，只能像抓握瓜果那样提起球便投掷出去。中指与无名指指孔间的距离称为跨度(Bridge)，标准跨度的尺寸为5～8 mm，跨度的大小往往会使球的转向产生微妙的变化。指距和跨度如图1.12所示。

(3)手型测量和指孔调整

由于每个人的手型如手指的长短、软硬、拇指弯曲的角度等具有先天性差异，因此，只有通过测量手型再进行钻孔，才能得到最适合自己指孔组合的专用球。但这是一项专业性很强的工作，需要专门技师及专用量具来完成。对于一般保龄球员来说也不具备制作专用球的条件，因此只要选用指孔与手型

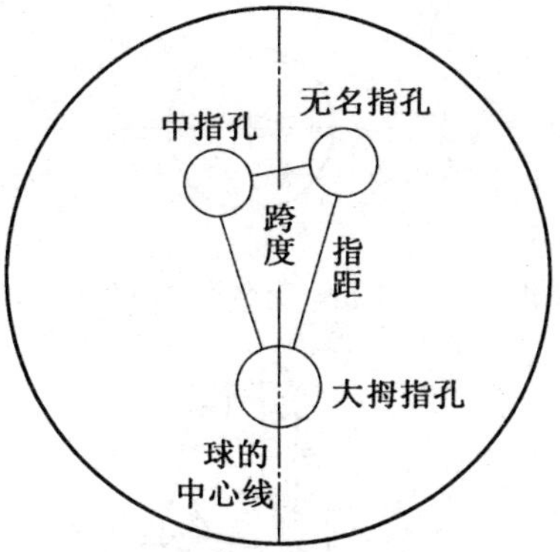

图 1.12　指距和跨度

基本合适,或者说不要太不合适的通用球就可以了。指孔与手型的配合,通常应注意以下几点:

①三个指孔不要太大或太小,孔口不宜过锐或过圆。

②指孔的深度合适,不能太深也不能太浅。

③指孔的角度(即倾斜度)应符合本人手型。

④指距不要太长或太短,一般在握好球的情况下能留有一定间隙,这样便于有效地利用手型的杠杆作用。

⑤指孔跨度应尽可能适合手型和投球方式。

为了使指孔与手型完全相配,修理与调整指孔间隙也是完全必要的。修理新球的指孔常用锉刀、刮刀和砂布等工具。球员经过一段时间练习可用塑料贴胶、软木贴胶、海绵贴胶或防滑贴胶等来调整各个指孔的大小,以使手指与指孔始终保持良好的配合。

不同手型的倾斜度如图 1.13 所示。

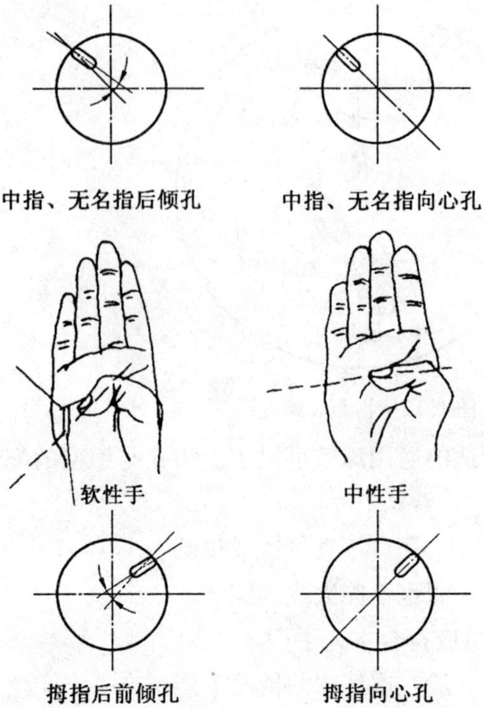

图 1.13　不同手型的倾斜度

第二章　保龄球运动的基本技术

第一节　保龄球运动的基本动作与技术

一、保龄球的持球方法

保龄球的持球有人习惯称为握球。其方法是用大拇指和无名指、中指来抓握球。右手持球示意图如图2.1所示，一般有以下三种持球方法。

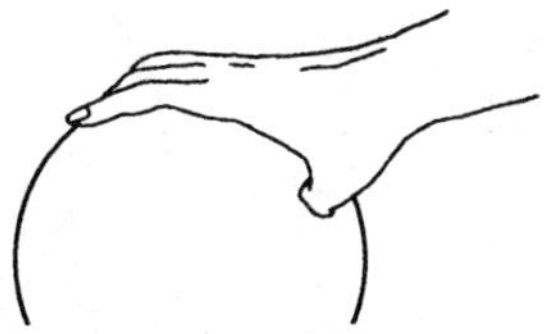

图2.1　右手持球示意图

1.传统式持球法

大拇指完全伸入指孔，中指、无名指伸入指孔到第二指节(图2.2(a))。这是一种最基本的持球方法，也是最受欢迎的一种方法。它比较容易控制球，因为三个手指放得深，且球的重量平均分配在三个手指上，所以投球时不怕球漏掉。对于初学者或手力弱的女性也很合适。但这种持球方法很难投出回转球的效果。另外，使用这种持球方法时应注意，在手掌和球之间必须留有一定的空间，一般以能够插入一支铅笔为宜(图2.2(b))，这样可以充分发挥手型的杠杆作用。

2.半握式持球法

中指和无名指伸入指孔至第一指节和第二指节之间，拇指可以完全伸入

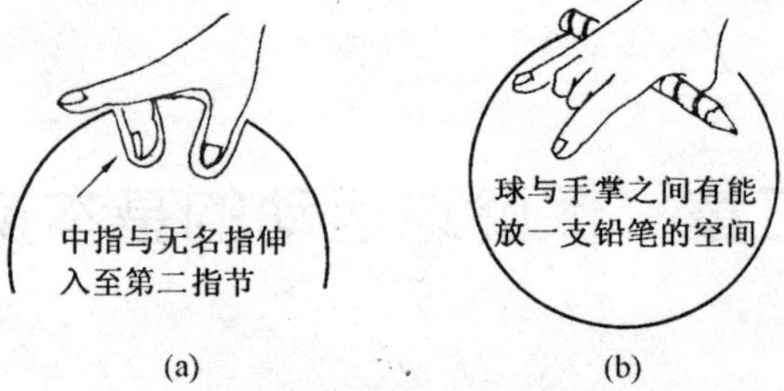

图 2.2　传统式持球法

指孔中(图 2.3)。这种持球方法比传统式持球法容易投入回转球及曲线球,同时也更能体会保龄球的趣味性。但必须注意控制得当,这对于初学者而言是有一定困难的,因为选用这种持球方法要特别注意是否容易放球或打出回转球的效果。

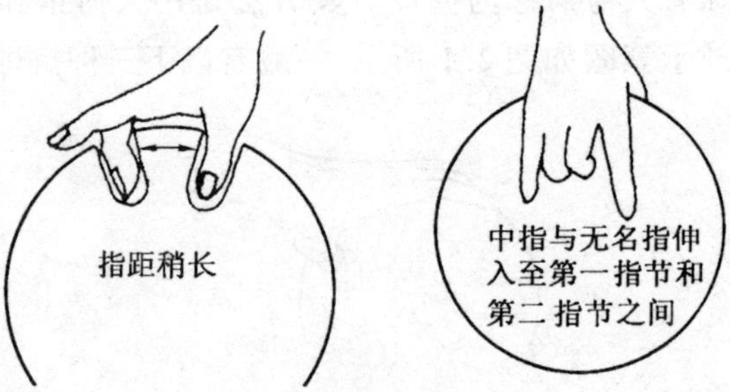

图 2.3　半握式持球法

3. 全握式持球法

拇指可以完全伸入指孔中,中指和无名指只有一指节伸入指孔中,所以这是一种"浅入"的持球方法(图 2.4)。球的起伏、回转都比较好,但非常难控制,而且手指头的负担也很重。这种持球方法适合于很有经验的高手,因为勉强使用会使手指、手腕的筋肉受到牵拉而产生疼痛感。并且选择这种持球方法,应先试一试手的大小是否与指距合适,以便能打出回转球及曲线球。

选好持球方法以后,持球的手腕可以有三种不同姿势:①手腕挺直;②向内侧弯曲;③向外侧张开。这三种姿势将决定投球的形式。绝大多数球员采用前两种姿势。不管选用上述哪一种姿势,都必须始终如一,决不能因运球、摆臂等不同动作而中途改变持球手腕的姿势,因为这样不但会影响投掷效果,甚至会扭伤或拉伤手腕。

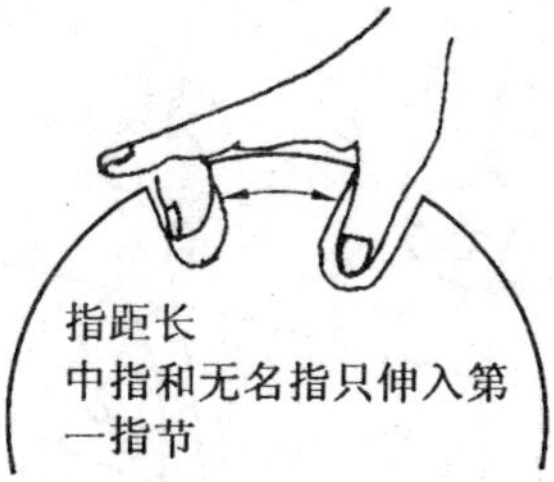

图 2.4　全握式持球法

二、基本功练习

保龄球运动中有句俗话："开头好，结束也好。"对初学者来说，认真做好基本功的练习，就像建筑高楼大厦的基础工程一样。每一个基本动作做得正确与否，对以后掌握技术会产生直接的影响。

这里要注意的是，不少球员对基本功练习往往不够重视。只求会做，不求自我体会和真正的感觉。在新奇感的驱使下，总希望早日进入击瓶练习，想从抗争性中求刺激。可以想象，伴随而来的将是各式各样不正确的动作，时间一长，就会形成难以改变的坏习惯。改掉坏习惯要花很长时间，而且改后还会反复出现。所以，每一个球员都应该多花时间和力气做基本功练习。基本功的好坏，是决定能否成为一个好球员的先决条件。

1. 助走练习

做本练习之前，应该先找出助走起点。球员站在离犯规线 7 cm 处，面向助走道底部。四步助走时，直线行走四个自然步加半步，转身 180°，面向球道。这时站立的位置就是四步助走的起点（图 2.5）。三步助走和五步助走可用同样方法，走三步半和五步半找出起点。

找出了助走的起点，接下来就可以进行助走练习。右手球员以左脚内侧为准（左手球员相反）横向站立在第 17 块木板的边线上，双脚平直，微微分开，右脚置于左脚后约 10 cm，双腿微蹲，上身微前倾（约 5°），重心落在左脚上。迈出右脚为第一步，第一步要慢一点、小一点；第二步、第三步要快一点、大一点；第四步为滑步，要更快一点，步幅为一步半；滑步终止时，脚尖到达离犯规线 7 cm 处。这时，左脚内侧必须仍在第 17 块木板边线上。只有通过反复练习，才能做到直线助走横向无误差。

图 2.5　四步助走起点站位

上述练习达到要求以后，接下去做空手运球和助走两者相配合的练习。空手运球就是空手做运球状姿势。先从分解动作做起：第一步推球，第二步下摆，第三步后摆，第四步朝前回摆、滑步投球，然后右手顺势拉起。经过一段时间的练习，充分体会了要领以后，可以加快速度，将两种动作的时间，即助走的时间和摆臂运球的时间连贯起来。据职业选手介绍，这个练习很重要，一般需要苦练 6 ~ 8 个月，才能做到手脚协调、配合一致。

2. 握球摆臂练习

右手握球，左手助握，前臂弯曲约 90°，球与肩轴成一直线（此为腰间式握球，另有高抬式和低垂式握球）。左、右手同时把球向前推出至手臂，伸直约 45°，右手在球的重力作用下向前下方下摆（这时左手离球）、后摆、向前回摆，最后左手协助接球，回到原来状态（图 2.6）。

图 2.6　持球站立姿势

动作要求如下：

自然推出，垂直下摆，垂直后摆（后摆的最高高度与肩平），垂直回摆；摆时以肩为轴，像钟摆一样（图 2.7）；手臂不要用力，自然放松，让球带动手臂摆动；肘部不要弯曲，上身稍前倾，左手伸出，协助身体平衡；右手大拇指指向 10 点钟位置，中指、无名指指向 4～5 点钟位置，手腕挺直。

通过本练习可以培养球员的自信心和动作的稳定性。

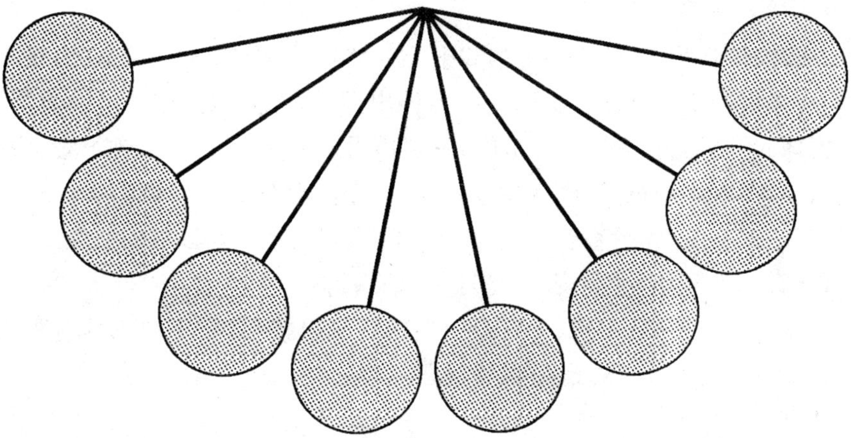

图 2.7　握球摆臂练习

3. 放球练习

本练习应该在助走道上进行，还应找一位球友协作练习。两人相对而跪，左腿屈蹲，左臂支于左腿上，承受上身的部分重量；右膝跪地，膝盖紧靠左脚跟内侧；右手手腕伸直，处于垂直位置握球，自然放松，不可用力。然后垂直前摆、垂直后摆，手臂帮手腕不做任何人为的转动。大拇指指向 10 点钟，中指、无名指指向 4～5 点钟。垂直回摆后放球，对方接球后滚回（图 2.8）。

动作要求如下：

放球时要有大拇指先行脱出指孔的第一感觉和中指、无名指向上钩提后脱出指孔的第二感觉。这就是保龄球的手感。球出手后就像同对方握手一般，接着顺势拉起。

保龄球运动中的自我感觉非常重要。手感直接关系到球的旋转和钩射距

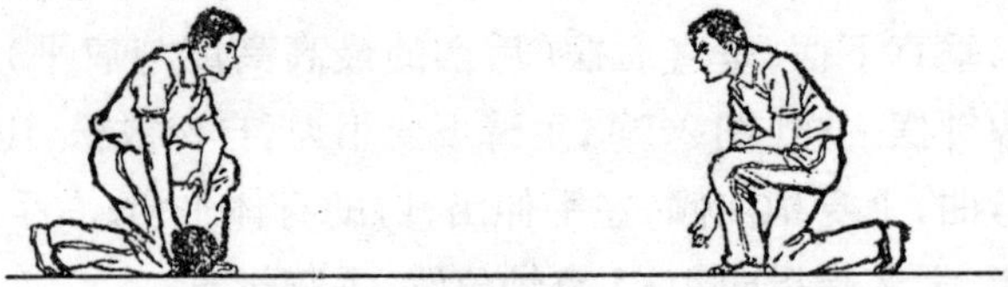

图 2.8　放球练习示意图

离，必须反复练习。

4. 原地平衡投球练习

左脚内侧在第 17 块木板的边线上，脚尖距犯规线 7 cm 与膝盖、肩垂直成一线，身体呈屈俯状态。右脚向左后方伸出，脚尖作支点。左手向外侧展平。右手握球，手腕挺直，手臂自然放松，不要用力。大拇指在 10 点钟位置，中指、无名指在 4 ~ 5 点钟位置，球处在垂直线上，眼睛盯住 2 号目标箭头。球通过启动，开始垂直前摆、垂直后摆，后摆高度尽量与肩平齐。以球的惯性回摆，回摆到距球道 15 ~ 20 cm 高度时，把球朝 2 号目标箭头送出。这时大拇指自然而然地先行脱出指孔，中指、无名指向上钩后脱出指孔，右手与 2 号箭头成一直线，像和对方握手一般，随后顺势拉起。

动作要求如下：

练习时，瓶台上不必放木瓶，以技术动作和落球点正确为目的。整个身体保持平衡，出手角度为 90°，球通过 2 号目标箭头，进一步体会球的手感。

5. 滑步投球练习

这是一个综合性的练习。球员站在第三步的位置上，省略正常投球中开头的三步助走。把上面几个练习中学到的技术动作加上一个滑步，连贯起来一次完成。

动作的具体做法是：推球、垂直下摆、垂直后摆，在垂直后摆的同时身体重心移至右脚；迈出左脚时，脚跟不要着地，完成一个滑步；当左脚滑到离犯规线 7 cm 处时，脚跟着地刹住车，这时左脚尖与膝盖、肩成一垂直线，身体微微前冲；随后把身体重心移到左脚成弓箭步，右脚自然向左后方伸出，脚尖作支点；左手向外侧平展配合身体平衡，右手将球投出（图 2.9）。

动作要求如下：

尽量降低身体重心，胸要挺起。滑步时脚要直，只有直才能确保横向无误

图 2.9　滑步投球示意图

差。以 2 号目标箭头为基准,出手呈 90°,球的落点要准确。

以上练习是保龄球的基本功,初学者必须认真苦练。练习时要排除干扰,集中思想,细心体会,才能抓住每一个技术动作的要领。随着时间的推移,脑海里会逐渐形成一个十分明确的技术概念,而且也会编排出一个准确无误的技术程序。有了这个技术程序,在大脑中枢神经的指挥下,全部动作就会充分协调地配合。

三、标点、箭头与瓶位之间的关系

1. 标点、箭头与瓶位之间的关系

球道和助走道是用 39 块枫木板拼接而成。木板的位置用数字表示。右手球员从右边开始数起,左手球员从左边开始数起。⑩号瓶位的中心线在第 4、5 块木板之间;⑥号瓶位的中心线在第 9、10 块木板的中心线上;③号和⑨号瓶位的中心线在第 14、15 块木板之间;①号和⑤号瓶位的中心线在第 19、20 块木板的中心线上;②号和⑧号瓶位的中心线在第 24、25 块木板之间;④号瓶位的中心线在第 29、30 块木板的中心线上;⑦号瓶位的中心线在第 35、36 块木板之间。每个瓶位之间的距离为 30.48 cm,排列成一个等边三角形。有的人称它为“魔三角”。

在上球道发球区内,离犯规线 457.3 cm 范围内嵌有 7 个目标箭头。右边 1 号目标箭头在第 5 块木板上,每隔 4 块木板一个,左边 1 号目标箭头在第 35 块木板上。

从犯规线到 182.98 ~ 242.97 cm 处的距离上,嵌有 10 个引导标点。右边 1 号标点在第 3 块木板上,2 号标点在第 5 块木板上,3 号标点在第 8 块木板上,4 号标点在第 11 块木板上,5 号标点在第 14 块木板上。左手球员从左起数,与右边对称。这些引导标点为初级球员投线球设计,中高级球员很少理会

它，故在一定程度上已经失去了作用。

在助走道上接近犯规线 5.80 ~ 15.23 cm 处，嵌有 7 个滑步标点，助走道底 335.5 ~ 335.9 cm 及 426.9 ~ 457.4 cm 处嵌有两排 7 个站位标点。这些标点都和目标箭头在同一块木板上。木板编号与瓶位图如图 2.10 所示。

每一个球员必须清楚地了解瓶位、目标箭头、引导标点、滑步标点和站位标点五者位置间的相互联系，这是每个球员必须掌握的基本常识，否则投球将无从下手。

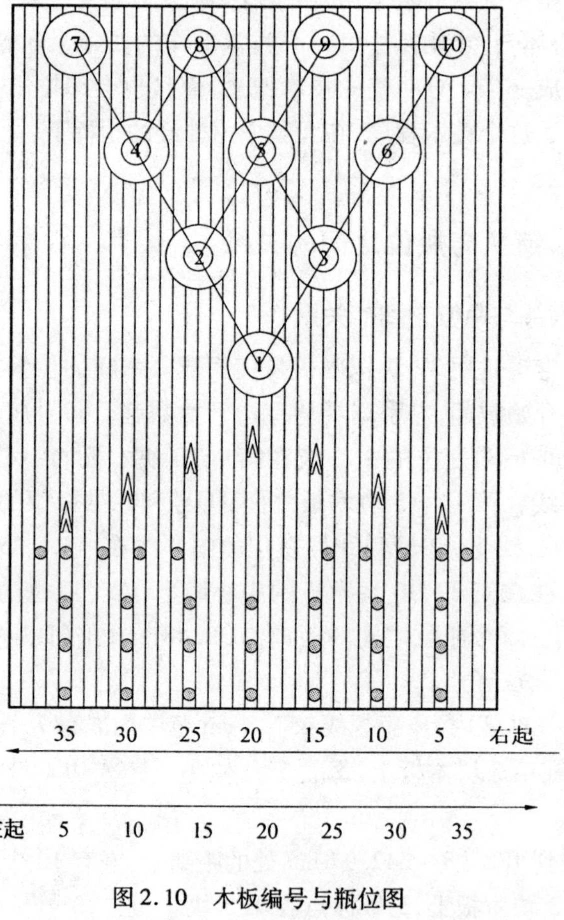

图 2.10　木板编号与瓶位图

2. 个人必需的木板数

个人必需的木板数，即球员投球时，球中心线在左脚内侧线之间相距的木板数。要想准确地将球投落在选定作为目标的某块木板上，首先应该知道个人必需的木板数。求得这个数字的方法有以下几种。

(1)不持球

左腿屈蹲，左脚内侧立于某块木板的边线上；右脚跪地，膝盖紧靠左脚跟，左前臂支于左大腿上；右臂放松，垂直轻摆，这时中指指在助走道的某块木板上。计算从左脚内侧到右手中指所指木板间的木板数，这个数字就是个人所需的木板数。

(2)持球

在上述的基础上，球员正确地把球握好，然后把球垂直放下，置于助走道上。这时球中心线和左脚内侧线之间相隔的木板数，就是该球员个人必需的木板数。

(3)其他

上面两种方法虽然比较简单，但并不一定完全准确。因为球员没有助走和运球，个人的习惯动作和倾向性没有表现出来。因而欲求准确的个人必需的木板数，还必须进行实地测试。具体做法是：球员正确地把球握好，站立在起步点，左脚内侧位于第 17 块木板的边线上，经过四步助走滑步停止时，左脚内侧线仍然在第 17 块木板的边线上，出手为 90°，垂直地把球投出，看球落在哪一块木板上。经过反复测试，落球点与左脚内侧线之间的距离以木板计算，就是实际测得的个人必需的木板数(图 2.11)。个人必需木板数一般有六块、七块和八块。

四、基本瞄准方法

投保龄球时，球从脱手接触球道到瓶区击中目标，有 18 m 以上的距离。球的走向也往往不是直线，而且还需要经过有油无油、油多油少等各种不同情况的球道段。现介绍几种瞄准法，其中前三种为一般情况瞄准法，第四种适用于投补中球瞄准法，第五种是包括球道情况在内的理想瞄准法。

1. 木瓶瞄准法

木瓶瞄准法是以木瓶直接作为瞄准目标的投球方法，即投球时把目标直

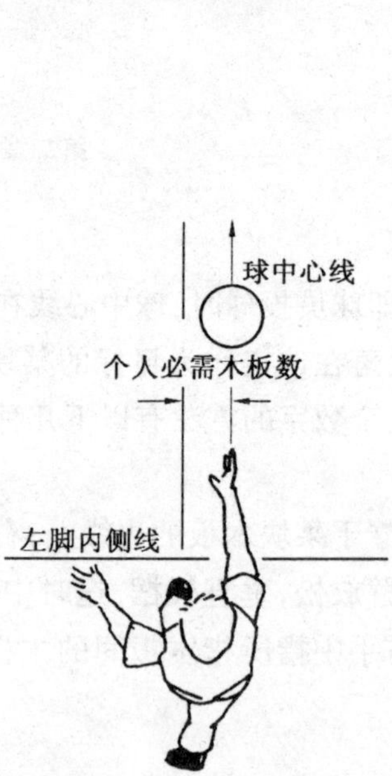

图 2.11　个人必需的木板数

接盯在木瓶上。木瓶瞄准法打全中球时应为①~③瓶。从该处和投球的落球点连线一条直线,该直线即为球走的路线。用这种瞄准法的往往是初学者和保龄球爱好者,它缺乏科学性和准确性。因为竖瓶区远在 18 m 以外,瞄准不易,不及点瞄准法。

使用这种瞄准方法投球时,初学者往往感觉目标太远,使劲给球加上外力,从而使姿势和技术受到影响,这是投球所不允许的。目标越远,越容易产生错觉,过分追求投出全倒的第一球和瞄准剩瓶的第二球,都很容易由于错觉而产生较大的误差。因此,应结合箭头标记进行瞄准。投球前要集中精力,调整情绪,保持稳定的心理状态,并注意各技术环节的规范化,充分发挥技术。

2. 点瞄准方法

点瞄准是以瞄准犯规线前的引导标点或目标箭头为目标的投球方法。在球道上选择其中一个瞄准点(引导标点或目标箭头),球经过瞄准点滚向瓶袋。瞄准时,眼睛牢牢盯住瞄准点,由臂轴到中心线经过瞄准点向目标引一条假想线,在站位上向瓶袋直线助走进行投球。这种瞄准法,准确性较大。即使不看木瓶,球只要顺着这个点直行通过,一定会在它的延长线上击中木瓶。

使用这种瞄准方法投球,可采用三点线的瞄准原理来调整角度,不需要直接瞄准瓶,也能投出平稳而正确的球。初学者使用这种方法来选定目标时,可以反复试投几球,当掌握通过所选择的指示点撞倒拟打击木瓶之后,再来决定目标点。找好目标的标示点之后,视线不要离开这个标示点,进入投球区也必须将这个标示点当做唯一目标，专心致志地投球。要想使球顺利地落在理想的目标点上，球离手时左脚位置及球掷出后的路线必须始终保持正确。瞄准点的选择，应根据掷球者选择的球路性质来决定，通常选择的是第二个目标箭头为瞄准点。进入掷球台后，身体的前倾姿势虽然便于瞄准，但在动作上不容易配合好节奏，基本投球动作往往被忽视。因此，注意力应集中在投球动作上。木瓶瞄准与点瞄准示意图如图 2.12 所示。

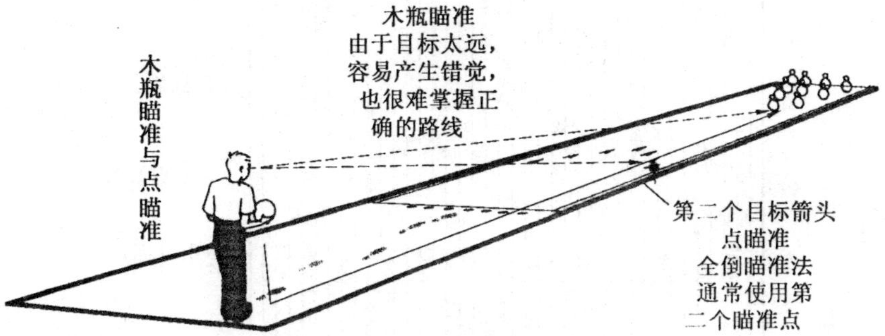

图 2.12 木瓶瞄准与点瞄准示意图

3. 点面瞄准方法

点面瞄准法是以瞄准犯规线前的引导标点或目标箭头及其左右木板为目标的投球方法。它是点瞄准的扩大，瞄准的范围较宽。例如，若以第 2 目标箭头为瞄准点，使球滚向①～③瓶，瞄准时应注意第 2 号目标箭头和它左右各一块的木板，这样就有三块木板宽度的瞄准范围。然后再面向目标，垂直摆臂跑投球。三块木板范围较大，虽有可能失误，但投出的球总能击中①～③瓶附近。如果不用第 2 号目标箭头，而选择某块木板中的某点作为瞄准的扩大点，效果也是一样的。只要在有记号的点面上，调整好最佳角度，就能准确地决定采用哪一种球路来击中木瓶（图 2.13）。

4. 线瞄准方法

线瞄准法是如何通过假想瞄准点面的延长线，使球经过落球点、点面及延长线而击中目标；视线也可以不离开点面瞄准，放球时脚的位置和球的路线要保持一致。

线瞄准法可较好地控制球路。即练习时将目标箭头与引导标点连成一条直线，用想象力向前延伸到目标，并将球沿这条直线滚动投球。如 1 号引导点

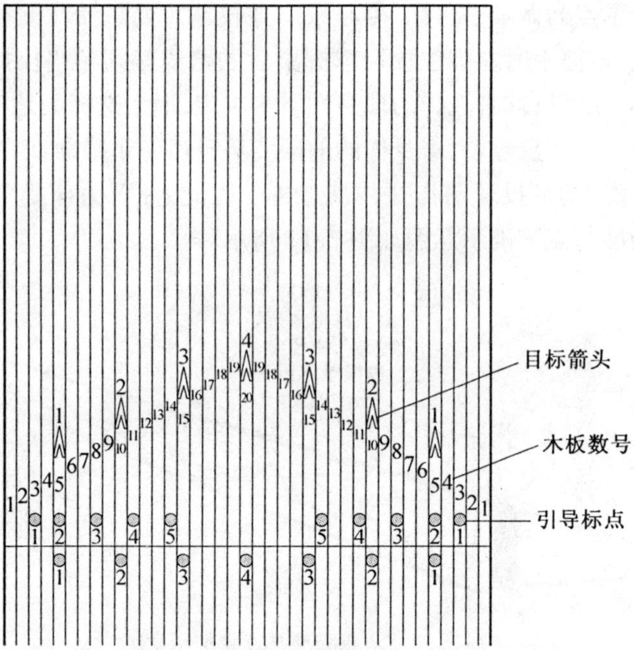

图 2.13　点面瞄准法示意图

对 1 号箭头标示点、3 号引导点对 2 号箭头标示点、5 号引导点对 3 号箭头标示点的连线虽然略有误差，但这些连线都是向着①号瓶。用眼睛来瞄准连接线，掷球动作需要相当熟练。用右手掷球时，为了打全倒，原则上要瞄准①号瓶与③号瓶中间，也可根据自己的球路在三条线中选择一条。最常使用的 3 号引导点与 2 号箭头标示点的连接线。线瞄准的球路如图 2.14 所示。

再如，从落球点和补中关键瓶之间连一条假想的球行路线，在这条线上找出球要经过的两三个核对点。这些点可以是球道上的目标箭头或引导标点，也可以是球道上颜色深浅不同的木板，有了几个点核对球路，就易于判断投球的准确性。球可能经过一个点，但击瓶效果同预期有出入，在这种情况下，可能是角度有误差，也可能是速度或投球姿势有问题，等等，就比较容易得出结论了。

5. 角度线瞄准方法

角度线瞄准法是指投球者要根据球道的情况、本身助走偏离和投球的形式，决定投球的站位起点、落球点和经过的点面目标箭头而采用的投球方法。

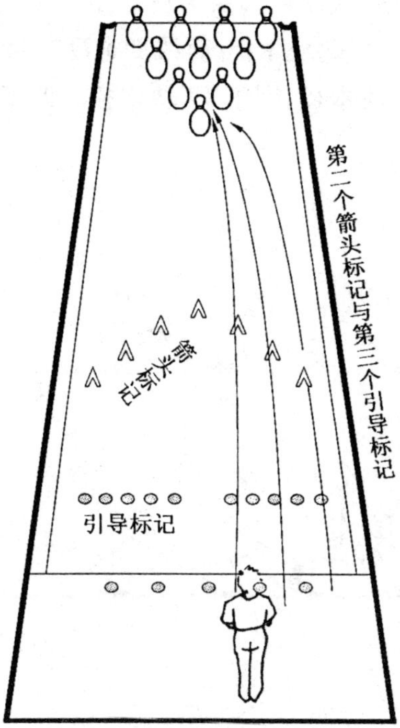

图 2.14　线瞄准路线示意图

它是一种最理想的瞄准法，内容比较丰富，具有更高的准确性。优秀的球员必须掌握这种瞄准法，它与上述几种瞄准法有联系，可以相辅并用。

采用此种瞄准法，球要通过哪个点面，哪个角度，要打中哪一个隔击点而击中木瓶，球员都要细心体会，并通过试验和计算决定投球的站位起点、落球点和经过的目标箭头。

第二节　保龄球投球的基本技法

一、投球方法

1. 四步投球

找出个人必需的木板数，就可以根据它来确定个人投球时站立的正确位置(横向站位)。例如,投球以 2 号箭头为目标,2 号箭头在第 10 块木板上,假定球员个人必需的木板数是 7 块木板,直线助走没有偏离,那么他的站立位置应与第 10 块木板相距 7 块木板,即第 17 块木板。四步投球示意图如图2.15 所示。

图 2.15　四步投球示意图

站好位置以后,就可以开始投球。动作如下:

第一步,推球。先平稳地把身体重心移到左脚,再迈右脚;迈出右脚的同时,双手把球向前下方推出到手臂伸直约 45°;然后左手离球向外侧展出。球员右臂以 2 号目标箭头为基准的假设悬空纵切面成一直线,这样平稳地完成一小步。注意:迈出右脚和推出球的动作时间必须一致。最后把身体重心移至右脚。四步投球第一步的动作要领如图 2.16 所示。

图 2.16　四步投球第一步动作要领

第二步,垂直下摆。从第一步终止时开始,右手在球的重力作用下下摆,同时迈出左脚,步幅比第一步稍大;左手继续外展,当球下摆至垂直位置时平稳地完成第二步。球员右臂仍然和以 2 号目标箭头为基准的假设悬空纵切面呈一直线。身体重心平稳地移到左脚。四步投球第二步的动作要领如图 2.17 所示。

图 2.17　四步投球第二步动作要领

第三步,垂直后摆。从第二步终止时开始,握球的右手在球的重力和惯性作用下,由下摆过渡到垂直后摆,同时迈出右脚,左手继续外展。这一步的步幅和第二步一样,但速度稍快。迈步终结时,正值球顺着惯性在控制中自然后摆至最高点与肩平齐。此时身体前屈,但保持平衡。球不能脱离正常的垂直运行线,球员右臂仍和以2号目标箭头为基准的假设悬空纵切面呈一直线。身体重心移到右脚。四步投球第三步的动作要领如图2.18所示。

图2.18　四步投球第三步动作要领

第四步,球从向前垂直摆到滑步投球。从第三步终止时开始,球以重力向下回摆,同时迈出左脚。为了使左脚在前冲力的作用下能够向前滑行,脚跟不要承受重量,球从向下回摆过渡到向前回摆。左脚向前滑行到离犯规线7 cm处脚跟落地承受重量,起刹车作用,确保左脚停留在犯规线内。这时左腿深弯,身体呈屈俯状,左手向外展平,配合身体平衡。身体微微前冲,重心移至左脚形成弓箭步。四步投球第四步的动作要领如图2.19所示。

滑行的目的是通过身体给球以更大的惯性力,从滑行前进中得到加速度。这时,左脚尖、膝盖与肩成垂直线,左脚内侧在第17块木板的边线上。右脚向左后方伸出,用脚尖作支点,配合维持身体平衡。当滑步停止时,所有的积蓄力量均达到最大瞬间,即爆发点。这时正当球垂直回摆到距犯规线上15~20 cm的高度,手腕不做任何人为转动,大拇指在10点钟位置,中指、无名指在4~5点钟位置,把球往2号目标箭头上送(推出)。大拇指先行脱指孔,中指、无名指紧接着向上钩提后脱出指孔。右手就像在和对方握手一样,随后顺势站起。

球出手后,必须做到"一保持"和"五看清":保持投球姿势;看清球的落点,看清球是否通过2号目标箭头,看清球的运行路线和转折,看清球进入

图 2.19 四步投球第四步动作要领

①~③瓶位的角度、偏离和球瓶的相互作用,看清左脚内侧所处的位置。

2. 三步投球和五步投球

三步投球比四步投球少一步,五步投球比四步投球多一步。它们有共同之处,也有不同的地方,下面分别简要说明。

三步投球:先把身体重心移到右脚,双手把球朝前下方推出到手臂伸直,左手离球向外侧展出,同时迈出左脚,球下摆至垂直位置,这是第一步。球垂直后摆到与肩平齐,左手继续外展,同时迈出右脚为第二步。球下摆并过渡到向前回摆,左手向外侧展平,同时迈出左脚为第三步,即滑步投球。

三步投球比四步投球少一步,所以步幅应比四步投球的步幅稍大,节奏也快,时间相对较短,其他技术动作相同。这种投球法的优点是犯动作上和意念上错误的机会少,可以投出强球;缺点是由于节奏快,长时间比赛容易使球员紧张疲劳,同时在运球和助走的时间配合上不易掌握。

五步投球:这种投球法实际上不过是四步投球法多了一个预备动作。预备动作可因人而异。一般有两种:

①站好以后把身体重心移到右脚,然后左脚适度地迈出一小步;同时右手握球,左手助握,球相对不动,因为并未真正推球。预备动作结束,进入四步投

球。

②站好以后身体重心移到右脚，右手握球，左手助握，双手同时把球朝前推出；当左脚向前迈出一小步时，双手同时把球拉回到原来位置，然后进入四步投球。

五步投球的特点在于多了一个预备动作。这个预备动作，就像棒球的击球运动员在投手球前挥动手中球棒、提高击球信心那样。在一场重大比赛中，球员的精神压力比较大，内心紧张，投球时信心往往不足，有了一个预备动作，就可弥补这个缺点。它不仅能起放松和稳定情绪的作用，还有防止失误的作用，所以绝大多数优秀的球员都采用五步投球法。

无论是三步、四步或五步助走，关键是掌握助走和摆臂运球的时间上的配合，这一点每个球员务必牢记。

3. 滑步投球的时间和出手动作

以四步投球为例，滑步投球是从迈出第四步的左脚和右脚相错而过的一刹那开始的。此时左膝弯曲，身体重心置于脚尖，随即移到脚中心，最后过渡到脚跟着地，刹住车，滑步停止。投球的时间，就在这滑步停止的瞬间。这时，握球的右手向前摆，并在超出左膝盖约 20 cm 处将球朝目标箭头送去。这个瞬间不能过早，也不能过晚。过早会使球失落而造成球不到位，过迟则会脱不出手而使球超位。一般来说，球的落点离犯规线不能小于 40 cm，以较远为好。

滑步有单脚滑步和双脚滑步两种。前面说的都是单脚滑步，多数球员都习惯用它。但有很多职业选手采用双脚滑步。双脚滑步的关键在作为支点的右脚和左脚同步滑行。同步滑行难度很大，只有在助走速度一步比一步快的情况下才能做到。这样做的目的是使球得到一个更大的加速度（惯性力）。

初学者不论是使用通用球或者专用球，投球时必须掌握最基本的出手动作。通用球只能投直线球。使用通用球出手时，大拇指在 12 点钟位置，中指、无名指约在 6 点钟位置（图 2.20）。只要把球送出去，大拇指就能先行脱离指孔，中指、无名指向上提升后脱离指孔，最后右手和目标箭头成一直线，顺势拉起。如果使用专用球（可投弧线球和钩球），拇指在 10 点钟位置，中指、无名指在 4 ~5 点钟位置，把球朝目标箭头送。送出的同时，以大拇指为轴下压一瞬间后先行脱出指孔，中指、无名指把右半球向上钩提后脱出指孔，手腕不做任何动作。这时右手如同对方握手一般，指的方向不变，和目标箭头呈一直线，随即顺势拉起（图2.21）。

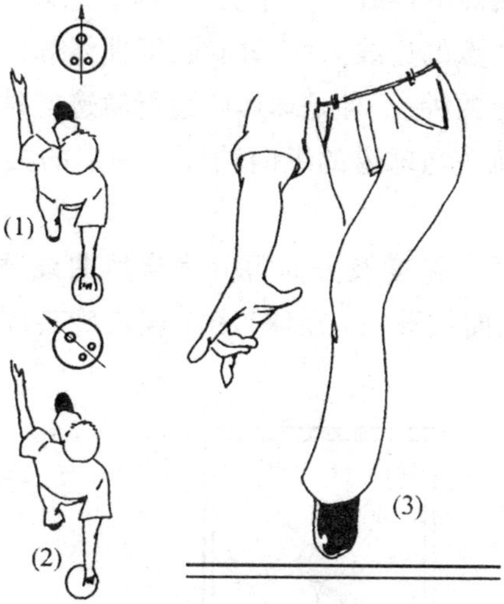

图2.20　投球时手指和手腕的运用

图2.21　投球步法与摆臂示意图

二、投直线球和旋转球的方法

保龄球运动的最大魅力就在于把10个球瓶全部击倒。击中球瓶数目的多少，与球投出后的运行线路有直接关系。而球投出后的运行路线又与球在前进过程中旋转的方向及速度紧密相连。

球投出后,球体在球道上运行的轨迹有两种情况:其一,球在球道上的着地点与瓶区击中点两点的连线为一条直线,即直线球;其二,球在球道上的着地点与瓶区击中点两点的连线为一条曲线,即曲线球。

直线球又可分为两种:一种是球体的运行轨迹与球道的纵向轴线平行;另一种是球体的运行轨迹与球道的纵向轴线呈一定的夹角。前者称为直线球,后者称为斜线球。

曲线球根据曲线的弧度及方向可分为自然曲线球、短曲线球(钩球)、大曲线球(弧线球)、反曲线球(反旋球)和陀螺式旋转球(飞碟球)等不同类型(图2.22)。

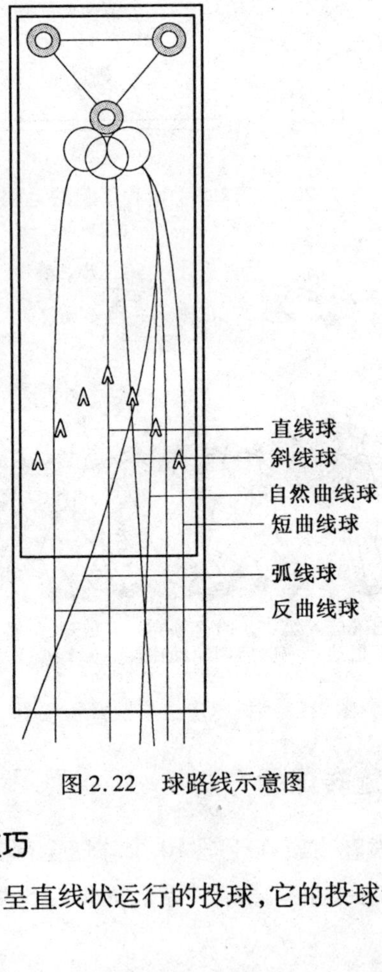

图2.22 球路线示意图

1. 直线球的投球技巧

直线球是在球道中呈直线状运行的投球,它的投球动作简单,便于掌握控制，初学者一般应先学会直线球的投球技巧。

（1）投球方法

投直线球时，一般以①号瓶为投击目标，球路轨迹在①号瓶和4号目标箭头所在的第20块木板上，如果球员个人所需木板数为7块，则球员助走时的站位左脚内侧在第27块木板左侧边线上。投球位置选好后，球员站在助走道上的站位点开始进行持球、助走、摆臂及滑步投球。在整个投球动作过程中，持球手臂的摆动，要始终在助走道的第4标点和球道上的第4号目标箭头所在的两点连接线上。在运球和投球时，大拇指指向12点钟的位置，中指和无名指指向的6点钟的位置。在将球向目标箭头送出时，大拇指先行脱出指孔后，中指和无名指向上钩提后脱出指孔。球投出后，落在球道中间一条木板上，球会沿自身横轴向前滚进，通过4号目标箭头直射①号球瓶。在投球过程中，要求助走平稳，球的落点要准确，球路要直。

直线球投出后，球在球道上的落地点与击中瓶区的击点之间的运行轨迹是一条直线。由于球在球道上滚进时，受多种因素的影响，球从落球点滚至①号瓶时多少会偏离直线。偏右或偏左进入瓶袋（瓶袋是指球与瓶的接触点），都有可能使三角瓶区发生连锁反应，将木瓶全部击倒。当然也可能正中①号瓶，这时就会出现不同类型的分瓶。投直线球时，球的旋转类型一般是充分滚动球，对木瓶仅有向前的撞击力。这个撞击力随着木瓶阻力而不断减弱，同时球路还会出现不应有的偏离，因此全中率较低，这是直线球最大的缺点。直线球的路线与投法如图2.23所示。

（2）练习方法

①原地滑步投直线球。通过这一练习掌握投直线球的出手方法。

②助走徒手投直线球。通过助走徒手投球练习，提高动作的连贯性、协调性及手摆摆动的直线性。

③完整过程的投球练习。体会对球速、球路、球的旋转的控制技巧，提高直线投球击中瓶区的准确性。

（3）投球要点

①注视目标，用尽全力。

②两肩与犯规线平行，两腋收紧。

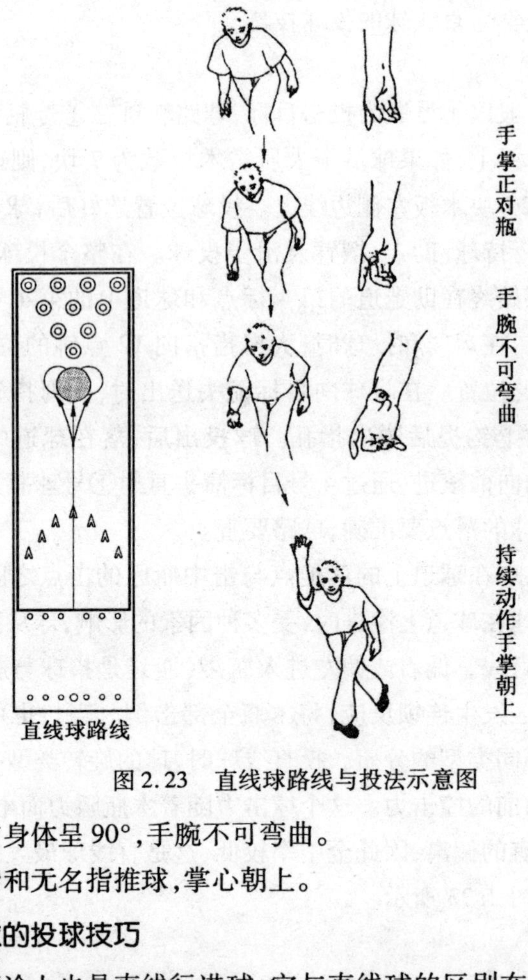

图 2.23　直线球路线与投法示意图

③摆臂与身体呈 90°，手腕不可弯曲。

④用中指和无名指推球，掌心朝上。

2. 斜线球的投球技巧

斜线球理论上也是直线行进球，它与直线球的区别在于球的运行路线与球道之间有一个角度差。因此斜线球的破坏力比直线球要大，且随着射入角度的增大而增加击倒瓶的机会。所以初学者在掌握直线球以后，应该学会投斜线球。斜线球投得好的球员，一般有 50% 的全中机会。

(1)投球方法

斜线球实际上是与助走道和球道纵轴呈一定夹角的直线球。因此，它的投法与投直线球完全相同，所不同的是助走投球时，助走路线(直线)与球道纵轴呈一定夹角(图 2.24)。

斜线球的投球沿左脚内侧线站立在第 21 块木板边线上，以第 5 引导标点

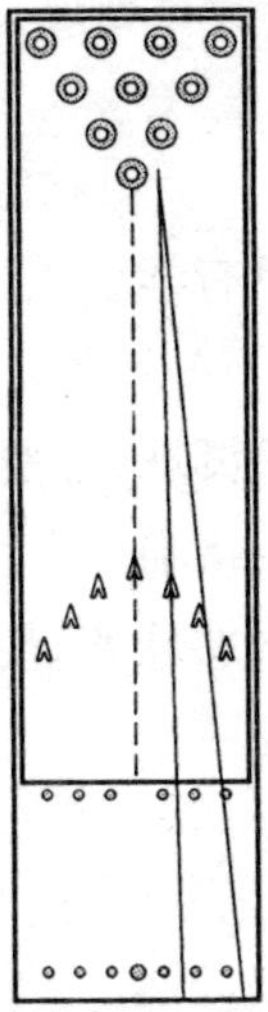

图 2.24　斜线球路线图

作为落球点；以 3 号目标箭头为基准，并与①～③号瓶带设想成一条连线，进行投球（以右手球员为例），这样就会有一个小小的射入角增大。实践证明，保龄球在击中瓶袋时，射入角越大，对木瓶的破坏力越大，三角瓶区连锁反应也越彻底（射入角是指第 4 助走标点和①号瓶位中点连接线与球的入射线所成的夹角）。直线球与斜线球的区别在于，直线球射入角为零，而斜线球有一定的射入角。因此，斜线球全中的概率比直线球全中的概率要高。

投斜线球时如果希望全中，应尽量在球道外侧投球，增大入射角；应尽量增加球速，提高球的入射深度，使球击中①号瓶后深入瓶区增加撞击⑤号瓶的机会；应尽量使球击中瓶袋略高的部位，这样就会使球偏离③号瓶太多，能保持其贯穿瓶袋的正确路线。斜线球的不足之处在于射入角相对较小、球没有横向旋转、对木瓶只有纵向撞击而没有横向杀伤力、球进入瓶袋以后对其他瓶作用力较小等问题。

(2)练习方法

①原地滑步投斜线球。通过这一练习掌握投球的出手方法，熟悉站位角度。

②徒手助走投斜线球。通过徒手助走投斜线球的练习，提高动作的连贯性、协调性、手臂摆动的直线性和站位、助走、投球的空间感觉。

③完整过程的投球练习。体会对球速、球路、球的旋转的控制技巧，提高斜线投球的准确性。

(3)投球要点

①要掌握正确的投球姿势，只有学会正确的控球技术之后，才能尽快学习其他不同威力的控球技术。

②只有正确的摆动，才能轻松掷球，不费体力，容易控制球。

③要确立好瞄准点，否则只要错瞄一点，就不易形成全倒。

④应尽量考虑增大射入角；增加球速，使球击中①号瓶后深入木瓶台，撞击⑤号瓶。

⑤保持贯穿瓶袋的正确路线。

3. 钩球的投球技巧

由于拇指在出手的时间、方向以及手指旋拉方位的不同，球滚动沿直线滚进，一旦侧旋的力量与直线滚动的力量互相平衡时，球的滚动就会产生一个曲线的角度，打击到①号瓶，在这种情况下所产生的球路称为钩球。

(1)投球方法

钩球的出手方式：其拇指是在10～11点钟方向；中指、无名指是在4～5点钟方向。掷球时，拇指先离开球孔，中指与无名指还仍在球孔里，做一个4～5点钟的侧旋并向上旋拉，这样就会产生一股直线侧旋的力量。球在滚进的同时，与球道产生摩擦，当这种侧旋的力量到了一定距离以后便产生一股直线力量，两者达到平衡就会产生一曲线的角度进入击瓶点。

钩球由于直线运行时直回转，转弯时又将横回转加在球瓶上，可让木瓶往旁倒下、回转，因此对球瓶的冲击力很强，但往往对纵、横回转的平衡又较难控制。投钩球时，大拇指在内侧，其余手指在外侧，然后进行推球、下摆、回摆、放球，放球后瞬间就好像是要握手一般。放球的大拇指先拔出，然后中指与无名指先后拔起，就会投出钩球。

由于球路曲线弧度不同，钩球又分为自然曲线球和短曲线球。自然曲线球的路线是球投入球道后开始滑溜，滚到距瓶台3～3.5 m时旋转呈钩形；而短曲线球则滚进至离瓶台2.5～3 m时急转呈钩形入球袋。两者的区别在于球员持球的手腕形式，投自然曲线球时手腕挺直握球，投短曲线球时手腕向里侧弯曲握球。另外，球出手时手指的位置和采用的角度线，球重、球的不平衡重量和球速等也在很大程度上决定球路成钩的时间、曲线弧度的大小和强度。为了准确地击中目标，要控制好成钩的时间和球路的弧度（图2.25）。

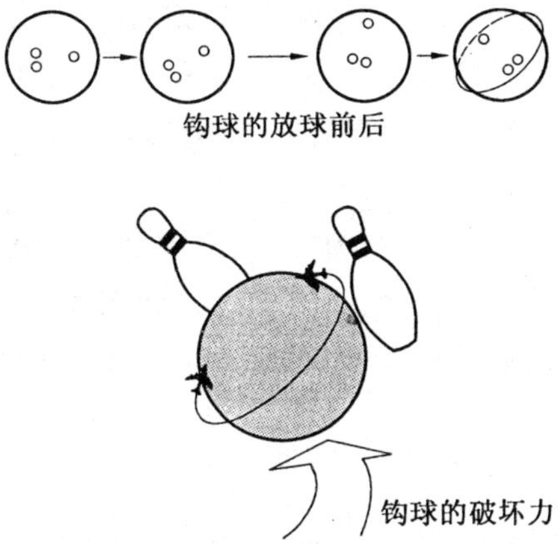

图 2.25 钩球破坏力示意图

（2）练习方法

①熟练掌握曲线控制技术后，再练习钩球球路的控制技巧。

②拿球时，拇指与中指所连接的直线与犯规线平行，拇指在内侧，手背在外侧呈自然状态摆动。掷球时首先抽出拇指，其次抽出其他两指，中指与无名指的指尖不应特别加力，只是在有微微扬起的感觉时抽出，并顺势以递物的手势将球脱手而出。

③持续延伸动作，继续按放球动作的姿态继续向上扬起。拇指顺势抽出球孔时，其他两指也从右侧扭向左侧，手臂伸直上扬至脸部右前方为止。

④要想掷出更强劲有力的钩球，持球动作改成掷直球的方式，动作与向前摆动时一样，在越过犯规线的瞬间，将球右下部的中指与无名指轻轻扬起，并把手指抽出来。

（3）投球要点

①助走要慢，手腕不可弯曲。

②大拇指朝身体内侧。

③放球瞬间拇指与食指呈倒 V 字形，像要与人握手一般。

④放球后，持球手手腕伸直，与犯规线呈直角，左手伸展，保持身体平衡。

4. 弧线球的投球技巧

弧线球又称为大曲线球或弧形球，它所走的弧线比钩球更大。途中横向跨越好几块木板。选投钩球或弧线球主要应取决于球道的形状。

这种球路从球脱手落地之后，球的行进速度比较缓慢，便开始呈大弧度的弯曲球路，即由内角往外打，再进里面，由内往外再往内的行进路线，球行进时呈弧线形，故称为弧线球。

这种掷球法在横方向的旋转力非常强，因此在掷球时必须给予球较大的横向旋转力，故中指、无名指用的力要比打钩球用的力大得多，对瓶的撞击威力也相当大，曲线的弧度难以控制，所以对初学者来说是较为难打的掷球方法。

(1)投球方法

弧线球由于旋转很强，因此对木瓶的冲击力更大，但要应用自如，需有极强的握力和手腕力。

弧线球的投球，用全握式握球法，大拇指朝身体内侧并与脚之间大约呈直角，中指与无名指和地板垂直。放球时，球对着目标。在拔出拇指的瞬间，手腕向10点钟或9点钟方向转动，同时用力拔出中指与无名指，球向目标送出，投球右手随之往身体左侧移动（球出手前，拇指在1~2点钟方位，食指在7~8点钟方位。在掷球时，拇指和食指转到9~10点钟方位，而食指在3~4点钟方位，球出手瞬间，手指改变方向，这种掷球方式就会产生弧线）。

(2)练习方法

①改变手臂的摆法、全身动作的配合、速度快慢等因素都可以打出各种各样不同角度的弧线球。

②当球向前摆动将要通过膝关节时，拇指的位置与脚稍呈直角，而中指、无名指与球道也垂直。

③手掌握住球进入放球动作时，拇指要提前抽起，随即有意识地给球强有力的旋转力，中指与无名指拨动球孔并顺势抽出。

④在持续动作中，右手掷球的手臂必须要向左侧摆动。因此强劲的腕力是牢固控制球的基础（图2.26）。

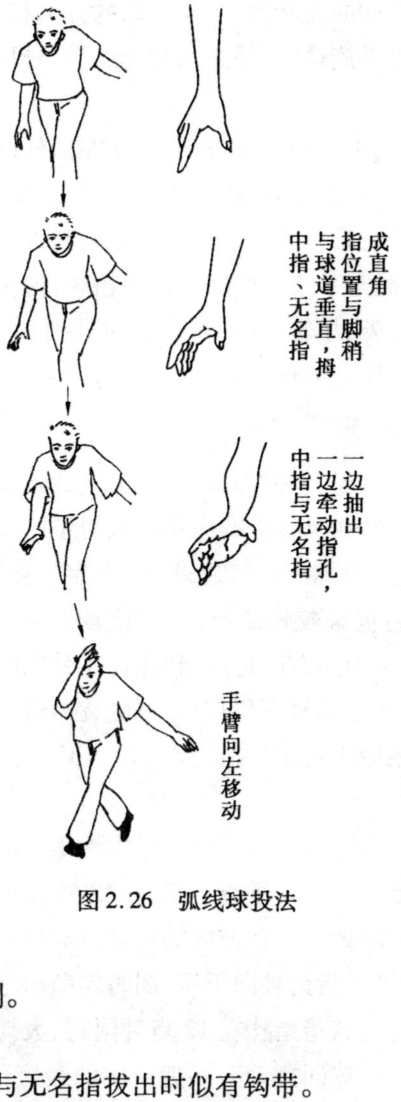

图 2.26　弧线球投法

(3)投球要点

①拇指向身体内侧。

②腰部要低。

③放球瞬间，中指与无名指拔出时似有钩带。

④投弧线球时，球的旋转度不可太强，否则会增加控制的难度。

5. 反旋球的投球技巧

反旋球又称为反手球、反曲线球，它实际上是右手球员的钩球，但威力可能还不及左手钩球。所以一般右手球员很少使用，但比较适合女性球员的球路。

另外,反旋球走左侧向左呈钩形,与钩球的方向相反。这种球易于左手球员投掷,而右手球员投反旋球时,手腕的翻转动作与投钩球相反,不易发力,因此右手球员很少采用。

这种球路如果是右手持球的球员,是先从左边外侧做行进,到一定地方侧旋的力量产生作用,球向右方向行进一条曲线,打击倒①号瓶。

反旋球的投球方法:第一步至最后一步均与其他投球技法相似,只是在放球时,提起左半球,手腕与手指做顺时针方向扭转,拇指孔从 10 点钟转至 1 点钟位置,放球后手掌朝外,扭转手腕,使球在前进到一定距离后形成一种向右旋转的路线,这便是反钩球的球路。

6. 飞碟球的投球技巧

飞碟球俗称"UFO",是一种螺式旋转球。它最早是由我国台湾运动员创造的一种投球新技法,并在世界大赛应用中取得了好成绩。目前,飞碟球在国际上已经相当有名,但并不常用"飞碟球"三个字。英文译名暂时定为"直升机"。投飞碟球需选用重量较轻的球,因此比较适合亚洲人的体形与体质条件。该球路的打法是从中间方向行进,到接近①号瓶时球会突然向右侧旋,打击①号瓶。由于球和球道接触面积较小,且侧旋的转速相当大,所以打击倒①号瓶以后,可以对球瓶做不规则的横扫。

(1)投球方法

飞碟球的投球采用传统持球法,握球时大拇指指向 2 点钟方向,中指与无名指指向 7 ~ 8 点钟方向,推球、垂直下摆、后摆与其他投球方法相同,回摆与投球时,手腕和手臂同时做逆时针方向的转动,向外侧完全翻腕约 225°,使手背向上、手心向下,以大拇指为轴向下压,同时向前送球,中指与无名指顺势推球。放球瞬间,中指与无名指指孔在 12 点钟附近,大拇指在 6 点钟处。

在做上述动作时,当球回摆动至靠近身体的最底部时,手掌以及拇指、手指同时以极快的速度做逆时针方向的转动,当两个手指在 3 ~ 4 点钟方向时,手指开始脱离球孔,但是,转动的方向应继续旋转,拇指暂时留在球孔里面,球到了底部时以逆时针方向突然把球转出去。

(2)投球要点

飞碟球是一种主要靠技巧而不是靠速度的自然轻松的投球方法,因此一般选较轻的球(男性为 10 ~ 11.5 lb,女性为 10.5 lb 以下)。

①投球时，助走要慢，手腕不可弯曲。

②大拇指朝向身体内侧，手臂后摆及回摆时要伸直。

③放球瞬间手掌向下，并以拇指为中心转动，通过全翻腕和三指一推一带，使放出的球产生高速横向旋转。

④放球时手腕伸直摆动，并将手拉高。

综上所述，曲线球（钩球、弧线球、反旋球、飞碟球）与直线球、斜线球相比，射入角增大，能使球旋转，因而杀伤力较大。直进力和旋转力完美结合的旋转球，撞击木瓶后可使木瓶也产生旋转，旋转的瓶的作用力和反作用力又可以构成较大范围的杀伤面，因而全中率高。投曲线球为专业选手普遍采用的投球方法。

投曲线球比投直线球的难度大，投球时要根据球道的情况，不断调整球迹的高低、直进速度及旋转速度，才能获得理想的效果。初学者应先学投直线球，再学投斜线球，最后学投曲线球，应循序渐进逐步提高自己的水平。

具有学习曲线球技法能力的球员应先练习钩球投球技巧，在熟练掌握钩球投球技巧之后，再按照以下基本的练习步骤分别学习和掌握其他曲线球投球技术。

第一，原地滑步投曲线球。投不同类型的旋转球的最大区别在于投球时手腕的翻转程度。通过原地投球练习掌握不同旋转球的出手方法，提高对球速、转速及球路的控制能力，熟悉投球站位的角度。

第二，徒手助走投曲线球。通过徒手助走投球练习，提高摆动与翻腕动作的连贯性、协调性以及站位、助走、投球的节奏感与空间感。

第三，完整过程的投球练习。体会对球速、球路、球的旋转的控制技巧，提高投球的准确性。

在投曲线球时，球路改变原来的方向，投出的球即为歪球。其原因在于：掷球时手腕向外侧转动，手掌向上；由于力量较小，右臂无法承受球的重量，是手腕翻向身体外侧造成的；掷球高度缓慢，球脱手之后，重心仍在左脚上，持续动作完成不好，并且拇指大幅度偏向外侧，手掌向左上方等均会掷出歪球。纠正方法：固定手臂及拇指抽出指孔时的位置，拇指抽出指孔应偏向球的内侧，这种不正确的技术将得到逐渐改进。图 2.27 是直球、钩球、弧线球和歪球指孔位置的比较图。

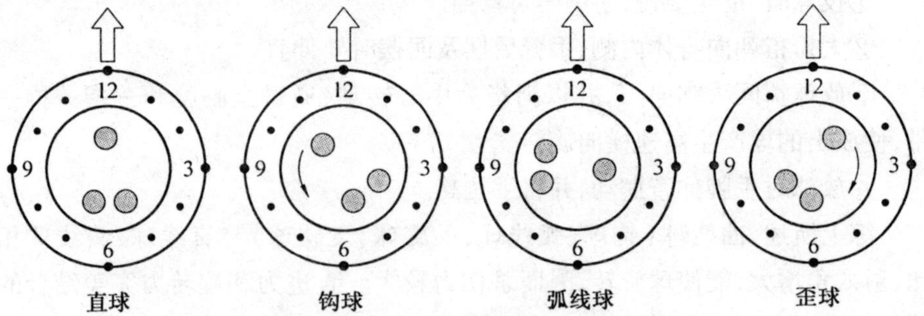

图 2.27　投球指孔位置示意图

要想投出效果好的球,还应具备以下三个要素:

①协调性。球员从站在起步位置上到球出手,在助走和运球过程中,应有正确的时间配合。即助走步数的多少、大小、快慢、方向与持球手臂的自然摆动和摆高度等之间的协调配合。

②一致性。从站位到犯规线助走的形式必须前后一致。对每位球员来说,助走可以呈直线,也可以有偏离(有偏离必须在确定站位时进行纠正);投球形式也可能不同,必须前后高度一致。

③自然性。球员的投球形式,受身体条件和训练方式的影响。但十全十美地适合自己的投球形式是没有的。只要选投球形式舒适、方便,经过反复练习,都可发展为成功的投球形式。无论是三步、四步还是五步助走,也不管偏左、偏右几块木板,如果球能够正常、有规律地击中瓶袋获得优良成绩,而且投球时感到很自如,这种形式就是正确的。

三、保龄球直进与转弯、滚动与旋转的基本方法

1. 直线球与曲线球的威力

打保龄球入门容易求精难。欲求在 39 块木板的球道上投出威力强大的好球,必须研究各种线路球及旋转球的形式和投球的技巧。前面已经讲过,初学者应首先学习投直线球,再学习投斜线球,学会并掌握了直线球和斜线球以后,有必要进一步学习保龄球的进阶技巧,才能从入门阶段向中、高级阶段迈进,进而再学会投曲线球。

①初学者先学会投直线球。如投直线球时,球员站在第 27 块木板的边线

上(假定个人必需的木板数为7块),与犯规线呈垂直角投球,球落在第20块木板上,通过第4号目标箭头直射①号瓶。要求助走平稳,球的落点准确,球路直。由于球道上多种因素的影响,球滚过约18.29 m以后,会有些偏离直线。但球的直径有21.8 cm,它的2倍加上木瓶的最大直径12.1 cm,滚到①号瓶前,在55.7 cm范围内都可以将①号瓶击中。偏右,能进入①~③瓶袋;偏左则能进入①~②瓶袋,因而都有可能使"魔三角"发生连锁反应,将木瓶全部击倒(图2.28)。当然也可能不偏不倚地击中①号瓶,这时就会出现不同类型的分瓶,这是直线球的最大缺点。因为直线球不像曲线球那样有深大的入射角,即使球滚入①~③号瓶,往往也会出现偏差,或击中③号瓶太多,或击中⑤号瓶太少(也可能击不中),因此,直线球不容易全中。

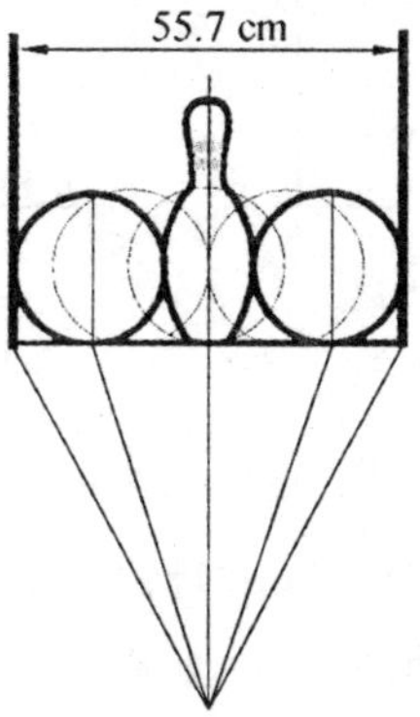

图2.28　球击中①号瓶的范围示意图

②为了克服直线球的不足,初学者第二步应学会投斜线球。斜线球与直线球有一个角度差,也就是说,保龄球在击中①~③号瓶袋时,其入射角越大,对木瓶的破坏力越大,"魔三角"的连锁反应也越彻底。如投斜线球时,沿左脚内侧线站立在第21块木板边线上,以第5引导标点作为落球点,第2号目标箭头为基准,与①~③瓶袋设想成一条连接线进行投球(左手球员相反),这样就会有一个小小的入射角。站位越移向外侧,得到的入射角越大(图2.29)。

要想充分发挥投斜线球的威力,则应注意:尽量在最外侧投球,以便尽可能增大射入角;尽量增加球速,使球击中①号瓶后深入瓶袋,有机会撞击⑤号瓶;击瓶袋的部位应稍高,这样就不会偏离③号瓶太多,而且从瓶袋稍高处入袋的球能保持贯穿瓶袋的正确路线。投好斜线球,一般有50%的全中概率。

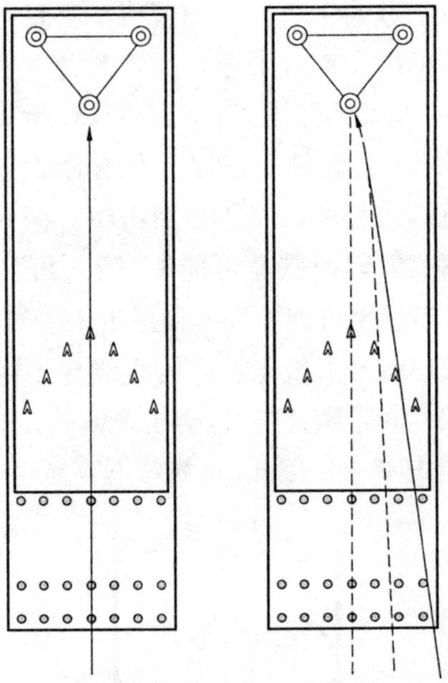

图 2.29　投球入射角示意图

③学会投曲线球，进一步提高保龄球运动的技巧，发挥其击中球的威力。直线球有缺点，斜线球也有不足之处。如射入角不够大，球容易产生偏离、球不会旋转，对木瓶只有直向撞击力而没有横向杀伤力，进入瓶袋以后缺少作用力等。于是，有人发明了投曲线球。曲线球既能增大入射角，又能使球旋转，在旋转中产生威力，提高击瓶的能力。

如图 2.30 所示，投曲线球时以第 2 号目标箭头为基准的曲线球球路，如果从球路的末端沿入射角的反方向作一延长线至 A 点，则①号瓶和第 4 号目标箭头的连线与①号瓶和 A 点的连线构成的夹角很大。最理想的斜线球也难以投出这样大的入射角。除非球员到相邻的助走道上投球，但这是不可能的。可见，曲线球有直线球和斜线球达不到的优点。它能在球道有限的范围内获得更大的威力。曲线球的形成，其一，球须有符合要求的不平衡重量；其二，球员须掌握正确的技术动作和技巧；其三，球道表面须经过适当处理。

保龄球高手常投钩球。自然曲线球的路线是球进入球道后开始滑溜，滚到距瓶台 3 ~ 4.5 m 处旋转拐弯呈钩形。短曲线球和其他线路球不同，球在球

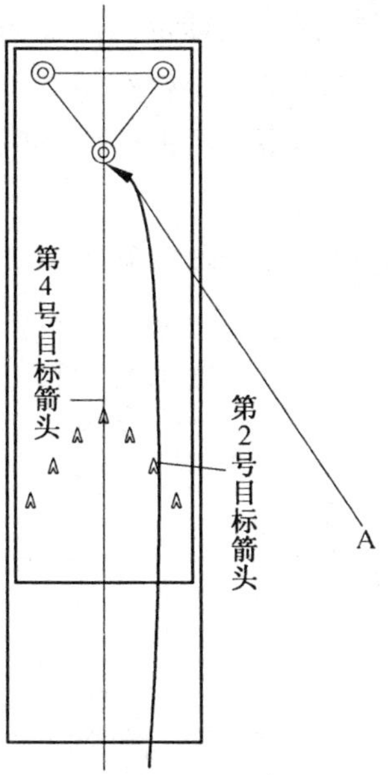

图 2.30　曲线球路示意图

道上大部分行程走直线，运行到①号瓶 1.5 ~3 m 处急转弯呈钩形进入瓶袋。自然曲线和短曲线球不同，其关键首先是球员持球的手腕形式，前者手腕挺直握球，后者手腕向里侧弯曲握球；其次是球出手时手指的精确位置和采用的角度线、球重、球的不平衡重量和球速等，它们在很大程度上也能决定形成钩形的时间、大小和强度。此外，对球道的观察和研究，也是考虑钩球形成的时间和部位的因素。

总之，为使球能准确地击中① ~ ③号瓶袋，有时需要成钩早，有时又需要成钩晚（掌握拐弯的时间适当）；有时需要钩形深，有时又需要钩形浅（钩的强度）。

弧线球的投法与钩球基本相同，但球的运行路线不同。弧线球走弧形成钩进入瓶袋，途中横向跨越好几块木板；钩球走直线到转折处拐弯成钩进入瓶袋，路上横向跨越的木板较少。选投这两种球，最根本的是取决于球道的状态。在球道情况许可时，有时弧线球也能投出好的成绩。但通常情况是球横向经过的木板越多，准确性越低。遇到球道状态恶劣时，就更难控制。而且这种球只能在内侧和最内侧投，也增加了控制球的难度，前后不易一致，调整球速更难。所以，即便是保龄球高手，也很少使用这种大曲线球。

反旋球其实是左手球员的钩球，球走向左侧向右呈钩形。当球进入①～②号瓶袋时，不能像左手球员的钩球那样有威力。一般右手球员很少使用的主要原因是不顺手，除了遇到非用不可的时候，如右边球道情况恶劣，左边球道情况良好。

总而言之，投曲线球的目的在于增大射入角和加深入射角。球击中①号瓶要厚、③号瓶要薄（左手球员相反）。进入瓶袋的入射角越大，越接近直角，对木瓶的杀伤力越强，击全中的可能性越大（图2.31）。

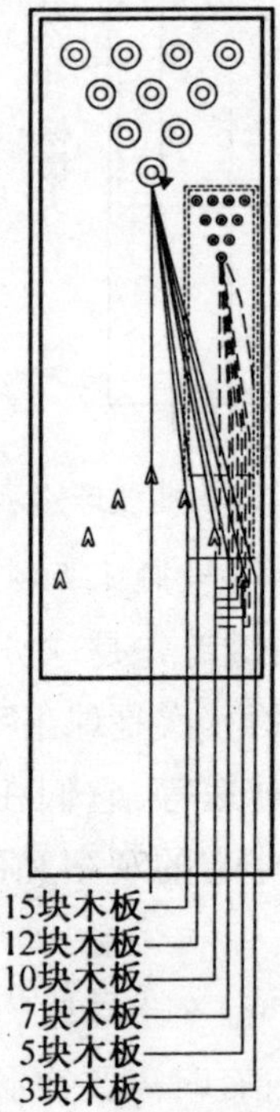

图2.31　越向外侧射入角越大示意图

2. 直进力与转弯力

由于球道表面涂的润滑油的薄厚不同，前1/4段加厚油，中间1/4段加薄油，后1/2段没有油，所以这几部分球道对球的摩擦力显然是不同的。摩擦力的变化，球本身不平衡重量形成的轴心，以及球员投球的技术、技巧等因素，都会影响球的滚动进程。球出手后，开始因为初速大和球道表面润滑油的作用，在3～4.5 m范围内，它在直进力的作用下向前滑溜滚动；到了4.5～9 m范围内，渐渐开始旋转滚动；当它出了加油段（转折处），进入没有布油部分时，摩擦力增大，球速相对变慢，又由于重心的改变和不平衡重量的作用，球的旋转加快。球体在旋转前进中所产生的转弯力和直进力，如果结合恰当，就能形成球路的有效曲线，成为钩形（图2.32）。

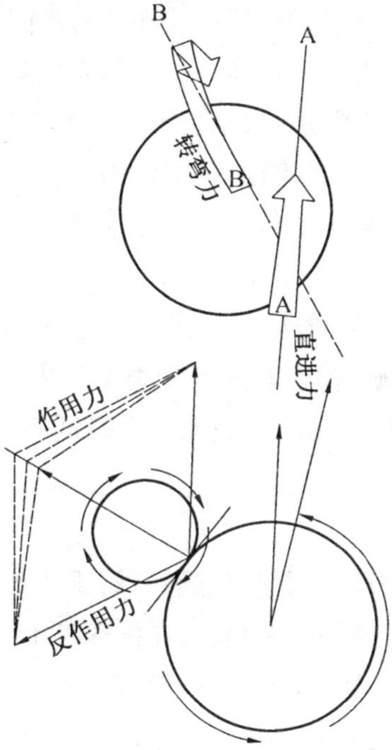

图2.32　旋转球作用力示意图

3. 滚动球和旋转球

球体向前运动会以滑动、滚动和旋转三种情况出现。球体只受到一个向前的作用力，而当这个作用力通过球体的重心时，球体产生的是滑动。但这种状态在实际比赛中是不存在的，因为球体在滑动过程中，球面与道面会产生摩擦力，从而使球体产生滚动。当球体在受到一个向前作用力的同时，还受到了一个横向分力时，球体在向前行进的同时，会产生侧向旋转。

不同硬度的球，在同一条球道上采用同一种投球形式，可以投出不同的曲线。而同一硬度的球，在同一条球道上，采用不同的投球形式，也可以获得不同的曲线。如果投球时球的轴心没有改变或用力过大，球速过快时球的直进力必然大于球的转弯力，结果球路难以形成曲线，只会以充分滚动进入瓶袋。

球的滚动和旋转，取决于速度和球轴心的改变。改变球轴心最有效的方法是采取不同的投球形式，转动手腕、改变手指的不同位置和中指、无名指的钩提，是使球产生旋转的核心力量。

球在球道上滚动或旋转时，球身和球道接触部分会出现一个环形的油痕。这个油痕称为球迹。由于球员的投球形式和技巧不同，球迹也各不相同：位置有高低，圆周有大小，形状有宽窄。球迹位置的高低与圆周大小有关。位置越高，圆周越大；位置越低，圆周越小，旋转的圈数越多。球迹形状越窄，说明球在滚动旋转中前后一致，具有稳定性；越宽则相反。

根据球迹在球前进过程中的位置和球迹与地面所成夹角，可以把球体的滚动与旋转分为以下几种类型：充分滚动球（沿横轴的纵向旋转）、高度旋转球、中度旋转球、低度旋转球（偏离横轴接近纵轴的旋转）、最低旋转球、陀螺式旋转球（沿纵轴的横向旋转）。在这几种类型球中，充分滚动球的杀伤力最小，高度旋转球、低度旋转球的杀伤力较大，而最低旋转球、陀螺式旋转球的杀伤力最大。

(1)充分滚动球

充分滚动球有两种情况：一是使用通用球，采用传统握法，大拇指指向 12 点钟，中指、无名指指向 6 点钟的左和右，在投球时始终保持这个状态，将球往目标箭头上送；大拇指先行脱出指孔后的瞬间，中指、无名指向上钩提后脱出指孔，球以自射的圆周为运行轨迹滚动向前。二是使用专用球。由于用力过大，球速过快，中指和无名指等没有给球以足够的提力，球的轴心没有得到改变等原因，专用球同样也会出现充分滚动球或接近充分滚动球，甚至球迹出现在拇指孔上。充分滚动球对木瓶仅有向前的撞击力，这个撞击力将随着木瓶的阻力而不断减弱，同时还会出现不应有的偏离。这种形式的旋转，球体的运行轨迹是直线的，不会产生曲线运动，因此在投直线或斜线球时使用。这是保龄球中力量最弱的一种投球。

(2)高度旋转球

握球、运球、投球时，大拇指始终指向 10 点钟位置，中指和无名指始终指向4 ~ 5点钟位置，手臂和手腕不做任何人为的转动，将球往目标箭头上送。在大拇指自然地先行脱出指孔后的瞬间，中指、无名指向上钩提后脱出指孔，同时自然而然地把右半球提起。这一投球形式是最基本的投旋转球的技术形式，又称为半旋球。

(3) 中度旋转球

握球时大拇指指向12点钟位置，中指和无名指指向5～6点钟位置，在推球、下摆、后摆中保持不变。在向前回摆投球时，手臂带动手腕做逆时针转动(向内侧转15°)。大拇指回到10点钟位置，中指、无名指回到4～5点钟位置，然后将球投出。这种投球形式又称为下旋球。

(4) 低度旋转球

握球时大拇指指向1点钟位置，中指和无名指指向6～7点钟位置，在推球、下摆、后摆中保持不变，在向前回摆投球时，手臂带动手腕做逆时针转动(向内侧转30°即翻腕)。投球瞬间，大拇指回到10点钟位置，中指、无名指回到4～5点钟位置，然后将球投出。

(5) 最低旋转球

握球时大拇指指向2点钟位置，中指、无名指指向7～8点钟位置，在推球、下摆、后摆中保持不变。在回摆投球时，手臂带动手腕做逆时针转动(向内侧转动45°)。投球瞬间，大拇指回到10点钟位置，中指、无名指回到4～5点钟位置，然后将球投出。上述五种类型如图2.33所示。

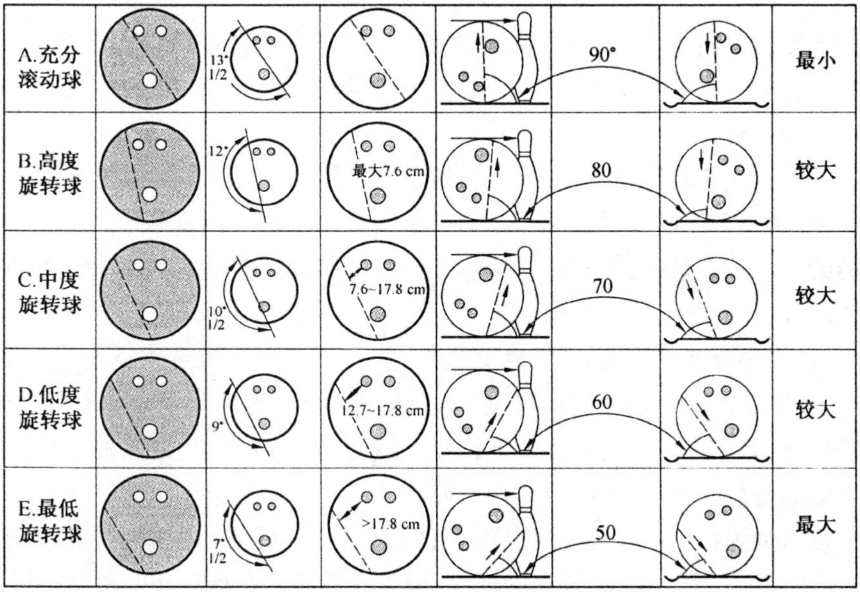

图2.33　旋转球滚动示意图

(6)陀螺式旋转球

陀螺式旋转球就是人们常说的飞碟球。我国台湾省运动员认为亚洲人的体形、体质条件和西方人有差异,采用传统的投球技法很难和西方人竞争,经过行家们的研究和球员的苦练,创造出这种陀螺式旋转球。最初不少西方人认为这种打法可笑,是一种非正规的“野路子”。后来台湾选手屡夺世界大赛冠、亚军,他们才刮目相看。后经欧美的保龄球专家对陀螺式旋转球投球法的分析研究,认为这种新技法是保龄球运动技术中的一个创举。

投陀螺式旋转球时,要选用质量较轻的球;采用传统的指孔安排,指距最好是 $1\frac{1}{2}$ 关节;前、后、左、右不要有质量误差,以顶重为主。投球时,球的横向旋转速度极高,而且不容易受球道特性的影响,对木瓶的杀伤力比传统投法强很多,因此,全中的百分比高。但这种投球法的缺点是投球时往往不用护腕,球员的手腕容易扭伤;会有分瓶出现,对③~⑨、②~⑧号瓶之类的切瓶很难补中。

采用此方法投球,握球时大拇指指向 2 点钟位置,中指和无名指在 7~8 点钟位置,在推球、下摆、后摆时保持不变。向前回摆投球时,手臂带动手腕做逆时针方向转动,向外侧完全翻腕约 225°,手背向上,手心向下,以大拇指为轴向下压,中指、无名指顺势推带,使球产生横向旋转,放球瞬间,中指和无名指孔约在 12 点钟位置,大拇指指孔约在 6 点钟位置,使出手的球产生一种高速度的横向旋转。

除陀螺式旋转球外,前五种不同形式的旋转球是通过不同的投球方法,使球的轴心得到不同程度的改变,增加重量堡垒和球迹之间的距离,形成不同程度的旋转。不论是哪种类型的曲线球,球体的旋转是产生其曲线轨迹的最根本原因。

对初、中级球员来说,以投高度旋转球为宜;多数优秀选手常使用中度旋转球;低度旋转球和最低旋转球,在技术没有达到一定水平、没有机械般强有力的手腕、球道经验不足等情况下,一般很难投好。此外,投这两种球时,手腕和手臂的负担很大,需要经过长期练习。

以时钟为依据的拇指、中指、无名指配合投球,可使球产生不同程度的旋转(图 2.34);通过翻腕改变球的轴心,增大重量堡垒与球迹间的距离,可产生不同程度的旋转(图 2.35)。

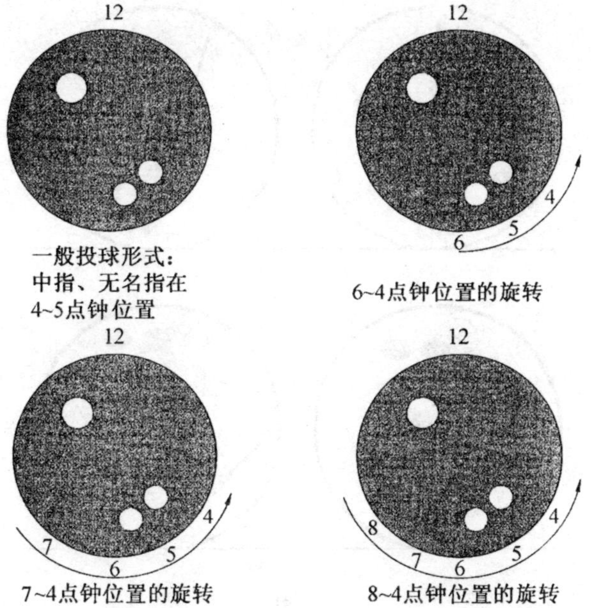

图 2.34　保龄球不同旋转程度示意图

四、球道与投球的探索

打保龄球，球道与球的相互作用是决定击瓶效果的重要因素之一，因此，打好保龄球，不仅应对球道的最基本的知识有所了解，而且应该进一步对球道的特征、投球与球道的关系以及球道对投出的球的作用等有足够的认识，从而保证正确发挥技术，提高全中率和补中的成功率。

球道是专门为提供保龄球滑溜、滚动和旋转而设计的，它有一定的长度和宽度，并经过处理上油的有效球道。如按结构区分，则有喷涂型和装饰型两种球道。前者为木质底层表面涂有纤维胶或腊克，后者为木质底层表面贴有一层尤录丁纤维板。如按处理加油后的表面情况区分，球道的类型就更多，这也是本书重点要谈论的部分。

一条球道可分为四个部分：从底线到犯规线为助走道，从犯规线到目标箭头为上走道，从目标箭头到①号瓶中心线为中球道，①号瓶中心线后整个竖瓶区为瓶台。

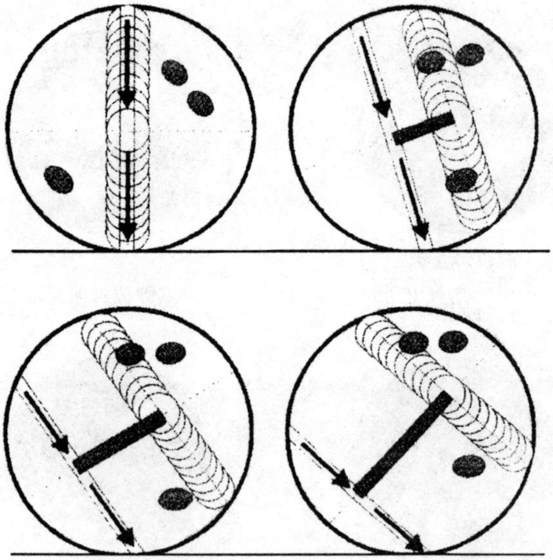

(a)

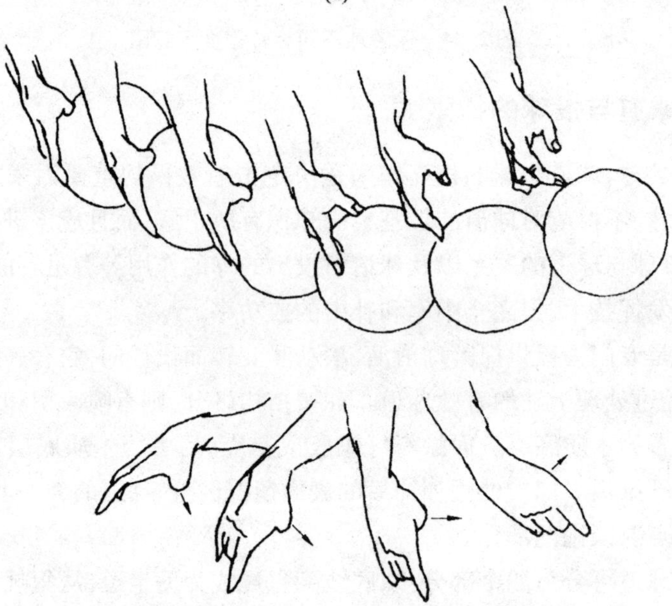

(b)

图 2.35　翻腕及旋转球示意图

1. 球道的审查与处理

凡作为公开竞技场地的保龄球道，每年进行一次审查，以便使这项运动有一个统一的竞赛环境。凡经专业组织国际保龄球联合会审查符合标准的，由该组织发给合格证书。审查内容一般包括球道宽度和长度，纵向和横向倾斜度，水平状态，目标箭头的部位、接缝，瓶位标点的大小和距离，边墙护板的厚度，球沟的宽度和深度，其他方面的尺寸和机械设备工作程序的状态等方面。尽管球道按规定标准做了定期的全面审查，但是球场和球场、球道和球道之间的特性仍不尽相同，球道表面的处理加油标准也有差异。也就是说，没有完全一样的两条球道。经过检查审核的各地球道，只有在各方面相对维持一个大致相同的标准。

球道进行处理的目的：一是保护球道不因球的砸、滑、滚、旋及木瓶的返跳而受损；二是按规定的技术要求对球道作适当的处理，提供公正球道。经过处理适当的球道，至少应有 4.5 m 左右的滑溜区。滑溜区可使球深入球道后再开始滚动，然后转折形成曲线并进入瓶袋。如果球不滑溜或滑溜距离短，就不容易形成进入瓶袋的有效角度。凡是公正球道，球道上油处理后既不过分地有利于球进入瓶袋，也不妨碍良好的技术发挥使球不容易进入瓶袋，球员投球得分全凭个人的技术和技巧。

处理球道上油的方法归纳起来大致有三种方式：一是 A 型。这种球道得分潜力实事求是。球道整个横面布油均匀；纵面从犯规线起到约 9 m 处的布油，前 4.5 m 油厚，往后 4.5 m 油薄，再往后到瓶台无油。这种球道，只要球员使用正确的球，选择合适的角度，技术的发挥对每个球员都是公正的。二是 B 型。这种球道具有得高分的潜力。球道中间部分油重，两侧干燥或极少上油，上油距离同 A 型。在这种球道上投球，球滚向瓶袋角的同一条路线可以持久不变，稍作调整即可得高分。三是 C 型，也称为混合渐薄型。球道中央为油峰，向两侧逐渐减少，上油距离同 A、B 型。在这种球道上，投球时能得到很好的反应，发挥技巧得高分的可能性非常大。

上述三种基本类型的球道处理，上油的距离还可能有长有短。短的甚至仅 4.5 m；油量也可能有多有少，有重油、较重油、中度油、轻油、较轻油以至干燥等多种。这种原始情况还会随着时间和使用而发生变化，主要指球道逐渐变干燥，使投出的球比原始情况更易呈钩形。所以观察球道应包括判断球道干燥的速度、程度和造成这种变化的原因等。

影响球道变化速度快慢和程度大小的因素有:

(1)球道的表面材料

它们是易于吸油还是不易吸油;是否有凝聚力阻止油的散布。

(2)球道表面的施油量和形式

表面的油量与分布情况以及施油距离长短等有关,掌握了这些资料,就知道应该怎样投球和估量打球过程中球道可能的变化。

(3)球道使用后发生的变化

特别是在第2号目标箭头处,由于多数球员向此处反复投球不断滑溜滚动,表面油层不断地被带走,数条球滚迹造成油的凝聚和重新分布。

(4)自然条件

温度和湿度都能影响球道表面油层变化的速度。高温比低温容易使油发挥;高湿度下的球道不易干燥,通风和湿度低时吸潮快,球道干燥也快。如果球道表面纤维孔隙多,在同一区域球滚动次数又多,且高温低湿,球道表面变化最快。不同季节、不同日期、不同时间、球场的空调离门的距离等,都是影响球道变化的因素。每个球员必须及时了解、分析球道会随时间发生变化这一点,不断观察,发现变化,作相应的调整。

上述情况说明,球道能用不同的方法处理,甚至可处理成使球员的技术不起作用的程度。换言之,可以使有技术的球员在该球道上打不出好成绩(不易得分球道),也可以使没有高技术的球员获得不应有的高分(易得分球道)。在正式比赛中,任何人为地处理球道使其成为易得分或不易得分球道,都是不允许的。在易得分和不易得分球道两个极端中间,仍存在一系列不同情况的球道处理,如油层间断、厚薄不一、油距长短不同、或宽或窄、甚至一边倒等情况。这都是由于管理人员训练不够、管理不善、没有按规定要求处理球道等原因所造成的。

2. 助走道的观察与研究

助走道是从球道底线到犯规线之间的区域,球员投球前的站位、助走及投球过程均在这一区域内完成,它是球员发挥技术、技巧进行投球的有效场地。因此充分认识助走道的作用是十分重要的(图2.36)。

球员要养成检查助走道的习惯,目的是更好地完成技术、发挥技巧,提高

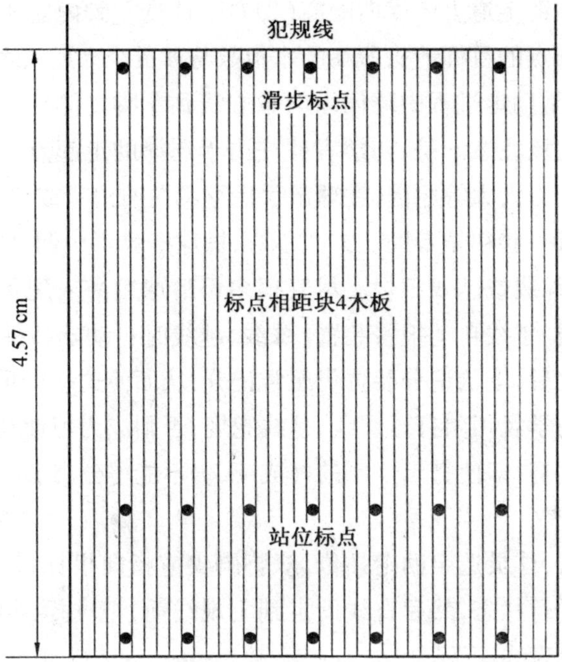

图 2.36 助走道示意图

击中的概率。主要从以下几方面观察与研究助走道。

(1)助走站位

助走站位由纵向、横向两个距离决定。纵向是指球员与犯规线之间的距离;横向是指球员左脚内侧所在助走道的木板数。这两个距离应该牢记,以便保证投球助走距离的准确性、助走路线的直线性和人、球、目标三者之间位置关系的正确一致性。

助走起点与犯规线之间的距离,可以通过前面讲的走步式测量法取得,即测量前的起点应与犯规线相距 5 ~ 7 cm。测量四步助走的距离时,从起点往底线走四步半,然后向后转体,而对犯规线,此时站立的位置就是四步助走的起点位置。三步助走和五步助走的起点位置可用同样的方法进行确定,只是所测步数不同。检验助走站位是否正确,可通过反复练习测定:助走滑步投球时,不必理会投球的结果,只需注意滑步停止时脚位和犯规线的距离。以距离犯规线 5 ~7 cm 为正确,有误差时前后稍作调整。站位确定后,除非改变助走步数,一般不宜前后移动。

助走起点在助走道上的横向距离(即右手球员左脚内侧所在的木板数),取决于作为瞄准点的目标箭头所在的木板数与球员个人所需木板数之和。个人所需木板数,是助走过程中球体纵向中心线到左脚内侧距离范围内所包括的木板数量。应该注意的是,初学者往往由于选择助走起点位置离犯规线太近或由于助走冲力太大等原因,在球出手后继续向前滑行或移步,造成踩线或越线犯规。另有一些初学者助走方法不对,掷球姿势不协调,球出手后身体不平衡,也易造成踩线或越线犯规。尽管很多保龄球馆尚未配备或虽已配备但平时不启用踩线、越线自动报警装置(踩线、越线时自动响铃并亮红灯),当球员踩线或越线之后,电脑记分装置仍照常记分,从而使这一严重的犯规动作遭到忽视。但是初学者切勿打球踩线、越线犯规,否则成为习惯动作之后很难纠正。一旦参加比赛,即使打出全倒的好成绩,仍不能得分,到时悔之晚矣!

(2)助走姿势

投直线球时,球员选定助走站位,双脚脚尖应指向投标目标,身体和两肩与犯规线保持平行状态,然后直线助走到犯规线前,把球投到某块木板上,使球顺着该木板沿直线滚下。

投斜线球和曲线球时,身体需要与犯规线成一定的角度,但这时要想象着身体的前面有一条与身体平行的犯规线,使助走的路线与这条想象中的犯规线垂直,以保证助走路线的直线性。球投出后,球路会与球道成一定角度,进入球道再转向瓶袋。

(3)助走路线

从起步到投球的步型是指球员从站位到犯规线的助走路线。无论是投直线球、斜线球还是投曲线球,投球助走的路线都应该是直线。注意:这里所说的直线并非是指走向犯规线的直线,更不是和犯规线走成直角,而是在意念上和目标箭头成平行线。如果出现或左或右的偏差,必须及时查明原因,并加以纠正或设法补偿。

球员持球直线朝目标箭头助走,使球按照预定的角度线垂直摆动;助走进入滑步时,球摆到最低点,球中心线和左脚内侧线之间距离 7 块木板(也有 6 块和 8 块的)。这种直线助走和球的运行线平行,以钟摆式投球最为理想,是一种自然的投法。但是,任何步型、任何摆动,只要球员能在时间上高度地配合,结合本身风格,使之完美无缺,同样能收到好的效果。

(4)明确助走的偏离方向和木板数

如果球员朝目标助走的不是直线,或偏左或偏右,这时应弄清偏离的方向和木板数。例如,球员沿助走道纵轴平行直线助走,左脚内侧站在助走的标记处。例如,球员沿助走道纵轴平行直线助走,左脚内侧站在助走起点的第 17 块木板的左侧边线上,向第 2 号目标箭头助走时,要以第 2 号目标箭头为目标进行投球。如果投球后左脚内侧仍在第 17 块木板的左侧边线上,说明步型没有偏离,如果投球后左脚内侧不在第 17 块木板的左侧边线上,说明步型发生了偏离,这时即可得出偏离的方向和木板数。当球员与助走道纵轴成一定角度直线助走时,可预先画出助走的直线,然后通过反复试投确定助走偏离的方向和偏离的木板数。弄清以后,或设法助走走直线,或把偏离结合在助走站位上,加以纠正。

3. 上球道与投球

上球道是指从犯规线到目标箭头之间的区域球道,也称为发球区或球道头(图 2.37)。

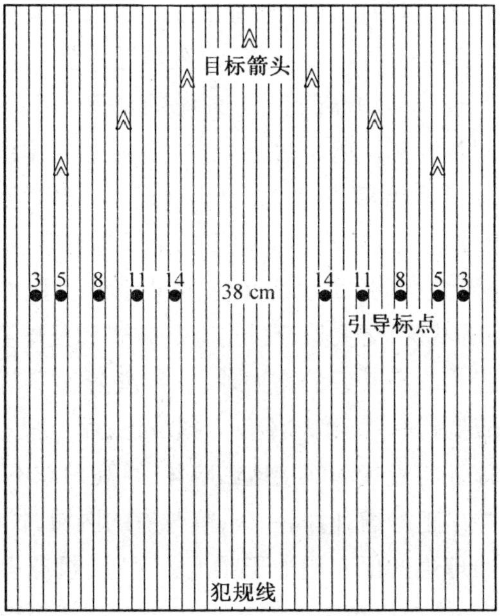

图 2.37　上球道示意图

上球道经过打磨,水平误差不超过 0.01 cm,球在这里与球道开始接触,并发生相互作用,按照球员所希望的速度、角度和转折取道进入瓶袋。由于球与球道接触所产生的变化直接影响着投球的效果,所以必须认真地观察和研究上球道。

上球道要经得起球的不断撞击,必须材料坚韧。这部分通常用枫木,中间有两个拼接处;整个球道的木板上涂加了 3 ~ 4 层纤维胶或腊克之类,并上双层油加以保护。表面处理旨在保护球道和提供公正的球道,同时也为了让球有足够的滑溜区,以利于深入球道。主要从以下几个方面观察和研究上球道。

(1)瞄准

投球前首先要进行瞄准,对于同一直线上两个不同距离的目标,当然近的要比远的易瞄准。上球道的 10 个引导标点和 7 个目标箭头及任何一块木板都可作为瞄准的参考点。投球的瞄准方法与射击的瞄准方法很相似,如果落球点发生一块木板的偏差,那么球行进到目标瓶时球路轨迹就会发生大于一块木板的误差。瞄准应在上球道开始,也在上球道结束。

(2)落球距离

在进行投球动作时,球脱手到与球道接触的这段距离称为落球距离。一般为 0.36 ~ 0.54 m,也可远至 1.5 ~ 1.8 m,视球道特性和投球要求而定。球应从容不迫地落在犯规线前的球道上,上面说的 0.36 ~ 0.54 m 是一般情况,这已能提供充分的滑溜距离。落距过小,滑溜距离也小;滚动会过早,拐弯也早;落距过大,效果相反;滑溜距离大,拐弯则过迟。上球道加油多少和整条球道加油多少,决定落球距离的大小。油过多的上球道要求较小落距,上球道少油和球道干燥时,落距应大,这可以避免球过早地滚动和拐弯。最佳的落球点,不仅要根据球道的状况,更要适合投击球的方式和投球姿势动作的合理性而定。初学者往往投出既高又远的高抛球,这样就延长了落球点的距离来击瓶,这是错误的投击球方法。高抛球不仅有损球道,而且很不容易控制球的方向与进程等。高抛球还将直接和间接地影响球道:高抛球不是滑溜滚入球道,而是高抛出的球直接砸上球道,时间一久,落球点的区域,长期承受压力,使球道变形,坑沟不平,给球道的保养增加了难度。另外,投球者无论采用何种角度线击瓶,球都应该是按照投球者希望的速度、角度、转折取道进入瓶袋。如果采用高抛球,球的自身重量与投球者的力量合并落向球道,使球很容易变线行进,背离了原来希望的角度线,击中目标的效果极不佳。

(3)滑滚溜球

投球者的球出手后,应该是很平静地、从容地、落道无声地使球进入球道,驶向目标,在球道上是以滑溜为主地滚动,即称滑滚溜球。球道表层油的处理得当,也是使球滑滚的有力保障。如果球滑溜的距离不够长,那么球的旋转滚动将会提前,球路的弯转也将提前,从而造成球路的超位(反之将造成球路的低位,使球难以进入瓶袋)。球员必须通过改变投球角度、速度和落球距离等对球路进行调整。

(4)投球角

投球时,球的运行路线会与犯规线相交形成一个夹角,这个夹角称为投球角或犯规线角,也称为上球道出手角。投球角有三种:一是成直角;二是大于90°成开角;三是小于90°成闭角(图2.38)。投球角的大小,取决于投球时球的落球点和目标箭头两点之间的连线与犯规线的位置关系。投球时使用何种投球角由球道和球路的特点决定,当球路难以形成曲线、钩形不足时,应采用闭角,反之应采用开角。

4. 中球道与球路

中球道是指从目标箭头到①号瓶中心线之间的部分(图2.39)。如果将上球道和中球道联系在一起观察,从犯规线到目标箭头约1/4长为原油区,从目标箭头到处理加油线约1/4长为薄油区,从处理加油线到①号瓶中心线约1/2长为无油区。也就是说,中球道的前部分为薄油区,而后大部分为无油区。观察和研究中球道时应注意以下几方面。

(1)球滚迹

球出手后在球道上运行时,会与球道表面接触,在球道表面留下的痕迹为球滚迹。而在球体表面留下的痕迹为球迹。右手球员一般以第2号目标箭头为瞄准依据,当球员多次投球后,在球道第8~12条木板的表面布的油会逐渐被带走,而形成干燥的摩擦区,使球经过时与道面摩擦力增大,球路成钩早。因此,如果想要有效地击中瓶袋,投球时要根据球滚迹的情况,适时调整投球线路。

(2)球滚道

由于众多球员在球道相同的区域范围内投球,日久天长,就形成球滚道,就像平地上人走多了就形成一条小路一样。有些保龄球场被公认为球滚道球

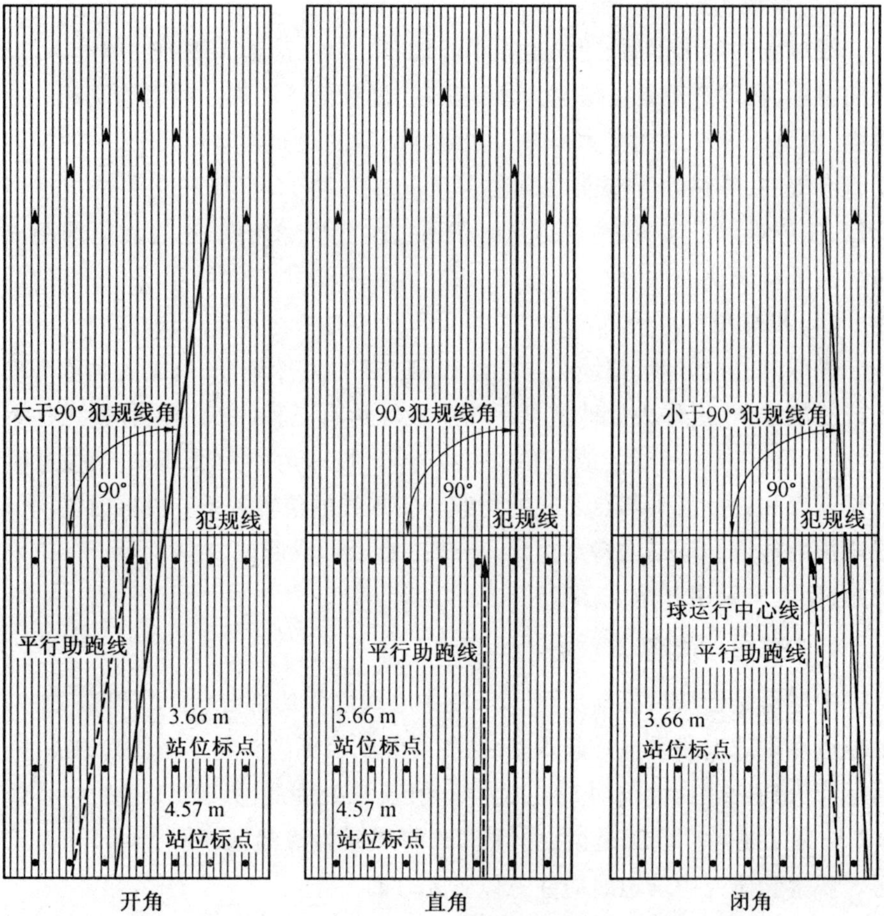

图 2.38　投球角示意图

场。如多数球员在第 2 号目标箭头范围内投球,从而出现了球滚道。在这种球道上,球员只要顺着球滚道投球,球就会进入瓶袋,很容易得分。通常球进入球滚道后滚动较快,所以要注意速度调整。投球时,应注意在球滚道上的反应,尤其是有多数人在利用球滚道时更应如此,其目的在于决定如何加以利用。为了适应变化的球道特性,有时需要采用外侧角或内侧角,让球走在它左侧或右侧,深入球道后再进入球滚道。在这种球道上投球时,要通过多次试投去了解滚球道的特性,从而确定在这种球道上投球时助走的路线、角度、球的旋转、投球的力度等因素。一般左手球员为数不多,往往不会在同一角度线上

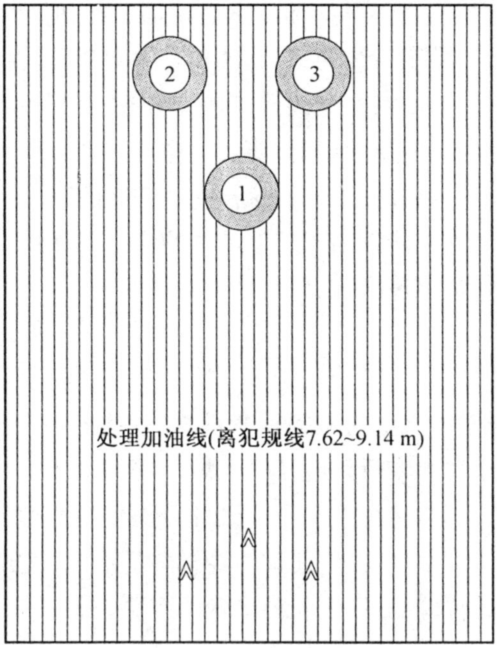

图 2.39　中球道示意图

投球,即使形成球滚道,也不会像右手球员那样明显。

(3)加油处理方式

球道上有油和无油的相接处称为处理加油线。自动加油机从犯规线前10 cm处开始加油,一般加到距离犯规线9.1～10.7 m处。加油距离过长、过短都不利于投球路线的掌握,过长会使球路拐弯出现得晚,易造成球不到位;过短会使球路拐弯出现得早,易造成球路的超位。

一般对球道进行三种不同方式的上油处理:一是从犯规线到9.1 m处布油。前4.55 m布厚油,后4.55 m布薄油,再往后到瓶台区不布油。二是在球道中间部分布重油,两侧不布油或上油极少,上油的距离与第一种方式相同。三是在球道中央布油峰,两侧逐渐减少,上油距离与前两种方式相同。上油也有可能过厚或过薄,或不均匀;宽度也有可能不同,有的宽及整个球道床面,有的只有一部分。所以,球道上油的长短、宽窄、厚薄都应注意。球道的原始加油状况并非一成不变,它会因受湿度、温度和使用时间的影响而起变化。变化程度和原始加油量也有关。由于温度、湿度造成的蒸发和球的滚压粘带,油少的球道比油多的球道干燥得快,油多的球道又容易产生积聚(球滚过时把油朝两边推)。除此之外,球还会把油带出处理加油线,时间一久,中球道无油,而蔚蓝色无油区上会粘积不少油,妨碍球拐弯成钩和进入瓶袋。

不同的上油方式对球路有不同的影响,同时上油厚薄、宽窄、温度和使用情况对球路也产生不同的影响,球员要及时作出相应的调整。

每次回球机把球送回后,球员应该检查球表面的油痕,一方面能推测球在球道上的反应,另一方面能判断球道上油量的多少,从而更好地适应球道。此外,每次投球前应将油痕擦净,以保持球面始终如一。

(4)转折处

球出手后在球道上向前运行,经过有油段和无油段,而球体滑溜过球道从有油段进入无油段时会产生明显的拐弯现象,呈钩形折向瓶袋。转折处是形成射入角的起点,理想的转折处应在距瓶袋3~4.5 m处。为适应球道特征变化而作的各种调整,都与转折处关联。因此,球员要根据球道的特点,适时地调整投球的角度、速度及旋转度,使球体经过转折形成最佳的射入角。转折过早,球路就会出现超位现象,反之就会出现不到位现象。

(5)异常情况

球道的每一部分,都可能有异常情况,即影响球进入瓶袋的一切不正常现象。这类不正常现象对某些球员或有利或不利。

例如,球道木板的高低不平、有裂缝、拼接处没有对准等,都对投球不利,要尽可能设法避免;球道表层剥落、有凹坑、油多油少、上油失误等异常情况,如果球员留神注意球在球道上的反应也是不难觉察的。一旦觉察就应及时采取相应的调整措施。

再如,易得分球道和不易得分球道也属球道异常现象。碰到易得分球道应该加以利用;遇到不易得分或情况不稳定的球道,应在力所能及的范围内用技术加以调整来适应。这样不仅有利于全中,还能打好补中球。异常情况的出现,机会大家均等。只要能够发挥好技术和技巧,只要细心认真,注意观察,都能在变化无穷的球道上投出好球,取得好的成绩。

5. 瓶台与击瓶

瓶台位于球道底部,是指①号瓶中心线后的整个竖瓶区(图2.40)。瓶台是球员投球的真正目标,观察和研究瓶台与球相互作用的关系,对提高投球的效果有着重要的意义。

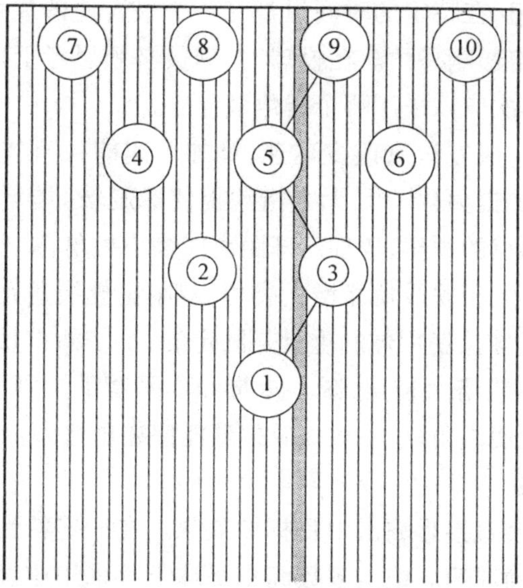

图 2.40　瓶台和第 17 块木板示意图

观察和研究球击中木瓶后发生的情况，并根据这些情况对投球进行适宜的调整，以求获得全中。对于瓶台与击瓶应注意以下几方面。

(1)瓶袋

球和木瓶撞击的接触点称为瓶袋。球员投球时以王道区域为目标，即右手球员投球撞击①～③号瓶，事实上球先接触的是①号瓶，随后偏向③号瓶；左手球员是①～②号瓶，事实上也是先接触①号瓶，随后偏向②号瓶。在实际情况中，左右手球员都有可能投出超位球，超位恰到好处(右手进入①～②号瓶袋，左手进入①～③号瓶袋)同样可获全中。球击中瓶袋很重要，击中瓶袋对木瓶的杀伤力就有了很大的把握。进入瓶袋的最好位置是 18 $\frac{1}{2}$木板处，击中①号瓶要厚，击中③号瓶要薄。

(2)袋角

袋角又称为进入角或射入角。在投球时，直线球的杀伤力不大，所以球员一般都投曲线球，这时球的射入线与球道的纵轴就形成了夹角，即进入角或射入角。因为木瓶在瓶台上以等边三角形排列，球击中木瓶后受到阻力要产生偏离，而唯有大的袋角才能保持球的正确偏离，才能对木瓶产生强大的杀伤力。弧线球、钩球及反旋球能形成理想的袋角。

任何一条球道,在特定的时间里都有一个最合适的袋角。球道处理加油及使用次数多寡将影响袋角。在投球时,球员必须思考上次选用的袋角是否正确,然后判断本次应该采用哪个袋角最合适。

改变袋角的一般方法有改变球速,增加球速能拉直袋角,减小球速则相反;改变提力,增加提力(中指、无名指钩提使球旋转)能增大袋角,减小提力则相反;改变落球点的距离,增加落球距离能缩小袋角,减小落球距离则相反;改变犯规线角,增大犯规线角能增大袋角,减小犯规线角则相反;改变球的重量和不平衡重量(球员使用球的重量是固定的,不平衡重量也有规定,这里是从技术观点上讲)能增大袋角,减小重量和不平衡重量则相反。在一般情况下,表面硬的球能使袋角缩小,表面软的球能使袋角增大。

(3)进袋速度

球速的快慢会直接影响击中目标的效果。在一定特性的球道上投球,需有与它适合的正确球速。绝大多数高水平球员都采用中速,球从犯规线前的落球点到①~③号瓶位为2~2.4 s。控制球速是球员的基本技术之一,球员应练习变换球速,以便在球道特性变化后,需要变换球速时使用。在正常情况下,球速变换为±0.2 s。如果球速太快,球会从竖瓶区冲过;如果球速太慢,球体会因速度不足而偏离球袋。球员在进行投球练习时,应保持一定球速的动力定型,然后根据球、球道的特点,掌握如何调控球速,只有这样才能根据不同的情况投出速度理想的进袋球。

(4)瓶袋作用

瓶袋作用是指球投到球道上,通过滑溜、滚动、旋转等以后击中瓶袋时球与瓶袋间的相互作用。瓶袋正中为第17块木板,球应该在$18\frac{1}{2}$木板处进入竖瓶区,1块半木板为正确偏离。如果投球的直进力和旋转力不够,球就到不了正确的击球部位;如果投球的直进力过大,球会从第19块或第20块木板处击瓶;如果球与瓶袋的作用力不够,球击⑤号瓶的力度会过轻;如果球与瓶袋的作用力过大,球击⑤号瓶的力度会过重。球击中⑤号瓶的作用力过大或过小不易引起瓶区的连锁反应。瓶袋作用往往与球转折拐弯时间有密切的关系。转折拐弯过早会使球损失部分作用力和减少冲力,未到瓶袋冲劲已过;转折拐弯过迟,球击瓶袋时作用力尚未发挥到最适当的程度。两者都不能使球维持正确的偏离而贯穿瓶袋。

(5)关键球

球进入瓶袋后与木瓶相互碰撞,从木瓶倒下的形式可以判断球进入瓶袋后球路的偏离是否正确。其中④、⑤、⑥号瓶是投击全中球的关键,这三个瓶称为关键瓶。

投出全中球时的球体与木瓶碰撞的一般规律是:④号瓶击倒⑦号瓶,⑤号瓶击倒⑧号瓶,⑥号瓶击倒⑩号瓶。如果④、⑤、⑥这三个瓶的倒向不正确,则⑦、⑧、⑨、⑩这几个瓶就很难倒下,这是球在瓶袋内的不正确偏离造成的,应进行调整。通常,中级水平的球员往往击中瓶袋后仍不能全中,留下⑦号或⑩号瓶,也可能是⑤号瓶。有时④号瓶勉强在⑦号瓶左或右将其击倒,⑥号瓶勉强在⑩号瓶左或右将其击倒。⑤号瓶又称国王瓶,其外围有①、②、③、④、⑥号瓶护守,如果袋速、袋角、偏离和瓶袋作用的任何一个环节出现问题,球就很难深入其内将⑤号瓶击倒;即使将它击倒,进入瓶袋的作用力无论过大或过小,⑧号或⑨号瓶仍有一个保留。

(6)返跳

木瓶受到球的撞击后,与瓶台、边墙、边沟产生相互作用回击其他木瓶的连锁反应,这种现象称为返跳。返跳有助于提高投球的全中率,但返跳出现的概率不大,常被球员称为幸运球。轻投或重投都有可能造成木瓶的返跳,返跳有瓶台返跳、边墙返跳和边沟返跳等。碰到这种情况时不必改变投球方式。如果为了所谓的完美而改变投球方式,就有可能失掉全中的机会。碰不到返跳也不必强求。

(7)木瓶重量

木瓶是打保龄球的最终目标,投出的球到达袋角进入瓶袋和瓶接触时,木瓶重量、使用的次数以及是否修理过都有可能起重要作用。木瓶重1.446~1.644 kg不等,称为③—③瓶至③—⑩瓶,职业球员常用③—⑤瓶或③—⑥瓶,每组木瓶的轻重相差不得超过0.4 lb。比赛中如果过轻和过重的木瓶混入一组使球员获得了高分,国际保龄球联合会为了维护比赛的一致性,不予认可。重量和结构一致的木瓶能使球和瓶的偏离比较正常。重瓶使球偏离大(阻力大),如欲使木瓶在瓶台上按正确的偏离路线进行,则对袋角、袋速和瓶袋的作用需作适当的调整,一般以稍大袋角、袋速和瓶袋作用为佳;轻瓶使球偏离小,需作相反调整。瓶的轻重除了向场地管理员询问外,主要应在本人观察偏离情况后作出判断。如果球进入竖瓶区后径直穿过,说明瓶轻或袋角小和球速过大;如果球进入竖瓶区,撞瓶后过分明显地偏离,说明瓶重、袋角不适当和球速过小。

总之,瓶台是成败的关键。它离球员远,又不容易看清。因此,球员要在实践中认真锻炼观察瓶台的能力,注意分析其中每一个要点,使它在观察和研究整个球道和进行调整中相互吻合,并起到相应的作用。

6. 对球道探试的重点

无论是专业球员还是业余投球者,在练习或者比赛时,都应该审查球道的宽度和长度,纵向和横向倾斜度,水平状态,目标的位置,接缝,瓶位标点的大小和距离,边墙板的厚度,球沟的宽度和深度,其他附属机械设备工作的好坏及状态等,以防影响投球的进程。

任何投球者,必须在最短的时间内迅速地了解并掌握所在场地球道的特性,并很快适应它,同时做到细察、抚摸及试验。

(1)细察

仔细观察球道的保养情况,球道上有无其异常现象及异物;判断各条球道的使用率和新旧程度,是否清洁;试跑了解一下滑步是否顺利;还要观察加油距离长短与宽窄等。

(2)抚摸

用手接触摸球道的表面,摸摸油的多少,是否干净,有无黏性,无油区是否干净或无油等。

(3)试验

首先应以⑦号瓶或⑩号瓶为目标,经过试投适应,选择投球方式,以及了解击全中球的球道性能。其次,右手球员以①~③号瓶之间;左手球员以①~②号瓶之间的球道区域为目标,通过试投,适应感觉,尽快找到最佳角度线或作必要的调整。

7. 球道的基本状态

由于球道表面材质的特性和布油情况存在差异,按球在球道上滚进的速度,可将球道大体划分为快速道、中速道和慢速道三种类型。不同速度类型的球道对投球的球路轨迹有不同的影响,快速球道道面硬,上油多,速度快,球路不易成钩;慢速球道道面软,上油距离短,油量少而薄,球速慢,球路易弯曲成钩;中速球道道面硬度介于快速与慢速球道之间,上油量适中,易于正常发挥投球技术,是符合比赛要求的公正球道。在慢速球道上,球路容易出现大曲线,还会出现超位。一般来说,球道上油处理的形式和上油量的多少是影响球道特性最重要的因素。正式比赛前,如前所述,球员可以通过眼看手摸对球道的使用情况、道面的布油情况和道面的清洁度进行必要的了解,再通过试投掌握球道对球路轨迹的具体影响。

对上述三种类型的球道,按角度线投法,又可划分为五种状态的球道,即中性球道、内侧球道、外侧球道、曲线球道及非曲线球道。这五种状态的球道,其基本特征、性能应作常识性的了解,做到心中有数,要根据经验作出正确的判断。

(1)中性球道

条件适中、技术规定标准相对统一、处理上油符合要求的球道均为中性球道。凡掌握一定技术和技巧的球员,在这种中性球道上容易投出钩球,并能以很深的射入角进入①~③号瓶袋(右手球员)或①~②瓶袋(左手球员)。因此,它是最适合比赛的公正球道。

(2)内侧球道

上油距离适中,但量少过薄,显得干燥的球道。采用第2号目标箭头在这种球道上投出的球常会在①号瓶前出现急转弯而超位。这种情况的调整方法:站位选择内侧线;采用开角;选择3号目标箭头瞄准;增加球速;使用中性偏硬的球。

(3)外侧球道

上油距离稍长、油过厚的球道。在上面正常投球难以形成曲线,旋转,拐弯极差,球常从③号瓶旁直滚而过,无法进入瓶袋。对这种球道的调整方法:放慢球速;在球道中间稍偏右投球;右移位增大射入角;选择中性偏软的球。

(4)曲线球道

没有打磨和清洁干净,尘埃过多,油凝固有黏厚的球道。在上面投球时,球路很容易走成大曲线。这种球道的调整方法:加快球速;选用硬性球;采用更大的开角;站位于助走道左边(侧转射体),选第4号目标箭头瞄准。

(5)非曲线球道

上油距离长、量多,看上去亮光光的硬性快速球道。在上面正常投球时球速很快，球路难以形成曲线，球达到瓶袋缺乏旋转性杀伤力，还容易出现分瓶。对这种球道的调整方法：选用软性球；慢放球，低球速；增大射入角；落球点选为球道中间偏右处。

总之，在不同类型不同状态的球道上投球时，为了确保使球产生理想的球路轨迹而打出全中球，必须根据球道的具体情况，选择硬度适宜的用球，以及对投球的助走站位、投球的动作、犯规线角、瞄准点、落球点、球速、球的旋转、射入角等多方面因素进行适当的调整。

目前，我国的保龄场（馆）的设施与世界发达国家的设施还有一些差距，很难做到与国际标准设施同步。为了投出优异的成绩，提高国内的保龄球运动水平，认真研究和观察球道更显得非常重要。

第三节　全中、补中打法

保龄球竞技的最终目的，是一次将10个瓶全部击倒，称为全中。但同是全中球，情况也有区别，有的是幸运球，有的是威力球，只有干净、利落、完美的全中球，才能体现出高超的技术和精湛的球艺。

投全中球并不神秘，只要能够明确要点，并结合本人投球特点进行刻苦学习，人人都能做到。本节将把投全中球的要点综合起来，加以较详细的论述。

一、全中打法

1. 完美的全中球

完美的全中球包括四项要素：①球必须有击中瓶袋；②球入袋的射入角要大而深；③球入袋后的作用力要正确；④球入袋的速度足以维持它要求的偏离度贯穿瓶台。

完美的全中球，右手球员球进入①～③瓶袋以后，球偏离路线击倒⑤号瓶和⑨号瓶。其他瓶被瓶的连锁反应撞倒：①号瓶撞②号瓶，②号瓶撞④号瓶，④号瓶撞⑦号瓶；③号瓶撞⑥号瓶，⑥号瓶撞⑩号瓶；⑤号瓶撞⑧号瓶（左手球员⑤号瓶撞⑨号瓶），球作S形偏离贯穿瓶袋的第17块木板，最后从⑨号瓶位滚出瓶台。这是一般公认的完美全中球（图2.41、2.42）。

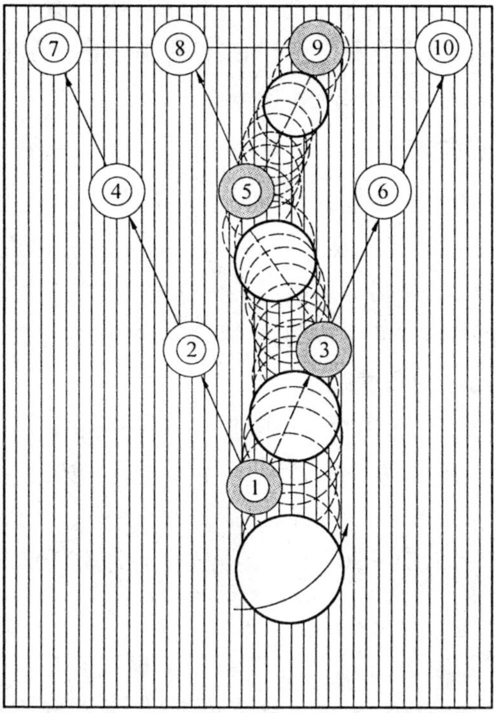

图 2.41　“王道”击瓶区域及“魔三角”的连锁反应图

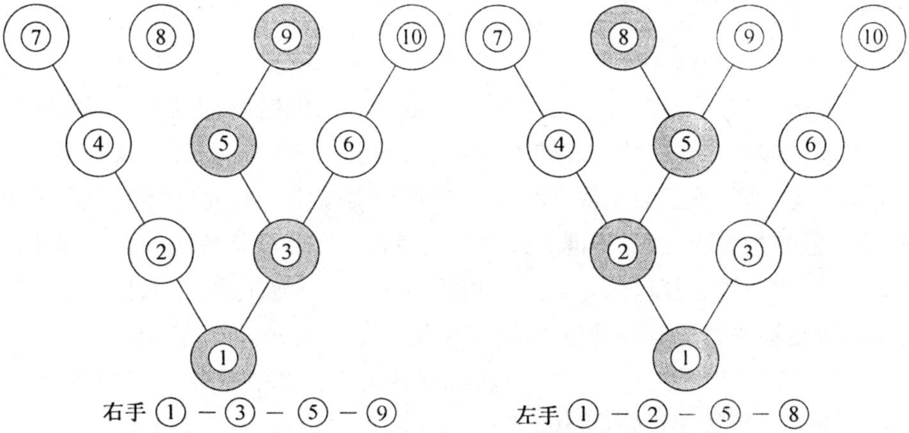

图 2.42　左右手击球路线

投出一个完美的全中球，是球员多方面动作协调配合的结果，也是本书讨论的目的。如果加以概括，则有下面几个要点：寻得最佳的投球角度线，握球和站立姿势正确，面向目标集中思想，注意站线，两眼看着目标箭头，直线助走，垂直运球，球带人走，手脚配合，时间准确保持平衡，二指钩提动作自然，落点准确，手指向目标，满怀信心，从容投球。

2. 掌握角度线瞄准法

欲投全中球，必须掌握角度线瞄准法。职业选手和优秀球员都采用角度线瞄准法。因为它是以科学调整为依据，具有高度的准确性。

所谓角度线瞄准法，是指球员根据某一球道特性，先决定用多大的犯规线角，再在这个基础上作相应的移位调整，求得落球点、目标箭头、瓶袋三者之间构成的一个瞄准用的全中角度线。

例如，落球点为第10块木板，球通过2号目标箭头进入①~③瓶袋（左手①~②瓶袋），犯规线角为90°，是10—10角度线瞄准法。其他如3—3、5—5、7—7都是90°直角。小于90°的为闭角，有3—5、5—7、9—10等；大于90°的为开角，有11—10、17—15、23—20等许多条瞄准用的角度线。

3. 适宜的球速

投全中球又必须掌握好球的速度。从犯规线到①号瓶中心线距离为11 828.8 cm，球的周长为68.5 cm。从理论上讲，球在球道上应滚26圈才能到达①号瓶。但事实上由于滑溜，滚动不到26圈。通过实验测得，球从落点开始滑溜，到①号瓶时的滚动、旋转以16~19圈为好。平均成绩达到190分的球员，球从落点开始滑溜，滚动、旋转最多为10~15圈。

球速过快和过慢都是缺点：速度过快会增加滑溜距离，使球进入瓶袋时来不及形成足够的旋转圈数。旋转不足的球击瓶后，瓶将垂直飞向沟底，不会横向击倒其他木瓶，甚至会出现不易补中的高难度瓶位。速度过慢也会产生问题，最明显的是撞瓶无力，不能有效地穿过瓶台。小龄和老龄玩球者投的球往往无力，不能有效地穿过瓶台。一个从犯规线到①号瓶时间超过2.6 s的球，往往没有足够的力量，不能保持冲力击倒①—②—④—⑦号瓶（图2.43）。

每一个球员所投的球的正确球速略有不同。高水平球员，球投出后从落点到击中①号瓶的速度时间为2.2±0.2 s，最快2.0 s，最慢2.4 s，以中速为好。

时间掌握恰当的投球形式，能使投出去的球速前后一致，速度始终不变。掌握了恰当的球速还应学习怎样使球速随球道情况的不同而调整。调整球

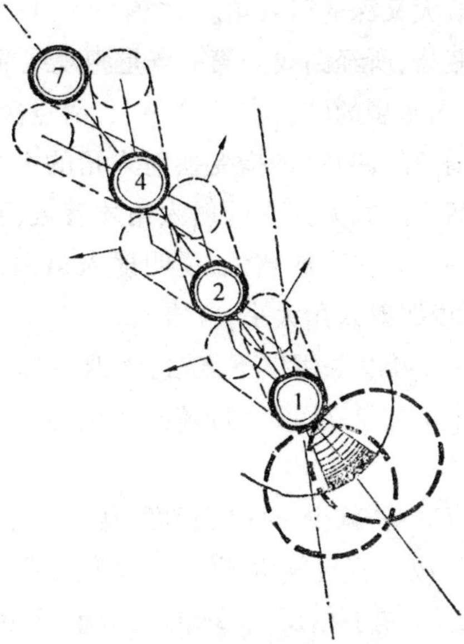

图 2.43　四瓶组示意图球瓶的关系

速,同时又不影响助走和运球的时间,这点并不容易,需要长时期地练习才可以。

在开始阶段,球速的稳定一致远比球速的快慢重要。但到较高水平时,球员应能掌握快慢球速。

球员应练好掌握适合本人投球形式的球速。如果投的球能以同一方式滚动前进,相对恒速,就能控制球进入瓶袋的途径并估计出球的偏离,同时也能更正确地观察球道的情况,再按不同的球道情况进行调整,提高击中瓶袋和全中的概率。

4. 有效的射入角

射入角是球黑心向①～③号瓶位时的路线与①号瓶中心线之间构成的角。要想投全中球,必须增大和加深射入角。一般来说,在有限的范围内投球,只能得到有限的力量。但在保龄球运动中,必须努力做到在有限的范围内投球,达到超范围的力量才行。怎样才能使投出去的球产生超范围的力量呢?随着保龄球技术的发展和技巧的提高,增大和加深射入角是获得超范围力量的关键。射入角越大,越接近直角,撞击的破坏力就越大;射入角越深,杀伤力越强。所以,球员们通常都采用弧线球、自然曲线球、短曲线球和反曲线球,因为只有这样才能得到既大又深的射入角。

球从脱手到进入瓶袋，所经路线的第一点是犯规线前的落球点，第二点是目标箭头，第三点是拐向瓶袋的转折点。第一、二两点决定犯规线角，第三点是射入角的开始。所谓角的调整，是指变换射入角的大小以求全中。这里必须说明的是唯有击中瓶袋的既大又深的射入角才有效；否则再大的射入角也没有作用。如果球击中瓶袋偏高或超位，说明射入角太大，应减小；如果球击中瓶袋偏低或不到位，说明射入角太小，应增大。

增大或减小射入角，可以采用以下方法：①改变球速；②改变犯规线角；③改变球重和球的不平衡重量；④改变投球时的提力。但每次最好用一种方法。

增加球速可以拉直球路，减少弯曲的程度，从而减小射入角；减低球速效果相反（直线球例外）。改变犯规线角，助走时位置向右移（右手）能增大射入角，向左移则减小射入角（左手相反）。球的积极重量能增加射入角，消极重量能减小射入角。投球时增加提力能增加射入角，减小提力则相反。

用2号目标箭头为基准的标准型投球，射入角一般只有2.5°~5.5°。而越接近最外侧（以第1木板到第7块木板为基准）进行投球，射入角则越理想。

5.正确的作用力

这里所说的作用力，是使球在瓶台上按照要求的偏离度穿过木瓶，并使木瓶顺着完美全中的次序被击倒的能量。

作用力包括的内容很多，它是手臂的提力、球的旋转、指力和钩力等的总称。其中最主要的应该是放球时拇指和无名指、中指的位置和它们施加在球上的力。作用力还往往引申包括击瓶袋时球本身所有其他因素造成的力。所以作用力是很多因素汇聚在球身上的结果，包括球道情况、球速、球重、球的不平衡重量、瓶重和瓶的重心、犯规线角和射入角等因素在内，这些因素产生的作用力使球到达瓶袋、冲击木瓶并通过瓶台。

如果球到达瓶台时作用力过大，则它撞击瓶袋后将不依照①—③—⑤—⑨号瓶位的偏离途径。竖瓶区左侧留有补中瓶，往往说明球的作用力过大。

如果球到达瓶袋时作用力不够，球将向袋角外侧偏离，击中③号瓶偏多，而击中⑤号瓶偏少，甚至击不中⑤号瓶。留下⑥—⑦、⑤—⑩、⑧—⑩、⑦—⑨

等分瓶时，往往说明球的作用力不够。

如果球的作用力适当，它在 18 $\frac{1}{2}$ 块木板处进入瓶袋，按照正确的偏离方向，即贯穿第 17 块木板的 S 形偏离方向前进，这样就能产生正确的倒瓶方式。所以，球在瓶台中行进的方向，是球作用力是否正确的主要指标。

影响球作用力的因素很多。这些因素与作用力的关系用一些例子便可说明。球员在放球时，稍用一点提力或翻腕增加球的旋转，同时使用最外侧线，就能产生足够的作用力使球获得全中。用最内侧线和增加提力也能产生足够的作用力。增大落球距离会减少球的转动圈数，减小球的作用力。落球距离小的球比落球距离大的球作用力大。旋转良好的球进入瓶袋时作用力强，比旋转过早或过迟的球作用力大。木瓶的重量和重心虽然不能改变球的作用力，但也有一定关系，重瓶比轻瓶要求更大的作用力。

由此可见，影响球作用力的因素极多，改变作用力不限于放球时手对球的控制。对于这些因素，球员应作全面的考虑，使投出的球正确地获得全中。

6. 球偏低（不到位）的调整

一般保龄球爱好者的初级球员总想在训练中或比赛前试投两个球就掌握球道的特性，找出最佳角度线，投出一个又一个完美的全中球，但实际投出的球却往往不是偏低不到位，就是偏高超位。所谓偏低不到位，是指球击中③号瓶或以③号瓶为主的那条角度线（左手球员是②号瓶或以②号瓶为主的角度线）。在这种情况下，应先检查：①站位是否正确；②滑步终止时横向有无错误；③球的落点是否正确；④通过目标箭头是否准确。如果这几点都没有问题，但仍出现偏低不到位，那就必须进行调整了。

例如，采用 10—10 角度线瞄准法投球，球击中③号瓶出现偏低不到位时，应运用 3 : 1 : 2 原理，站位右移 2 块木板，改用 9—10 角度线瞄准法，这时犯规线角小于 90°，成为闭角（图 2.44(a)）。如果球仍然偏低，应向右移 2 块木板，采用 8—10 角度线瞄准法。通过这一调整才能准确地击中瓶袋，这就是偏低调整的主要方法。

如果球仅是稍偏低，一般只要加强中指和无名指的钩提，或将身体稍向左侧，右移 1 块木板即可得到调整。其他角度线的偏低调整也是如此。

7. 球偏高（超位）的调整

右手球员投出的球，如果偏高超位恰到好处，则球进入①—②—⑤—⑧号瓶袋，能获得超位全中，此时应乐于接受。但这里所指的偏高，是指球击中②号瓶或以②号瓶为主的错误角度线，因而同样必须先检查以下几种情况：①站位是否正确；②滑步终止时有无横向误差；③球的落点是否正确；④通过目标箭头是否准确。然后进行必要的调整。

例如，采用 10—10 角度线瞄准法投球，当球击中②号瓶出现偏高超位时，应运用 3∶1∶2 原理，站位左移 2 块木板，改用 11—10 角度线瞄准法。这时犯规线角大于 90°，成为开角（图 2.44（b））。如果球仍然偏高，应继续向左移 2 块木板，采用 12—10 角度线瞄准法。通过这一调整才能准确地击中瓶袋，这就是调整偏高的主要方法。

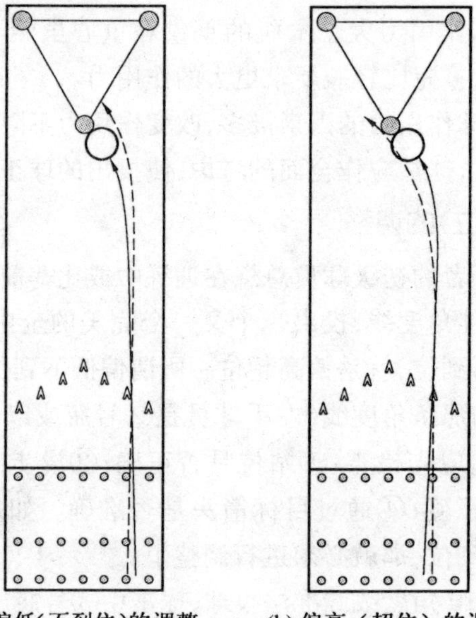

(a) 偏低（不到位）的调整　　(b) 偏高（超位）的调整

图 2.44　球位调整方法

如果球稍偏高，一般先将握球的手以肩为轴做 360°转动放松一下，再在原来的站立位置向左移 1 块木板即可得到调整。其他角度线出现偏高的调整也是如此。

出现偏高的另一原因是球速慢（没有达到中速），必须增加球速才能减少转弯力。增加球速可相对拉直角度线，纠正偏离位。

如果偏高超位是由于球道软或干燥（慢速道），则应另换一个硬性球，或作进一步的角度线调整来克服。

8. 投全中球的要点

①选择最佳角度线，确定站立位置。决定站立位置的基准线和球员的脚有关。直脚（右手球员）以左脚内侧线为准；内八字脚以左脚前部内侧线为准；外八字脚以左脚跟内侧线为准。

②站立后应面向目标，双肩和犯规线平行（或在意念上与犯规线平行），姿势自然。不少人在助走和滑步终止时会有一定的偏离倾向性，这种倾向性属于自身因素，在确定站立位置时必须将这个自身因素计算在内。

③在正确的位置上站好后，球员投球前在心理上和情绪上必须进行自我调节。调节的方法为集中、放松、集中、深呼吸及起步。

④为了确保身体平衡和步幅自然，1、2、3 步的幅度和节奏要一致。手脚配合应高度协调，左手慢慢向外侧展出，要有推墙之感。

⑤滑步终止时，右脚向左后方伸出，脚尖作为一个支点保持好身体平衡。双肩、左膝盖、左脚尖成一直线。

⑥放球的瞬间不能过早或过晚。在握球的右手离左膝盖 150 cm 左右时将球推出。根据不同组的角度线采用不同的落球距离。

⑦投球时前臂不要用力，要依靠自然摆动的惯性力。在滑步停止时的一瞬间求得加速度，将球往目标上送。

⑧投球后做到一保持、五看清：保持投球姿势；看球的落点，看球通过目标箭头，看球的转折拐弯，看球击中① ~ ③瓶袋和球进入瓶台的作用力，看滑步终止时左脚内侧线的位置。

⑨右肩（右手球员）不要过低，手臂砂要挥向内侧或外侧，手指指向目标箭头，下颚不要抬高，上身不要侧向一边。

⑩练习中必须养成这样的习惯：在脑子里编排出一个以时间为准的手脚配合技术程序——运球摆臂原时间 = 助走的时间，并默念这个技术程序。

⑪要有始终如一的技术动作、节奏和幅度。其程度应接近机器人。

⑫当自我感觉不好、连连失误时，应及时找教练指导，设法纠正错误动作或改变角度线。

二、投全中球的调整

为适应球道情况，球员对原投球方法作出某些改变，以便正确地击中瓶袋，这种改变称为调整。调整有三个主要内容：一是用球调整，即更换使用表面硬度不同的球；二是投球位置调整，即角度线调整；三是投球方法调整，其中包括球速、提力和落距的调整。

1. 角度线调整

角度线调整，简称为角和线的调整，是保龄球运动员经常采用的调整方法。由于调整时要求球员在助走道上的位置向左或向右移动，这就涉及投球的线和角，所以应先把这两个词的概念加以明确，然后再讨论在某种特定的球道情况下寻求正确的投球线和角的方法，包括寻求正确角度线的个人公式和变换角度线时站立位置的计算方法。最后讨论五组全中线和在这五组线上以正确的线和角进行投球的准则。

(1)线和角的定义

按照球道情况和选用球的软硬，球员在助走道上从左到右可以选择许多不同的投球位置。这些不同的投球位置，即不同落球点、目标箭头和袋角连成的不同的全中线，简称线。专家们把这些线归纳成五组，从里向外分别为最内侧线、内侧线、第 2 目标箭头线、外侧线和最外侧线。每组全中线，都表示球从犯规线外到木瓶经过几块木板的若干条球路的总球路。例如，最内侧线，表示球从犯规线外 20 ~ 27 块木板通过箭头处 18 ~ 22 块木板这一范围所走的总球路。其他各组线，也同样各自表示球从犯规线外的某个范围内通过目标箭头处的某个范围内的总球路。图 2. 45 表示的是各组线中的一条球路。其中图 2. 45(a)为最内侧线：犯规线外 20 ~ 27 块木板、目标箭头处 18 ~ 20 块木板范围内。其中图 2. 55(b)为内侧线：犯规线外 11 ~ 21 块木板、目标箭头处 13 ~ 17 块木板范围内。图 2. 45(c)为 2 号目标箭头线：犯规线外 6 ~ 18 块木板、目标箭头处 8 ~ 12 块木板范围内。图 2. 45(d)为外侧线：犯规线外 3 ~ 8 块木板、目标箭头处 4 ~ 7 块木板范围内。图 2. 45(e)为最外侧线：犯规线外 1 ~ 3 块木板、目标箭头处 1 ~ 3 块木板范围内。

在每组全中线范围内，包含着若干个犯规线角，简称角。角一般用木板数表示。例如，12—10 犯规线角，表示落球点在第 12 块木板上，球通过 2 号目标箭头第 10 块木板构成的线和犯规线组成的角；11—10 犯规线角，表示落球点在第 11 块木板上，球通过 2 号目标箭头第 10 块木板构成的线和犯规线组成的角。这两个角都在 2 目标箭头线这一组的范围内。

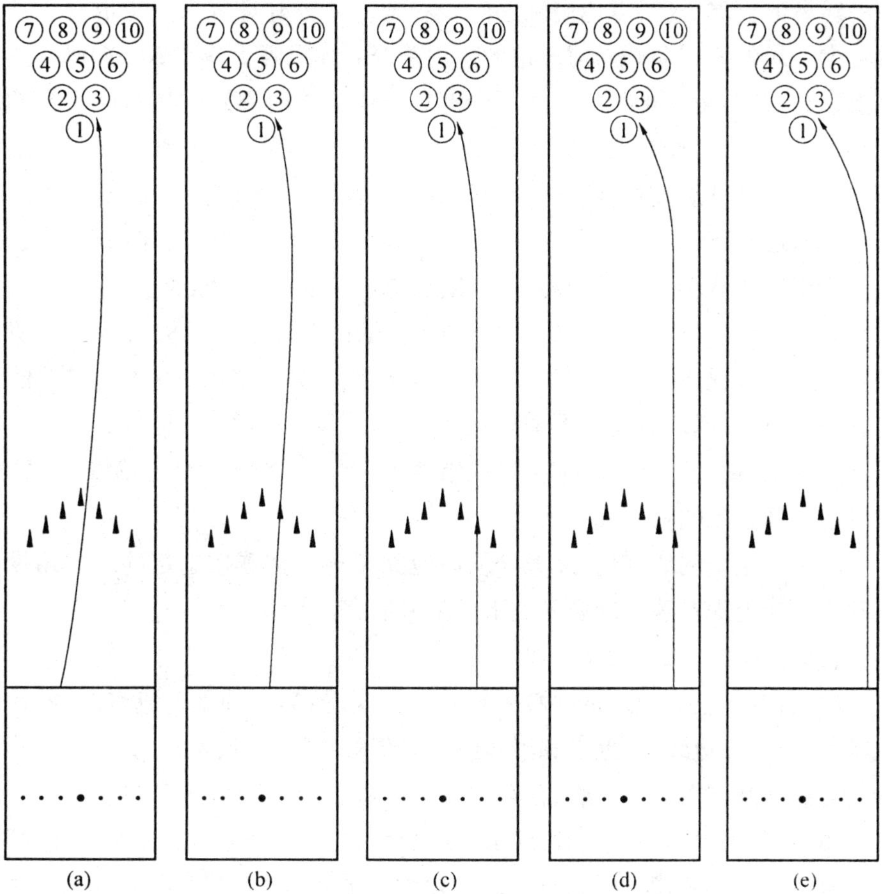

图 2.45 各组线路图

不难看出,线和角形影相伴,有线必有角,有角必有线,在采用角和线调整时应密切配合。但线和角的概念常容易混淆,本书所讲的也是大概区分而已。

(2)怎样找出正确的线和角

在球道上有五组全中线,每组全中线中又有若干个犯规线角,而某球员在某一特定球道上投球,使球滚入①～③瓶袋的正确的线和角往往只有一个。因此,球员投球时必须尽快找出这个正确的线和角,以减少分瓶和难度大的补中瓶组。

为达到这个目的,球员首先应了解有关球道的情况。了解的方法是多方面的,如观察某些高水平球员在某条球道上的投球情况,尤其是投球形式和相似的球员的投球情况，以他们挑选的线和角的得分好坏等来决定取舍。其次应考虑开局的时间和开局前球道的使用情况。如果晚上6点30分开局，球道刚上过油，此时将不难断定上面不会有球滚迹。这时不妨先用自己习惯的线和角进行试投，并作必要的调整。通过几次试球，就能对球道的反应作出判断。如果自己开局较迟，则不难推断球道原始特性已经破坏，油面已经发生变化。有时还会听到某球场属内侧线球场、外侧线球场、球滚道球场等的议论，这些议论说明球场球道的倾向，是帮助选择正确全中线的线索。

有时比赛会延续几天，甚至几个星期，球道上油情况可能每次都有所不同。在这种情况下，更应经常注意其他球员使用哪一条线，以取其成功的经验；同时也可以询问其他球员和球场管理员，虽不一定可靠，但也有帮助。有了这些了解，踏上助走道时选择哪一组线上的哪一个角，就不会无所适从，就有可能选择正确的投球线和角。

决定了正确的线和角，又怎样从站位到犯规线把球按选定的线和角投在正确的木板上呢？这个问题我们下面就来研究。

(3)个人助走偏离倾向性的纠正

球员在助走和滑步过程中，一般有三种状态：第一种是走成直线，即站立在第17块木板边线上，助走和滑步终止时仍然在第17块木板的边线上；第二种是自然地倾向左边，即站立在第17块木板的边线上，助走和滑步终止时偏向左边，如在第19块木板的边线上，这就有向左偏离2块木板的倾向性；第三种是自然地倾向右边，即站立在第17块木板的边线上，助走和滑步终止时偏向右边，如在第15块木板的边线上，这样就有向右偏离2块木板的倾向性。

助走和滑步的偏离倾向性每个人都不相同，有的可能偏1块木板，有的可能偏3块木板。它是个人多年自然形成的习惯，通常难以改正。为了投球准确，保持正确的个人必需木板数，除助走走成直线没有偏离倾向性的球员外，凡左偏或右偏的球员都必须通过移动站位进行纠偏调整。

例如，球员选定了10—10犯规线角投球，个人必需的木板数假定是7块，助走开始应当站在第17块木板的边线上，如果助走和滑步终止时有向左偏2块木板的倾向性，那么他的正确站位应在17-2=15，即第15块木板的边线上，须向右移2块木板。相反，如果某球员有向右偏2块木板的倾向性，他的站位应是17+2=19，即第19块木板的边线上，须向左移2块木板。

如果有人助走和滑步偏离倾向性左右不定，那就必须认真练习助走和滑步，或者练成没有偏离，或者练成固定在偏左或偏右一种状态，以便于纠正。

凡助走和滑步有偏离倾向性的球员，向左偏者应以个人必需的木板数减去偏离木板数；向右偏者应以个人必需的木板数加上偏离木板数，这点必须牢记（图 2.46）。

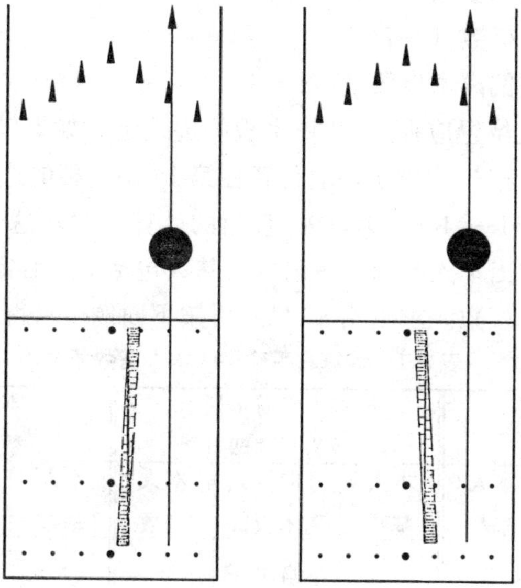

图 2.46 个人助走信离的确定

（4）计算站立位置的公式

前面已经说过，犯规线角通常用两个木板数字表示，如 10—10、12—10、17—15 等。第一个数字表示落球点的木板数，第二个数字表示球通过目标箭头处的木板数。欲按照正确的犯规线角投球，应该先知道球员起步时站立位置的木板数。因为球道情况在不断变化，犯规线角也可能随着变化而调整，所以有必要寻求一个简易计算站位的方法。

这个计算方法需要以下四个数字：一是犯规线外球落点处的木板数；二是目标箭头处的木板数；三是球员助走和滑步倾向性偏离的木板数；四是个人必需的木板数。为说明方便，我们举 10—10 犯规线角做例子。这是一个直角，易于说明这个公式。四个数字如下：

①落球点处木板数为 10；

②目标箭头处木板数为 10；

③助走和滑步倾向性假定向右偏离 1 块木板；

④个人必需的木板数假定为 7。

计算方法：

落球点处木板数减目标箭头处木板数，10-10=0；

加落球点处的木板数，0+10=10；

加个人必需木板数，10+7=17；

加倾向性向右偏离木板数，17+1=18。

球员起步站立位置应在第 18 块木板的边线上。如果助走向左偏离 1 块木板，则应为 17-1=16，即球员站立位置在第 16 块木板的边线上。

这是 10—10、11—11、9—9 等 90°直角的计算方法。这个方法还可简化，可以按表 2.1 先求出本人基数。所谓本人基数包括个人必需的木板数和助走滑步倾向性偏离木板数。求出基数以后，再按下面例子求得站位。

表 2.1　计算右手球员的本人基数表

本人必需木板数为 6 的球员			本人必需木板数为 7 的球员			本人必需木板数为 8 的球员		
本人基数	倾向性偏离木板数	本人基数	本人基数	倾向性偏离木板数	本人基数	本人基数	倾向性偏离木板数	本人基数
	左偏 右偏			左偏 右偏			左偏 右偏	
6	(-) 0 (+)	6	7	(-) 0 (+)	7	8	(-) 0 (+)	8
5	1	7	6	1	8	7	1	9
4	2	8	5	2	9	6	2	10
3	3	9	4	3	10	5	3	11
2	4	10	3	4	11	4	4	12
1	5	11	2	5	12	3	5	13

例 1　投 10—10 角度线（直角）。

①10—10，两数相差为 0；

②两数相差加落球点处木板数，0+10=10；

③假定本人基数为 8；

④加上本人基数，10+8=18。

投 10—10 角度线球，基数为 8 的球员站位应在第 18 块木板的边线上。

例 2　投 12—10 角度线(开角)。

①12—10,两数相差为 2;

②两数相差加落球点木板数,2+12=14;

③假定本人基数为 8;

④加上本人基数,14+8=22。

投 12—10 角度线球,基数为 8 的球员站位应在第 22 块木板的边线上。

例 3　投 20—15 角度线(开角)。

①20—15,两数相差为 5;

②两数相差加落球点处木板数,5+20=25;

③假定本人基数为 6;

④加上本人基数,25+6=31。

投 20—15 角度线球,基数为 6 的球员站位应在第 31 块木板的边线上。

例 4　投 8—10 角度线(闭角)。

①8—10,两数相差为 2;

②落球点处木板数减两数相差,8-2=6;

③假定本人基数为 6;

④加上本人基数,6+6=12。

投 8—10 角度线球,基数为 6 的球员站位应在第 12 块木板的边线上。

例 5　投 6—10 角度线(闭角)。

①6—10,两数相差 10-6=4;

②落球点处木板数减两数相差,6-4=2;

③假定本人基数为 7;

④加上本人基数,2+7=9。

投 6—10 角度线球,基数为 7 的球员站位应在第 9 块木板的边线上。

上述五例包括了直角、开角和闭角。投直角球时,只要把个人基数加落球点处木板数就能求得站位木板数。投开角球时,先算出落球点处木板数和目标箭头木板数之差,把差数加落球点处木板数,再加本人基数就能求得站位木板数。投闭角时,先算出落点处木板数和目标箭头处木板数之差,再把落球点处木板数减去差数,加上本人基数就能得出站位木板数。

下面再举几个例子并列表说明(表 2.2)。

表 2.2　计算开角、直角及闭角站位数

落球点木板数	目标箭头木板数	两者之差	本人基数	站位木板数
17	15	+2(开角)	7	17+2+7=26
16	14	+2(开角)	6	16+2+6=24
12	8	+4(开角)	8	12+4+8=24
10	10	0(直角)	7	10+0+7=17
8	8	0(直角)	8	8+0+8=16
8	9	−1(闭角)	7	8−1+7=14
3	5	−2(闭角)	8	3−2+8=9

假如球员投的是反旋球,用①—②袋角,上面所说的公式仍然可用。但不是加上本人基数,而是减去本人基数,木板数也要从左算起。例如,用10—10角度线投球,反旋球投①—②袋角,假如本人基数为7,则10−7=3,站位木板数应为3。

(5)3∶1∶2公式

我们在上面的讨论中有一个前提,就是假定所采用的角度线恰好能使球击中①—③瓶袋,没有偏高或偏低的现象。但如果没有击中①—③瓶袋,只击中①号瓶,造成了分瓶,这时该怎么办呢?假如球员投球是按预定设想,全部技术动作没有差错,则这个角度线就不能被采用,因为它不适合球道情况,必须进行调整。

怎样调整?球员不能凭空随便换一个角度线或移动几块木板。这样必须试投多次,说不定还会形成分瓶和困难的补中瓶。为避免走弯路,下面介绍一种3∶1∶2的公式。根据这个公式,球员可以作出正确的调整,使击中瓶袋的步骤简单化。

3∶1∶2这几个数字来自球道上几个点(木瓶、目标箭头、犯规线和助走道底线)的间距长度之比例。瓶台和目标箭头相距45 ft(1 ft=30.48 cm),目标箭头和犯规线相距15 ft,与助走道底线相距30 ft,因而目标箭头到①号瓶中心线的距离和目标箭头到犯规线的距离,以及目标箭头到助走道底线的距离之比,为45∶15∶30,即3∶1∶2。3∶1∶2公式原理示意图如图2.47所示。在2号回标投球时,球员站位向右移动3块木板,球到达瓶台向左错过3块木板,站位向左移相反。

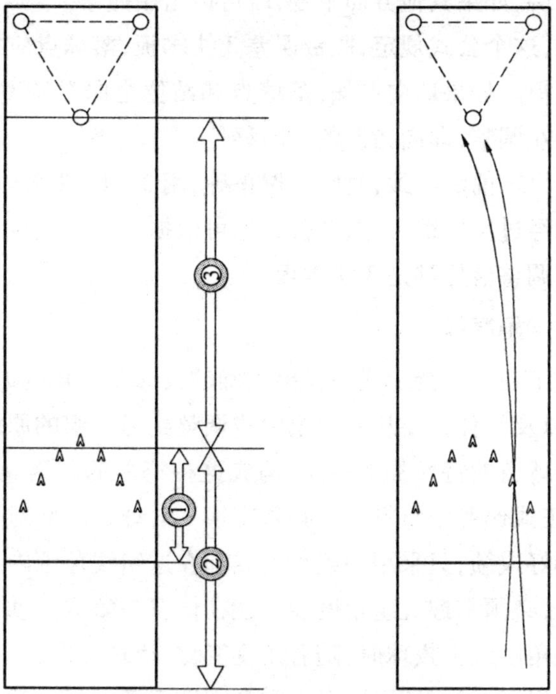

图 2.47　3 : 1 : 2 公式原理示意图

概括地说，式中的“3”表示竖瓶区的三块木板；“1”表示落球点的一块木板；“2”表示助走道站位处的两块木板。

球以直线滚动，如果希望在竖瓶区的撞击点调整 3 块木板，则落球点应调整 1 块木板，助走道站位应朝相反方向调整 2 块木板。

这里不妨用前面举过的例子来加以说明。在这个例子中，如果投出的球撞在①号瓶正中，就得到一个分瓶。我们知道，①号瓶在第 20 块木板，①—③瓶袋在第 17 块木板，球往左错过瓶袋 3 块木板，调整时球应往右移 3 块木板。

球员投这个球时，本来站位在第 18 块木板的边线上，助走倾向性偏右 1 块木板，个人必需的木板数为 7，选的犯规线角为 10—10。现在要使击中点往右移 3 块木板，则落球点应往左移 1 块木板，站位应往左移 2 块木板。这样一来，新的站位应为 18+2，在第 20 块木板的边线上，落球点应为 10+1，在第 11 块木板上，新的犯规线角为 11—10，比 10—10 稍开角。这样投球时，面对目标，脚要稍向左移。助走滑步结束时到第 18 块木板，把球投在第 11 块木板上。从理论上讲,如果其他方面不变,就可以击中瓶袋。

由此可见,这个公式规定,瓶台误差3块木板,落球点应纠正1块木板,站位纠正2块木板。如果球向右偏,落球点和站位也向右调整;球向左偏,落球点和站位也向左调整,即向错误的方向移位。

如果球员投球前后一致,时间掌握正确,用3∶1∶2公式调整法就能取得良好的效果。经过反复练习,这个公式还可根据球员本人投球形式加以改进。因为并非所有调整恰好都是3块木板。

2. 五组全中角度线

前面说明了在一组全中线中找出正确的投球线和角的方法。下面将介绍五组全中线,以及为什么要从一组全中线调整到另一组的原因。

由于各条球道的特性都不相同,构成这种特性的因素又会随着时间发生变化,而且在正式比赛中每打一局必须交换一对球道。面对这种多变的情况,球员要想得到好成绩,只采用一组角度线和在这组线范围内的调整是不够的。在日常练习中,必须掌握五组角度线才能在比赛中争取主动,获得优良成绩。

在这五组角度线上投球时,随着角度变化,运球方向也会有变化。因为球员运球时必须面向目标,所以助走有时会同助走道木板平行,有时会与木板稍成斜角,因而会不自觉地增加偏离度。瞄准目标的距离也可能有变化:移到内侧线时,瞄准点应稍远;移到外侧线时,瞄准点应稍近。远近的多少,视各人习惯而定。但有一点必须注意,即从一组全中线移到另一组时,必须保持同一助走形式。做到这点应让垂直摆动的球引导本人循线助走和滑步。人切不可主动地去影响球,而是让球引导人顺着选定的犯规线角前进。只要能顺着选定的方向运球,球就能引导球员沿直线助走,帮助球员克服在内侧线和外侧线上常常发生的偏离。

球道特性变化是调换全中线的主要原因。碰到球道因使用过多、油面破坏、成钩过度时,就应向内侧线转移;如成钩不足,则应向外侧线转移。如果球道上的球滚迹和球滚道对本人有利,可以用第2目标箭头全中线;一旦发现球滚迹和球滚道有问题,就应转移到内侧线或外侧线加以调整。碰到球道情况不稳定(如木板有高低、干燥或潮湿及有污斑等),也必须变换全中线加以调整。所以球员不仅要熟悉五组全中线的每一组,还应熟悉每组中的许多条角度线。熟悉以后,就不难利用这五组线中的任何一组角度线并进行调整,应对任何球道的情况,得心应手地为自己创造优势。

任何一条球道,在某一特定时间内,最便于使用且有效的只有一条全中角度线。只要能找到这条线,获得全中的机会将大大增加。

下面我们将对这五组全中线逐组进行讨论,目的是使读者变换线和角时,根据球道情况,有一个比较精确的调整方法。

(1)最内侧线

最内侧线的范围在目标箭头处第 18 ~ 22 块木板;在犯规线外落球点处为第 20 ~ 27 块木板(图 2.48)。因为最右边的第 18 块木板位于①—③瓶袋的第 17 块木板之左,所以这组线所有的角都是从左向右,如 20—18、22—20、25—22 等。在五组全中线中,只有这组线不能使球顺着木板呈平行线滚下,即使最右边的角也不能这样。

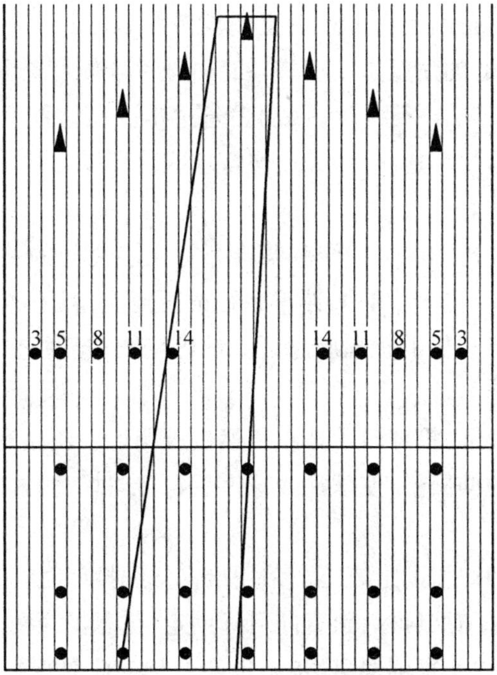

图 2.48 最内侧线

尽管这组线并不包括目标箭头处第 22 块木板以左的木板,某些球道情况却使球员不得深入到左边 3 号目标箭头,即第 25 块木板处。采用最内侧线的原因,是由于球道过干,成钩过深。如果取 25—22 角度线,球仍然超位,就不必迟疑，应把站位更向左移，采用更深的角，如27—22角。这是正常情况下一般球员所不敢用的。

在哪些情况下应该采用最内侧线？这个问题需要先弄清楚采用这组线的球道情况，再谈如何使用这组线，如瞄准和助走步型等。

①球道情况。如果球道非常干燥，球成钩度很深，就应使用这条最内侧线，使球滚到球道较下部再拐弯成钩，并应减少成钩的程度。有些球道的球滚迹过深，使球进入瓶袋过快，这时移到最内侧线可使球深入到球道下部以后再进入球滚迹。这样做能够从两个方面减小成钩效果；一是球拐弯时角度稍偏离袋角，减弱了向左成钩的强度；二是球进入球滚迹的时间较短，球在球道上成钩的时间也较短。从这两点看来，球滚迹过深时移向最内侧线是个好办法。

另外还有一种情况，如果碰到球滚迹左边球道上油偏多，采取最内侧线投球也比较有利。这是因为可以利用上油较多的球道面使球滑过上球道，推迟成钩的时间，以合适的角度击中瓶袋。有时球道外侧（靠近右方球沟）的球道过干，球得不到足够的滑行长度，因而拐弯过早。在这种情况下，球员如果打算减小球成钩的力量和速度，但又不愿换球或改变投球的方式，调整到最内侧线也是一个好办法。

②瞄准。球员选用的全中线和瞄准目标两者之间的关系是：全中线越移向球道内侧（移向助走道中心），瞄准目标的距离应越远；越移向球道外侧（移向右方球沟），瞄准目标的距离应越近。最内侧线在五组全中线的最内侧，瞄准目标应最远。

由于瞄准点较远，投球时落球点自然也应稍远。要做到这一点，球员的身体必须具有足够的伸展量，使球深入球道后再转向袋角，这是使用最内侧线时的自发调整。

③步型。步型即指助走姿势。采用最内侧线投球时，犯规线角较开，球员的两脚尖必须正对瞄准目标，斜直向目标助走，与犯规线稍成斜角。很多球员不习惯斜线助走，往往发生偏离，步型也会变化。此时保持原来步型，克服偏离就显得非常重要。因为只有助走和滑步不偏离，才能把球投在正确的木板上。

球员助走一点不偏离，这当然很理想。但在实际中，由于采用最内侧线，偏右的可能性小，偏左的可能性大。球员往往倾向于和木板平行走呈直线，影响击中目标,这是很糟的事。如一时无法克服这种偏离,那就只有把偏离计算在站立位置公式之内加以纠正了。

球员因选用这条或那条全中线,使步型发生变化,向左或向右偏离都有可能。这点并不重要,重要的是本人必须觉察到这种偏离。只有觉察才能纠正。

纠正助走偏离,球员应设法使球引导本人所选取的目标箭头不偏不倚地顺着选好的角度线运球。如能正确地使球垂直摆动,就不难沿着直线走向正确的投球点进行投球。

④与最内侧线有关的其他因素。用最内侧线投球,有时球员会接近某些障碍物。如果球道在球场边缘,球员就可能靠近墙壁或回球机。在这种情况下,球员常担心站立时脚碰到回球机,或助走时左手向外侧展出碰到墙壁,因而会不自觉地避让障碍物,影响助走,产生不应有的偏离。应付这类情况的办法是事先练成习惯于这种情况,或采用诸如增加球速和换用表面稍硬的球等来调整。

用最内侧线投球还会碰到的另外一种情况,即助走时可能会粘脚或滑溜。所以在使用之前,应先试跑一下,以便适应。

(2)内侧线

内侧线包括开角、闭角和直角。左侧为21—17开角,右侧为11—13闭角(图2.49)。这两条边线还可以向左右再扩展1块木板。所以这组线包括的角很多,在助走道上占的面积很宽,提供击中瓶袋的选择也很多。这些选择主要用来纠正球道成钩太深和拐弯程度太大的缺点,使球成钩的时间推迟,直至深入球道后再成钩击中瓶袋。

实践证明,对目标箭头处的某块木板瞄准时,构成的犯规线角不宜超过5块木板。这条法则虽非一成不变,但在改变角度时总以遵守为好。

下面谈谈在什么样的情况下应该采用这组内侧线。

①球道情况。如果球道稍干,球路成钩程度比预期稍深,就应该控制球使其稍深入球道下部再拐弯成钩,这时要改用内侧线;如果采用第2目标箭头全中线,球击袋角总是超位,这时也应改用内侧线。

球道上的球滚迹过早牵引球,使球击袋角偏高时,如稍向左移助走道上的站位,改用内侧线,也可以使球趋向到位。有时碰到内侧线球道上油较多,球员利用这部分球道,能有较多的机会使球滑过上球道,进入球道下部再拐弯成

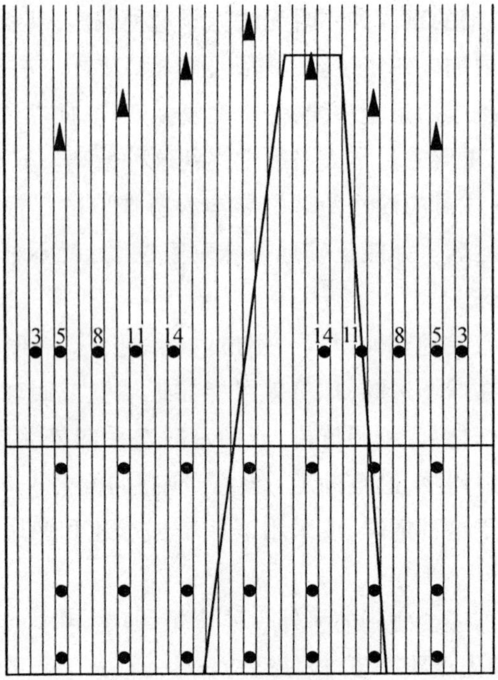

图 2.49　内侧线

钩。总之，使用这组线的球道情况，介于最内侧线和 2 号目标箭头线之间。

②瞄准。前面所介绍的有关角和线与瞄准目标之间的距离关系，这里也适用。实际距离多少，视球员个人情况而定，但应比最内侧线近，比 2 号目标箭头线远。由于球员这时仍在内侧线，所以身体仍要适当伸展。不过要很自然，不要人为地去控制，这样才能得到适当的落球距离。

③步型。内侧线包括直角、开角和闭角若干条角度线。用直角投球时，助走与木板平行；用开角时稍偏左；用闭角稍偏右。关键在注意目标方向。无论偏左或偏右，身体均应正对瞄准目标，用常用助走形式的速度走向犯规线，使球顺着采取的角度线垂直摆动，让球带着球员走向目标。

助走时还应确保个人必需的木板数，不允许有丝毫偏离。如受内侧线影响发生偏离，则必须加以纠正。

④与内侧线有关的其他因素。用第 2 目标箭头投球时，碰到球偏高或滚到左边，就应改用内侧线。如果发现球道使用过多，油面破坏，或使用最内侧线而球不到位，也应使用这条线。在这条线上，不会碰到墙壁和回球机等障

碍。当然,球员也可同时采用其他调整法,如减少钩提力量、改换较硬面的球和增加球速等。但在一段时间内,最好用一种调整方法,尤其是采用角度线调整法更应如此,这样易于看出调整的效果。

(3)2 号目标箭头线

这组线使用最为普遍,开始学习保龄球就在这组线上。它被广泛使用的原因为:首先是因为它的位置在球道右侧中央,是右手球员最自然的投球位置,球员站立在助走道中央时心理上会感到很舒适;其次是这组线在助走道上所占的范围很宽,而且部位适中,有利于选择多条全中角度线;但最主要的还是在它刚好包括贯穿瓶袋的第 17 块木板(图 2.50)。

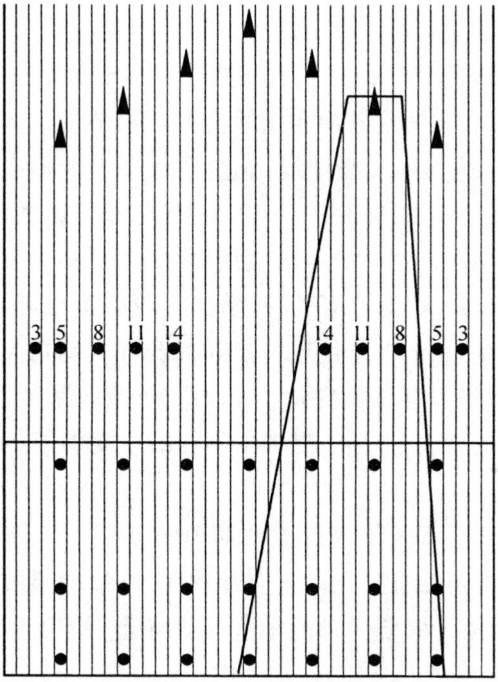

图 2.50 2 号目标箭头线

由于右手球员占打球者总数的 85%,因而在这组线中的第 8 ~ 12 块木板处的球道,往往会形成一条球滚迹或球滚道。这样就造成一种特殊情况:有时有助于引导球进入瓶袋,有时又会使球成钩过早,不按要求进入瓶袋。这两种情况,应设法加以避免或利用。

这组线的打法如下:

①球道情况。如果球员认为球道情况正常，也就是说，球成钩球并不过度或不足，则应使用这组线。至于其他球员认为这组线会成钩球并不过度或不足，那是他们的事，因为他们的投球形式和用的球与你不一样。

如果这组线上的球滚迹或球滚道恰好能引导自己投的球进入袋角，就应尽量利用它们投球入袋。

如果球滚迹两边球道的上油情况不一致，球在上面的反应不易估计，当然也以采用这组线为宜。如果从犯规线到处理加油线整个球道面都较干燥，这时与其改换另一组角度线，还不如在这组线上进行调整投球较为好些。

总之，使用第 2 号目标箭头线有两个主要原因：一是球道情况良好；二是球滚迹两旁或整个球道面情况不正常。

②瞄准。因为这是最常用的一组全中线，所以球员在这组线上的瞄准法，应是本人正常使用的方法，在其他各组线上的瞄准法应该属于对这个方法的调整。2 号目前箭头线是标准投球线，凡全中线和瞄准距离等方面的技术原则，都适用于这组线。例如，采用 10—10 角度线，即这组线的中间部位时，瞄准点距离正常；用外侧部位如 6—8 角度线时，瞄准点距离应比正常离犯规线稍近；用内侧部位如 17—12 角度线时，瞄准点距离应比正常离犯规线稍远。这种瞄准距离的调整，目的在于使球员投球时身体随着落点的远近而有一个正确的伸展量，以便把球朝目标箭头上送，有利于使球深入球道后再开始拐弯进入瓶袋。瞄准点的移动，实质上是根据不同的角度线，使球员在不自觉中稍稍改变一点投球方式。

③步型。第 2 目标箭头线采取直角如 10—10、11—11 投球时，助走不受影响。但这组线也有开角和闭角。采取开角、闭角时，步型随着稍有变化。总的原则仍是正对目标箭头，随着球的垂直摆动前进，脚步应和意想中球前进的路线平行。

如果球员助走本来就不偏离，则在这组线中，尤其是在 9—9、10—10、11—11 等中间几条线上，助走一般也不会偏离。但如果选取这组线的内侧或外侧，就可能发生偏离。取内侧，因为助走稍向左，可能会偏左；取外侧，因为助走稍向右，可能会偏右。球员应留意这些偏离，在动作中加以纠正。如果是正常助走有偏右倾向的球员，取 2 号目标箭头内侧线时可能会增加偏离，取外侧线时可能会减少这种偏离。如果是正常助走有偏左倾向的球员，情况则相反。前已说过,即使是少量的偏离也并非好事,球员应该意识到这一点,在调整中加以纠正,最好是加以消灭,球艺才能精。

④与2号目标箭头线有关的其他因素。用本组线的中间部分投球,超位和不到位都可以在本组线内进行调整:换较内侧线可使超位球回到袋角,换较外侧线可使不到位的球回到袋角。当然,也可以和其他调整方法一起使用,它的外侧线可以与减低球速、更换球的硬度、缩短落球距离和增加提力结合使用;它的内侧线可以与增加球速、更换球的硬度、增大落球距离和减少提力结合使用。

(4)外侧线

这组线是球道右侧的第二组线,它的里侧角为8—7,外侧角为3—4(图2.51)。与左面几组线相比,显得紧而直,整组线的范围也窄得多,球可以朝右面滚的范围极小。球员在这组线上投球和在其左侧几组线投球时的感觉不同。在其左侧几组线投球时,球道可利用的面宽;在这组线上投球时,可利用的面窄,可利用角的范围也较窄,助走和出手会有紧迫感。这种感觉,只有反复练习才能克服。

这组线的打法如下:

①球道情况。如果球道稍油,球成钩不理想,改用外侧线可以缩短成钩时间;如果球击瓶袋偏右,也应移向外侧线;如果发现这部分球道上油适中,可以使球顺利地通过上球道进入瓶袋,这时也使用外侧线。

有时球滚迹会有这种情况,如果球员使球在适当的时间进入球滚迹,球就能顺着它以恰当的角度进入瓶袋。这时也可考虑使用外侧线。

决定使用外侧线球道的一般情况,介于2号目前箭头线和最外侧线之间。

②瞄准。在其他各组线上使用的瞄准方法,一般也可以在这组线上使用。确切的瞄准距离因人而异,一般应比2号目标箭头线稍近,比最外侧线稍远。落球点同样也要比前者近,比后者远。这种变化应该是自然而然的,不自觉的。

③步型。在这组线投球的角都比较直。由于靠球沟近,没有空间使用很大的开角,闭角的空间也很小,在外侧线投球的情况一般都是这样。

在这组线上投球,与在其他组线上投球一样。助走时正对目标,按常用步走向目标箭头,让球的垂直摆动带动身体沿正确的路线前进。因为是在球道

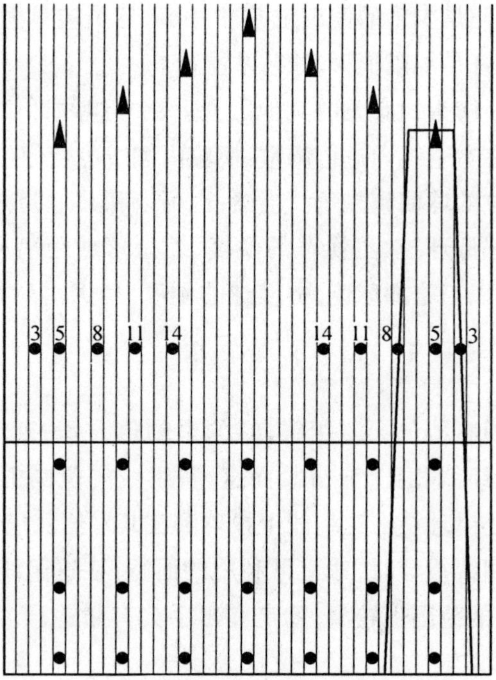

图 2.51　外侧线

侧边助走，离球沟很近，不管开角或闭角，偏离的范围都很少，角度变化也极小，一般偏离的影响不会很大。但球员本人也应尽可能不出现偏离，或设法纠正。

④与外侧线有关的其他因素。前面说过，如果在 2 号目标箭头线球击瓶袋偏低，而偏低程度又不大时，以用外侧线为好；程度大时应该用最外侧线。如果球成钩不是很好，而其原因是由于第 2 号目标箭头处上油过多，则也可以使用这组线。用这组线调整时，球击瓶袋的偏低程度往往不是很大，所以也可以改用其他方法，如增加提力、换表面较软的球、减少球速等进行调整。

当然，两者也可并用。但原则是一次投球以用一种调整方法为好，所以应该先用角的调整。

(5)最外侧线

在五组全中线中，以这组线为最难打。所以，即使它是击中瓶袋最佳的线，许多球员也不用它，也可以说是不敢用它。因为这组线的范围极小，只有 3 块木板，因而不得不投直角球，几乎没有使用开角和闭角的机会(图 2.52)。

容许不犯错误的程度也很小，即使最佳的球员，用这组线投球时，也往往会把球滚入球沟。

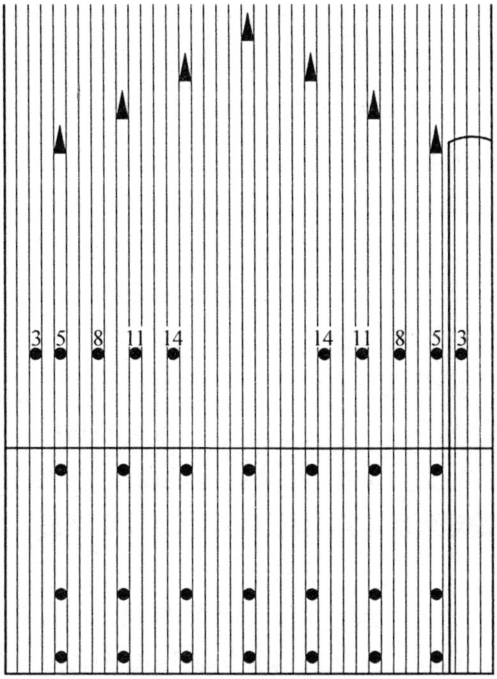

图 2.52　最外侧线

只有投球技术比较熟练，又有机械般强有力的腕力和臂力，才能使用这组线。在这组线上投球时，投出的球产生的射入角最大，对瓶的冲击力最强。不过经验告诉我们，高难度的全中球是 10 分，一般难度的全中球也是 10 分，所以除非碰到不用这组线的球道就不可行的特殊情交，一般总是舍难取易。这里所说的特殊情况，在下面所列的球道情况中就会谈到。

这组线虽然不容易掌握，球员也应该努力苦练，万一碰到必须使用这组线的球道情况，如果技术上有了底，就有充分的选择余地。

这组线的打法如下：

①球道情况。使用这组线的基本球道情况，是球道上油过多，球不能成钩，这时如移到最外侧线，可以得到比内侧线更大的射入角去击瓶袋。有时内侧线球道油面情况不均匀，满是油点或干燥点，在这种球道上，很难使投出的球前后一致达到可靠的球路进入瓶袋，这样的球道情况也往往难以掌握，最好

的办法还是转移到最外侧线上投球。

有时从第1号目标箭头到第4号目标箭头的球道内侧床面使用太多，或油面破坏过度，找不出适当的球道床面利用投球入袋，而只有这组最外侧线，由于使用人少，尚保持良好的特性。为避免难以估计的不寻常的球道反应，使球获得保持前后一致进入瓶袋的球路，唯有选用最外侧线这一方法。

②瞄准。最外侧线的瞄准目标离犯规线只有5 ft，在五条全中线中最近。瞄准法则说过，越向外侧转移，瞄准目标离犯规线应越近。不习惯近距离瞄准的球员，在这条线上投球会感到不舒服。又因它紧靠球沟，一点小错误就会使球落沟。话虽如此，不过球员也可以通过练习，设法使助走、投球形式等和这组线相适应，选择适宜的瞄准距离，以便投球自如。

③步型。在最外侧线投球，由于紧靠球沟，整组线的范围很窄，一般只能采用直角。助走要与木板平行，直线走向犯规线；让球沿垂直线摆动并带动球员前进。不能有偏离，如有偏离，在确保犯规线角90°的前提下，宁愿左偏也不能右偏，因为右偏球可能入沟，投这种球难度较高，它不允许球员犯技术错误。

④与最外侧线有关的其他因素。最外侧线给球员提供了一个使球进入瓶袋的有利的角度，如果在投球时增加画点提力，球就能增加很大的作用力。所以，不希望改变球重和投球方式，而希望球有更大的冲力时，以改变角度线求得最大的射入角为好。

如果是重瓶，就应该取最外侧线。因为球击瓶时，重瓶阻力大，使球发生的偏离度也大，而补偿重瓶偏离的最好方法是改变角度，增加球的冲力能防止球过分地偏右。所以，采用最外侧线投球，优于改换重球或调整投球方式。

前面说过，增加一点提力或旋转能使球增加很大的作用力。由于这组线的角最深，故也可能成钩过分，投球时只要犯一点小差错就会酿成重大的失误。此外，用这组线投球，还经常会留下极难补中的残瓶。

这组线靠边，有时还会挨近墙和回球机，球员投球常会感到有妨碍，何况球沟也在旁边。球员运球时，往往会不按照预想的球路直线运球，而是把球偏向自己的正前方。要想使球正确地落在1—3块木板上没有偏差，只有在这组线上多加练习，才能习惯成自然。

在这组线上与其他调整方法结合投球时，首先可以稍减球速，因为球道不易成钩才用这组线,减低球速可以使球易于成钩;其次可以缩短落球点,也可以在投球时稍加钩提以产生大的作用力。只要有利,就可以结合其他调整方法。

在最外侧线上投球,可以使球深入球道以后再拐弯进入瓶袋。用这组线常可以全中,但也可能留下极困难的补中瓶组。这组线有时可以使不到位的球到位,有时也可以使超位的球到位,这要视球道情况而定。

使用不同的全中线要因人而异。我们有时会看到两个球员打同一球道,一个用最内侧线,一个却用最外侧线。他们之所以如此,是因为在用球和投球形式上各有各的调整办法。

只要球道情况许可,球员尽可各自优选适合自己的投球角度线。但最外侧线是一组极为有效的全中角度线,很多职业选手都使用这组线。

三、投球方法的调整

1. 速度调整

某些球道的情况经常要求球员调整球速。那么在什么情况下需要改变球速呢? 如果球道使球拐弯过早、成钩过于强烈、击瓶过高时,增加球速能使球退回到原位;相反,如果球道使球拐弯过迟、成钩不理想、击瓶过低,要使球早些成钩和增加钩度,减少球速能达到目的。

球速过大或过小都不理想。球员练好了自然中速 2.2 s 以后,就应练习增加或减少球速 0.2 s 的能力,以适应调整的需要。改变球速有以下三种方法:

①持球有高抬式、腰间式和低垂式三种。第三步推球有向上推、向前推或向前下方推(45°)和垂直前摆三角。一般持球稍高可使球后摆稍高,这要会自动地提高球速;持球稍低则相反。

②球在向前推到向后摆动时稍加牵引力,能增加后摆高度;当球后摆到顶点,同样稍加牵引力直到球出后(在摆动中有回拉的感觉)。要逐步牵引,不要硬来。增加牵引力能增加球速,缩小牵引力效果相反。缩小牵引力比增加牵引力要困难得多。

③改变助走的速度或步幅的长度,能改变球速。助走较快或步幅较大,人到犯规线时速度也大,能给球以加速度,从而增加球速;助走慢,步幅小,效果

相反。

在速度调整时,必须牢记一点:当球员改变投球过程中的任何一个环节时,就有可能改变正确的时间配合和节奏。改变球速同时又保持时间配合非常不容易,需要长时期的反复练习才能完美。但在很多情况下,只有改变球速,才可获得全中和补中。

2. 落距调整

有时球道的情况要求改变落球距离后才能有效地击中瓶袋。如果正常的放球时间是在球摆动到最低点或朝上的瞬间(爆发点),才能使球得到最大的旋转和作用力,当碰到球道使球成钩较大,而球员又不希望用改变角度线和换球等调整方法时,如使自己投出的球落距较远,也能获得好的效果。通常的落距为36～38 ft或更远,增加落距会使球滑距稍远,球能深入球道后才拐弯进入瓶袋。相反,如果球道使球成钩不足,击瓶不到位,则可以减少落距。一般中等情况的球道,落距为18～36 ft,这样球就能有更多的时间抓住球道,成钩形进入瓶袋。

增加落距可以和增加球速同时使用,缩小落距可以和缩小球速同时使用。但落距切不可过大,过大会影响球击瓶的效果。用落距作调整时,忌用球速以外的其他调整。

练习落距调整,可以假设三条犯规线(用胶布贴在球道上):①原来的犯规线;②距原来犯规线24 ft处;③距原来犯规线48 ft处。练习时,将球往目标箭头处送,逐步增大落球距离。

3. 提力调整

所谓提力,是指持球的手臂帮手指在放球时给球以作用力的总称。给球施加向上的提力时间是在拇指先行离开指孔后的瞬间。如果拇指离球过早,中指和无名指将来不及施加作用力;如果太迟,提力会因拇指在指孔内的拖拉带而减少。所以,要得到适当的提力,自然挥臂帮三指放球的时间必须配合及时。

其他投球动作对提力也有影响,如球在向前回摆时充分利用惯性力,也能增加提力;放球后的动作强弱,也能影响施加在球上的提力;肘部稍弯曲使手上提,也能增加提力。

加大提力可使不到位的球到位。如果球击瓶袋过高、偏向左侧,减少提力可使球到位。最能影响提力的是中指和无名指的放球位置。应反复练习各个指位:4—5、5—6、6—7、7—8 点钟等指位,了解这些指位和提力的关系。放球时,中指和无名指在球下部时提力较强,在上部时提力最小,在这两者之间的不同部位,能改变提力的大小。

速度调整、落距调整和提力调整均属投球调整。它们不太容易掌握,必须进行长期练习。每次调整应特别注意不要在时间和节奏配合上出问题。应先采用角度线和换球来调整,达不到目的时再采用投球调整,这点球员要牢记。

四、怎样投补中球

打球,尤其是初学者和一般水平的球员,不可能每次都全中。没有全中留下的木瓶,就要投球补中,因而投好补中球与投好全中球同样重要。

投全中球的若干技术原则,在投补中球中也可以应用,但有时稍有区别。

投补中球的要点归纳起来如下:

①每一组补中瓶有一个关键瓶,有一个也可能有两个撞击点。撞击点有时左右手球员相同,有时不同。击倒某一组补中瓶,有时可能有两种或两种以上的方法,但最佳撞击点只有一个。

②击倒一组补中瓶有一个最合适的角,球员如能从这个角将球投向关键瓶上的正确撞击点,就能补中。在通常情况下,左侧的补中瓶从助走道右侧投球,右侧的从左侧投球,中间的从中间投球。左右手球员都这样做,这是一般规律。

③如果一补中瓶组中有两个以上的木瓶,球员应估计球和瓶撞击以后发生的偏离。在某些补中瓶组中,这种偏离是否有利,要根据球员左手或右手运球决定。所以调整时,也应把这种偏离考虑在内。

④有时补中球击倒了前面的木瓶,而后面和旁边的木瓶不倒,这称为切瓶。有些补中瓶组可能会发生好几种切瓶,投球时应注意调整,尽量避免。

⑤速度快慢影响着木瓶与球撞击后的偏离和木瓶被撞后所起的作用,它对球员有利有弊。一般来说,球速以稳定一致为好。但碰到某些补中球时,也可能要增加或减少球速。

⑥分瓶是一类特殊的补中瓶,共有 98 种可能的分瓶。有些分瓶能补中,有些不能。碰到不能补中的分瓶时,以击倒瓶数多的为上策。

⑦点瞄准和线瞄准是两种常用的投球瞄准法,各有优缺点,球员可自己决

定选用。

⑧站位决定着球和关键瓶接触的角度。

⑨补中球和全中球一样,也要根据球道变化进行调整。球员应随时掌握球道情况,并加以利用。

⑩有249种易碰到的补中瓶,它们可以被归纳成若干个组。凡属同一组的补中瓶,从相同站位击中关键瓶的相同部位,即能补中。所以,球员如果了解了一组中一种补中瓶的打法,就能掌握这组补中瓶的所有打法。

⑪投第一球时球即滚入了沟,10瓶不倒,就构成10瓶补中。这时,可以采用打全中球的打法。在249种易碰到的补中瓶组中,有20%可用全中球打法击倒。凡五个木瓶以上的补中瓶组,几乎全部可以用全中球打法击倒。

⑫投一次补中球,要考虑和注意许多方面,这些方面应加以反复练习,使其成为条件反射。

1. 关键瓶和撞击点

有些补中瓶组,如只有一个瓶的补中瓶,其撞击点是很明显的,但有些补中瓶组的撞击点却要经过思考才能决定。击倒一组补中瓶,一般只有一个撞击点,但也可能有几个撞击点,因而要根据投球方式、瓶和球的偏离等因素,选择一个最适宜的撞击点。木瓶最大部位剖面图如图2.53所示。正面是若干个撞击点,球击在木瓶右侧部,瓶往左边倒;击在正中部,瓶往后倒;击在左侧部,瓶往右边倒。选择正确的撞冲点,是击倒两个以上木瓶的关键。最有效的撞击点和最大范围撞击点示意图,如图2.54所示。例如,③—⑩瓶组,一般认为球应击在③号瓶的右侧,再稍滚动偏右击⑩号瓶;但也可击③号瓶左侧,使③号瓶撞⑩号瓶。通常补中球,总是以球本身击倒尽可能多的瓶数为上策。

绝大多数的关键瓶,往往是补中瓶组中与球员距离最近的一个瓶。例如,在⑤—⑧、⑤—⑨瓶组中,⑤号瓶是关键瓶。但也有缺位的想象中的关键瓶。例如,在④—⑤分瓶中,想象中的关键瓶是②号瓶;在③—⑩分瓶中,想象中的关键瓶是⑥号瓶。碰到这两种瓶组,瞄准点应是缺位的②号瓶和⑥号瓶。

综上所述,投补中球时首先应决定关键瓶,然后考虑撞击点,再考虑使球滚向撞击点的正确角,并选好与之适应的站位,最后以本人习惯用的方式投球。

有些补中瓶组常常是本人经常碰到的。对于这类瓶组,最好事先考虑和

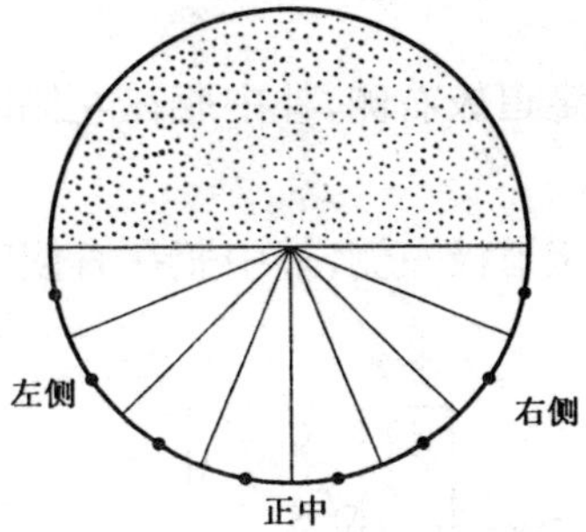

图 2.53　木瓶最大部位剖面图

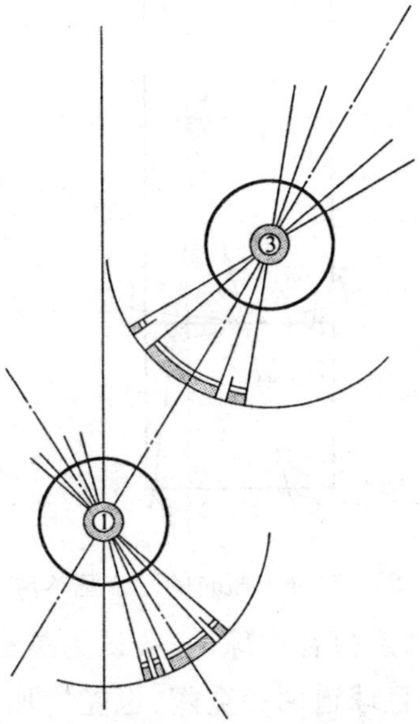

图 2.54　最有效的撞击点和最大范围撞击点示意图

练习，一旦碰上就会胸有成竹。

2. 跨球道的角

成功的补中球，必须使用正确的角。投全中球入瓶袋，射入角越大，球的作用力越大。补中球则不一样，只要以正确的角击关键瓶上的撞击点即可，角有时要大，有时要小。

打补中瓶有以下三个基本角度：

①中间角。位置在助走道中央偏右，①号瓶和⑤号瓶为关键瓶时用这个

角(图2.55中A线路)。

②右侧角。位置在助走道极右侧,补中瓶在左侧时用这个角(图2.55中B线路)。

③左侧角。位置在助走道极左侧,补中瓶在右侧时用这个角(图2.55中C线路)。

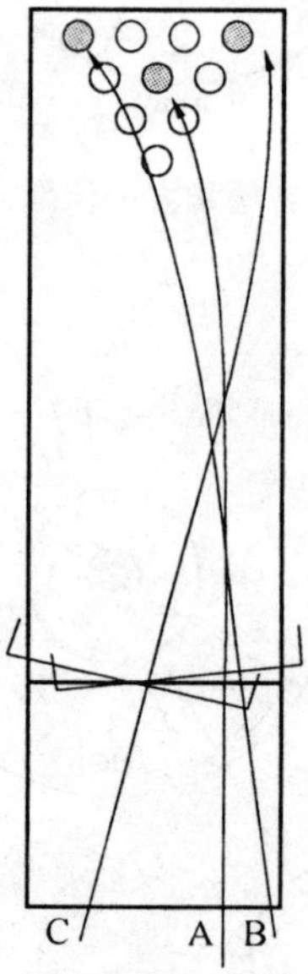

图2.55　打补中瓶时的三个基本角

使球以正确的角通过球道打补中球,一般认为是最好的方法。因为这样能增大球和瓶的撞击面,而且球道两旁宽阔,也能增加投球的把握性。左、右手球员均可采用这种打法,但可稍加变化以适应个人情况。

后面谈到的七种基本站位,就是图2.55中三个基本角的进一步发展。为了适应具体情况,角的大小应略有增减。

注:增加射入角一般表示增加球在球道上滚过的木板数;减少射入角则为减少球滚过的木板数。例如,投球从第10块木板击第17块木板的袋角,球滚过七块木板。增加射入角,即改成从第九或第八块木板投球,这时球滚过8~9块木板。

3. 球和瓶的偏离

球的偏离是球击瓶以后经过的路线。瓶的偏离是瓶被球击中以后经过的路线。

球击瓶一般有三种可能:第一种是充分撞击,即击中正面,这时瓶被击入底沟,球不偏离,保持原来路线;第二种是击中左侧,这时瓶向右偏离,球向左偏离;第三种是击中右侧,这时瓶向左偏离,球向右偏离。偏离度大小由许多因素决定:①球的质量;②瓶的质量;③球速;④球击瓶的角度;⑤球的提力和旋转程度。

考虑球击瓶以后偏离度的大小,应注意以下几点:

①球击瓶正中时无偏离或极小偏离。

②球击瓶左侧或右侧时球和瓶各朝相反的方向偏离。

③轻球击瓶,球偏离度比重球大。

④球击轻瓶后的偏离比击重瓶后的偏离小。

⑤轻瓶被击比重瓶被击后的偏离大。

⑥球速大的球比球速小的球偏离小。

⑦同样击中瓶的右方,右手球员球的偏离大于左手球员。

⑧快球击瓶,瓶易于直倒;慢球击瓶,瓶易于横倒。所以投快球球员击倒瓶的数目往往小于投中等速度的球员。

许多补中瓶组都可利用球的偏离来击倒,故补中瓶应尽量用球击倒为好。除了个别例外,如⑤—⑦分瓶,应以⑤号瓶撞⑦号瓶,这类分瓶利用球的偏离是撞不倒的。有些分瓶两者都可用,如③—⑩分瓶,但仍应以用球的偏离去击⑩号瓶为妥。有些瓶组,如②—⑧、③—⑨,利用球偏离可能会发生问题,球击②、③号瓶过多,会构成切瓶失误。

球员碰到某些补中瓶,应该分析对自己有利还是有弊。例如④—⑦补中,对右手球员有利;⑥—⑩补中,对左手球员有利。认为用球偏离击瓶有问题的补中瓶,应该在投球的角度、方式、球速大小和目标等方面酌量调整,以求减少困难。有时只要减小或增大些投射角,就能解决这类困难。

4. 切瓶和补中

有些瓶组,如①—③、①—③—⑥、②—⑤、②—④—⑤、③—⑥、⑤—⑨⑨、⑥—⑩、③—⑥—⑩等,右手球员容易投成切瓶(击中一瓶漏一瓶)。

有些瓶组,如①—②、①—②—④、③—⑤、③—⑤—⑥、②—④、⑤—⑥、④—⑦、②—④—⑦等,左手球员容易投成切瓶。

某些易成切瓶的补中瓶组,如要补中另有专门的打法,我们这里只谈补中的一般打法。最常用的打法是调整角度,使球击瓶以后球和瓶的偏离变为有利。例如②—④—⑤—⑧补中瓶组,若击②号瓶正中,球和②号瓶会径直把⑧号瓶带入底沟。但如果球撞②号瓶过于偏左或偏右,球和②号瓶会在⑧号瓶旁边偏过,造成失误。所以,在这种情况下,必须以正确的角度击②号瓶才能补中。

调整的方法之一是改变投射角,也就是在助走时按补中瓶组的要求向左或右调整以避免切瓶。例如碰到⑤—⑧瓶组时,左手球员应稍向右移;⑥—⑨瓶组,右手球员应稍向左移。另一种方法是视情况向左或向右移动瞄准目标。上述两种调整法都可以减少发生切瓶的可能。又如,右手球员碰到②—④—⑤补中瓶组,左手球员碰到③—⑤—⑥补中瓶组,前者在助走道上从右方投射击②号瓶左或右侧都可以,但要注意切瓶的可能性。球从右侧击②号瓶,随后偏右击⑤号瓶,②号瓶带倒④号瓶。如果击②号瓶正中偏右,就可能造成切瓶。

球员在平时应多注意切瓶的可能性,注意怎样调整才能增加补中的机会。如果不注意切瓶,不研究怎样避免,补中就难免失误。

5. 球速和补中

球速问题在前面章节已经讲过,这里只谈球速与补中的关系。

打全中球时,球速过快往往会留下角瓶⑦或⑩,而且会造成如⑤—⑦、⑤—⑩—⑨、⑧—⑩等分瓶。球速大的球,全中射入角必须接近完全正确,才能避免分瓶。在多瓶补中瓶组中,球速过大,切瓶的可能性也增大。但在有些情况下,速度快的球偏离减少,能减少失误的机会。例如②—⑧和③—⑨瓶组,速度快的球可以径直而下,把两个瓶都撞倒。

球速过小也会发生问题。这类球击中①—③或①—②瓶袋时,由于作用力小而会偏出瓶袋,造成⑤—⑦或⑤—⑩分瓶。虽然如此,一般慢球比快球的偏离度要大,这种偏离度有时也可以利用。例如右手球员对①—②—④—⑦瓶组,如果投球速度较慢,补中则比较容易。

前面说过,球速的快慢并不重要,重要的是球员应熟悉本人球速在击补中瓶时所能产生的效果,并随时加以调整。

6. 分瓶和补中

分瓶是①号瓶被击倒，剩余木瓶斜向有空缺、横向有间隔，即构成不同类型的分瓶。可能的补中瓶有1 023种(表2.3)，其中分瓶占459种，比较可能出现的有98种(表2.4)；余下的或者不会、或者极少出现，如④—⑤—⑥、⑦—⑧—⑨—⑩等。

分瓶的归类方法很多。如按补中难易程度，可归为四类：可补中分瓶、难补中分瓶、较难补中分瓶和极难补中分瓶。有些常见的分瓶，如⑦—⑩、④—⑥、④—⑥—⑦—⑩等，似乎无法补中，但据记载，这种分瓶补中的次数也有不少。

碰到可补中的分瓶，如③—⑩、②—⑦、④—⑤、⑤—⑥、⑦—⑧、⑨—⑩等，应设法补中。因为补中这类分瓶并不会损失总分，总有一两个瓶能被击倒。

表2.3　1 023种可能发生的补中瓶分类

补中瓶数	可能发生的补中瓶数	容易发生的补中瓶数	不易发生的补中瓶数
1瓶	10	10	0
2瓶	45	45	0
3瓶	120	64	56
4瓶	210	77	133
5瓶	252	36	216
6瓶	210	8	202
7瓶	120	4	116
8瓶	45	2	43
9瓶	10	2	8
10瓶	1	1	0
	1 023	249	774

表 2.4　按补中难易程度分类的 98 种可能发生的分瓶

18 种可以补中的分瓶
②—③,②—⑦,②—⑨,③—⑧,③—⑩,④—⑤,④—⑥,⑤—⑥,⑦—⑧,⑨—⑩,②—⑤—⑦,③—⑤—⑩,④—⑤—⑦,④—⑤—⑧,⑤—⑥—⑨,⑤—⑥—⑩,④—⑤—⑦—⑧,⑤—⑥—⑨—⑩
32 种难补中的分瓶
②—⑥,③—④,④—⑨,⑤—⑦,⑤—⑩,⑥—⑧ ②—⑦—⑧,②—⑦—⑨,③—⑧—⑩,③—⑨—⑩,④—⑤—⑩,④—⑦—⑨,⑤—⑥—⑦,⑤—⑦—⑨,⑤—⑧—⑩,⑥—⑧—⑩ ②—④—⑤—⑩,②—④—⑥—⑦,②—④—⑥—⑩,②—⑤—⑦—⑧,②—⑥—⑦—⑩,③—④—⑥—⑦,③—④—⑥—⑩ ③—④—⑦—⑩,③—⑤—⑥—⑦,③—⑤—⑨—⑩,④—⑤—⑦—⑩,⑤—⑥—⑦—⑩ ②—④—⑤—⑧—⑩,②—④—⑥—⑦—⑩,③—④—⑥—⑦—⑩,③—⑤—⑥—⑦—⑨
②—⑩,③—⑦,④—⑩,⑥—⑦ ②—④—⑩,②—⑦—⑩,③—⑥—⑦,③—⑦—⑩,④—⑦—⑩,④—⑧—⑩,④—⑨—⑩,⑥—⑦—⑧,⑥—⑦—⑨,⑥—⑦—⑩ ②—④—⑦—⑩,②—⑦—⑨—⑩,③—⑥—⑦—⑩,③—⑦—⑧—⑩,④—⑦—⑧—⑩,④—⑦—⑨—⑩,⑥—⑦—⑧—⑩,⑥—⑦—⑨—⑩ ②—④—⑦—⑨—⑩,③—⑥—⑦—⑧—⑩
24 种极难补中的分瓶
④—⑥,⑦—⑨,⑦—⑩,⑧—⑩ ②—⑧—⑩,③—⑦—⑨,④—⑥—⑦,④—⑥—⑩,⑤—⑦—⑩,⑦—⑧—⑩,⑦—⑨—⑩ ②—④—⑧—⑩,②—⑦—⑧—⑩,③—⑥—⑦—⑨,③—⑦—⑨—⑩,④—⑥—⑦—⑧,④—⑥—⑦—⑨,④—⑥—⑦—⑩,④—⑥—⑧—⑩,④—⑥—⑨—⑩ ②—④—⑦—⑧—⑩,③—⑥—⑦—⑨—⑩,④—⑥—⑦—⑧—⑩,④—⑥—⑦—⑨—⑩
5—7—10 应另成一组,不在上述 98 种分瓶组内。

碰到难补中的分瓶,如⑤—⑦、⑤—⑩、④—⑨、⑥—⑧等,也应设法补中。但应记住一点:不能补中时要以多击倒木瓶为原则。如果分瓶有三个以上,如

⑤—⑧—⑩、⑤—⑦—⑨、④—⑦—⑨等，补中时就要尽量多击倒木瓶。

碰到较难补中的分瓶，如④—⑩、⑥—⑦、④—⑦—⑩、⑥—⑦—⑩等，有补中需要时尽量补中，但要牢记应尽量多击倒木瓶。

碰到极难补中的分瓶，要少考虑补中，应以尽量多击倒木瓶争取得分为主。如果专注意补中，将损失总分。而有时仅一分之差就能决定胜负。

98种较常见的分瓶，球员应按类进行研究，练习那些可以补中和补中的最佳方法。如果能把它们熟练掌握，则以赛场上碰到类似的分瓶时，就不必再思考如何补中，而只需考虑打出这种分瓶的原因，进行补中，并在下次投球时避免出现这种分瓶就可以了。

7. 点瞄准和线瞄准

打补中球的瞄准其要求比打全中球高，打全中球时，球员只要将球击中瓶袋即可，打补中球则必须击中关键瓶的最佳撞击点。

前面讲的投全中球时采用的各种瞄准法，对补中球同样适用。但最有效的是点瞄准和线瞄准。优秀的保龄球选手一般都采用这两种方法中的一种，或将这两种方法稍加变化，以适合自己的球路和风格，再结合起来使用。

在实际情况中，一个瓶和两个以上瓶组的补中最为常见。当出现一个木瓶需要补中时，以用点瞄准为好。这时的投球应力求球点准确，适当地提高球速，减少手指钩提，降低球的成钩度，达到拉直球路增加击瓶的准确性。因为只有一个木瓶，无需寻求最有效的撞击点，也不需考虑球和瓶、瓶和瓶的偏离。补中两个以上的瓶组时，则应采用线瞄准。因为这时必须用落球点、目标箭头、关键瓶和撞击点连成一线的最佳瞄准，才能求得补中。

8. 助走道上的站位

保龄球道由39块木板拼成，助走道比球道宽10块木板。如果以木板计，可以有50种不同的站位；如果以不到1块木板计，则有更多的站位。但事实上，基本站位的数目并不多，仅有7个。

投补中球使用最广泛的方法是3—6—9和2—4—6及3—3补中投球法。实践证明这三种方法非常有效。

(1)3—6—9补中投球法

这种投球法可以决定投补中球时球员在助走道上应采取的站位。3—6—9是球员应朝右挪动以决定7个站位的木板数。图2.56中仅是举例说明站位的部位，确切位置需视各个球员和球道情况而变化，这里只介绍这些站位的方法。

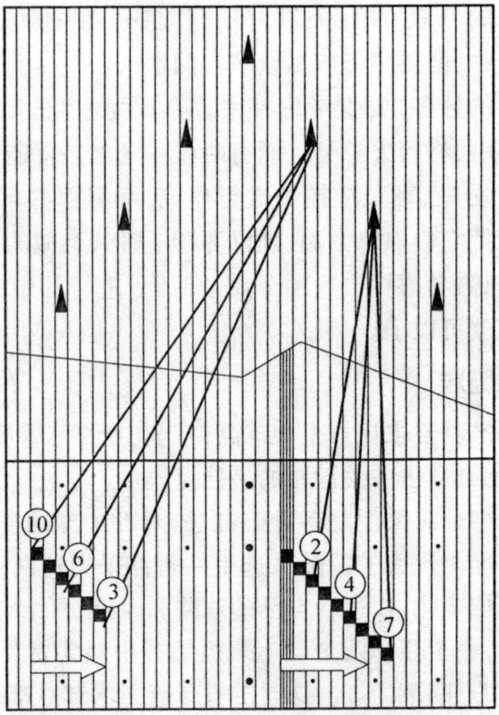

图 2.56　3—6—9 补中投球法

使用3—6—9 补中投球法，球员本人必先决定 7 个基本站位中的两个站位：全中球站位和⑩号瓶站位。其他 5 个要从这两个站位向右移动 3、6、9 块木板决定：投左方补中瓶时，从投全中球站位向右挪 3、6、9 块木板；投右方补中瓶时，从⑩号瓶站位向右挪 3、6、9 块木板。所以，事先应该了解怎样决定全中球站位和⑩号瓶站位。图 2.57(a)为以 2 号目标箭头为依据，即在全中站位上向右移 3 块木板，确定第一个右侧角，补中②号瓶及②号瓶组；图 2.57(b)为在第一个右侧角站位上，向右移 3 块木板，同样以 2 号目标箭头为依据，构成第 2 个右侧角，补中④号瓶及④号瓶组；图 2.57(c)为在第 2 个右侧角站位上，向右移 3 块木板，仍然以 2 号目标箭头为依据，构成第 3 个右侧角，补中⑦号瓶。图 2.58(a)为以⑩号瓶为基准，2 号目标箭头为依据，找出站位，确定第 1 个左侧角，补中⑩号瓶；图 2.58(b)为在第一个左侧角站位上，向右移 3 块木板，同样以 1 号目标箭头为依据，构成第 2 个左侧角，补中⑥号瓶及⑥号瓶组；图 2.58(c)为在第 2 个左侧角站位上，向右移 3 块木板，仍然以 3

号目标箭头为依据，构成第 3 个左侧角，补中③号瓶及③号瓶组。

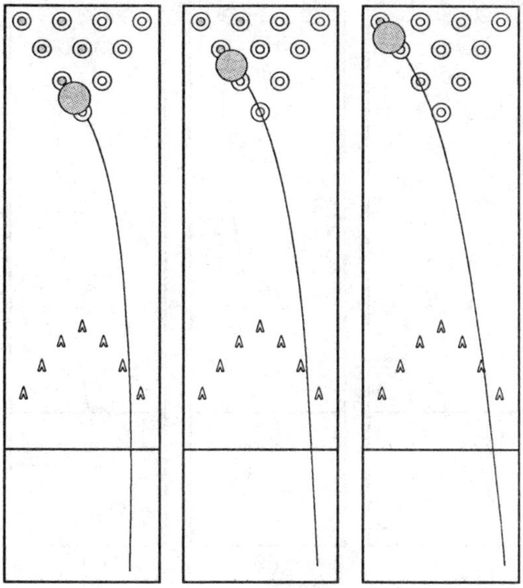

(a)　　(b)　　(c)

图 2.57　站在右侧补②、④、⑦号瓶

①寻求投全中球站位。很多优秀的右手球员，用右侧第 2 号目标箭头作瞄准点加上个人必需的木板数，这在正常情况下也是如此。这时助走道底的起步点应在中间稍偏右。寻求时以这点为基准，稍向左或右调整，直到寻得正确的全中投球站位。站位确定以后，如果关键瓶是②号和⑧号瓶，往右挪 3 块木板；是④号瓶，往右挪 6 块木板；是⑦号瓶，往右挪 9 块木板。记住：瞄准目标必须保持不变（在 2 号目标箭头上），且只挪动脚位改变木板数（即改变角度线）。如果撞击点需要偏左或偏右，3、6、9 木板数也要稍有增减。

②寻求击⑩号瓶站位。很多优秀球员，投右侧补中球时，在球道正常的情况下，一般以右侧 3 号箭头为目标。从 3 号目标箭头向⑩号瓶中心线引一条直线，使这条直线通过球员右肩，在这条线的或左或右进行试验，就能找出跨越球道的最佳击⑩号瓶站位。站位找出以后，如果⑥号瓶是关键瓶，向右移 3 块木板；③号瓶是关键瓶，向右移 6 块木板。记住：瞄准目标必须保持不变（在 6 号目标箭头上），且只挪动脚位改变木板数。如果撞击点需要偏左或偏右，3、6、9 木板数也要随着稍有增减。

上述 7 个基本站位，足以用来应付所有的补中瓶位。但在某种场合，也要

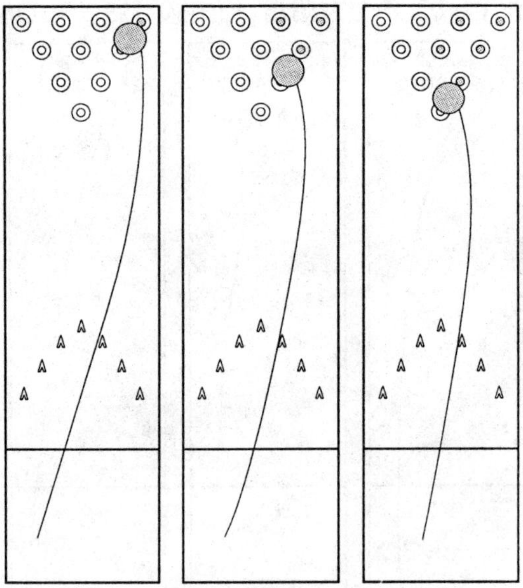

图 2.58　站在左侧补③、⑥、⑩号瓶

用到另外一种投法，即 2—4—6 补中投球法。

(2)2—4—6 补中投球法

这种补中投球法，是右手球员用来应付左侧补中瓶组的。球员如果以右侧 1 号目标箭头或附近的木板为目标，用这种方法投补中就比较方便。因为这时如用 3—6—9 补中投球法，朝右方移动 9 块木板是办不到的。而用 2—4—6 补中投球法，投左侧补中关键瓶时，不需要移动站位，只要移动目标箭头即可。2—4—6 的三个数字，表示目标箭头移动的木板数。如果②号瓶是关键瓶，瞄准目标比全中球瞄准目标向左移 2 块木板；④号瓶是关键瓶，向左移 4 块木板；⑦号瓶是关键瓶，向左移 6 块木板。有些补中瓶的撞击点要偏左、偏右，故 2、4、6 数字也要随之略有增减。

瞄准目标之所以往左调整 2 块木板，是因为目标往左调整 1 块木板时，瓶台撞击点要往左调整 3 块木板。①—③瓶袋在右边第 17 块木板，①号瓶在第 20 块木板，①—②瓶袋在第 23 块木板。所以，如果用右侧 2 号目标箭头为全中目标时，应在瞄准方法上多加训练。

表 2.5 是用 3—6—9 补中投球法得出的在助走道上的七个基本站位。3—6—9表示从投金中球站位和第⑩号瓶站位上，随着关键瓶的不同向右移动的木

板数。

表 2.5　右手球员在助走道上的七个基本站位

瓶位	补中瓶组的关键瓶	助走道上的大概站位(注)
⑩号瓶	第⑩号瓶	由试验测定。本站位是决定③、⑥号瓶站位的基础
⑥号瓶	第⑥号瓶	从⑩号瓶站位和右侧移动 3 块木板(用击⑩号瓶的目标)
③号瓶	第③和第⑨号瓶	从⑩号瓶站位向右侧移动 6 块木板(用击⑩号瓶的目标)
全中瓶	第①和第⑤号瓶	由试验测定。本站位是决定②、④、⑦号瓶站位的基础
②号瓶	第②和第⑧号瓶	从全中瓶位向右移动 3 块木板(用打全中球的目标)
④号瓶	第④号瓶	从全中瓶位向右移动 6 块木板(用打全中球的目标)
⑦号瓶	第⑦号瓶	从全中瓶位向右移动 9 块木板(用打全中球的目标)

注:这里只是大概站位,准确站位应该由球员本人根据球道情况判断。③、⑥、⑩号瓶的站位在全中瓶位左侧;②、④、⑦号瓶的站位在全中瓶位右侧。也就是说,补中瓶在左,助走道上站位在右;补中瓶在右,助走道站位在左

表 2.6　右手球员在助走道上 2 个基本站位的扩展

补中瓶位	该补中瓶位的站位	目　标
△⑩号瓶 正对⑩号瓶 △⑥号瓶 正对⑥号瓶 △③号瓶和⑨号瓶 正对③号瓶和⑨号瓶	⑩号瓶站位,由试验测定 ⑩号瓶站位右侧 1 $\frac{1}{2}$块木板 ⑩号瓶站位右侧 3 块木板 ⑩号瓶站位右侧 4 $\frac{1}{2}$块木板 ⑩号瓶站位右侧 6 块木板 ⑩号瓶站位右侧 7 $\frac{1}{2}$块木板	用击⑩号瓶的目标
△①号瓶和⑤号瓶 正对①号瓶和⑤号瓶 △②号瓶和⑧号瓶 正对②号瓶和⑧号瓶 △④号瓶 正对④号瓶 △⑦号瓶 正对⑦号瓶	全中球站位,由试验测定 全中球站位右侧 1 $\frac{1}{2}$块木板 全中球站位右侧 3 块木板 全中球站位右侧 4 $\frac{1}{2}$块木板 全中球站位右侧 6 块木板 全中球站位右侧 7 $\frac{1}{2}$块木板 全中球站位右侧 9 块木板 全中球站位右侧 10 $\frac{1}{2}$块木板	用打全中球的目标

注:有“△”符号的是七个基本站位,其他是该七个基本站位的扩展

站在第 17 块木板，则击第 23 块木板时与第 17 块木板有 6 块木板之差，目标应向左移 2 块木板，击④号瓶时目标应向左移 4 块木板，击⑦号瓶时目标应向左移 6 块木板(图 2.59)。

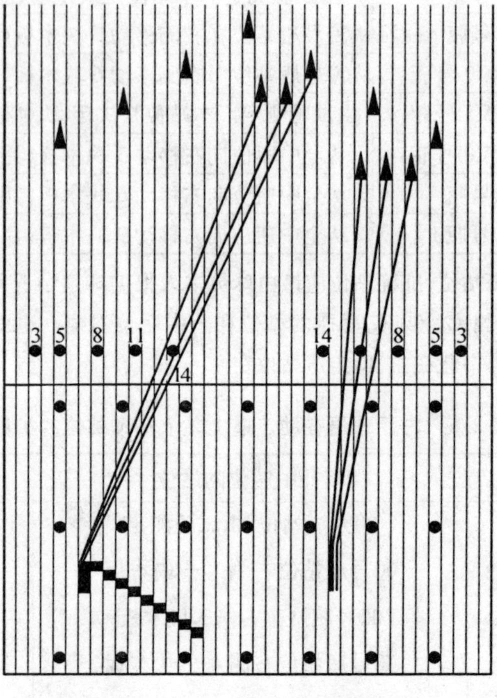

图 2.59　3—3 位移补中法示意图

上述 2—4—6 补中投球法仅用于投左侧补中瓶组。如是右侧补中瓶组，则以用 3—6—9 补中投球法为好。这两种补中投球法，只能提供一个大概的投球站位，确切的站位必须由球员自己根据上述方法按球道情况和个人风格决定。

(3)3—3 补中投球法

这种补中投球法是在 3—6—9 补中法的基础上演化而成。它以 3 号目标箭头为依据，以⑩号瓶为基准，测出正确的站位，即获得第一条跨越球道的最佳补中角度线；然后，如果需要求击中任一补中瓶时，瞄准目标不变，只要挪动脚位，每一个瓶位向右移 3 块木板即可(图 2.60)。当采用外侧线和最外侧线投球，左边木瓶需要补中时，才使用 2—4—6 补中法。球员站位不变(仍然站在投全中球的位置上)，以改变落球点使球通过目标箭头处 2 块、4 块、6 块木板进行调整，以便补中目标。

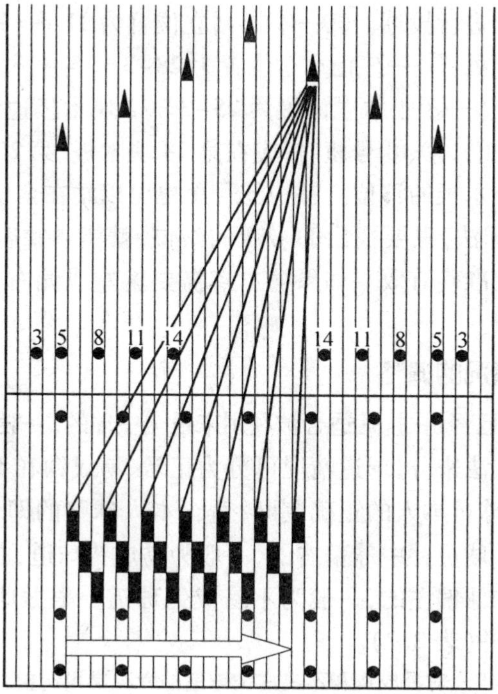

图 2.60

假如球员站在第 34 块木板边线上将⑩号瓶补中，⑥号瓶是关键瓶，他应该向右移动 3 块木板，即站立在 34－3＝31 块木板边线上，以 2 目标箭头为依据进行投球。如果③号瓶是关键瓶，则继续右移 3 块木板，即站立在 31－3＝28 块木板边线上；如果①号瓶是关键瓶，则继续右移 3 块木板，即站立在 28－3＝25 块木板边线上；如果②号瓶是关键瓶，则继续右移 3 块木板，即站立在 25－3＝22 块木板边线上；如果④号瓶是关键瓶，则继续右移 3 块木板，即站立在 22－3＝19 块木板边线上；如果⑦号瓶是关键瓶，再继续右移 3 块木板，即站立在 19－3＝16 块木板边线上。以上均以 3 目标箭头为依据进行投球，使用单个木瓶打法。

当出现瓶组时，必须以关键瓶为基准，取两个木瓶（即关键瓶和与它最近的一个瓶）的中间数进行移位。例如③—⑥—⑩号瓶组，应站立在 34－(3＋1.5)＝29.5块木板的边线上进行投球（一个瓶位 3 块木板，③—⑥瓶的中间数为 1.5 块木板）。其他瓶组以此类推。

③—⑨、①—⑤、②—⑧瓶组都在同一块木板上，但前后有距离，欲求补中应以关键瓶为基准进行投球。③—⑨瓶站立位置为31-3=28块木板线上，撞击点应在右侧正中处；①—⑤瓶站立位置为28-3=25块木板边线上，撞击点应在右侧正中处；②—⑧瓶站立位置为25-3=22块木板边线上，撞击点应在右侧正中处。补中⑨、⑤、⑧号瓶时，应在第28块木板、第25块木板、第22块板数上各增加1块木板的移位。补中⑤号瓶也可以站在全中位上。

3—3补中投球法，只要找出⑩号瓶的站位，就能非常容易地找出其他六个站位，方法简单，准确有效。如果撞击点需要偏左或偏右，三块木板的移位也要随着稍有增减。

9. 根据球道情况的调整

球道情况前面已经讲过，凡适合被利用来投全中球的，一般也适合投补中球。

以最概括的方法来分，球道情况可分为正常、易成钩和不易成钩三类。究竟是否正常，有待球员本人的正确判断，适合本人球路的即为正常；右手球员补中球偏左和左手球员补中球偏右的，一般为易成钩球道；右手球员补中球偏右和左手球员补中球偏左的，一般为不易成钩球道。根据球道情况的调整方法，总的来说有6种(表2.7)。

表2.7　对易成钩和不易成钩球道的六种常用调整方法

右　手　球　员		
调整方法	易成钩球道	不易成钩球道
站位	左移	右移
瞄准目标	右移	左移
落点	增大	减小
球速	增大	减小
提力	减少	增加
球	用硬面球(硬性)	用软面球(软性)
左　手　球　员		
站位	右移	左移
瞄准目标	左移	右移
落点	增大	减小
球速	增大	减小
提力	减少	增加
球	用硬面球	用软面球

注意:对易成钩或不易成钩的球道,有必要时,可用两种以上的方法进行调整。

一般常用的方法是调整站位。调整站位最简单的方法是跟着球的走向:无论左手球员还是右手球员,如果球的滚动过于偏左,站位应向左移;过于偏右,站位应向右移。球员应寻求某一最适合本人使用的调整方法,一旦发觉球道情况有变化,就可以立即进行调整。

10. 补中瓶分组

易于碰到的补中瓶一般有 249 组,球员如果把这些补中瓶组加以分类,一类采取一种打法,就可以减少许多不必要的麻烦。

例如,左侧补中瓶组一类可包括①—②、①—②—④、①—②—④—⑦、①—②—⑧、①—②—④—⑦—⑧等。在这些瓶组中,如能击倒①—②瓶组,则击倒其他瓶组也不困难,因为站位和撞击点都相同。即使站位需要稍有变化,但击倒这些木瓶的技术原则均不变。

再如,右侧补中瓶组一类可包括①—③、①—③—⑥、①—③—⑥—⑩、①—③—⑨、①—③—⑥—⑨—⑩等。击倒的技术原则与击倒左侧补中瓶组相同。

我们还可以举两例来说明这个问题,如左侧瓶组:②—⑤、②—④—⑤、②—④—⑤—⑧、②—⑤—⑧等;右侧瓶组:③—⑤、③—⑤—⑥、③—⑤—⑥—⑨、③—⑥—⑨等。

球员可以通过自己的思考,找出关键瓶和站位相同的那些瓶组。这种补中瓶组分类法可以使球员的注意力集中在关键瓶上,减少思考怎样击倒五花八门补中瓶组的时间。但应记牢,在同一类的若干瓶组中,从一种变换到另一种,仍需稍作调整(图 2.61 ~2.64)。

11. 十瓶补中

若第一球落沟或第一球犯规,留下 10 个瓶,第二次投球即为十瓶补中。其打法与全中球打法相同,这里只稍作几点说明:

①获得全中是避免补中失误的最好办法。

②在 249 种易碰到的补中瓶组中,有 20% 可以用全中球投法击倒。

③几乎六个以上木瓶的补中瓶组(七个除外),几乎都可以用全中球投法击倒。

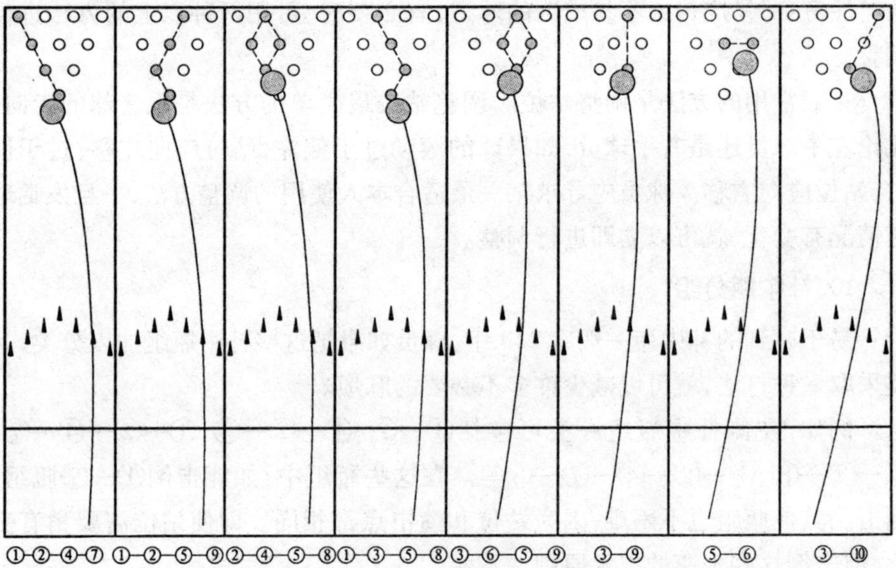

图 2.61　残瓶打法(1)

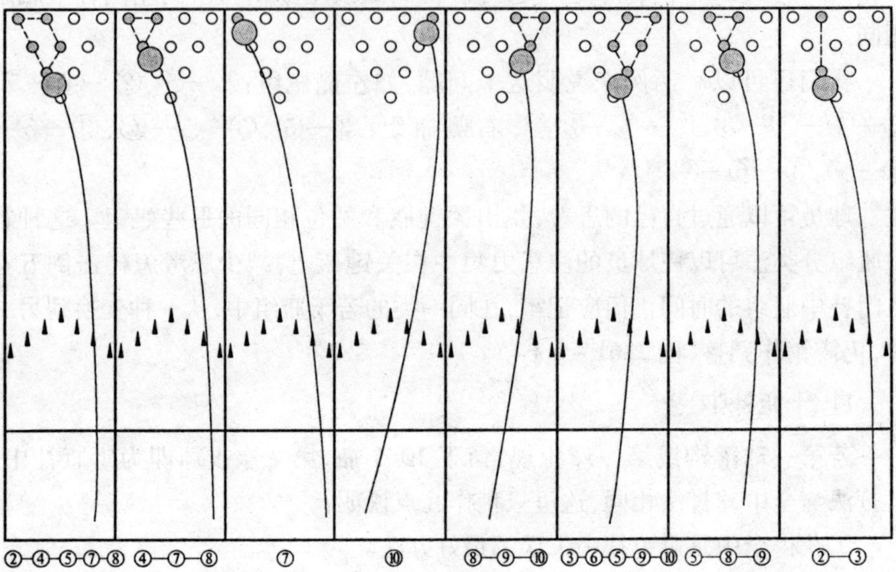

图 2.62　残瓶打法(2)

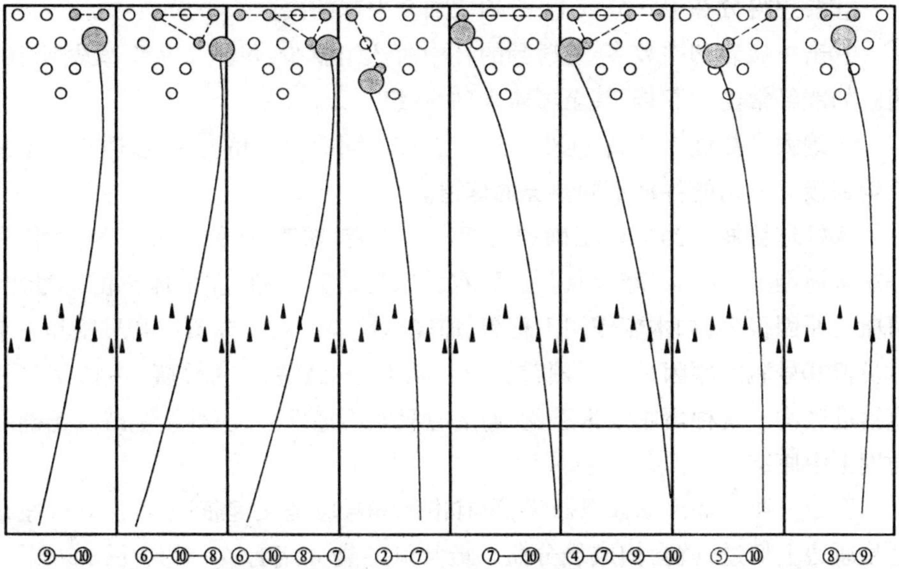

图 2.63　残瓶打法(3)

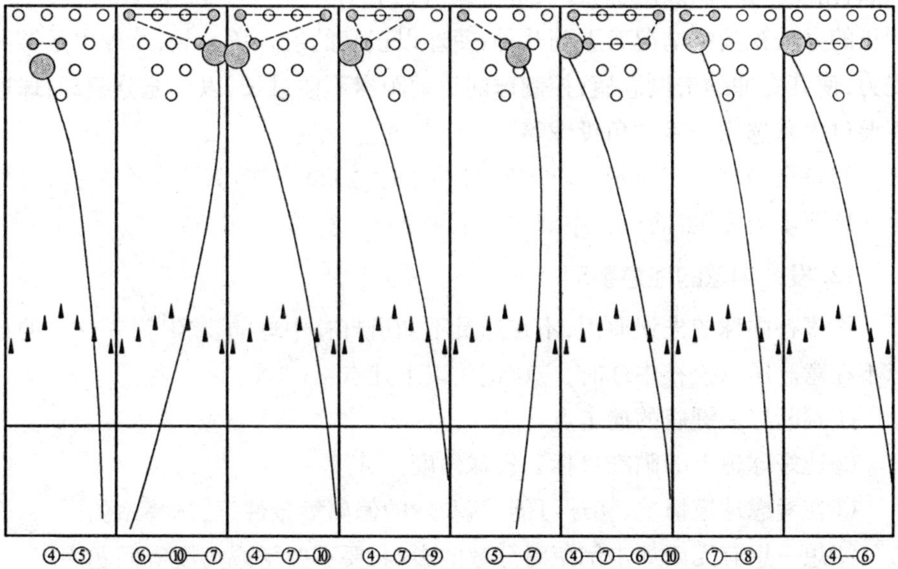

图 2.64　残瓶打法(4)

④击中瓶袋,倒瓶就能十不离九。即使不能全中,击袋越准确,瓶倒越多,留下的补中瓶越少。而且第一次倒的瓶得分较多(小分高)。

⑤要想得分在 190 分以上，必须增加全中球的次数。

⑥击中瓶袋的次数多，易碰到的补中瓶数组就少，可从 249 组减少到 101 组。如能经常击中瓶袋，甚至可减少到 50 组。

⑦绝大多数优秀球员，至少会运用五种不同的全中角度线，以适应从不易成钩到极易成钩的各种不同情况的球道。

⑧好球留瓶。当球以正确的角度进入瓶袋，球速、成钩度等正确，而仍有一瓶未被倒者，即为好球留瓶。一般右手球员留⑩号瓶，左手球员留⑦号瓶。留瓶的原因很多，如木瓶作用不理想、速度过快等。右手球员留⑧号瓶和左手球员留⑨号瓶的原因是：⑤号瓶被击后，从⑧号瓶（左手⑨号瓶）旁边切过径直落进底沟。这种留瓶很难避免，遇上时只能不加理会，应继续坚持以正确的角度击中瓶袋。

⑨袋分瓶。如果球偏离瓶袋，没有击倒⑤号瓶是关键瓶；或者使⑤号瓶在⑧号瓶边上切过，就会构成袋分瓶。最常见的袋分瓶有⑤—⑦、⑥—⑧、⑤—⑩、⑧—⑩和④—⑨。造成这种分瓶的原因有很多，一般是球的滚动、旋转有缺点，角度不正确和球偏离过大等。袋分瓶和好球留瓶不同，前者可以纠正，纠正的办法视具体情况有下列几种：使球以正确的射入角入袋；给球以足够的提力，使其有冲劲击倒⑤瓶；控制球的滑动距离不便过长，以便充分滚动；球速不要过大和选用正确的角投球等。

⑩打全中球的目标有 10 个瓶，打补中球的目标有时只有一个瓶，所以打全中球要求更完美，而打补中球则要求更准确，这点应该牢记。

12. 投补中球的注意事项

许多补中球的失误原因，不在球员不知道打补中球的要领，而在球员的疏忽不在意。所以投补中球时，应该记住以下几点：

①判断好关键瓶的撞击点。

②选好球道上的瞄准目标和投球角度。

③在考虑球道情况、切球可能、瓶和球的偏离等条件下，选择站位。

④想一想有无诸如击倒瓶对分数的影响，要不要增减角度等问题。

⑤踏上助走道，面对目标站正站位。

⑥核准站位、目标箭头和撞击点。

⑦作一次深呼吸，默数一、二、三。避免紧张慌忙，保持沉着。

⑧集中全部精力助走投球。

⑨注意姿势，观察球滚向目标的运行路线。

⑩注意球和瓶撞击后的情况，如有失误，应及时判断失误原因，以便下次纠正。

上述 10 项应深入脑海，成为机械性的自觉动作，才能打好补中球。10 项中的前 4 项，应在球到回球机时本人踏上助走道之前完成。只要胸有成竹，就不会临阵失误。

第三章　比赛和记分

第一节　比　　赛

1. 比赛形式与胜负

目前，世界性的保龄球锦标赛一般每四年举行一次，区域性保龄球锦标赛则每两年举行一次。比赛的形式主要有单人赛、团体赛（也称组队赛）和综合赛三种。团体赛按参赛人数分，可分成双人赛、三人赛、五人赛三种，其中以5人一队最为常见；按性别又可分成男子组、女子组和男女混合组。

保龄球比赛以局为单位，一局分10轮，每轮有两次投球机会。如果第一次把10个瓶全部击倒，就不能再投第二次，唯有第10轮不同，全中时继续投完最后两个球，补中时继续投完最后一个球，结束全局。

比赛以抽签决定道次。每局在相邻的一对球道上进行比赛。每轮互换球道，直至全局结束。第二局需互换球道，单数向左移动，双数向右移动（4号球道到六号，三号球道到一号）。有时也可以统一向右移动道次。其目的是为了每个球员都能相遇和机会均等。投球先后以抽得A、B、C顺序为准。

参加单人赛或团体赛的参赛者每人均须打满六局，单人赛和双人赛均应在一天之内打完，并每打完一局换一次球道，三人赛和五人赛则可在两天之内打完，每天打三局。

综合赛则是将单人赛、双人赛、团体赛等各种项目组合起来进行，并计算综合得分作为决定胜负的依据。在全部比赛中，每位球员都必须打满24局。

保龄球比赛不论单人赛或团体赛，均以得分高低论胜负。如得分相等，则计算最高得分局与最低得分局得分之差，以最小者为胜。如得分之差也相等，则以包括第10轮在内的一次全倒数较多者为胜。如以上全倒数又相等，则以二次全倒数较多者为胜。

2. 赛前准备活动

保龄球运动适合于不同年龄、性别和社会层次的一项身心得到锻炼的娱乐性体育活动。它是一种精神集中与放松交相反复的运动，相对其他运动而言，打保龄球的运动量较小，节奏紧凑而不剧烈，不需要特别的体力，但需要持久力。然而在运动的连贯性、柔韧性和力量的爆发性上仍有相当高的要求，因此通过对整套动作的分解，赛前做一些针对性的准备活动是十分必要的。

(1)腕部、踝部运动

腕部、踝部顺时针和逆时针方向各转 15 ~ 20 次，手腕转动幅度要大；手腕、脚踝同时转动等。

(2)肩关节运动

直臂由前经上往后，再由后经上往前，带动肩关节做前后回转运动，手臂应尽量贴近身体，两手臂同样各作 10 次。

(3)手臂运动

两手十指交叉握做翻掌动作，翻掌前两手肘关节放松弯曲；翻掌时将手臂用力向上伸直，同时抬头，双眼看手，两手臂尽量靠近两耳；然后手臂还原再做，如此反复多做几次。

(4)腰部运动

两腿分开站立，两手叉腰，双手推动腰部做顺时针和逆时针方向的回转运动。

(5)膝部运动

腿并立，体前倾，手扶膝，两腿弯曲做顺时针方向和逆时针方向的转膝运动。

(6)腿部运动

按广播体操拍节做弓箭步压腿动作，左、右腿前后交替做。此练习对预防腿部肌肉拉伤有很好的作用，可根据自己的情况，掌握压腿动作的力量和速度。

(7)放松腿部肌肉

可用双手轻轻摇晃双腿，使腿部肌肉放松。

3. 其他应注意的问题

无论是参加正式比赛，还是学练保龄球时，除了要注意前面已讲述过的保龄球运动应注意的事项外，还应特别注意的是：当球还在球架上滚动时，千万不要将手指伸进指孔中去取球，以免手指受伤；设备发生故障，如记分装置出现问题，球回不上球架，球瓶位置不能恢复原状或瓶意外地滚至球道或球沟上时，千万不要擅自修理和操作设备或走上球道去取球瓶，而是应立即告知球场管理人员来及时处理；运动结束后应再做几节放松运动，如某处肌肉韧带特别酸疼，则可进行热敷处理；绝对不允许将赌博活动引进保龄球运动等。

第二节　记分符号与记分方法

1. 记分符号

对于保龄球受好者来说，还应该了解记分的方式方法。了解得分和记分的基本知识，了解全倒、两次全倒与加分之间的关系，以便在打球时心中有数，尤其在比赛时能够知己知彼，是很有裨益的。

保龄球按顺序每轮允许投两球，投完 10 轮为 1 局。每击倒一个瓶得 1 分。投完一轮将两个球的所得分相加，为该轮的应得分，10 轮依次累计为全局的总分。

保龄球运动有统一格式的记分表，每局有 10 格，除第 10 格外，每格最多打两球，第 10 格最多时可打 3 次球。保龄球是以总分决定胜负的，10 格累记分为每局的总分。

每格的记分方法、记录符号以及电脑显示大致有以下几种情况。

①如第一球将全部木瓶击倒时，称为全中，该轮所得分为 10 分，第二球不得再投。但按规则规定，应奖励下轮两个球的所得分。它们所得分之和为该轮的应得分。可见，连续击出全倒（全中）是得高分的关键。全中的记录符号为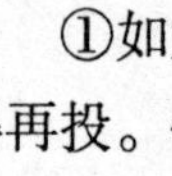。

②假如第一球击倒部分木瓶时，应在左边小格内记上被击倒的木瓶数，作为第一球的所得分。如果第二球将剩余木瓶全部击倒，则称为补中或二次全倒，应在右边小格内用符号“/”表示。该轮所得分也为 10 分。按规则规定，应奖励下轮第一球的所得分。它们所得分之和为该轮的应得分。

a. 全倒的记录符号为：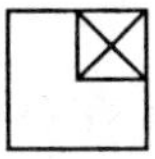，电脑记分显示为：。

b. 连续二次击出全倒记作：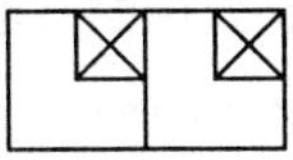，电脑相应显示为：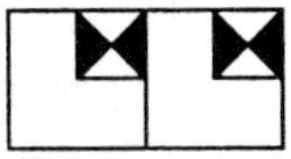。

c. 连续三次击出全倒记作：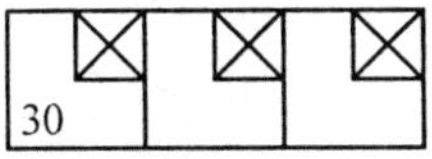

，第一格得分 10+10+10 = 30。

③除了全倒和补中有加分外，其余每击倒一只木瓶计 1 分。如第一球击倒 7 只木瓶，第二球击倒 2 只木瓶，则本格得分为 7+2 = 9 分，记作：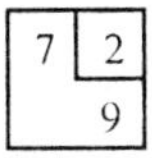

。

④打保龄球得零分的记录符号有三种表示形式。

a. 掷球后未能击中木瓶得零分，记作：-。

b. 掷球时，脚踩到或越过犯规线，得分为零分，记作：F。

c. 球未击倒木瓶便滚入球道两边的球沟，得分为零分，记作：G。

例如，当第一球落入边沟，即为失误球，应在左边小格内用字母"G"表示，该球的所得分为零。如果第二球将 10 个木瓶全部击倒，应在右边小格内用符号"/"表示，按规则应视为 10 瓶补中，该球所得分为 10 分。该转的应得分按②所述计算。凡是第二球失误（落入边沟或未击中任何一个木瓶），应在右边小格内用符号"—"表示，也即失误球，该球所得分为零，该轮的应得分只累计第一球的所得分。

又如，当第一球犯规时，应在左边小格内用字母"F"表示，该球所得分为零。机械装置自动扫瓶后将木瓶重新放好。这轮只允许投一次球，并将这个球的所得分记在右边小格内，作为应得分加以累计。如果第二球犯规，应在右边小格内用字母"F"表示，该球所得分为零，该轮应得分只累计第一球的所得分。

再如，当第 10 轮中第一球犯规时，同样在左边小格内用字母"F"表示，该球所得分为零。当第二球击倒全部木瓶时，应视为 10 瓶补中，该球的所得分为 10 分，并允许继续投完最后一个球，并把最后一个球的所得分累计在该局总分内。如果第 10 轮第一球为全中，应在左边小格内用符号"×"表示。第二球犯规或失误时，应在中间小格内用字母“F”或符号“—”表示，并继续投完最后一个球，如果最后一个球犯规或失误时，应在右边小格内用字母“F”或符号“—”表示，该轮的应得分只累计有效球的所得分。

⑤当第 10 轮全中时，应在同一条球道上继续投完最后两个球结束全局，这两个球的所得分应累计在该局总分内；当第 10 轮为补中时，应在同一条球道上继续投完最后一个球结束全局，这个球的所得分应累计在该局总分内。也就是说，第 10 轮最多可投三球，得分为三球得分的总和。

例如，第 10 轮第一球全中，再增加的两球分别击倒 7 个和 2 个木瓶，而前 9 轮已累计 120 分，本局总得分则为 139 分，记作：

9	10
8 1	⊠ 7 2
120	139

，总得分 = 120+10+7+2 = 139。

又如，如第 10 轮第一球击倒七个木瓶，第二次投球击倒三个木瓶，即补中，再增加的一球击倒九只木瓶，而前九轮已累计 120 分，本局总得分则为 139 分，记作：

9	10
8 1	7 / 9
120	139

，总得分 = 120+7+3+9 = 139。

⑥击倒技术瓶的记录符号。当第一球击倒部分木瓶后（①号瓶必须被击倒），如剩下两个以上木瓶，按瓶位距离、方向的不同，构成大分瓶、中分瓶、小分瓶和斜分瓶，也就是说，构成了不同类型的技术瓶。这时除了在左边小格内记上被击倒的木瓶数作为该轮所得分外，还应用符号“○”把数字圈起来表示（也可以在右边小格内用“○”符号来表示，当第二球投出后，将所击倒的木瓶数填入）。如果第二球将剩余的木瓶全部击倒，则应视为补中，用符号“∅”表示。

⑦若球由球沟反弹回来击倒了木瓶，得分无效。若球将木瓶击中后，木瓶斜靠在侧壁上，该木瓶判为击倒。

2. 记分方法

保龄球比赛每局 10 轮，每轮投两球，当第一球将木瓶全部击倒时称为全中或全倒，该次投球所得分为 10 分，第二球不再投，但按规则每个全中球奖励下轮两个球的得分；如果从第一轮第一球开始到第 10 轮以及按规则再补投两次球而全部并连续投出 12 个全中，这样即每轮内最高得到 30 分，一局的完整成绩应得 300 分。这就是人们通常称之为最理想、最完美的全中球,但这种成绩的概率极小。

表 3.1 说明,该局第一轮至第 10 轮的第一球均为全中,以及加打的两次球也均为全中,故得分为 30×10＝300。

表 3.1　保龄球满分统计表

格 / 得分类别	1	2	3	4	5	6	7	8	9	10
	⧓	⧓	⧓	⧓	⧓	⧓	⧓	⧓	⧓	⧓⧓⧓
	30	60	90	120	150	180	210	240	270	300
直接得分	10	10	10	10	10	10	10	10	10	10
加分	20	20	20	20	20	20	20	20	20	20
每轮得分	30	30	30	30	30	30	30	30	30	30

保龄球一次最多可击倒 10 个木瓶,根据击倒木瓶的多少来决定投球者的胜负,而一次能击倒 10 个木瓶当然是最理想的,但往往一次无法将木瓶全部击倒,这样可以再投一次。也就是说,每个人一格可以投两次球,而把得分数字和击球情况准确地在得分表上记录下来。下面以表 3.2 加以说明。

表 3.2　得分统计表(1)

格	1	2	3	4	5	6	7	8	9	10	
	7 2	⧓	⧓	⧓	⑧ ◢	9 F	5 ◢	9 —	G ◢	⧓⧓⧓	总分
	9	39	67	87	106	115	134	143	163	193	193
计分方法	7+2=9	9+10+10+10=39	39+10+10+8=67	67+10+8+2=87	87+8+2+9=106	106+9+0=115	115+5+5+9=134	134+9+0=143	143+0+10+10=163	163+10+10+10=193	

说明:第 1 格第 1 球击中 7 个木瓶得 7 分;第 2 瓶击中 2 个木瓶得 2 分,累计 9 分。

第 2 格第 1 球全中得 10 分,规则规定应奖励第 3、4 格的首球全中分共 20 分,累计为 39 分。

第 3 格第 1 球全中得 10 分，规则规定应奖励第 4 格首球全中分 10 分和第 5 格首球击倒的木瓶数 8 分，累计为 67 分。

第 4 格第 1 球全中得 10 分，规则规定应奖励第 5 格第 1 球击倒的木瓶数 8 分和第 2 球击倒的木瓶数 2 分，累计 87 分。

第 5 格第 1 球击倒 8 个木瓶得 8 分；第 2 球击中 2 个木瓶得 2 分，规则规定补中应奖励第 6 格第 1 球击倒的木瓶数 9 分，累计为 106 分。

第 6 格第 1 球击倒 5 个木瓶得 9 分；第 2 球犯规得零分，累计为 115 分。

第 7 格第 1 球击倒 5 个木瓶得 5 分；第 2 球补中得 5 分，规则规定应奖励第 8 格首球击倒的木瓶数 9 分，累计为 134 分。

第 8 格第 1 球击倒 9 个木瓶得 9 分；第 2 球失误零分，累计为 143 分。

第 9 格第 1 球失误（沟球）得零分；第 2 球 10 瓶补中得 10 分，规则规定应奖励第 10 格第 1 球全中的 10 分，累计为 163 分。

第 10 格第 1 球全中得 10 分；规则规定应奖励 2 次投球，表 3.2 所示仍 2 次全中，累计为 193 分。因此本局得分为 193 分。

例 1　得分统计表(2)，见表 3.3。

表 3.3　得分统计表(2)

格 \ 得分类别	1	2	3	4	5	6	7	8	9	10
	8 —	7 1	9 ◢	9 F	⧗	8 ◢	⧗	7 2	9 ◢	9 ◢ ⧗
	8	16	35	44	64	84	103	112	131	151
直接得分	8	8	10	9	10	10	10	9	10	10
加分	—	—	9	—	8+2	10	7+2	—	9	10
每轮得分	8	8	19	9	20	20	19	9	19	20

说明：第 1 格第本球得 8 分；第 2 球失误零分，该格得 8 分，累计 8 分。

第 2 格第 1 球得 7 分；第 2 球得 1 分，该格得 8 分，累计为 16 分。

第 3 格第 1 球得 9 分；第 2 球补中得 1 分，该格直接得分 10 分，另加第 4 轮第 1 球 9 分，该格得分 19 分，累计为 35 分。

第 4 格第 1 球得 9 分；第 2 球犯规零分，该格得 9 分，累计 44 分。

第 5 格第 1 球全中得 10 分，加分为下一格 2 球的得分（8+2＝10），该格得 20 分，累计 64 分。

第 6 格第 1 球得 8 分;第 2 球补中得 2 分,该格直接得 10 分,另加第 7 格首球全中 10 分,该格得 20 分,累计为 84 分。

第 7 格第 1 球全中得 10 分,加分为第 8 格的两球得分(7+2=9),该格得分 19 分,累计为 103 分。

第 8 格第 1 球得 7 分;第 2 球得 2 分,该格得分 9 分,累计 112 分。

第 9 格第 1 球得 9 分;第 2 球补中得 1 分,该格直接得 10 分,另加第 10 格的第 1 球得分 9 分,该格得 19 分,累计 131 分。

第 10 格第 1 球得 9 分;第 2 球补中得 1 分,该格直接得 10 分,尚可加投一球,补加球全中得 10 分,该格得 20 分,累计为 151 分。因此本局得分为 151 分。

例 2　得分统计表(3),见表 3.4。

表 3.4　得分统计表(3)

格 / 得分类别	1	2	3	4	5	6	7	8	9	10
	9 ◢	9 ◢	9 ◢	9 ◢	9 ◢	9 ◢	9 ◢	9 ◢	9 ◢	9 ◢ 9
	19	38	57	76	95	114	133	152	171	190
直接得分	10	10	10	10	10	10	10	10	10	10
加分	9	9	9	9	9	9	9	9	9	9
每轮得分	19	19	19	19	19	19	19	19	19	19

例 3　得分统计表(4),见表 3.5。

表 3.5　得分统计表(4)

格 / 得分类别	1	2	3	4	5	6	7	8	9	10
	⋈	9 ◢	⋈	9 ◢	⋈	9 ◢	⋈	9 ◢	⋈	9 ◢ ⋈
	20	40	60	80	100	120	140	160	180	200
直接得分	10	10	10	10	10	10	10	10	10	10
加分	9+1	10	9+1	10	9+1	10	9+1	10	9+1	10
每轮得分	20	20	20	20	20	20	20	20	20	20

说明①:本记分表的每格第 1 球均得 9 分,而每格第 2 球又均补中,故每格的直接得分均为 10 分,每格均加 9 分;前 9 格每格得分 19 分,第 10 格加投 1 球得 9 分,而该格得分也是 19 分。因此本局的得分累计为 190 分。

说明②:第 1 格第 2 球全中,直接得 10 分;另可加第 2 格两球的得分(9+1=10),该轮得分为 20 分。

第 2 格第 1 球击倒 9 瓶得 9 分;第 2 球补中得 1 分,该格直接得分 10 分,加分为第 3 轮首球的全中 10 分,该轮得分为 20 分。

第 3 格至第 10 格交替全中和补中,每格的得分均为 20 分。因此本局累计得分为 200 分。

若比赛结束会出现比分相同,应从第 9 格起决出胜负。

第三节　保龄球竞赛规则及规定

规则是竞赛的法规、准绳。参加保龄球运动的人必须学习规则、理解规则、执行规则,在规则允许的范围内,充分发挥个人或集体的作用,去争取比赛的胜利。

在这部规则和规定的前言中提出:“这里所定的规则和规定,从第一章到第七章将普遍适用于世界十瓶保龄球联合会主办的世界及区域性的业余锦标赛,以及由世界十瓶保联确认并批准的其他国际比赛或涉及其会员协会的各种国际比赛。所有正式的十瓶比赛,应当在包括各种设备、尺寸规格、重量都符合世界十瓶保联明文规定的球道上进行。同时,要遵守它规定的规则、条例和指示。在世界十瓶保联批准的比赛中,使用的所有球道必须得到当地会员协会的许可证明。每个会员协会应指定一人或数人负责监督在该国举办的所有经批准的国际比赛,并遵照这些规则和规定进行。”

这部规则和规定(第一章至第七章)的竞赛规则和细则,已被世界十瓶保龄球联合会采用,并作为各种保龄球比赛的统一指南。在这部规则和规定中,国际保龄球联盟简称国际保联(FIQ),世界十瓶保龄球联合会(WTBA)简称世界十瓶保联;国际保联规定,一个国家只能有一个组织取得世界十瓶保联的会员资格。据此在本规定中提到的“国家会员资格”或“国家代表”技术上均指能代表国家的协会而言;在使用代表男性称谓之处,也包括女性,反之亦然。

为了帮助保龄球爱好者更好地理解和执行规则和规定,本书将这部规则和规定(第一章到第七章)按条目逐款加以介绍。并将由 1995 年国际保龄球代表大会(美国雷诺)讨论通过的 1995 年 7 月 7 日修订条款,与有关规定对照介绍。

1. 竞赛规则

第一章是“竞赛规则”的具体规定，共计 33 条（序号为第 101～133 条）。

（1）比赛的定义

第 101 条规定，一局十瓶制的比赛由十格组成。如果没有任何全中，每个运动员可以在前九格的每一格中投两个球。在第十格投出全中或补中时，每个运动员可以投三个球。每个运动员必须以正常顺序投完每一格。经世界十瓶保联确认的自动记分装置，可以在世界性和区域性锦标赛以及被世界十瓶保联批准和承认的其他国际比赛中或其会员协会组织的比赛中使用。这种装置应该显示出得分记录，并能进行每格的核对，另外，要遵守比赛的记分规则。

（2）比赛的记分

第 102 条规定，除全中的记分外，运动员投出的第一个球击倒的瓶数记在上方左边的小方格内。运动员投出的第二个球击倒的瓶数记在上方右边的小方格内。如第二次投球未击中任何一个剩余的瓶子，用“—”符号记在记分表上。一格内两次投球后，应立即将分数记录下来（表 3.6）。

表 3.6　比赛记分

1		2		3		4		5		6		7		8		9		10		
1	2	1	2	1	2	1	2	1	2	1	2	1	2	1	2	1	2	1	2	3
⋈		⋈		⋈		7	2	⑧		F	9	⋈		7	◢	9	—	⋈	⋈	8
30		57		76		85		95		104		124		143		152		180		

（3）全中

第 103 条规定，当每一格的第一次投球击倒全部竖立的 10 个瓶时，称为全中。用“×”符号记录在记分表上该格上方左边的小方格中。全中的记分是 10 分加该运动员下两次投球击倒的瓶数。

（4）两次全中

第 104 条规定，连续两个全中就称两次全中，第一次全中的记分为 20 分再加上随后第一球所击倒的瓶数。

（5）三次全中

第 105 条规定，连续三个全中称为三次全中，第一次全中那格的记分是

30分。一局的最高分是300分，运动员必须连续投出12个全中。

(6)补中

第106条规定，当第二次投球击倒该格第一球余下的全部瓶子，称为补中，用“/”符号表示。记录在该格右上角的小方格内。补中的记分是10分加运动员下一个球击倒的瓶数。

(7)失误

第107条规定，除第一次投球后形成分瓶外，当运动员在某格两次投球后，未能将10个瓶子全部击倒，即为失误。

(8)分瓶(技术球)

第108条规定，分瓶是指在第一球投出后，把①号瓶及其他几个瓶子击倒，余下的瓶子呈下列状态：

①2个或2个以上的瓶子，它们之间至少有1个瓶子被击倒时，如⑦号瓶和⑨号瓶，③号瓶和⑩号瓶。

②2个或2个以上的瓶子，紧挨在它们前面的瓶子至少有1个被击倒时，如5号瓶和6号瓶。

分瓶在记分表上用“0”符号表示。

(9)比赛形式

第109条规定，第一局比赛应在相互毗邻的一对球道上进行，参加队际赛、三人赛、双人赛、单人赛的运动员应连续按顺序在一条球道上投完一格球后换到另一球道上投下一格球，直到在这对球道的每条球道上各投完五格球。

(10)投球顺序

第110条规定，一名或数名运动员可在一对球道上进行比赛。在一局比赛开始后，即不得改变这节比赛的阵容和投球顺序，除非根据规则第307-⑥-c和d，及规则第310条的规定换人。

(11)比赛中断

第111条规定，在比赛进行过程中，如某一球道因设备发生故障而耽误正常比赛按计划进行时，执行裁判可允许运动员在另外一对球道上继续完成比赛。

(12)合法击倒球瓶

第112条规定，运动员合法投球后球瓶的下列情况，将被认为是合法击倒的球瓶：

①被球和其他瓶直接击倒或走出放瓶台的瓶。

②被从两侧边墙隔板或球道后部缓冲板反弹回来的瓶所击倒或击出放瓶台的瓶，均作为击倒的瓶计算。

③在清扫球瓶前被扫瓶器横杆反弹回来的瓶所击倒或击出放瓶台的瓶。

④斜靠在边墙隔板上的瓶。

在下次投球前，这些瓶都应清除掉。

(13)不合法击倒球瓶

第113条规定，凡属下列情况者，投出的球有效，但被击倒的瓶不予记分：

①当球在到达球瓶前先脱离球道，然后才击倒的球瓶。

②投出的球从后部缓冲板反弹回来击倒球瓶。

③当瓶接触摆瓶员身体的任何部位反弹回来击倒的球瓶。

④被自动摆瓶器碰倒的瓶。

⑤在清除倒瓶时被碰倒的瓶。

⑥被摆瓶员碰倒的瓶。

⑦运动员犯规后击倒的瓶。

⑧投球后在球道和边沟里出现倒瓶，球在离开球道表面前碰到这些倒瓶。

不合法击倒球瓶一经出现，应恢复原位。运动员有权在该格投另一个球。

(14)位置不正确的球瓶

第114条规定，当运动员在10个瓶被全部放置的情况下投球或投补中球时，如果球已投出，即使立刻发现有一个或多个瓶的位置排列不当，但没缺瓶时，该投球和其得分应被计算。决定瓶的位置排列是否正确，责任在运动员。应在投球前，指出那些位置不正确的球瓶，否则就被认为对瓶的排列表示满意。

在一次投球后，未倒的瓶的位置不得变动，即被自动摆瓶器移动或错误放置的瓶子必须保留在被移动后错误放置的位置上，而不得人为地加以改动。

(15)弹回的球瓶

第115条规定，被击出球道后，反弹回来并竖立在球道上的瓶，视为竖立的瓶。

(16)不被承认的倒瓶

第116条规定,除运动员以合法的投球所击倒或击出球道的球瓶外,其他所有被击倒的瓶均不予承认。

(17)球瓶的更换

第117条规定,在比赛中球瓶如被击坏或严重损伤,应立即更换一个尽可能和当时使用的质量相等、形状相同的球瓶。应由执行裁判决定球瓶是否回原处。

(18)死球

第118条规定,如发生下列情况之一,所投的球为死球:

①在一次投球后(在同一球道下次投球前),立刻发现所摆的球瓶缺少一个或数个。

②在球未接触到球瓶前,摆瓶员干扰了任何球瓶。

③在球瓶停止转动之前,摆瓶员移动或干扰了任何剩下的球瓶。

④一名运动员在错误的球道上投球或没有按正确的顺序投球时,或各队的一名运动员在一对球道的错误球道上投球。

⑤当运动员已开始投球,但投球动作尚未完成之前,其身体受到其他运动员、观众或运动物体的干扰时,必须选择是接受此球将要击倒的球瓶的结果,还是宣布为死球。

⑥运动员投出的球,未接触球瓶之前,球瓶发生移动或倾倒。

⑦运动员投出的球接触任何障碍。

当死球发生后,其得分不予记录,球瓶必须重新放置,运动员重新投球。

(19)球道使用错误

第119条规定,按规则第118条规定,当以下情况发生时,应视为死球,运动员可以要求在正确的球道上重新投球:

①一名运动员投错球道。

②各队的一名运动员在一对球道上投错球道。

a. 当同队一名以上的运动员已经在错误的球道上投球时,这一局比赛就不需要更正球道,可以在此球道上继续完成该局比赛,但下一局的比赛必须在规定的正确球道上进行。

b. 在个人对抗赛中,运动员每次投两个球,并交换球道。当发现运动员投错球道时,该球为死球,要求这名运动员回到正确的球道上重投。如对方运动员已投球后才发现这一错误，则该运动员的得分应予以记录，但以后应在正确的球道上投球。

(20)犯规的定义

第120条规定，在投球时或投球后，运动员的部分身体触及或超越了犯规线，以及接触了球道的任何部分和其设备建筑时，即为犯规。该次犯规的时效直到该名运动员或下一名运动员投球为止。

(21)故意犯规

第121条规定，当运动员借助于被判犯规以获得好处而故意犯规时，该运动员的这次得分为零分，同时不允许在该格再次投球。

(22)犯规的记录

第122条规定，运动员的犯规应记录在记分栏中，但击倒的瓶不记录。应将被其击倒的瓶重新排列，犯规运动员可以在该格再投一球。

犯规在记分表上用“F”符号表示。

(23)犯规的监测

第123条规定，竞赛委员会可以采用由世界十瓶保联确认的自动犯规监视测装置，如比赛场地没有这种设备或该设备暂时坏了，就应设犯规线裁判员，他必须在没有阻挡其视线的情况下，看清犯规线。

(24)明显犯规

第124条规定，如果一个明显的犯规未被自动犯规监测装置或犯规线裁判员发现，但为以下人员认定，仍应宣布并记录为犯规：

①双方队长或双方一名以上运动员。

②记分员。

③一名执行裁判员。

(25)对犯规提出申诉

第125条规定，除了以下情况不允许对犯规提出申诉：

①证明自动犯规监测装置不能正常工作。

②对比赛的运动员未犯规提出强有力的证据。

(26)临时性投球

第126条规定，当对犯规、被击倒的瓶或是死球提出抗议，而执行裁判无法立即解决时，必须让该运动员投临时性的一个球或一格球，以供裁决使用。

①一名运动员对该格第一次投球或第十格全中后的第二次投球出现争议时。

a. 无论运动员是否犯规，该运动员必须完成这一格的投球，并继续完成临时性的一格投球。

b. 如对认为不合法击倒的瓶有争议，该运动员必须完成该格的投球后将瓶重新排列，再投临时性一球。

c. 如遇是不是死球的争论，该运动员应完成该格的投球后，再投临时性一球。

②如抗议是针对该格的第二次投球或第十格的第三次投球，运动员应投临时性的一球，这时瓶的数量及位置应与其第二次投球时瓶的状态相同。但如果不是死球的争议，则不必作临时性投球。

(27)个人专用球

第127条规定，保龄球应该是个人专用的，除非该球拥有者同意，其他运动员不得使用该球。

(28)改变球的表面状态

第128条规定，在经批准的比赛中，禁止使用磨料来改变保龄球的表面状态。凡采用此方法改变了表面状态的球均不得在比赛中继续使用。

(29)必须保持助走道的完好

第129条规定，禁止使用因运动员的正常活动可能造成助走道表面任何部分损伤的物品，如滑石粉、硅石、松香等物品，同时禁止使用像胶鞋底或带有橡胶后跟的鞋。禁止将任何粉末带入运动员比赛区域。

(30)对记分错误的抗议

第130条规定，在比赛中出现的记分错误或计算方法的错误，必须由记分员或比赛执行裁判立即予以纠正。对有疑问的错误应由竞赛委员会决定处理。对于记分上的错误所提出的抗议，其期限是从这个项目结束后或当天的这一节比赛结束后的一小时之内，但必须在颁奖典礼或下一项比赛开始之前(取决于哪个时间在前)。在这条规则精神下所提的每条抗议必须具有其本身的内容，不可用过去曾相似的违例来作为依据。

(31)对参赛资格及竞赛规则提出抗议

第131条规定，对参赛资格或对竞赛规则提出抗议，必须以书面形式在发生犯规的这局比赛后 24 小时内,或在发奖前(取决于哪个时间在前)提交给比赛执行裁判。对犯规或合法击倒球瓶提出抗议,该协会代表应向执行裁判提交有关的证据。如果在上述期限内没有提交书面抗议,则比赛结果就被认可。在这条规则精神下所提的每条抗议不可用过去曾相似的违例来作为依据。世界性和地区性锦标赛中的抗议遵照规则 313-①-c 和 313-②执行。

(32)正式记分

第 132 条规定,每个赛事都应有正式记分员或自动记分装置记录所有比赛成绩。如犯规未被记分员记上,运动员又佯称未看记分表,应在执行裁判员的监督下将分数改过来。在一局比赛中,分数没有被累计,执行裁判对该运动员原有的成绩应予确认。每个被批准的比赛必须在记分表上详细填写每一次投球所击倒的瓶数,以便于每格均可核实查对。每个运动员或队长应在每局比赛后立即在记分表上签名确认成绩,之后收到一张记分表的副本。除了分数的计算有明显的错误外,成绩一经记录不得更改。一旦发现明显的错误,执行裁判应立即改正。可疑的错误交竞赛主任处理,竞赛主任将按照规则,在限定的时间内将错误改正。一局比赛进行中出现漏记分数,在符合竞赛规则的情况下,经竞赛主任批准可以重投。

(33)迟到的运动员

第 133 条规定,运动员或运动队在比赛时迟到,应在所分配的球道上按当时正进行比赛的那一格开始比赛,并记录得分。如单独被分配一球道,应从该场比赛已进行的各球道中格数最少的一格开始记录其得分。

2. 赛事的批准规则

第二章是“赛事的批准规则”的具体规定,共计 11 条(序号为第 201 至 211 条)。

(1)批准的条件和选择

第 201 条规定,任何赛事的筹办应向世界十瓶保联或区域保联申请。当邀请个人或协会参赛总数多过五个单位以上,必须申请批准。如果参与单位是来自同一区域,则需向区域保联申请;如果来自不同区域,则应向世界十瓶保联申请。申请费用由区域或世界十瓶保联决定。

(2)批准

第 202 条规定,要获得批准,赛事筹办国必须保证实施所有世界十瓶保联的竞赛规则（第一章）、赛事的批准（第二章）和设备规格（第七章）等规则，并提出申请报告。

凡是用获胜者将被冠以世界保龄球冠军或世界十瓶保龄球冠军，或世界业余保龄球冠军为名，来推广其赛事的比赛，将不被认可。各国协会不得批准其运动员参加此种比赛。

（3）批准手续

第203条规定，主办赛事的会员协会的权利是负责进行批准申请及要证明确实执行世界十瓶保联的所有规则、规定和规格，如此主办协会可获得50%由世界十瓶保联所收得的批准费用。

申请批准时一定要说明这赛事只限于国际保联属下会员协会的球员参与或非会员协会的球员也可参与。

（4）参赛资格，第204条规定，凡由世界十瓶保联和国际保联批准的赛事只准其属下近期会员协会的球员参与。

①被任何一个会员协会判罚停赛的球员不得参加任何批准的国际赛事。

②非国际保联会员国的运动员，在第一次参加世界十瓶保联批准的比赛24个月内，可参加不超过两次的比赛，此后该协会必须取得国际保联的会籍，它的球员才可参加被批准的赛事。世界十瓶保联常务委员会可再次批准这类非会员协会的球员再度参加比赛。

③当确信某一比赛能促进保龄球运动发展，而会员国获得该地区保联常务委员会批准，可以派代表参加三个月非国际保联会员所主办的比赛，除非是国际奥委会不鼓励去那些国家参加比赛。

（5）主办赛事的职责

第205条规定，主办世界十瓶保联或区域保联批准的国际赛事将要：

①审批参赛各国际保联会员国的每位球员是否持有其代表协会的证明。

②向世界十瓶保联秘书呈交一份有关所有参赛的会员国及非会员国的报告。

③随时向世界十瓶保联提供所需要的报告。

（6）慢投球

第206条规定：

①准备踏上助走道投球的运动员，必须遵守下列规则：

a. 有权向位于自己左侧，准备踏上助走道或已站在球道上准备投球的运动员要求由自己先投球。

b. 让道于其右侧准备投球的运动员。

c. 轮到自己投球时，应立即准备好，如相邻两侧的球道都无人投球，则不应延误投球。

②如运动员没有遵守上面①-a、b、c 的要点，即构成慢投球，应由执行裁判给予以下警告：

a. 第一次犯规，以白牌警告（不予罚分）。

b. 第二次犯规，以黄牌警告（不予罚分）。

c. 在一节比赛中（指单人赛、双人赛的六局，三人赛、五人队际赛的三局比赛，精英半决赛一天八局，精英决赛中所有的局数），从第三次犯规开始，每犯规一次，出示一次红牌，且该格的分数记为零分。

③为判断和实施这条规则，竞赛委员会应特别注意这样的运动员或运动队，他们在单人赛、双人赛、精英赛中落后于领先者四格，在三人赛或队际赛中落后两格，已结束比赛的球道不算在内。

④在精英赛中，不论何时执行上述规则发生争议时，由竞赛委员会作最后裁决。

（7）同分裁决程序

第 207 条规定，比赛中发生第一名同分时，如果竞赛规程没有说明处理办法（如加赛第九格及第十格或宣布并列冠军），则加赛一局。

（8）申诉

第 208 条规定（只对除了世界性或地区性锦标赛以外的比赛），对竞赛委员会的决定提出申诉，应在赛后一个月内直接向主办国协会提出。该协会应在 30 天内对这一申诉作出裁决，同时将有关决定的副本寄交申诉人、区域保联主席及世界十瓶保联常委会。对此裁决提出的申诉，须在得到裁决后 30 天内，向区域保联的执委会提出。区域保联执委会应在 30 天内作出裁决，此裁决的副本应寄交申诉人及世界十瓶保联常委会。最后的申诉应在 30 天内向世界十瓶保联常委会提出，最后的裁决应在 30 天内通知申诉人及区域保联主席。

(9)比赛服装

第209条规定,运动员应该穿着其国家协会规定的标准服装,不允许有差异。

男运动员应穿长裤或松身长裤;女运动员应穿短裙、裙裤、长裤、松身长裤、短裤,但要统一穿着。

注:此条款于1995年7月7日修订为:球员穿着其本国规定的标准制服,不允许有差异。男子应穿着长裤或松身长裤;女子应穿着短裙,裙裤、长裤、松身长裤或短裤,但要统一穿着。

(10)违反规则

第210条规定,任何主办赛事机构违反这条规则而被定罪时,将会被要求说明原因,使将来申办赛事的批准不会被世界十瓶保联或国际保联否决。球员参加需要批准,而未经批准的赛事,也将会失去参加世界十瓶保联或国际保联未来批准的赛事权利。

(11)违反规则的处罚

第211条规定,除了上述已明确规定了处罚办法的规则外,违反规则的处罚如下:

①如运动员在比赛中第一次犯规,执行裁判给予黄牌警告(不予处罚)。

②如运动员在同一比赛中第二次犯规,将会被取消比赛资格,并受到停止参加任何世界十瓶保联认可的赛事90天的处罚。

③如同一运动员在12个月内,在三个不同赛事中均受到一次警告,他将受到禁止参加任何世界十瓶保联或区域保联认可的赛事90天的处罚。

④所有犯规的报告将由竞委会的秘书呈递给世界十瓶保联秘书长,由他向所有会员协会发出通报。

3. 世界和区域业余保龄锦标赛

第三章是“世界和区域业余保龄锦标赛”的具体规定,共计18条(序号为第301至318条)。

(1)日期和地点

第301条规定,举办世界保龄球锦标赛的主办协会和预定日期应在世界保联代表大会上决定。举办区域性锦标赛的主办协会和预定日期应在区域保联的代表大会上决定。比赛的主办协会必须遵照国际保联的竞赛规则和规定，并在世界十瓶保联或区域保联的指导下组织和进行比赛。世界锦标赛至少可提供32条球道，并在一个场地举办本赛事的会员国协会主办。

此条的附则规定：

①正式名称。世界十瓶保联锦标赛的正式名称如下：

——国际保联世界十瓶保龄球锦标赛。

——国际保联世界青年十瓶保龄球锦标赛。

——国际保联美洲十瓶保龄球锦标赛。

——国际保联亚洲十瓶保龄球锦标赛。

——国际保联欧洲十瓶保龄球锦标赛。

——世界十瓶队际杯赛。

这些赛事的各项事宜都应使用正式名称。

②开幕式。至少包括运动员持旗列队入场，主办协会、世界十瓶保联及国际保联致词，仪式安排应经世界十瓶保联或区域保联主席的批准。

③发奖仪式奖章的图案和质量应事先由世界十瓶保联主席批准。除精英决赛的闭幕式发奖外，发奖仪式应在该项比赛后下一项比赛前进行。奏冠军国歌。颁发方案由主办协会制定，并经世界十瓶保联主席批准。请贵宾颁奖。

④闭幕式至少应包括主办协会、世界十瓶保联和国际保联致词。仪式方案应经世界十瓶保联或区域保联主席批准。

(2)世界和区域锦标赛的检查、准备、推广和财政考虑

第302条规定：

①主办协会在获得主办赛事后的九个月内，要承担世界十瓶保联主席或其指定代表的费用，以便检查和确认主办协会为承办锦标赛所提出的申请报告。此时双方开始签署协议。

如发现场地设施不足时，世界十瓶保联的代表应立即呈报常务委员会，审查后，有权改变赛事地点。

②需要翻新的球道完工后(如果十球道)，主办协会将要支付技术代表的费用以便检验球道及联络竞赛主任和球场职员，指示对球道落油的程序，并立即将此资料通知所有会员协会。技术代表还应与组织委员会商讨有关锦标赛各项活动的细节，并立即向世界十瓶保联主席提交详细报告。

③在与世界十瓶保联签约后，主办协会至少每六个月将筹备进度的报告

呈交世界十瓶保联和国际保联主席。

④世界十瓶保联主席或秘书长最少每年一次将筹办锦标赛的情况通报各会员协会，并在每次常务委员会议中提出报告。

若证明主办国不能履行协议上的条件，常务委员则会有权更换赛事地点。

⑤主办协会应在举办锦标赛前两年的代表大会上提出一份详细报告，包括比赛日期、有关活动、比赛球场、大会总部及认可的酒店等情况。

⑥在截止缴纳参加费用一年前，主办协会要将所有必需文件及资料等发给每个世界十瓶保联会员协会，以表明其参赛意愿。所有文件要预先获得世界十瓶保联主席的认可，最低限度的解释是：

a. 任何会员协会在截止日期内未能将填报文件及费用缴纳将不准参赛。

b. 每个参赛的会员协会要负责提供三面典礼国旗（1 m×2 m）和一盒国歌录音带。主办协会最少要多发一份附加资料给所有世界十瓶保联会员协会。

⑦财政考虑。

a. 主办协会可发售竞赛及相关活动的门票，但价格需获得世界十瓶保联主席的同意。

b. 主办国售卖与锦标赛有关的纪念品，必须获得世界十瓶保联常务委员会批准。

c. 锦标赛和有关活动的赞助权只能经世界十瓶保联常务委员会许可。

d. 锦标赛全部或部分的电视传播权只能经世界十瓶保联常务委员会许可。

⑧区域锦标赛也应遵循相同的步骤进行。

（3）参赛手续和费用

第 303 条规定：

①各协会应不迟于锦标赛开幕前三个月，向主办协会提交参赛意愿书，同时缴纳正式代表团的全部报名费。金额由世界十瓶保联规定，缴后不予退回。

②协会必须证明所有参赛球员的资格符合规则第 305 及第 306 条的规定。

③为获得世界或区域锦标赛的参赛资格，协会必须缴清其国际保联、世界十瓶保联及区域保联的会费。

主办协会须每周向秘书长呈报参赛的协会，使他能查证他们的会员资格。

(4)比赛设备及练习

第 304 条规定:比赛必须在符合世界十瓶保联规格的球道上进行。若为木质球道,必须在赛前六个月内完成打磨和修葺球道的工作。世界锦标赛及世界运动会必要时经世界十瓶保联主席批准,区域锦标赛时由区域保联批准,可放弃此项要求。

如竞赛用球道在比赛前无法提供非正式练习,必须安排两天的正式练习(第一天每个协会两小时,第二天每个协会一小时),否则需有一天的正式练习。此后整个比赛期间除比赛规定的练习外,参赛球员不能使用比赛球道练习。

在每项比赛前,必须清除整条球道上的油,擦干后再落油,这是最低要求。不能有意限制技术委员会可能制定的任何追加擦干和落油的程序(见规则第 313 条)。

保龄球的表面度不可低于硬度计"D"的 72 度读数。

比赛开始前,所有将要使用的球必须经过检查,要符合本规则第七章保龄球的规格中关于质量、平衡、孔、表面硬度的规定。

在比赛期间,保龄球如被带出比赛场外,必须在下一项目比赛前重新检验。

(5)参赛资格

第 305 条规定:

①只有已向国际保联付过会费的委员协会的本国公民才有资格代表其国家参加世界和地区的业余比赛,并由本国协会提交参赛名单和交纳费用。

如某一运动员曾代表其国家参加过国际保联举办的世界或区域的锦标赛或奥林匹克运动会或世界运动会或区域运动会,该运动员就不得在国际保联举办的比赛中再代表另一国家,但有下列情况者例外:

a. 当其代表的国家和另一国家合并时。

b. 其以前代表别的国家是因为当时其国家的保龄球协会不是国际保联会员国。

c. 自其申请另一国家的国籍被批准之日起满三年。

d. 从其最后一次代表以前的国家参加比赛的日期之后一年,经两国协会同意,相应区域保联的批准,以及国际保联的允许。

e. 女运动员因结婚而改变国籍时，可以代表其丈夫的国籍。

f. 殖民地或领地的公民想要代表宗主国时，如该殖民地或领地的保龄球协会尚未加入国际保联，则在殖民地或领地出生的公民才可代表其宗主国。

殖民地、领地和宗主国的公民可以交换，具体条件是：

a. 要代表领地或殖民地或宗主国参加比赛，至少要在该地居住三年以上。

b. 或至少居住一年以上，但在这种情况下，必须具备下列条件：

a)其要代表的国家的法律不容许其入籍该国。

b)必须得到两国保协的同意，以及所属区域保联的批准和国际保联的允许。

在其父母拥有公民权以外的国家出生的运动员，在下列状况下可代表其父母国家参加比赛：

a. 在其父母的国家已获得国籍，并已成为该国公民。

b. 从来没有代表其出生国参加过比赛。

②任何被证明是职业选手或是某个职业保龄球组织成员的个人没有资格参加所有国际保联的世界和区域锦标赛、奥运会和所有世界或地区运动会。

(6)比赛权利的恢复

第 306 条规定：

①任何个人曾为职业球员或职业保龄球机构成员一次以上或超过一年以上者，经证明他至少三年内能遵守规则第 305-②的资格条件，就可再取得十瓶保联比赛的参赛权。

②任何个人曾为职业球员不超过一次或不超过一年以上者，经证明他至少有一年遵守规则第 305-②的资格条件，可再取得世界十瓶保联比赛的参赛权。

注：三年或一年的算法是从有争议的该年度的 1 月 1 日算起。

(7)赛事

第 307 条规定：

①参赛运动员人数。每个会员协会只能派出不超过六男六女的运动员参加比赛。

②比赛形式。每局比赛应该在一对球道上进行，队际或个人比赛应该按规定的顺序连续进行，每格在一条球道上投球，下一格则在毗邻球道上投球，

如此交替在一对球道上各投完五格球后，该局即告结束。当在两名选手之间出现该由谁先投球这一问题时，则应由右方运动员先投球。

③球道分配。除在精英赛、单人赛、双人赛有特殊需要外，球道的分配应抽签决定。比赛一经开始，预定在某一对球道上的人数在比赛过程中不能改变。

④球员区域。球员区域由竞赛主任划定，应与观众有明显的分隔。每一会员协会只准一位教练或一位官员进入运动员区，靠近他们比赛球员的球道。

⑤比赛项目。男、女运动员应分开进行比赛，但所设置的项目男女均相同。

a. 单人赛：六局。

b. 双人赛（两人一队）：六局。

c. 三人赛（三人一队）：六局。

d. 五人队际赛（五人一队）：六局。

e. 精英决赛，按先期赛完的 24 局总分，列前 16 名的运动员进行一局对抗的单循环赛。

f. 精英总决赛（仅限于有电视转播时）进行淘汰赛决出冠、亚、季军。

⑥项目进行方式。在下列各项赛事中，当完成一局后，分配在单数球道上的球员要向左方移位，在双数球道上的球员要向右方移位，移位的数目由竞赛主任决定。

a. 单人赛。所有运动员全部在 12 条球道上进行一节六局比赛。如果可能，应安排同一个协会的两名运动员在同一条球道上比赛。每局比赛应该在不同的一对球道上进行。一个协会的运动员至少要被编排在两个不同时间段进行比赛。

b. 双人赛。使用 12 条球道进行一节六局比赛。每局应在不同的一对球道上进行。每个协会派出的三个队分别编排在不同的球道上。同一协会的三个队要尽可能编排在不同时间段进行比赛。

c. 三人赛。使用 12 条球道进行两节三局共六局的比赛。每局应在不同的一对球道上进行。每个协会可派两队参赛。在可能的情况下，这两队应被编排在不同时间段进行比赛。当某一协会运动员少于六人时，可以在第二节开始比赛时，替换一名运动员，或遵照替补规则执行。

d. 五人队际赛。使用 12 条球道在不同日期进行两节三局共六局的比赛。每节均使用六条球道。每条球道分配一队,每局在不同的一对球道上进行比赛,每队可以在第二节比赛开始时替换一名运动员,或遵照替补规则执行。

额多队员。为使每一运动员参加所有项目的比赛以获得全能分,应将来自不同协会的额多队员混合编组参加相应项目的比赛。

e. 精英决赛。

a)在前 24 局的比赛中获得前 16 名的运动员进行循环赛。首先每个运动员必须和其他 15 名运动员分别进行一局的比赛,再进行一局排名赛。排名赛的胜者将是精英赛冠军。

这 16 局比赛分两天进行,第一天比赛八局,第二天比赛八局。应将来自同一协会的会员安排在前八局内完成相互间的对抗赛。

由于时间限制,在得到世界十瓶保联常委会或相应的区域保联常委会的同意,这 16 局比赛也可在一天内完成。

应以抽签决定每名运动员的编排次序。每局比赛的胜者,在其这局的得分上再加 10 分奖励分。如对抗双方得分相同,每人各加五分奖励分。

在有电视转播的情况下,15 局循环赛后不进行排名赛,以精英总决赛代替,采用梯级决赛的办法如下:

获 15 局循环赛前三名的运动员根据下列赛制决出冠、亚、季军。

第三名和第二名进行一局决胜负的比赛。

获胜运动员将以挑战者身份和第一名进行两局比赛,胜者为冠军。

在精英总决赛中,每一名运动员每次投二格球。但抽得左边球道的运动员首先投一格球,然后由右边球道上的运动员投二格球,每投完一格球后,第二格投球必须使用毗邻的球道,以这样的方式直到比赛结束。第二局比赛也以第一局同样的方式进行。但最后在左边球道上投完第一局的运动员,在第二局开始时先投一格球。冠亚军决赛中,第一名运动员有权选择投球先后。

世界十瓶保联常委会决定设立电视转播并在比赛开始前通告。

b)在决赛开始时,如有运动员缺席,就可在前 24 局积分排在第 16 名之后的运动员依次递补。递补运动员出现同分时,以抽签决定递补人。

c)任何参加决赛前八局的运动员如没有在编排规定的时间内亲自报到登记,即作为缺席。空缺将由递补球员顶替。

d）比赛开始后，中途因故退出比赛或在第二节比赛开始前未在规定的时间内亲自报到登记，应立即由陪打员替代。一旦使用陪打员，所有与陪打员比赛的选手及已经退出比赛的运动员进行过比赛的选手都应加10分奖励分。

（8）慢投球

第308条规定：

同第二章"赛事的批准规则"（6）。

（9）同分裁决的程序

第309条规定：在世界和区域锦标赛和地区运动会中获得最高分的运动员或队伍为优胜者。

①在五人赛、三人赛、双人赛和单人赛项目中，前三名的任何一个位置出现同分，应宣布为同名次而不用举行决胜比赛（个人或队伍得分相同将获得同样奖牌。冠军并列明，取消亚军；三者并列冠军，全部授予金牌，取消其他名次；亚军并列时，取消季军）。

②如全能项目的第16名或精英循环赛（准备梯级决赛）的第一或第三名出现同分，将举行一局比赛以决胜负。如在世界或区域锦标赛中梯级决赛前三名中任何名次产生同分时，将举行第九及第十格的比赛以决定名次；如仍然同分，继续进行第九及第十格比赛直至决出名次为止。

注：此条款于1995年7月7日修定为：当完成十五局单循环赛后及在排名赛之前，假如有同分出现时，较高名次由下列决定；

（a）总积分最高者（奖分不计算内）。

（b）曾胜对方者。

（c）获胜局数较多者。

（d）最高一局与最低一局的差别较少者。

（e）最高一局分数的较高者。

（10）替补规则

第310条规定：已经开始比赛的运动员，除了患病、受伤或出现规则第307-⑥-e-3（和4）的情况，一概不得替换。已经参加一项比赛的运动员，不得在同一项目中代替其他运动员。如在比赛中，某一运动员不遵守本规则而替换了其他运动员，则其本人所获得的全能分将无效。运动员在比赛中因故受伤而必须离场时，该队的其余运动员应为了获得自己的全能分而继续比赛。

(11)吸烟与饮酒

第311条规定:在比赛时,运动员不得抽烟、吃东西、饮酒或者受到酒精的影响。在每节比赛过程中,如运动员违反了这条规则,技术委员会可以终止他这一节的比赛。

运动员可以在运动区域外饮用不含酒精的饮料。

(12)反对兴奋剂的规定

第312条规定:在世界锦标赛中出现了违反《兴奋剂管理手册》中的有关条款,常委会将随时作出反对兴奋剂的规定。

(13)赛事管理和技术委员会与仲裁委员会和申诉程序

第313条规定:

①赛事管理和技术委员会。

a.竞赛主任。主办国协会应选一位竞赛主任,他和他指定的代表共同监督指导比赛的进行,任务包括负责组织技术委员会及值日代表的工作、遵守执行世界十瓶保联竞赛规则及世界十瓶保联其作的规定和准则。

b.技术委员会。世界锦标赛的技术委员会成员应包括:

a.竞赛主任。

b.技术代表。

c.技术委员会委员。

每位尽可能来自不同的区域。

区域锦标赛的技术委员会应包括:

a.竞赛主任。

b.技术代表(注:1995年7月7日修订改为技术代表可由主办国担任)。

c.技术委员会委员。

除了竞赛主任,所有技术委员会委员,在世界锦标赛中,由世界十瓶保联主席指派;在区域锦标赛中则由区域保联主席指派。

技术委员会对竞赛工作进行全权管理和监督。竞赛主任和技术委员会发生分歧时,技术委员会的决定为最后决定。技术委员会将以技术代表所建立的球道落油程序为准,此后每天按程序进行球道的维护。

c.值日代表,在赛前会议上应安排值日代表。在比赛中值日代表负责世界十瓶保联竞赛规则及第三章条款的实施。为此,值日代表应在运动员座位区后巡视并观察比赛是否遵守规则。

值日代表不能解决的事情，应向技术委员会报告，技术委员会作出的裁决是最后的裁决，除非在裁决宣布后 24 小时内或在发奖前（取决于哪个时间短）向仲裁委员会提出申诉。

有关资格问题提出的抗议，应该在比赛结束后 30 天内直接呈递给仲裁委员会。

②仲裁委员会和申诉程序。

a. 仲裁委员会。仲裁委员会三名成员由主席从参加锦标赛的人员中委派。在世界锦标赛中，世界十瓶保联主席委任参加锦标赛的三大区中各一名代表组成。

在区域锦标赛中，区域保联主席委任参加锦标赛的其中三个协会的各一名代表组成。

仲裁委员会有权在定期会议中传讯所有与申诉有关的文件和人，如可能，当每个成员已将此申诉研究分析后，通过邮递投票方法作出裁决。

b. 申诉程序。对技术委员会所裁定的所有申诉，必须以书面形式递交给仲裁委员会成员、值日代表和世界十瓶保联秘书长或区域保联秘书长。

每次申诉必须有具体内容，同时要缴纳 100 美元的申诉费。如果申诉不被仲裁委员会接受，这些费用将被国际保联或区域保联或仲裁委员会没收。

（14）赛前会议

第 314 条规定：比赛前应召开一次会议，介绍有关情况、活动安排和回答提问。技术代表、竞赛主任应出席会议。世界锦标赛由世界十瓶保联主席主持。区域锦标赛由区域保联主席主持，也可指派他人代为主持。会议只限领队及教练参加。会议不能安排在正式练习时间，并需提供翻译服务。

（15）无其他比赛

第 315 条规定：在世界和区域锦标赛期间，在同一建筑物内不得有其他正式比赛。

（16）比赛服装及广告

第 316 条规定：

①运动员应穿着其国家协会规定的标准服装，不允许有差异。男子应穿长裤或松身长裤，女子应穿短裙、裙裤、长裤、松身裤或短裤，但要统一穿着

（注:此款规定于 1995 年 7 月 7 日修改,可见第 209 条款）。

②在比赛服装上可以出现:

a. 运动员姓名。

b. 国家名称。

c. 运动员所代表的国家或协会的标志。

d. 呈现在服装上的广告,大小不得超过运动员服装背后字体大小的一半,且内容不可与举办国法律条例及奥运会条例有抵触（注:国际奥委会主办的比赛规定,商业性标记只限于装备物件的制造商,每项商品只可标出一次,不得大于露出表面积的 10%,在装备上不得大于 60 cm^2,在衣服上不得大于 12 cm^2,在鞋上不得大于 6 cm^2）。

（17）奖励

第 317 条规定:国际保联所颁赠的金、银、铜牌按下述规定颁发:

①单人赛。金、银、铜牌分别奖给第一名、第二名、第三名。

②双人赛。金、银、铜牌分别奖给第一名、第二名、第三名。

③三人赛。金、银、铜牌分别奖给第一名、第二名、第三名,如在比赛中启用了替补员,可授予该队四枚奖牌。

④五人队际赛。金、银、铜牌各六枚分别奖给第一名、第二名、第三名的队。

⑤全能。金、银、铜牌分别奖给第一名、第二名、第三名,并向全体参加精英赛的运动员颁发证书。

⑥精英赛。金、银、铜牌分别奖给第一名、第二名、第三名。

⑦除为每个获奖运动员发奖外,还将向代表各国的协会颁奖。

按照世界十瓶保联常务委员会和主办国协会预先制定的颁奖仪式,邀几位公认有名誉地位的贵宾参加颁奖。

如出现同名次,见规则第 309 条。

（18）记录规定

第 318 条规定:以下具有世界十瓶保联在世界或区域锦标赛中设立的男子和女子最高纪录项目:

①一局。个人、二人、三人及五人赛。

②三局。个人、二人、三人及五人赛。

③六局。个人、二人、三人及五人赛。

④24 局。个人全能。

⑤精英循环赛。16 局最高实际得分和获胜所得加分。

⑥精英总决赛。个人一局得分。

上述①、②、③、④和⑤各项世界纪录，只能来自下列比赛，才有资格获得承认：

①世界十瓶保联世界锦标赛和世界青年锦标赛。

②世界十瓶保联举办的其他锦标赛（如奥运会、世界运动会中的保龄球比赛及随时批准的其他锦标赛）。

③各区域锦标赛和区域青年锦标赛。

④各区域批准的其他地区锦标赛（如亚运会、泛美运动会、东南亚运动会和其他地区运动会）。

4. 世界青年锦标赛

第四章是“世界青年锦标赛”的具体规定，共计九条（序号为第 401 至 409 条）。

（1）日期和地点

第 401 条规定：国际保联世界青年十瓶保龄球锦标赛每两年举办一次。世界十瓶保联代表大会依据其章程和第十三条的规定，从提出书面申请中决定主办协会及大致比赛日期。主办协会应在世界十瓶保联指导下进行比赛的筹备工作。规则第 302 条有关成人世界及区域锦标赛的筹备要求，也对主办协会有约束力。

（2）资格

第 402 条规定：邀请国际保联、世界十瓶保联或区域保联会费的委员协会都可参赛。所有选手必须符合规则第 305 及第 306 条，且在比赛年度的 1 月 1 日年龄未超过 22 岁加 364 日。

（3）参赛

第 403 条规定：凡欲参赛的协会在锦标赛开始的三个月之前将参赛表格提交给主办协会，同时依照世界十瓶保联当时的规定缴纳参赛代表团的全额费用，此项手续绝无例外而费用也不退回。

（4）正式代表团

第 404 条规定：正式代表团包括四男四女球员，即一个男子教练、一个女子教练、一个男子领队及一个女子领队。在世界十瓶保联主席批准下，主办国可以增加代表人数。

(5)典礼

第 405 条规定：

①开幕典礼。开幕典礼应包括球员持旗列队入场，主办国、世界十瓶保联及国际保联等代表致辞。

②颁奖典礼。颁奖典礼应在每个项目结束后，另一个项目开始之前举行，而最后一个项目的颁奖可在闭幕典礼或欢送晚会举行。颁奖时要播放冠军的国歌。颁奖仪式经主办协会策划，世界十瓶保联主席批准，由指定的名誉代表颁奖。

③闭幕典礼。闭幕典礼应包括主办国、世界十瓶保联及国际保联等代表致辞，整个仪式的方案包括比赛项目等应经世界十瓶保联主席的批准。

(6)赛事

第 406 条规定：男子及女子将分别进行比赛，比赛项目相同：

①单人赛。六局。

②双人赛。六局。

③四人队际赛。六局分在两节举行，每节三局。

④精英赛。十八局全能积分最高的前 16 名进行每人一局的单循环赛和排名赛。

⑤总决赛。如有电视转播时，精英赛的前三名将要进行梯级赛以决定冠、亚、季军。

(7)规则

第 407 条规定：所有赛事应符合下列所述：

①第一章——竞赛规则。

②第二章——规则第 211 条。

③第三章——规则第 304、307、308、309、310、311、313、314、315 和 316 条。

④第七章——所有设备的规格。

(8)奖励

第 408 条规定：国际保联的金、银、铜牌将颁发给下列各项赛事的优胜者：

①单人赛。

②双人赛。

③队际赛。

④全能赛。

⑤精英赛。

另外，每个获胜者的国家协会也将获奖。

(9)纪录

第 409 条规定，男子及女子最高分将设立纪录如下：

①一局。个人及所有队际。

②三局。个人及所有队际，但精英赛除外。

③六局。个人及所有队际，但精英赛除外。

④18 局。个人全能。

⑤精英赛。16 局的总分，包括获胜局的奖分。

⑥总决赛。个人一局得分。

5. 在奥运会、地区运动会、世界运动会及其他全球性运动会中的保龄球比赛

第五章是“在奥运会、地区运动会、世界运动会及其他全球性运动会中的保龄球比赛”的具体规定，共计七条（序号为第 501 ~ 507 条）。

这些比赛都要按照世界十瓶保联竞赛规则和规定（见第一章）进行。球道设备及球瓶必须符合世界十瓶保联竞赛规则和规定第七章中有关规格尺寸的要求。

(1)举办比赛的日期和地点

第 501 条规定：举办此类比赛的日期和地点应该由主办比赛的组委会决定。按照组委会的竞赛总规程和组织机构，采用世界十瓶保联的竞赛规则和规定，在世界十瓶保联的指导和认可后组织和主持比赛。

(2)参加资格

第 502 条规定：只有已向世界十瓶保联及区域保联交纳过会费的国际保联各协会才有资格派运动员参加上述比赛。

凡参加奥运会的运动员，必须符合国际奥委会制定的奥委会规则第 26 条及相应的附属规则中关于业余运动员身份的规定。

参加世界运动会的运动员必须遵守该运动会章程中有关参赛资格的规定。

(3)比赛办法

第503条规定:必须与世界十瓶保联主办的世界及区域业余锦标赛办法相同,或经世界十瓶保联常委会另外批准。

(4)赛前的准备及球道的检查

第504条规定:

①在比赛前8个月,比赛组委会承担世界十瓶保联主席或其指定的代表前往主办国检查旅馆或运动员村、会议厅、市内交通及比赛场地情况和各项准备工作时所需的一切费用。

如检查时发现准备工作不完善,世界十瓶保联主席应在30天内提出适当的改正措施。如这项努力失败,世界十瓶保联主席应组成包括他在内的一个三人委员会,对准备工作重新检查,并和组委会负责人交换意见后,作出最终满意的结论。

②技术代表。在比赛前五个月,世界十瓶保联主席将委派一名技术代表前往主办国检查比赛场地技术情况,所有费用由比赛组委会承担。该技术代表将检查测量球道并指导组委会及竞赛主任关于球道落油的方案(如落多少油、落油长度、机器型号等)及保证比赛正常进行的其他日常细节问题,并向世界十瓶保联主席及各参赛国提交一份工作报告。

(5)竞赛主任和技术委员会

第505条规定:

①竞赛主任。比赛组委会应选定一名竞赛主任,他和他所指定的代表们负责监督和指导比赛的进行。包括负责组织技术委员会和值日代表的工作,执行世界十瓶保联制订的比赛规则及遵守国际保联的有关规定。

②技术委员会。在奥运会、区域运动会、世界运动会及其他全球性的综合运动会中的技术委员会应由下列人员组成:

a. 竞赛主任(见规则313-①-a)。

b. 一名技术代表(见规则313-①-b)。

c. 一名技术委员会委员。

以上每位来自不同的区域。

该技术代表和技术委员会应由世界十瓶保联主席在比赛开始前五个月指定,也可以按运动会组委会的要求更早一点指定。

技术代表至少于比赛开始前五天或应组委会要标更早一些到比赛场地,以协助主办国组委会就举办比赛所涉及的所有技术细节制定措施。

有关技术代表和技术委员会委员的费用及其待遇问题应按国际奥委会章程中关于技术代表的规定执行。

技术委员会将就经技术代表制订的球道落油方案及方法和每天比赛的细节与主办国竞赛委员会和竞赛主任磋商。

如在组委会和技术委员会之间发生意见分歧,技术委员会的决定是最终决定。

在每天整理球道的过程中,技术委员会应至少有一名委员(不是竞赛主任)在场;在全部过程中,技术委员会始终保持两名成员在比赛场地,如有可能,第三名成员也应短时间同时在场。

③值日代表。值日代表的指定和职责见第三章规则 313-①-c。

(6)仲裁委员会及申诉程序

第 506 条规定:仲裁委员会的指定和职责与第三章规则 313-②所述相同,除非要按该运动会组委会的统一要求委派。

(7)赛前会议

第 507 条规定,在比赛前应召开由各参赛国参加的赛前会议以解决存在的任何问题。会议应由世界十瓶保联主席主持。

6. 世界十瓶队际杯赛

第六章是“世界十瓶队际杯赛”的具体规定,共计八条(序号为第 601 ~ 608 条)。

(1)日期和地点

第 601 条规定:世界十瓶队际杯赛每两年举办一次,依据宪章第十三条规定,以书面申请的主办国及大约赛期将由世界十瓶保联代表大会决定。

主办国在世界十瓶保联指导下需依据所有规章对赛事进行筹备。规则第 302 条有关世界和区域成人锦标赛的筹备要求对主办协会也有约束力。

(2)参赛资格

第 602 条规定:

①依期缴清国际保联、世界十瓶保联或区域保联会费的会员协会且符合下列入选程序的都可参赛：

a. 限男子 16 队及女子 16 队参加。

b. 每个区域保联只能在其会员协会中选派男子及女子各五队参赛。

c. 获选的委员协会将决定其队伍的人选。

d. 主办协会的男子及女子队自动获选参赛。

e. 如主办协会在其区域选拔赛入选前五名时，其位置由第六队补上。

②所有球员必须符合规则第 305 及 306 条。

(3)参赛

第 603 条规定：参赛的会员国要将参赛的必须文件在比赛开始的三个月之前交与主办协会。同时依照世界十瓶保联当时的规定缴纳其正式代表团的参赛费用，此项规定绝无例外，费用不退还。

(4)正式代表团

第 604 条规定：正式代表团包括六男六女球员，即一位男子教练、一位女子教练、一位男子领队及一位女子领队。在世界十瓶保联主席批准下主办国可以增加代表人数。

(5)程序

第 605 条规定：

①计划。整个赛事的程序包括赛程、仪式及颁奖等事项，由主办国筹划，经世界十瓶保联主席批准后进行。

②开幕典礼。开幕典礼包括球员持旗列队入场，主办国、世界十瓶保联及国际保联等代表致辞。

③颁奖典礼。颁奖典礼可于梯级决赛后在闭幕典礼或欢送晚会中举行。播放冠军的国歌及由指定的名誉代表颁奖。

(6)赛事

第 606 条规定：

①男子及女子各自分组比赛。共进行六日 BAKER 式的五人队际赛。经过一日正式练球后，男子及女子组的赛事要在相间的时间里进行。每项开始前，所有球道必须清洗干净及重新落油。每日在开始比赛的一对球道上有 15 分钟的练习时间。

② BAKER 式五人队际赛将进行如下：

a. 队中的第本名球员投第一格和第六格。

b. 队中的第二名球员投第二格和第七格。

c. 队中的第三名球员投第三格和第八格。

d. 队中的第四名球员投第四格和第九格。

e. 队中的第五名球员投第五格和第十格。

f. 完成第十格后，双方球队在同一对球道上互换球道。

g. 在每局开始比赛之前，每队可以更换球员和位置。

h. 在每局赛事进行中不得更换球员，除非有球员因身体不适或受伤。在此情况下，被调出的球员不能重回队中比赛直至第二天为止。

③单循环赛共分三日进行，每一日比赛七局，第二日比赛八局。男子及女子组在相间的时间进行，每场比赛两局，每个组各比赛九十局。每胜一局得一分奖分，每胜一场（两局总分）得一分奖分，如同分，双方各得半分奖分［注：此款于 1995 年 7 月 5 日修改为：单循环赛共分三次进行，第一日比赛七局，第二日比赛八局，男子及女子组要在相间的时间里进行，每场比赛两局，每个组别各比赛九十局，每胜一局得一分奖励分，每胜一场（两局总分）得一分奖励分，如同分时，双方各得半分奖励分］。

④在完成九十局比赛后，总分前三名的队将进行梯级赛以决定金、银、铜牌的得主。在梯级赛中要进行三局比赛，每胜一局得一分奖励分，每胜一场（三局总分）得一分奖励分。如在每个梯级赛中得分相同时，需重赛第九格和第十格（在互换球道下进行）以定胜负。投此两格球，可从六名球员中任意选派。假如再同分，继续重赛第九和第十格，但队中的球员不得更换。

（7）规则

第 607 条规定，所有赛事程序需要符合如下：

①第一章——全部总的竞赛规则。

②第二章——规则第 211 条。

③第三章——规则第 302、304、308、311、313、314、315 和 316 条。

④第七章——所有设备规格。

（8）奖励

第 608 和规定，国际保联的金、银、铜奖牌将颁发给获胜队的每个球员。

另外一个特别奖杯给第一名的国家协会及奖牌给第二和第三名的国家协会。为维持一贯性，奖杯及奖牌由世界十瓶保联提供，主办协会要负担奖杯及奖牌等费用。

7. 世界十瓶保联的设备规格

第七章是“世界十瓶保联的设备规格”的具体规定。

(1)关于“世界十瓶保联常委会批准”的规定

所有由国际保联组织或经其批准的十瓶制比赛，必须使用由世界十瓶保联常委会批准的符合十瓶制规格要求的设备和球瓶。这些批准使用的设备或球瓶的规格是经过实验室仔细测试和世界十瓶保联会员协会的长期严格检验，表明其符合基本要求，并且，不使运动员的正常得分发生改变，或在其他方面改变比赛的性质。

世界十瓶保联对将来的设备和球瓶的设想应建立在由世界十瓶保联常委会提名的某个会员国不断测试和严格检查的基础上，任何要求世界十瓶保联考虑其推荐的设备的协会必须提交有关的测试程序、仪器和详细的测试结果的文件资料以及世界十瓶保联所需要的其他资料。

在决定是否接受这一推荐之前，世界十瓶保联资助授权其另一个会员就推荐的球瓶、设备和材料进行进一步检验。

(2)关于“球道应具备的条件”的规定

具备下列条件的球道，适用于所有经世界十瓶保联批准的赛事。

世界十瓶保联的目的是使运动员在统一标准的场地进行公正、平等的竞赛。世界十瓶保联的技术代表和比赛的技术委员会应协商一致，保证在整个比赛期间球在穿越整个球道时对球的反作用特性是一致的。球道的落油和清扫应符合以下条件：

球道落油部分(包括拖油部分)的球道表面任何点上的油不少于五个单位。落油的长度包括拖油长度，最短不少于8.5 m，最长不大于13.7 m。此规定不应理解为推荐8.5 m最合适。任何介于8.5 m至13.7 m的距离都可落油。

比赛期间每天都要清扫整条球道，将球道油擦干(干扫)。这种操作至少在赛前三天开始。在项目比赛时，技术委员会决定每天落油将多于一次。落油前要将整条球道油清扫干净。

每天比赛前,应记录球道清扫落油情况,以备检查。

世界十瓶保联技术委员会委托技术代表公布球道的详细指标。

(3)关于“正规球道的规格”的规定

①球道的组成部分。正规保龄球道,包括边沟、边墙板和助走道,均必须由木质材料或其他被批准使用的材料构成,放瓶台边缘、后台板、边墙板、平底边沟和边沟侧板都可以使用纤维或其他合成材料加固。助走道可由本规则有关条款规定的其他材料构成。

②助走道。从犯规线向后(不包括犯规线)延伸的部分为助走道。它应该保持干净和平整,其长度不得少于 4.6 m。助走道表面的凹坑和划痕的深度不允许超过 0.64 cm。

③犯规线。犯规线宽度不得少于 1.9 cm,不得超过 2.5 cm。犯规线必须清晰,标记明显,并嵌入球道内,它应该从球道上一直延伸至墙或邻近柱子,或延伸到运动员所能达到的地方。

④犯规探测器。每个有认证书的保龄球场必须有犯规探测器在工作,或安排犯规线裁判员,他所站的位置应可以对所有犯规线进行无阻碍的审视。

⑤球道长度。正规球道的全长从犯规线起至后槽(不包括后台板)为 19.2 m,允许 1.27 cm 的误差,即从犯规线到①号瓶的放瓶中点长 18.3 m,允许有 1.27 cm 的误差。从①号瓶放瓶中点到后槽(不包括后台板)的距离为 0.87 m。

⑥球道宽度。球道的宽度为 1.04 ~ 1.07 m,球道加上边沟的宽度应为 1.524 ~ 1.530 m。

例如:球道宽 1.07 m,则两侧的边沟宽度应为 0.229 ~ 0.232 m。

⑦球道表面。犯规线至后台板之间球道表面上的任何凹坑、划痕或凸起处的误差必须在 1 mm 以内。此外,横向倾斜度也不得超过 1 mm。放瓶台表面在 1.07 m 宽度内沿纵向的前后倾斜度不得超过 0.5 cm。

⑧放瓶台。放瓶台应该全部由硬木或其他经批准的材料构成。可以在放瓶台紧靠边沟的两侧从第一瓶前面一点的位置至后槽止,安装厚度不超过 0.6 cm,宽度不少于 1.4 cm 的纤维板条。这种纤维条必须垂直安装,以便露在放瓶台表面部分的宽度不超过0.6 cm。放瓶台外缘必须有圆角,其半径不大于0.4 cm。在重新更换放瓶台面时,应保持其外缘的圆角。

⑨后台板。后台板厚度不得超过 5 cm，紧贴在球道后端。任何时候，从⑦、⑧、⑨、⑩号瓶放瓶点中心连线到后台板外端的距离不得超过 12.7 cm。

⑩边沟。边沟必须位于球道的两侧，且应该从犯规线开始，一直与球道保持平行，并延伸至后槽。

边沟宽度：

边沟的宽度应为 0.229 ~ 0.232 m。边沟宽度加球道宽度应该为 1.524 ~ 1.530 m。

边沟深度：

从 1 号瓶放瓶点对面 0.38 m 之内开始，边沟必须有一方形底部，其方形截面应逐渐下斜并可靠地加固，在进入后槽处，从球道表面至其底最浅处不得少于 9 cm，最深处不得超过 9.5 cm，每条边沟的其余部分应用木质或复合材料制成，并在形状上做成凹形，其截面中部至球道表面应至少深 4.8 cm。

(11)边沟侧板

边沟侧板用于加固方形截面边沟的底角，从①号瓶放瓶点对面 38 cm 处不得超边高 2.22 cm，宽 1.91 cm，向后槽方向延伸，在⑦、⑩号瓶放瓶点连线处逐渐增加到高 3.81 cm，宽仍为 1.91 cm。

(12)放瓶点

球瓶必须放置的位置称为放瓶点。这些放瓶点必须被清楚地描绘（标记或刻印）或埋置在球道内，其直径为 5.72 cm，相领两放瓶点的中心点之间距离为 0.3 m。球瓶及放瓶点的排列号码如下所示：

⑦ ⑧ ⑨ ⑩

④ ⑤ ⑥

② ③

①

从⑦、⑧、⑨、⑩号瓶放瓶点中心连线到后槽的距离必须有 7.6 cm（不包括后台板）。从⑦号和⑩号瓶放瓶点中心到其各自相邻放瓶台边缘的距离为 6.35 ~ 7.62 cm。从⑦号和⑩号瓶的放瓶点中心到其较近一侧球道边缘之间的距离加上该侧边沟的宽度应为 0.30 ~ 0.31 m。从①号瓶中心到两侧隔板之间的距离不得小于 0.76 m，从①号瓶中心到⑦、⑩瓶中心连线之间的距离应为 0.793 m，到后槽处为 0.868 m（不包括后台板）。

(13)摆瓶装置

凡使用摆瓶装置的球场必须每年都检查这些设施。当发现有不符合要求的情况时,必须修复符合要求才可得到批准使用。

(14)边墙

两侧边墙在球道表面以上的高度必须为0.43~0.61 m,并以①号瓶放瓶中点前0.38 cm处一直延伸到后部缓冲板。边墙必须与球道平行。球道两侧边墙之间的距离必须为1.52~1.53 cm。

(15)纤维板

边墙可用一层硬化纤维板覆盖,但这层纤维板的厚度不得超过0.5 cm。

(16)后槽

对没有自动放瓶设施的球道,从后槽底面到球道表面的距离不得少于0.25 m。从后槽垫的表面到球道表面的距离不得少于0.24 cm。从球道的后站边缘(包括后台板的宽度)到后部缓冲板表面之间的距离不得少于0.76 m。

对于采用自动放瓶设备的后槽区域的规格,将根据批准使用该设备之时每个放瓶设备的状况而言。

(17)后部缓冲板

后部缓冲板表面由深色材料覆盖,其构造应能防止球瓶反弹回球道。

(18)制作记号或标记

按照下列规格允许在球道上制作记号或标记。在犯规线以外3.66~4.88 m的球道处最多可嵌入或印上七个大小一致的箭标,每个箭标可由一个或多个木钉、箭头、菱形、三角形或矩形等标志组成,所有箭标不得宽于3.2 cm,不得长于15 cm,相邻箭标之间的距离必须相等,箭标的形状必须一致。

在犯规线外15~20 cm,并与犯规线平行的球道上嵌入或印制最多10个标志点,每个标志点的形状均为圆形,直径不超过1.9 cm。在助走道的下列位置各有七个标志点:5~15 cm处,2.7~3.0 m,3.4~3.7 m处,4.3~4.6 m处。以上每一组标志点的排列均和犯规线平行。每个标志点的大小应一样,均为圆形,直径不超过1.9 cm。埋设的标记应由木质、纤维质或塑料制成,同时应与助走道表面平齐,当标记印上后,是处在木头表面,其上应涂漆以使表面光洁,或使用通常翻新表面时所采用的类似的透明材料将其覆盖。所有这些标志点的安装在任何一个保龄球场其样式和测量结果应该是一样的。

(4)关于“保龄瓶的规格”的规定

美国保龄球协会和女子国际保龄球联合会技术规格部所采用的审核保龄球的现行程序是恰当的。因此世界十瓶保联将批准使用所有经上述两个组织批准使用的保龄瓶。

材料:批准用的保龄瓶应该用坚实的枫木制成,只要符合规定的规格要求,每个瓶可以有一个压层或两个压层甚至更多的压层结构。所有压层应与瓶的垂直轴平行叠压。允许使用按照世界十瓶保联的规格新制的翻新的瓶。

重量:每个瓶在外表上必须一致,包括结构、材料、成品标签和瓶颈部的标志。适当的包装除外。

每个包有塑料外膜的瓶的质量必须为1 531 ~1 645 g。

平衡:任何瓶的重心位置应位于从瓶底向上测量的14.3 ~15.1 cm。

湿度含量:所有瓶的湿度含量应该为6% ~12%,对层压瓶来说,在胶合时每层之间的湿度含量变化不得超过2%。

表面处理:单块结构的瓶和层压结构的瓶均应使用规定的木质表面层,这一层除了瓶颈标记、识别符号或名称外,都应用透明或白色颜料涂上,这一表面层的厚度只允许为0.01 cm。世界十瓶保联制定的保龄瓶规格见表3.1。

表3.1 世界十瓶保联制定的保龄瓶规格

位置底部以上	直径	误差	
		最大	最小
13 1/2″	2.547″	2.578″	2.516″
12 5/8″	2.406″	2.437″	2.375″
11 3/4″	2.094″	2.125″	2.063″
10 7/8″	1.870″	1.901″	1.839″
10″	1.797″	1.828″	1.766″
9 3/8″	1.965″	1.996″	1.934″
8 5/8″	2.472″	2.503″	2.441″
7 1/4″	3.703″	3.734″	3.672″
5 7/8″	4.563″	4.594″	4.532″
4 1/2″	4.766″	4.797″	4.735″
3 3/8″	4.510″	4.541″	4.479″
2 1/4″	3.906″	3.937″	3.875″
3/4″	2.828″	2.859″	2.797″

设计和测量:每个瓶的高度为0.375 m,允许有±0.08 cm 的误差。所有瓶上须有经批准允许使用的塑料底座或最小外径不大于2 ft 的用塑料或纤维制成的插棒。

瓶顶部应有一个方向测量半径均为0.03 cm 的圆弧,并允许有±0.08 cm 的误差。

直径的误差上下不得超过0.08 cm,从一个位置到另一个位置的锥度应逐渐过渡,以使外形线成为圆滑的曲线。

底部不允许有突出在底座之外的部分,但在底座内的一部分底部可观凹进去0.06 cm。所以瓶子的外面底边应加工成为半径为0.4 cm 的圆角,其误差为±0.08 cm。除去圆边的底部直径不得小于4 cm。

(5)关于"保龄球的规格"的规定

材料:一个合格的保龄球应该由不含金属的复合材料制成,并符合下列有关重量、尺寸和平衡的要求。

质量和尺寸:保龄球的圆周不得大于1.7 cm,质量不得超过7.2 kg,任何球的直径必须恒定不变。

球的表面除了用于抓球的孔、识别记号、球的编号以及因包装偶然造成的小缺口之外,不应存在任何形式的凹陷或槽沟。

在比赛场地将按下列规格对球进行测量:

①球的总质量不得超过7.2 kg。

②在球上钻孔,将受下列限制:

a. 以抓球为目的的孔不得过五个;

b. 起平衡作用的孔一个,其直径不得超过3.2 cm;

c. 指孔的排气孔直径不得超过0.6 cm。

d. 以检查为目的的孔一个,直径不得超过1.6 cm,深度不得超过0.3 cm。

③静态不平衡应处于本规则限定的容差范围内。

④本规则限定了球的硬度。

不要求在比赛场地进行测量的项目有:

①球的周长;

②动态摩擦系数;

③标记。

平衡:保龄球的内部结构和在球上的钻孔必须保证满足六面适当平衡的要求。

保龄球的平衡必须保持在下列容差范围内:

①10 lb 或 10 lb 以上的球。

a. 在球顶部(手指孔一侧)和底部(手指孔反面无孔一侧)之间的质量容差不得大于 3 oz。

b. 左、右指孔所有的两侧及拇指孔与其他的两指孔之间的重量容差均不得大于 1 oz。

②10 lb 以下的球。

a. 在球顶部和底部之间的质量容差不得大于 3/4 oz。

b. 左、右指孔所有的两侧及拇指孔与其他的两指孔之间的质量容差均不得大于 3/4 oz。

在正规的保龄球中不允许使用可活动的器具,但允许使用以改变指距,或改变指孔尺寸大小为目的,并可以固定在这些孔中,且在投球中保持不动,除非将其破坏才可取出器具。

禁止在保龄球中使用金属或其他不同于制作保龄球材料的其他材料。同样,以任何方式改变保龄球使之增加质量,并由此导致球不符合规定的平衡要求,均在禁止之列。在任何国际保联的比赛中禁止使用这种球。

为了在球上重新钻孔,可以使用补球胶补上原有的孔。标记也可以埋置在球内,以起到导引、观察和识别球的作用。但这些标记必须与球的表面平齐,不得高出。设置这些标记的材料即使不能与球的材料完全相同,也必须与其相近,同时不能对球的规格尺寸产生影响。任何外来的物质均不得附加在球的表面。

这些规定在以任何方式制造或翻新保龄球时均适用,只要这种方式不是用来在良好的制造原理下在制造、补胶、修理时有意增加球的质量而使其超重。

硬度:保龄球的表面硬度在国际保联世界十瓶保联的比赛中,应该在室温下不低于硬度计“D”72 度的读数。不得采用化学方法、溶解方法或其他方法改变的硬度[注:保龄球的表面硬度应该用最大量程的手动指示器(硬度计“D”)按下列程序测量:以相等距离沿球面上滚动轨迹测量不同的三点,从球钻孔的部位开始，使仪器对球面保持90°的角度。将三点测得的读数相加，再除以三，所得数值即为硬度计测得球面的硬度值。测量应在室温下进行，因对从过冷或过热的环境中带来的球立即测量，得到的结果是不真实的。

附录　英汉对照保龄球运动常用术语

1. 设备器材术语

Aim Spot 球道上的三角形记号(标的瞄准记号)和图形记号(导向瞄准记号)。

Alley 球道,包括球道和走道。

Alley Bed 球道。

Approach 助走道和助跑区域。

Auto Pin 自动置瓶器。

Back Ends 球道瓶台前 15 ft 区。

Ball Rack 球架。

Ball Weight 球重(从 8 ~ 16 lb)。

Ball Track 球表面和球道接触部分形成的球迹。

Ball Holes 球孔。

Ball Return 自动将球送回的轨道装置。

Ball Storge 放保龄球的架子。

Bill Return 投出去的球回来的轨道。

Bowling Equipment 保龄球设备。

Boards 有 39 条宽 1 in 的木板拼成的球道。

Bowling Shoes 保龄球鞋。

Bridge 孔桥距(球表面中指孔和无名指孔间的距离;中指、无名指孔连线与拇指孔之间的距离)。

Center of Gravity 球的重心。

Center of Mass 球的质量重心。

Cheese Cheek 很容易投出全中的球道。

Conditional Oil 涂在球道上的润滑油。

Competition Ball 标准球。

Conventional Ball 标准保龄球，又名惯例球。

Coditional Oil 由专用机械涂抹在球道上的润滑油。

Cushion 球最后冲入球道的斜坡；后垫即球瓶区后的橡皮软垫。

Dod 为了较容易地投出钩球而特别加工的球，用这种球是犯规的。

Durometr 测量球表面硬度的硬度计。

Fast lane 球在上面滚动得很快的球道（难以打出钩球或弧圆球）。

Finger(thumb) Weight 球钻指孔以后，中、无名指（拇指）半边重于拇指（中、无名指）半边。

Finger Holes 中指、无名指指孔。

Flat Alley 容易使球旋转而投出钩球，弧形球的球道。

Foul Line 犯规线、球道和走道界限，投球时如越过此线即为犯规。

Foul Detective Device 犯规探测仪。

Frame Meter 投球计算器，自动记录投球次数。

Franchise 指选手专用的保龄球场。

Gutter 球道两边的沟。落球用"G"表示。

Hard(Soft) Surface Ball 表面硬（软）的球。

Hardness Scale 硬度表，一般保龄球硬度为 72 ~ 90 度。

Header(Head) 球头道（上球道）。

Heavy(Light) Oil 球道表面重（轻）油。

Holding Alley 不容易投出钩球的球道。

House Ball 公用球。

Hole Alignment 指孔位置（球钻孔以后，三个指孔的相对位置）。

Illegal Ball 不合格球（硬度低于 72 度）。

Inbalance 球因钻指孔后重量不平衡。

Kick Back 球最后滚入球道两边的洞。

Kickbacks 竖球区两侧挡板。

King Pin 主瓶，即①号瓶。

Klck-back 边墙。

Lane(Alley) 球道。

Lane Condition 球道情况。

Lane Conditioning(Dressing)球道处理上的油。

Lane Inspection 球道检查。

Lane Track 球道上的球轨迹。

Left Side Pitch 指孔向左斜。

Locker Room 更衣室(内有可上锁的储藏柜)。

Maintenance 球道及机械的保养。

Maximum Weight 球钻孔后容许的最大不平衡重量。

Mid-Lane 中球道。

Molding 边沟侧板。

My Ball 自动专用的球。

Negative Weight 球的消极重量(右手球员用球的左侧及拇指和底部的不平衡重量)。

Off Set 指球瓶还未配置好。

Pin Deek 放瓶台。

Pin Spots 放瓶点。

Pit 后槽。

Pin 木瓶。

Pitch 指孔倾斜度(保龄球上三个指孔和球中心所成的角度)。

Pin Setter 整瓶器。

Positive Weight 球的积极重量(右手球员用球的右侧及中、无名指和顶部的不平衡重量)。

Rear Cushion 后部缓冲板。

Reset Button 是回球台上的按钮,按下后扫球器会把球扫开再重新排列。另外还有故障通知钮。

Return Rack 回球台。

Read The Lanes 球道观察。

Reserve 预约的保龄球道。

Reset 使球瓶重新排列放妥。

Reset Button 回球架上的按钮(按此钮可使球瓶重新排列放妥)。

Return Rack 回球架(球打出后自动滚回此架)。

Return 回球道。

Right Side Pitch 指孔向右倾。

Rolling 指球的滚动。

Runger Finder 标记。

Runway 接近犯规线的助走路。

Set Up 球道末端自动装置,将 10 只瓶按正确位置放好。

Slow line 不容易投出快速球的球道。

Spot 标示在球道上的黑色记号。

Span 指孔间距(球表面拇指和中、无名指孔的距离)。

Stick Alley 感觉很硬的球道。

Swepper 设置在球瓶前面,扫开球瓶的装置。

Targeting Arrow 目标箭头。

Targeting Dots 瞄准点。

Tail Pland 后台板。

Target Pin 当做瞄准目标的球瓶。

Thumb Hole 拇指孔。

Top(Bottom)Weight 球顶部(底部)一般垂于底部。

Training Lane 练习用的球道。

Unvsval Lane 异常的球道情况。

Pinsetting 自动摆瓶器。

Welght Block 重量保垒。

Working Ball 能用力弹开球瓶的球。

Zero Pitch 指孔正对球心。

2. 基本技术术语

Acceleration 加速摆动。

Action 作用力。

Adjustment 调整。

Ball Deelecton 球偏离。

Back up Ball 反旋球。

Bowls, Bowling 保龄球运动。

Bowler 打保龄球的人。

Break Point 球转向瓶袋的转折点。

Brooklyn 右手球员球滚到左边①—②袋角。

Bynamic Form 用较大的动作投球,姿势有力并具美感。

Center Hit 击中①号球的中心。

Conventional Grip 传统握球法;惯例抓球法。

Correct Body Position 正确姿势。

Crossalery 在剩有七号和十号球瓶的时候,在球道的对角线上投球。

Curve Ball 曲线球,即以极大弧线行进的球。

Cutter Ball 威力很猛的钩球。

Delivery 投球。

Deep Inside Angle 最内侧线。

Deep Outside Angle 最外侧线。

Direction Control 方向控制。

Difficult 投球动作中,用手指钩住球向上推的动作。

Dift 助跑时的偏离。

End of Ttn Approace 助跑结束步。

Feet(Body)Alignment 站立方向。

Fingertip Grip 一指关节握球法。

Forster Ball 第一次投出的球。

Four Feet Delivery 四步投球。

Follow Through 投球时球离手后的姿势。

Foul Linl Angle 犯规线角。

Four Step Approach 四步法。

Follow 掷球后维持重心的手臂。

Friction Force 摩擦力。

Getting the Wood 击出实力以上的球。

Graspen 在接近球瓶的时候,才突然转弯的强劲的球。

Grip 保龄球的握法和举法。

Graige Brooklym 轻擦过①号与②号瓶的球路。

Graige Pocket 轻擦过①号与③号瓶的球路。

Gutter 球沟。

Gutter Ball 球沟，投球时，球进入球道两侧的边沟内。

Head Pin ①号球。

High Hit 球击中①号瓶的中心。

Hook Ball 钩球，投球到瓶区前才剧烈弯曲的球。

In the Dard 位于其他球瓶后面不易被发现的球瓶。

Incline 屈身倾斜。

Incline of the Steps 脚步倾斜。

Inertia 惯性。

Key Pin 关键瓶。

Key Step 关键步。

Lawn Bowling 草地保龄球。

Leave 投球后未被击倒留下的瓶。

Lift 球出手时手指的提升力(可加速球的旋转)。

Light 球按全倒的线路打入，但遗留下一只球瓶。

Line Bowling 利用球道的 39 条窄木条的纹理来进行瞄准的方法。

Loft 球的落距。

Loft Ball 不正确投球姿势(将球高高抛弃撞击地板发出很响的声音)。

Modification 修正。

Nine Pins 九柱戏。

Nose Pins 用力击倒①号瓶。

Open(Close)Angle 开(闭)角。

Out Side Angle 外侧线。

Pin Bowling 直接瞄准球瓶投球。

Pin course 直接用球瓶来进行瞄准的掷球路线。

Pin Deflection 球偏离。

Pocket 袋(指①球和③球之间的位置，在此位置最易打出全倒)。

Pocket Angle 袋角。

Pocket Course 进入①号和③球瓶之间位置的球路。

Power House 有力的一击使球瓶全倒。

Push Away 助跑中的推球动作。

Release 送球(助跑投球时放开球的动作)。

Reverise 向右边极度弯曲的球。

Relax 保持轻松的心情打球。

Rolling 保龄球的纯滚动(不指侧旋)。

Semi-fingertip Grip 1 指关节握球法。

Semi-roller Release 手臂在掷球出手时不完全旋转。

Second Arrow Angle 第二目标箭头。

Shawdle Bowling 借着镜子来修正自己投球的姿势。

Skittles 九柱戏。

Skid 球的滑溜。

Slide 滑走,在送球的最后,让脚尖滑走的动作,利用身体的重量把球送出去。

Slide 送球动作时最后的滑动。

Slow Bowling 慢投球。

Spin 掷球出手时手臂、手腕的旋转动作或保龄球前进时自身的侧旋。

Spreeper 慢速球。

Spot Bowling 依靠瞄准标记来瞄准的保龄球打法。

Speed 速度。

Spare 补中。

Square 掷球时肩膀的角度与球路垂直的姿势。

Stride 步伐,指投球时第一步和第二步之间的距离。

Stance 投球前的准备姿势;站位。

Stance Locotion 站位。

Straight Ball 直线球。

Step 步伐。

Straight Ball 直球。

Straight Wrist 直腕。

Strike 全中。

Strik Line 全中线。

Sweeper 横扫球瓶的强劲钩球。

Tap 虽然球进入“全中”线，但仍留下了一个球瓶，又称为 Light。

Target Pin 作为瞄准目标的球瓶。

Ten–Pin 十瓶式保龄。

Technic 技术、技巧。

Three Quarter 内角投球法，即以助走道左侧大约 2/3 的地方为起点，站在此位置投出的回旋球比较容易获得全中。如果站在助走道的右侧投球，则称为外侧投球法。

The Basic Ball Tracks 球的基本轨迹。

The High of the Backswing 后摆最高点。

Three Step Approach 三步法。

Through 摆动动作。

Turn 投球的时候，手腕稍微弯曲。

Turn(Spin)球的旋转。

Turn In 手臂内旋。

Turn Out 手臂外旋。

Walk Pattern 助跑形式。

Working Ball 带有强烈侧旋的球，会将球瓶飞弹出去。

Wrist 手腕。

3. 竞赛裁判术语

Aavice 给予指导与援助。

All Event 综合比赛。

Anchor Man 团体赛中最后投球的人。

Appeal 申诉。

Assistant 保龄球场的助理教练。

Average 比赛的平均得分，通常是把 42 局的总得分除以 42。

Balk 还未作出投球动作就越过犯规线，此时要重新投球。

Baby Split 留下②号、⑦号、或③号、⑩号两只瓶的技术球。

Back Up 反手球。

Bad Post 只剩下⑦号和⑩号球。

Ball Rack 球架。

Baguet 留下②号、④号、⑤号、⑧号瓶。

Best Condition 很佳的竞技状态。

Best Score 最高得分(又称 Highgame)。

Big Ears 留下④号、⑥号、⑦号、⑩号瓶。

Big Five 一边剩下两只,另一边则剩下三只球瓶。

Blind 团体赛中的缺席者加分。

Bowler 打保龄球的人。

Bowling Doctor 替保龄球钻孔的技术工人。

Bor Double Box 记分纸上的方格(记分格)。

Career 比赛或练习的资历。

Cherry 指想全中却未成功。

Christmas Tree 干净利落,声音很小的全中;剩下三只球瓶呈圣诞树状。

Chop Cherry 切球(击中前面球,后瓶不倒的球)。

Cloak 寄物处。

Clinic Bowling 保龄球场的指导人员,比赛时可作仲裁指导。

Competition 比赛。

Composite Average 累计平均分。

Count 第一球击倒的木瓶数;在补中的时候,加算一球的分。

Dead Ball 比赛中,投出的球碰到的比赛者、观众、其他妨碍物,或球瓶排列错误、数量不足,可记为 Dead Ball, 依规定可以继续比赛。

Dead Pin 死瓶。

Dead Wood 球投出后,球瓶被撞靠在墙边,呈快倒状,可以得分。若球从边沟反弹出来击倒球瓶,则不算得分。

Deliberate Foul 故意犯规。

Doubles 双人赛。

Double 连续两次全中。

Double Ball 因第一次投出去的球未返回而用其他的球,这不但违反规定,而且不礼貌。

Drinking 饮酒。

Dutchman 交替投出一个补中和全倒。

Error 第二次投球未能将第一次投球所遗留下的球瓶击倒(同 Miss)。

Extra Players 额多队员。

Quileurs (FIQ)国际保龄球联盟。

First Ball 第一次投出的保龄球。

Five Men 五人组赛。

Five Player Team 五人赛。

Foul 犯规用“F” 表示。

Foundation 指第九格全中。

Frame 一轮(记分纸上的一格,十轮为一局)。

Frame Meter 投球计数器。

Game 局。

Go the Rule 终场时投出三次以上全倒。

Handicap 让分比赛。

Handicap 让分,比赛者技术相差太多时为使比赛条件相同而采取的办法。

Hand Tonel 比赛时擦手的小毛巾。

High Avtrage 最高平均分。

High Game 得分最高的一局。

High Score 高分。

International Bowling Federation 国际保龄球协会。

Indor Sport 室内运动。

Infraction 违例。

Intructor 保龄球教练。

Jury of Appeal 仲裁委员会。

King Pin 指①号瓶(又称 He-ad Pin);有时也称⑤号瓶。

Last Frame 记分中最后一格(即第 10 格)。

Lead Off 在一组里最先投球的人。

Lesson Drofession 职业性的技术指导员。

Line 由 10 格组成一局。

Lyly 剩下⑤号、⑦号、⑩号瓶的情况。

Mark 指击中全中或补中。

March Play 对抗赛。

Master Grand Finals 精英决赛。

Master Semifinals 精英预赛。

Medal Presentation 颁奖。

Miss 第二次投球未能将第一次投球所遗留下的球瓶击倒。

Mother in Law 只剩下⑦号瓶。

One in the Dare 剩下①号、⑤号或②号、⑧号或③号、⑨号瓶的情况。

One Block 一节。

One Game 一局 。

One Frame 一格。

Open Frame 空回,指未能取得全中或二次全中。

Order of Bowling 投球顺序。

Pacer 陪打员。

Perfect Game 分数为 300 分的完全比赛。

Pick Action 保龄球打入球瓶中间,有球瓶被弹开。

Play-off 延长赛。

Protests 抗议。

Read Off 团体赛中开球者。

Score Sheet 记分表。

Scratch 总分赛。

Scoring the Game 记分。

Score Sheet 记分表。

Singles 单人赛。

Smoking 吸烟。

Spara 第二次投球将第一次投球未击倒的球瓶全部击倒(又称补中)。

Split 包括①号瓶在内的数只球瓶被击倒,剩下的两只或数只球瓶分开较远的技术球。

Ss 交替投出全倒及一个补中，最后得到 200 分。

Strike 全中，即第一次投球就把 10 只球瓶全部打倒。

Striking Out 第 10 个回合打出三个全中，比赛终了。

Strike out Sweeper 在第十格中三次击出全倒打出强有力的钩球或弧圈球（球瓶被全部击倒时像被横扫一样）。

Tap 球虽已进入全倒路线，但仍留下一只球瓶的情况。

Team Member 比赛中几人一组，指此组中的每个成员。

Team High Series 在循环赛中，团体比赛投出三局最高的得分。

Teamwork 发挥团体精神的比赛。

Technical Committee 技术委员会。

Telephone 只剩下⑦号、⑩号瓶的情况。

Tournament 淘汰赛。

Tournament Director 竞赛主任。

Tournament Committee 竞赛委员会。

Training Lane 练习球道。

Trios 三人赛。

Triple 连续三次击出全倒（同 Turkey）。

Turkey 连续三次全倒，又称“火鸡”。

Washout 对右手持球的球员来说剩下①号、②号、④号、⑩号瓶的情况（对左手持球的球员来说剩下①号、③号、⑥号、⑦号瓶的情况）。

WIBC 国际妇女保龄球协会。

Wool-Worth 剩下⑤号、⑩号瓶的技术球情况。

World Tenpin Bowling Association（WTBA）世界十瓶保龄球联合会。

参考文献

[1] 天津体育学院社会体育系. 保龄球入径和实战技巧[M]. 北京:农村读物出版社,2000.

[2] 曹光. 保龄球 [M]. 北京:北京大学出版社,1999.

[3] 何旭,陈瑞琴. 怎样打保龄球[M]. 苏州:苏州大学出版社,1997.

[4] 荆宏伟. 保龄球快速入门与提高[M]. 沈阳:辽宁大学出版社,1997.

[5] 成城. 怎样打保龄球[M]. 珠海:珠海出版社,1997.

[6] 尹洪满,左琳. 保龄球十日通[M]. 北京:京华出版社,1997.

[7] 王庆跃. 保龄球知识入门[M]. 成都:四川科学技术出版社,1997.

老局长谈外国专家工作

口述者：吴凡吾

吴凡吾，1918年8月出生，上海市人，中共党员，1938年2月赴延安抗大总校学习，同年4月加入中国共产党，6月任抗大总校组织科干事。1939年1月调三大队六队任指导员。后被派往敌后办学。1945年8月抗战胜利后，先后任新四军二师供给部政治协调员，后赴东北兵工总厂，任党委办公室主任。1949年中央人民政府成立，任食品工业部干部处处长，后调入中央财经委员会任机关党委副书记，兼人事处处长。1954年4月政务院成立专家办公室（后改为专家工作局、国务院外国专家局）后任副主任，副局长，至1960年离开专家局。之后历任国务院外办组长、外交部副司长等职。1979年12月，重返外专局，任副局长，局长，1982年离休。著有《沟通两代人的心声》、《碎石集》、回忆录《沧海一粟》、《红叶文集》（上、中、下）等著作。

访问：吴局长，很抱歉老是打扰您，您93岁高龄身体依然硬朗，还能接受我们的采访，我们感到十分荣幸。我们有幸听了您在两次座谈会上的发言，您表示支持我们的课题研究，我们感到十分高兴。很多当年在外国专家局工作的老同志年纪都很大了，我们认为把老同志经历的重要事件和一些政策出台的背景搞清楚，对后人也是一个比较大的贡献。您可根据您的记忆，敞开谈，如果有需要进一步深入了解的，我们再提问。那我们就先从解放初期聘请苏联专家开始谈。

专家工作机构的建立和变迁

口述：很高兴接受你们的采访，现在党中央很强调抢救党的历史，所以口述历史这个课题很有意义，我支持。聘请苏联专家的工作国家上至毛主席、周总理都非常地重视，我等会儿也会引证一些他们的讲话。建国初期，应中国政府的请求及中苏两国政府协议，苏联政府应允派遣大批苏联专家来华帮助我国进行社会主义各项建设。为此，1953 年 9 月 9 日中共中央发出了《关于加强发挥苏联专家作用的几项规定》。《规定》中称"过去几年苏联专家在我国各方面的恢复与建设工作中，曾起了很大的作用，许多干部曾虚心向他们学得了不少东西……各部门负责人或由其指定副职一人负责专家工作，并根据专家人数建立适当的专家工作机构"。根据中央上述决定，1953 年秋政务院成立了专家工作办公室，由杨放之同志任主任，我任副主任。1954 年 4 月政务院决定将专家工作办公室和专家招待事务管理局两个机构合并成立专家工作局，杨放之同志升任政务院副秘书长后，仍兼任局长，我被任命为副局长之一，1954 年 9 月政务院专家工作局改为国务院专家工作局(后改为国务院外国专家局)，我仍任副局长。1960 年以后，苏联专家撤离了，外国专家局的领导机构也有了改变，我们几个副局长也调离了外专局。

苏联专家来华的经过

访问：您能否谈谈苏联专家来华的经过？

口述：关于苏联专家来华的经过，这里有几个重要的事情。早在

1949 年我们中华人民共和国还没成立时，也就是 7 月 2 日，刘少奇同志带领中共中央代表团秘密地访问苏联，他的第一个任务是代表中共中央跟苏联保持直接的紧密的联系。他说："我们都是社会主义国家，过去我们都是通过共产国际联系，现在要直接来往。"那个时候国内形势也很好，国民党快要战败了，我们解放全中国的形势已经很明朗了。第二个任务就是要求苏联帮助我们。过去毛主席在中共七大上就讲过苏联 1917 年革命成功，它们不但会打仗还会搞建设，苏联是社会主义国家，它们将来一定会援助我们。所以毛主席在中共七大时就预见了苏联会帮助我们。当时，美国等西方国家都是支持蒋介石的，我们建国以后，西方国家对中国采取军事、经济的封锁，不承认我们，不与我们建立外交关系，那个时候只有苏联，作为社会主义国家，第一个承认我们，后来东欧和一些过去是殖民地的亚非国家也陆续承认我们。刘少奇同志去苏联，谈的问题也很广泛，其中就谈到专家的问题，折腾了好半天，最后达成协议，刘少奇同志回国的时候，带了 200 多位苏联专家到北京，周总理亲自去车站迎接。所以在刘少奇回国的时候就已经有这第一批专家了。后来随着中国形势的发展，到抗美援朝时，苏联对我们的疑虑减少。1953 年，我们就开始实行第一个五年计划，后来斯大林派阿尔希波夫来做第二任的顾问组组长。应该说这一阶段，第一批专家来是刘少奇同志秘密访问苏联的结果，后来才发展到苏联正式答应帮我们建设 156 个项目，编制第一个五年计划。阿尔希波夫同志确实是起了很大的作用。有一次，周总理在苏联参加斯大林的宴会，斯大林就把他介绍给周总理。斯大林当时说决定要派他去中国，然后让他拿着酒杯来到周总理的面前。周总理就对阿尔希波夫说欢迎你到中国来工作。

阿尔希波夫说，他的一半心留在中国了

阿尔希波夫当过苏联冶金部副部长，后来又担任部长会议第一副主席，他的资历很老，党龄也很长。他来后贡献很大，我举例子来说。第一个贡献是郑州黄河铁路大桥，那是国民党时建设的，经过战争破

坏,年久失修,从北到南只有5公里长,那个时候要经过这5公里的话,火车要拉两次,拉一次货,要经过3个小时,而且还不能超重,这样运量很小。很多苏联专家提出要重新建新桥,阿尔希波夫翻阅了大量资料,主张重建而不新建,经过精打细算,节省了大笔资金。大桥经过加固后,运量上去了。最后,阿尔希波夫的方案只用了重建大桥预算费用的13%。我对他的贡献的第二个印象是鞍钢。鞍钢需要恢复生产,这个怎么办呢?他不主张买外国机器,他提出一个口号叫“因陋就简”,利用旧的设备,有多少旧的设备就按照多少设备来组织生产。在恢复鞍钢生产的过程中,阿尔希波夫也精打细算,为中国着想。第三个例子就是当时各个部门请苏联专家都需要经过阿尔希波夫的审核,阿尔希波夫就提出专家要少而精,一专多能,比如他发现有同一个专业这个部门请那个部门也请,他就说何必请两个专家呢,要合并使用,他是处处为中国着想。这些都仅仅是一些很小的例子,他更大的功劳是在第一个五年计划上。我们都没有经验,他就手把手地教我们,156个项目中很多厂选址都亲力亲为。总而言之,阿尔希波夫同志是非常热爱中国的,他跟我们接触比较多,他说过对中国有感情,一半心留在中国了,从我们国家领导人身上学到了很多东西,像周总理的风度和人格魅力。

我举几个小故事。有一次,周总理邀请阿尔希波夫一起去香山玩。玩了半天后,阿尔希波夫很奇怪,说你请我到这儿来玩,什么时候谈工作啊,他以为是有工作要谈。后来周总理就跟他说,你到东部去视察工程很辛苦,今天来不谈工作,是拉你来休息的。阿尔希波夫听了后很感动。

第二个例子就是每一次政务院开会,阿尔希波夫都坐后排,周总理就说,阿尔希波夫同志,你到前面来,到我旁边来,你是经济总顾问,你是内行,比我懂得多,好多事情要先发言。最后叫他坐到自己旁边,让他先发言。一直到后来,阿尔希波夫同志1958年回国,周总理亲自发给感谢状和纪念章。他1951年就来中国了,回国后还带着儿子和过去的翻译来北京玩,好多人在中山公园看见他戴着纪念章,游人都知道纪念章是苏联专家的标志,就翘起大拇指对他说好,表示对他支援帮助中国的感谢。这些细节，阿尔希波夫也是很感动的。

还有一个感人的事情就是周总理对苏联专家的安排。苏联专家来，需要安排住的地方，也就是要有专家招待处，把原来的六国饭店改成国际饭店，把国际饭店给阿尔希波夫住。有一次，周总理还亲自到国际饭店检查，厕所干不干净，周总理工作细致到了这种程度的。当时周总理是要求把最好的房给外国专家住。

周恩来总理对苏联专家工作的重要指示

现在我们谈谈周总理和党中央对专家工作的重要指示。先谈谈组织建设的问题。1950 年 1 月 7 日，政务院成立了专家招待工作联席会议，下设专家招待处。1953 年 6 月 13 日，周总理又写了个报告给毛主席和中央各位同志，主要内容是，因为大批苏联专家来到中国以后，有很多工作要准备好，包括怎么聘请，怎么使用，怎么招待。周总理为了做好专家工作，给毛主席亲自写报告，显示出了对专家工作的高度重视。

第二件事情就是在 1953 年 9 月 9 日，党中央发表了一个正式的中央文件，下发到军委和中央各部门，这个文件名为《关于加强发挥苏联专家工作作用的几项规定》。这个规定一共有九条，我在这就说个大概吧：

第一条，各个部门聘请专家要制订出季度工作计划，参加编制工作计划时要邀请专家参与，要邀请专家参加部门会议。

第二条，组织专家赴各地检查工作。

第三条是对专家的建议要认真研究，考虑能不能办到，实现起来有什么困难。总而言之要有交待，对专家的建议不能置若罔闻，要认真研究。

第四条呢，使用专家要当做导师，而不是当做普通的工作人员来用。

第五条，要确定首长负责制，各个部门都要有一个主要领导同志管专家工作。在各个企业、学校、事业单位等，凡是有苏联专家的地方也要确定谁是第一负责人，而且每半年检查一次专家工作。

接下来我想讲的就是周总理对专家工作做出的指示。周总理在50年代曾经召集各部门开会，讲怎么来发挥专家作用。这些会议杨放之同志和我都参加了。有一次会议上，周总理强调怎么来做好专家工作呢？第一条，要求各个部门树立正确的学习态度，他说向苏联专家学习有两种态度，一种是愿意学，一种是不愿意学，我们要提倡好的学习态度，既然把他们请来了，就要认真地向苏联专家学习。第二条，要把专家当成导师来利用，当然也要防止机械照搬，过于急躁，要防止教条主义，要好好地学习。周总理这些指示是一步一步地随着形势的发展向下传达的。第三条呢，领导同志要带头学，要从外行变成内行。第四条，要有计划有组织地学习，并将学习成果加以推广，要迅速地往下传达，这些都是周总理关于向专家学习提出的很具体的要求。第五条要求是要积累学习经验。

访问：您能否谈谈外国专家局是如何贯彻周总理的指示的？

口述：外国专家局根据中央和周总理的指示，做了大量的工作，主要表现在：

第一项工作就是把总理的指示很快地向全国传达，到基层去宣传这些政策精神。周总理那时也跟我们说，你们要用三分之二的时间下去调查研究。

第二呢，要求各部门配备和专家专业技术相近的技术人员，鼓励他们向专家学习，指定专人向专家学习，要具体确定专家的“徒弟”是谁。

第三是要对向专家学习的成绩的好坏进行考核，考核的方法是专门的机构要找专家谈话，从专家嘴里了解教的徒弟学得怎么样。另一个是要徒弟自己口头汇报学习成果，学习不好的要受批评，学习好的加以表扬，而且要把学习成绩列入档案。

还有一条就是迅速召开专门会议，比如以座谈会的形式交流学习经验和学习成果。总而言之，外专局在贯彻总理指示这方面还是做了很多的工作。

最后一个问题我想强调一下，我们的外国专家局除了在抓学习、怎么发挥作用方面做了很多工作之外，同时也做了大量工作让专家更好地了解中国情况。因为我们要求向专家学习要结合中国的实际情况，所以请了很多副总理，像李富春、陆定一、陈云啊等等，甚至周总理都亲自给在北京的专家组组长以上的干部做报告，介绍中国的经济建设情况。领导亲自做报告，表示对这个事情是很重视的。第二是陪同外国专家到各地视察工作，了解中国的实际情况。为了让专家了解中国的传统文化，外专局安排了梅兰芳的京剧演出，展示了很多京剧服装并进行讲解，最后梅兰芳亲自登台表演，让外国专家零距离接触中国的传统文化。同时，给专家的夫人找事儿干，让她们学刺绣，学中国文化，安排专家子女入学校，专门建立了小学，在友谊宾馆专门建立了专家招待所，在北戴河每年暑假安排避暑。在生活招待上，工作上，特别强调友谊交往。经常去他们家里问候问候。应该说那时对专家照顾得确实是无微不至，专家生病了，在友谊宾馆有医务所，如果是在外面得了急病，那就派飞机，在附近找最好的医生到当地去看病，专家的工资待遇是高于中国的工资待遇。最近我看到一篇文章，说对专家照顾得太过分了，是因为角度不同，站的立场不同。所以我希望你们要出本书，讲专家的贡献是很好的，当然也不能过分夸大，说专家到我们这儿来是无私的，这也不完全是。专家来我们这里，我们是要付工资的，他们当时给我们的贷款，我们也是要偿还的。在困难时期，我们没有卢布、美元，我们也是拿粮食偿还的。不过确实有很多苏联专家，劳苦功高，很多偏远的地方都有他们的足迹，像选厂址的时候，那都是要跑很多很远的地方啊。

苏联专家撤退的经过

访问：下面请谈谈苏方撤退苏联专家的经过？

口述：那是 1960 年，中苏关系恶化以后，赫鲁晓夫下命令要撤退专家。撤退之前，苏联外交部对中国外交部发了一个照会，胡说八道，说中国学生对苏联专家歧视，对专家招待不周，不热情，专家在中国得不到公正待遇，这个当然是错误的，其实是政治原因。外交部发表了复照批驳他们的观点，我们也将复照念给苏联专家听，让他们了解真相。但最后苏联专家也只能奉命撤退，阿尔希波夫当时是反对撤退的。1960年在人民大会堂送别专家，有两次，一次是1960年8月3日，以陈毅副总理的名义宴请苏联专家及其夫人们，也包括苏联使馆的其他人员。后来总理从外地出差回到北京，说自己还要亲自再送别专家一次。周总理当时有指示，苏联专家对中国是有贡献的，我们不能忘，那时候是三年困难时期，但是外国专家局还是向商店打好招呼，凡是苏联专家回国的时候要求买一些中国的纪念品、日用品，敞开供应，走的时候都要宴请他们并到火车站送别，到了北京以后，如果过去没有在北京工作过的，要让他在北京游览参观一次，细致到这种程度。1960年8月16日周总理在人民大会堂宴请专家时，发表了激动人心的讲话，他说："你们奉命，政府要你们回去，你们在中国的工作是有功劳的，中国人民不会忘记的，我们舍不得你们离开。"这是依依惜别啊，讲到这个时候，总理话也说不出来了，就是在哽咽，很多专家夫人听到总理讲的激动的话，都掉眼泪。最后总理说："我们将来还会重新见面的。"这是总理最后一句话，现在来看已经实现了，在中俄关系好转后，又请了俄罗斯专家来中国。

重返外专局后开展的工作

访问：您1979年重返外国专家局，正值拨乱反正的阶段，您做了些什么工作呢？

口述：我回到外国专家局后做了两件事，都和文教专家有关系。说到第一件事情，那个时候国内对外开放已经开始了，中国和巴基斯坦通航成功，有很多资本主义国家和我们建交，中国国际上的交往很多，缺少英语翻译，外交部也要培养大批英语翻译人才，那时英语翻译不够，所以外办就提出来，要大量聘请英语教师。我回到外国专家局后的第一项任务，就是去美国招聘英语专家教师，我带了两个小组去。采取三个程序，第一通过使馆和友好人士发出通告，说中国人要请英语教师,可以来报名,那时来报名的人是相当的多啊;第二道程序那就是面试,我们请华人专家看看应聘者英语程度怎么样。最后录取两类人,一类共有33个人,这些人都有职称,教授、博士,有些人是有特殊的专长,是权威,这样的人叫做"甲类"。还有一类是普通的,这些人虽然没有高级职称,但是有长期的英语教学经验,这样的人我们也是需要的,一共招69个人。33加69,我们这次请了102人,救急使用,缓解了英语教学人才的缺乏。在做这个工作的时侯,我们会见了获诺贝尔奖的华人专家,向他们请教,请他们推荐专家,征求他们的意见,他们给我出了很多主意。最后他们还有一条经验,请专家来介绍专家,这样比较可靠。尤其是在中国当过专家的,在中国有经验的人,他们推荐介绍的人会比较实用。这项工作也得到了我国驻美使馆的重视。

第二件事,我开了两个全国性会议,一个是文教专家工作会议,另一个经济专家工作会议。还有很多其他的工作都是跟其他同志们一起做的。我单独的特殊性的任务一个就是招聘专家,一个是开了两个会议,特别是经济专家工作会议。文教专家工作会议不是很好搞,条例也是反复修改。经济专家会议原来也是杨放之同志做报告,结果他忽然给中央组织部写了报告,说他身体不好年纪大,要退下来,中央组织部批准了他的报告,让他当顾问,让我当局长兼书记。所以这两个会议都由我来主持。经济专家会议上,当时担任进出口管理委员会主任的江泽民同志来讲过话。这个会开得很好,《人民日报》都发了消息。

访问:请您谈谈长期从事外国专家领导工作的体会,希望今后的工作要注意什么?

口述:根据我在外国专家局前后工作的十二年经验,体会到要做好外国专家工作,必须抓好四个关键问题:

一是抓好在专家聘期内充分发挥其作用。外国专家是我国政府花高薪聘请来的,在其聘期内抓紧时间调动其工作积极性,为我服务。在共事合作中,要尊重他们提出的各种合理建议,加以贯彻执行。

二是要指定专人向其学习，并考核其学习成果，如学有成绩应给予适当表扬，并设法推广其学习经验。

三是生活上要照顾，给予较好的住宿条件，做好生活接待各种工作，对其家属、子女也要热情接待，满足其合理要求，并保证人身安全。

四是重视友谊交往和对外宣传，向其如实介绍中国实际情况，和我国优秀文化、民俗，使其对中国有良好印象，增进中外人民之间感情，使其回国以后能成为对我国友好的朋友。

访谈人：过祖贤　中国高等教育学会引进国外智力工作分会特邀常务理事

时间：2011年6月16日上午

地点：国家外国专家局老干部活动中心

整理：曹君　北京大学英语系硕士研究生

新中国外国专家工作的启动，大批苏联专家来华工作

口述者：陈宝琛　曹岷英

陈宝琛，1923年出生于山西灵石县。1940年考入西北师院附中，1945年考入西北大学外文系，1948年10月转入华北解放区，在正定华北大学学习。1949年初调入石家庄华北财经学院研究室工作，1949年7月调到北京，在中央财经委员会编译室工作，1951年在（苏联）专家联络室任翻译，1953年7月调到政务院（国务院）专家工作办公室、外国专家局工作，曾任副科长、副处长、研究室主任，1981年任国务院外国专家局副局长，1986年离休。

右为陈宝琛，左为曹岷英

曹岷英，女，陈宝琛爱人。1925年生于四川乐山。毕业于燕京大学、北京俄语学院。

1952年在中央财经委员会、国务院外国专家局工作，曾担任周总理，陈毅、习仲勋副总理等中央领导同志的翻译；为苏联专家总顾问做翻译及联络工作。

1974年调中国科协国际部工作。1978年调中国科学普及出版社任译审。因工作成绩突出，于1987年获得新闻出版署颁发的荣誉证书。

一

口述者：陈宝琛

访问：从您的履历我们可以看出，您经历了新中国外国专家工作的启动与变革，您能谈一谈当时外国专家工作是如何启动和组织的么？

口述：我1949年从石家庄华北财经学院分配到中央财经委员会参加政府工作，当时中财委是由陈云、薄一波和李富春主要领导，底下有一个计划局，它管的部门很多。周恩来是管政务院的，关于苏联专家的问题他就是抓中财委，让中财委统管专家工作。中财委从1950年就开始有苏联专家了，我知道的最初有三个专家，分别管统计、计划和物资。管理专家的单位在1951年2月，由薄一波指定报政务院批准，成立了专家工作联络室（全名：中央财政经济委员会专家联络室），这是最初管理专家工作的机构，主任是杨放之，副主任是李国钧。当初有十来个人，主要都是做翻译工作的。最初的翻译都是从四面八方调来的，主要是从哈尔滨调来的一些老人，苏联也派了一些翻译来。第一个五年计划是从1953年到1956年，本来是到1957年，但提前一年就完成了。开始的时候杨放之是计划局的副局长，局长是宋劭文。到1953年成立政务院专家工作办公室，我们就从中财委调到政务院去了，我们去了十来个人。1953年8月份成立了专家工作办公室，是政务院的直属机构，初期由总理直接抓，后来由习仲勋管。主要的成员有副主任吴凡吾，室内分两个组，一个叫综合组，一个叫资料介绍组，我是资料组副组长，李越然是组长，严立宇是综合组组长。1954年就把专家工作办公室和专家招待处合在一起，成立了外专局，由杨放之任局长。总理抓专家工作特别紧，杨放之经常向总理汇报工作。9月份，就提出了一个中央文件《关于加强发挥苏联专家作用的几项规定》，这是中央政治局讨论通过后发到全国的文件。杨放之跑到总理那里，总理亲自批阅修改两三次。这个文件起了很大作用，规定要认真向苏联专家学习，那时总理在几次会议上讲，跟苏联专家的关系，只许搞好，不许搞坏。为什么？因为当时就有问题了，那时有些人看不起苏联专家，认为苏联的一套对我们起不了多大作用，有让苏联专家坐冷板凳的现象，不好好给专家安排工作，不好好地跟苏联专家学习。总理在1954年3月24号，专门开了一次部长会议，中央所有部门都来了。总理在会上点名批评某些部门，不重视苏联专家工作和对苏联专家态度不好，他反复强调，并要求各个部进行检查，以后每半年要写一次报告，汇报工作情况。这次会议由宣淼同志做记录。当时军队上由肖向荣主管专家工作，他写了个报告给中央，毛主席说这个报告很好，写的就是怎么改进专家工作。毛主席批示各部门也应该像他这样做。从这以后每个部门每半年都要向中央写报告，甚至于有的要求三个月做一次报告，可见中央对这项工作要求特别高。周总理强调要抓好几项工作，一个是聘请专家的工作，一个是安排他们的工作，给专家做工作计划，向专家介绍中国情况，再有就是要执行专家建议，还有就是要做好招待工作，做好友谊交往工作，要跟专家交朋友，要加强内部的管理，共有七八条。后来我们外专局以这个为中心指导工作，检查工作，到各部门各地区检查工作时也是根据这个来强调。

访问：中苏关系发生变化后，国务院在外国专家工作方面的政策方针又相应做出了哪些调整？

口述：1957年反右以后，我被下放到陕西，整年都在一个大队里劳动，当时外专局好多年轻同志都下去了。我们经历了“三面红旗”运动的全过程。中苏关系也就在这一段起了变化。因为赫鲁晓夫上台后，反对个人迷信，批判了斯大林，中国对这个事情是反对的，认为不应该对斯大林全面否定，认为应该是三七开，以后“反修”斗争尖锐，所以到1956年以后，专家大量减少。原来计划1956年以后要大量聘请专家。后来苏联大使跟总理说，你们已经请了七年了，很多东西都学会了，你们现在专家是多了不是少了，不用再请了。周总理向毛主席汇报，谈了苏联大使对他说的问题，然后周恩来说自己做了检讨，苏联人提出的有些意见我们也是理解的。外专局的大事记里有每年苏联专家的数字统计，1956年是人数最多的，后来越来越少，到60年就全走了。1958年，我没有在外专局，回来的时候，外专局正在贯彻毛主席的指示，毛主席在 1958 年 5 月 16 日“四海之内皆兄弟”的中央文件里批示，要多做苏联专家的工作，要跟专家搞好关系，有理总是讲得通的。当时专家对我们搞“三面红旗”之类的东西是有些不理解的。国务院外办的一个主要负责人叫张彦，在当时中苏关系变化时期要给中央写报告，谈怎么来掌握政策。我回来之后，杨放之跟我说，现在情况很麻烦，苏联人对我们有很大意见。文件起草很费劲，后来文件出来时，张彦总结了三句话 12 个字：“坚持原则，坚持团结，多做工作”，这就是外国专家局的工作方针。也就是说面对中苏分歧要坚持原则，对待苏联专家要争取团结，要多做工作来解决问题。当时外专局副局长屈志统曾陪苏联总顾问等到麻城去参观“大跃进”。有的专家对我们下放劳动也不是很感兴趣。到 1962 年陈老总（即陈毅，时任外交部长）给其他的专家做报告，还讲了“三面红旗”。当时事情是比较复杂的，陈老总当时主管专家工作，最早我们是由总理直接领导，后来就是由习仲勋领导。最后成立了国务院外办，凡是涉外的事就是由陈老总管了。

访问： 您能继续谈谈当时您具体负责哪方面的专家工作呢？

口述： 我们怎样具体给专家做工作呢？我主要负责向苏联专家介绍情况、组织翻译。根据总理的规定，主要是向专家介绍中国的方针政策，那时每个月都要出一本俄文内部参考资料，发给专家组长以上人员阅读。1958 年以后取消了“顾问”这个称号，一律改称专家，有的叫做专家组长。最早 1953 年的时候，我们是从很多内部刊物中挑选向专家介绍的资料，包括中宣部、中组部、北京市的党刊，计委的《计划与检查》、《统战工作》这些刊物，每期都给我们送。我们把中文目录译出来，由总顾问决定哪些内容可以向专家介绍，然后我们才组织翻译。这个工作一直做到苏联专家撤退。1954 年，赫鲁晓夫和布尔加宁来中国，他们要这些内部资料，说为了共产主义阵营之间的交流，我们这个阵营自己内部有一个组织，在捷克（布拉格中心）。当时我们组织北京市主要的翻译人员把我们原来翻译的材料进行选编，连夜改印，送给他们。这个事情是很重要的。当时他们提出这个要求，根据中央指示，外专局要执行。我亲自到中宣部，请中宣部部长陆定一来选定材料。搞这个翻译，我们还请了苏联翻译来校对和润色。当时我们专家工作办公室也是有苏联专家的，他们在中南海跟我们一起办公。当时我们的专家有克柳斯娜娅和列文娜，后来有个男的叫费阿克切斯托夫。他们都和我们合作得很好，我们和苏联专家的关系非常密切，天天在一起，我们组织他们参观游览，家庭做客，一块儿赛球。苏联大使馆当时也有好多年轻翻译，还跟我们进行排球比赛。另外由我负责的就是编印《专家工作通讯》。出版《专家工作通讯》是 1955 年初开始的，请总理题了刊头。后来“文革”期间停刊了，1979 年杨放之回到外专局，我又组织重新出版。现在这个刊物还有。我的另一项工作就是给专家组织报告会，这是根据总理的指示，要让专家了解中国情况，加强友谊。我们当时是给专家组织报告会，大概是一个月一次。我印象深刻的是北大著名地理学家侯仁之教授做报告，讲《北京市的历史》，至少做过两到三次，专家们对这个很有兴趣。还有其他的文艺方面的，请过鲁迅的大弟子冯雪峰，当时是文艺界的有名人物，还有梅兰芳来给专家表演(1958 年的时候)。过去给专家组织报告都有讲稿，事后还发往各地给专家介绍。我主要管的工作就是这些。另外就是跟苏联专家的交往，这个我们当时也很重视。根据总理的指示，我们请专家参加一些活动。在友谊宾馆、国际饭店组织舞会啊什么的，由宾馆去负责，我们就不参加了。还组织放电影、看戏，一些重大的文艺活动，例如在天桥剧场的大演出，我们都给他们送票，邀请他们参加，活跃他们的文化生活。当时有一次组织专家去天桥剧场看演出，当时票发多了，出了个错，做了检讨。当时对专家工作来说，凡是一个小事都是大事，陈毅后来说，外事无小事，事事要请示。大家都谨小慎微，总怕出错误，外专局只要有一点小事，都要作检查。

我 1981 年夏天提升副局长，以前就是科长、处长、研究室主任，1985 年底我去美国一趟，回来就退休了，当时 63 岁。我一辈子都在外专局。

当时做苏联专家工作的几位老干部

访问：苏联专家在华期间，还有哪些同志做过专家工作？

口述：我简要介绍几位吧：

严立宇是最早担任苏联专家工作的老干部。中财委1951年有三个专家，组长叫巴西宁。1952年有七八个，组长叫马科拉考夫。他们与中财委领导谈话很多。专家联络室开始从编译局借来何匡、马勤和李越然当翻译，后来从各方面调人。严立宇是最早来的干部，她是延安女大的学生。到了北京，在俄文专科学校当班主任。后来调到中财委具体管专家工作，直接与专家负责人打交道。那时苏联专家来了，特别重视保密，专家们的办公室不让外人进去，只有严立宇可以进出。周末办公室里的铁柜要打蜡密封，周一上班由专家组长和老严启封。老严的俄文水平不错。1952年前后，陈云的夫人于若木也在联络室工作过，但时间不长，她也懂俄文。严立宇带领几位年轻的俄文翻译管理室内的大小事务，大家都把她当老大姐看待，后来担任聘请处处长。1953年杨放之局长带十几个人到政务院成立了专家工作办公室，办公的地点就在总理办公室西花厅旁边。当时中南海的房子都是平房，周总理早起到海边散步，我们都能看到他。有一次总理亲自到我们办公室视察，他说，你们要多去各部门了解实际情况。总理办公室的俄文秘书马列同志常和我们联系，关系非常密切。马后来曾任驻苏大使。根据总理指示，1953年在政务院设立了专家工作领导小组，由伍修权、齐燕铭、杨放之、钱俊瑞、马列、张行言、赖祖烈等九人组成，先后开过七次会议。

李越然1951年到中财委专家联络室工作，主要为领导人作翻译，并与总顾问直接联系。他讲俄语非常流利，受到专家们的称赞，说他的口语胜过苏联人。李富春到苏联与苏方谈判，由他担任翻译。毛主席去苏联也由他做翻译。伏罗希洛夫来华访问时，他陪同参加一切活动，1958年调到国务院外事办公室工作，后来在第二外语学院当副院长，曾写过回忆录介绍中国领袖在外交方面的感人事迹。

伍修权和**杨放之**都是1927年前后在莫斯科学习的。伍修权是东北野战军的参谋长，外交部副部长，中国出席联合国的第一任代表团团长。杨放之曾在延安新华社工作，后调到华北局宣传部，先后任中央财经委员会和国务院副秘书长，兼任国务院外国专家局局长，前后在外专局任局长18年。

二

口述者：曹岷英

访问：您曾经做过周总理的翻译，能请您谈谈当时的情况吗？

口述：我是燕京大学学生，1950年考上中调部的外国语学校俄文系，1951年合并到北京俄语学院，1952年到中央财政经济委员会专家联络室，为苏联科学院院士建筑设计顾问穆欣、建筑工程顾问波京做翻译工作。他们是当时中财委的专家，都是顾问组长。1953年7月调到政务院专家工作室，翻译《俄文内部参考资料》，这是供苏联专家组长以上阅读的定期机密资料。翻译人员经中央办公厅审查批准后可查阅各种党刊。1954年，成立国务院外国专家局，我在专家工作处翻译内部资料并兼做口译，主要与苏联总顾问办公室，还有大使馆的文教总顾问马里采夫联系工作。阿尔希波夫是管经济的，而教育专家都由马里采夫管。我主要是在中央领导与这些苏联专家接触时做口译。就是为双方的领导交谈、出差、宴请做口译，节假日都有活动。

访问：那您能具体谈谈在您眼中，总理是怎样重视专家工作的？

口述：总理宴请过苏联专家四次，在“十一”还有旧历年时，有的时候就在国际饭店，习仲勋带着夫人也来过几次，因为那个时候他领导外专局。还请了钱学森夫妇，那时他们刚回国。郭沫若、戈宝权等名人都来过。后来还在北京饭店由宋庆龄出面代表中苏友好协会宴请过苏联专家。另有一次是1956年三八节舞会，我给总理和习仲勋做口译，这次是请专家的夫人，在北京饭店。还有一次是1956年5月，总理在全聚德专门设宴欢送苏联经济总顾问阿尔希波夫回去休假，一起的还有司法部的苏达里科夫，后来他当了参赞，还有就是军事总顾问加列宁。当时出席的中国领导有聂荣臻、黄敬、杨放之、马列，我就坐在总理旁边做翻译，总理特别好，当时总理58岁，老给我夹菜。黄敬特别爱讲笑话，令大家高兴。苏达里科夫也讲了个笑话，说有个苏联人在房顶晒稻草，不小心掉下二楼的时候还冲着窗口里面的爱人喊，别忘了收稻草，这个笑话是马列翻译的，很有意思。最后，我们还送了回国的苏联专家每人一只烤鸭，用暖瓶装着，让他们带回去，这个成了佳话。客人走了之后，总理还要留下来和我们说话。1958年秋，阿尔希波夫在北京医院养病的时候，我每天下午3点到5点去陪他，给他读内部的资料包括一些报纸。有个星期天，习仲勋副总理去看望阿尔希波夫，由杨放之陪同，我在国际饭店门口等他们，然后给他们做翻译。阿尔希波夫还讲笑话，说有一个大夫给别人做盲肠炎手术，做完后又回到病人面前说对不起，钳子落在里头了，然后又做手术打开肚子，做完后又跑回来说有东西掉里头了，后来病人就说你给我肚子上安个拉链吧。这个笑话给我印象很深。1959年2月，中苏友好条约签订10周年的庆祝大会在政协礼堂举行，陈毅副总理做大会报告，我做同声传译，当时外专局起草的那个报告是“文抄公”，有很多部分跟总理的报告重复了，后来陈毅副总理把报告稿甩了，自己讲。

访问：您与苏联专家接触较多，那能请您谈谈您印象中的苏联专家么？

口述：由于翻译的工作性质，我们常陪苏联人事处的处长古德科夫和党委书记列瓦金到外地去找苏联专家开会。我们陪着他们一起去了兰州、重庆、成都、上海、武汉等好多地方，去了解苏联专家的情况。他们说建筑专家最辛苦，住的地方都很艰苦，因为建筑专家去的都是新的荒地。我们在湖南长沙看望苏联专家，那天晚上吃饭，看到专家的小孩大概五六岁，特别地乖。当时宾馆正在修水池，过了两天，听说那小孩掉进水池坑里死了，所以说苏联专家也是有损失的。还有就是南京太热了，专家受不了，那时没有空调啊，就坐在澡盆里头写教材，然后可能是一冷一热得病就死了。我举这几个例子就是想说，苏联专家在中国也是有付出的。我记得在武汉，很有名的长江大桥，那个专家组长叫西林，我们去了后他让我们一起顺着梯子通过洞下到长江底部去看大桥的基底,后来我就问他在中国有什么不适应的,他说什么都好,就是想念我的爱人,这也是很不容易的。这些都是我在接触苏联专家时看到的他们对我们的贡献和付出。

访问: 谢谢你们两位的详细介绍,请多保重。

访谈人: 过祖贤

时间: 2011 年 6 月 21 日下午

地点: 国家外国专家局老干部活动中心

整理: 曹君

苏联专家的聘请和撤离的经过

口述者：傅立群

傅立群，男，1930年5月26日生于吉林省长春市。1953年毕业于吉林省东北师范大学俄语系。1953年7月分配到政务院文化教育委员会钱俊瑞秘书长办公室任外事秘书。1954年分配到国务院专家工作办公室（后改为国务院专家工作局、国务院外国专家局，今国家外国专家局）。曾任副科长、副处长、处长、副司长等职务。在东北师范大学学习期间于1953年3月24日加入中国共产党。

访问：老傅，您从1953年在政务院文化教育委员会工作期间就开始做专家工作，接触了大量聘请苏联专家的工作，您能谈谈这方面的情况吗？

口述：今天我主要讲两个方面的问题，一个是聘请苏联专家的问题，第二个是1960年苏联撤退苏联专家的问题。

我是1953年东北师范大学俄语系毕业的，当时包分配，就把我分配到政务院文化教育委员会，当时文委的秘书长是钱俊瑞同志，专管苏联专家工作，他是中苏友协的总干事，我就是被分配到他的办公室。1954年政务院撤销，当时干部调动很简单，领导在一起说两句话就定了。当时，范长江副秘书长跟杨放之同志说，把傅立群同志给你吧，杨放之说好啊，就这样，我就到外国专家局了，那是1954年7月份。我是1991年退下来的。在这些年中，我在1959年被下放到甘肃去参加当地的整社运动，边劳动边帮助整社运动，走了一年；1966 年“文化大革命”前夕，农村开展“四清”运动，外专局去了大批干部，我又去了一年。除了这两次以外，可以说从 1954 年到 1991 年退休，我基本上没有离开过外专局的工作。我头脑印象比较深的主要就是苏联专家聘请的工作，有很多事情我现在仍然记忆犹新，比如说撤退苏联专家的事，整个事情的前前后后我都参与了。

访问：是否先从聘请苏联专家谈起？

口述：关于聘请苏联专家这个工作，前几天，吴凡吾同志讲了一些，一个说林彪在东北写信给斯大林要求派遣专家，后来 1949 年刘少奇同志秘密访苏带回了 200 个专家，其中有一个专家我也听说过，叫柯瓦廖夫。但是我认为中国政府通过外交途径向苏联政府大量聘请专家，应该是从中国第一个五年计划开始计算比较合适。当时来华工作的苏联总顾问叫阿尔希波夫，是他帮助我们搞的第一个五年计划，他回苏联以后当了苏联部长会议第一副主席。后来也陆陆续续地来了几个经济总顾问。经济总顾问办公室在东交民巷 12 号，也就是在国际饭店旁边。这个比较安静的小院，当时只有经济总顾问办公室，还没有文教总顾问办公室。后来 1955 年外专局从中南海搬到国际饭店。在我的印象里大概就是 1955 年，也就是外专局从中南海搬到国际饭店办公以后才有的文教总顾问，总顾问叫马里采夫。我到外国专家局就是主管聘请文教专家工作。外专局主要是管经济方面的专家。经济方面的专家开始是 156 个项目以内的专家，后来又聘请了项目以外的专家，但总称技术援助专家。以后逐渐地增加了一些文教方面的专家。

访问：当时的聘请工作是怎么做的呢？

口述：聘请工作是这样，每一年做一次计划，首先我们外专局和教育部等有关部门商量好，根据前一年的人数情况做一个计划，搞一份名单出来。所谓名单主要是指专业的名称，怎么讲这个课程，课时怎么安排，名单初稿先送给总顾问办公室。审查也不外乎是找各个部门的顾问专家来商量哪些需要请，哪些不要请，请来的专家要放在什么地方，放在哪个院校比较合适，发挥苏联专家的作用比较有效。作为各个部门来说，当时都有一个格局，比如说高教部专家组长就是高教部的部长顾问，这种专家一般都来自苏方的对口部门，比如说苏联的教育部派出一个相当的干部来高教部当专家组长。然后在部长顾问下面，还有高等教育顾问，专门研究高等教育的问题，普通教育则是聘请研究普通中小学教育的顾问，当时把中等专业教育看得比较重，也就专门有中等专业教育的顾问，所以作为高教部来说，就有专家组长、部长顾问和底下各种教育的顾问，一共有四个到五个顾问。苏联总顾问办公室经过一段时间的调查研究之后，就会和我们一起推敲这个名单，讨论是否有些专家需要请，看专业对不对口，因为当时中苏课程名称不完全一样，经过这么一次到两次讨论，后来经过多年的积累经验，我们和苏联也就达成了几条聘请原则和共识：

第一条，坚持要聘请急需的专业的专家，可请可不请的坚决不请，坚持少而精的原则。

第二条，坚持在过去没请过苏联专家的专业请专家，重复的专业绝对不请。

第三，作为全国来说，一个专业只能请一个人，究竟放在什么地方，由高教部统一考虑决定。

还有一条就是，中国国内的专家能自己解决的，坚决不请。像有一次要请妇产科专家，当时总顾问马上就说，中国的林巧稚是国际知名的妇产科专家，为什么还要请苏联专家呢？

大体上经过这么几年的摸索后，我们跟总顾问办公室也达成共识，有了这么几条原则。各个部门和外专局之间的矛盾和意见也容易解决了，因为都需要遵守这些原则。由于苏方往中国派遣专家，苏方工作受到损失，当时派一个专家，中国政府要偿还苏联一年 15000 卢布，这是用外汇支付的。专家到中国后的工资，由总顾问办公室确定，用人民币支付。这个钱也就是专家在中国的生活费用，主要是伙食费。住房是免费的。北京过去只有国际饭店接待苏联专家，后来修建了友谊宾馆，全国各地修建了很多专家招待所，吃饭的费用都比当地的物价要便宜，上班用车也是免费的。友谊宾馆是 1954 年 8 月完工，后来又建了很多配楼，所以说规模特别宏伟。据说作为亚洲庭院式的宾馆,友谊宾馆堪称亚洲第一,但后来也被当成了典型来批判建筑业的复古主义,还拍了《华而不实》的纪录片。友谊宾馆是梁思成亲自主持设计的,应该说非常好。几年以后习仲勋同志来参观了一次,最后评价:“不错嘛,谁说不好,谁说华而不实?”通过这个评价,友谊宾馆后来翻身了。友谊宾馆在招待苏联专家还是做出了很大贡献的。苏联专家聘请工作大概就是这样了。

访问:当时各个学校请专家要通过高教部,再通过外专局,根据您的印象,以这种方式聘请的文教专家在1954年至1955年间有多大的规模?

口述:刚才我也一直和徐副局长在讨论这个问题,聘请苏联专家时代,文教专家占多大的比例,徐振元说写外专局大事记时李明俊同志也推敲过,苏联技术援助专家加上文教专家大概有一万两千多人,我印象中文教专家当时比例是很小的。

访问:据大事记的记载,经济文教专家占12215人,其中文教专家只有1053人。

口述:大概就是这个数,为了需要,也不能不请文教专家,也就开始请语言专家,培养翻译。后来俄语专家也就占了很大的比例,但慢慢的全国也成立了很多俄语学院,俄语系,所以俄语专家人数也就上升。聘请专家大体上就是这样。

我的一个大体上的看法就是,如果从正式开始聘请苏联专家到1960年苏联撤退专家,我分了一个前期和后期,基本上前期来说,我们提出的一些比较尖端的专业,像北航、哈工大聘请的专家,苏联方面基本上都派了,质量也比较好,来的专家不是一流也是二流的。这是高等院校都认可的,资历和专业水平都比较高,比较强。可是到了后期,我们提出来好多尖端专业的专家,苏联却迟迟不派,你催他,他也不答复,后来就不派了。

访问:我知道的数据,是说高校聘请专家从1949年开始,到1952年期间,有几所大学聘请专家,哈工大,人大,北师大,北京农业大学,俄语专科学校,后来逐步扩大。从1952年开始,北大和清华开始聘请苏联专家。同年全国高校院系还进行了调整。这几所大学我都跑了,到农业大学去的时候，他们说他们建的招待苏联专家的招待所还在，我已经让这几所大学去查他们当年聘请苏联专家的情况。好像当时教育部管得很多。

口述：我的印象里面，我们过去一句行话叫“归口”，聘请苏联专家是很严格归口的，因为有一个最大的问题，就是经费问题，学校没有钱，学校的经费是由教育部拨款的，外专局文教专家经费是向财政部申请的，专门有一笔文教专家经费。当时聘请一个专家是四万或五万。一个是住，一个是行，友谊宾馆把房费和车费都收走了，后来为什么各个单位纷纷自己修建专家招待所，就是因为要节省经费。所以在我印象中，零散地自己聘请专家是不太可能的。

访问：但1952年那个时候你们外专局还没有成立，当时各个学校聘请的专家怎么归口？

口述：外专局成立前，各部门聘请外国经济和文教专家的经费由政务院专家招待事务管理局统一编制报财政部。

说到规章制度的话，我认为那时候还顾不上，自有了外专局之后，规章制度才逐渐上了轨道。

访问：苏联专家撤退时，您是经办人之一，能跟我们谈谈是怎么回事么？

口述：1960年，苏联突然用外交形式给中国政府发了个照会，中心意思就是说，我们苏联专家在中国工作不下去了，你们既不执行专家建议，又不好好向专家学习，合作共事的关系搞得不好。最严重的是，我们苏联专家得不到信任，无法再继续工作下去了。他们提出的每一个问题都举了具体的例子，在什么地方，在什么工厂，专家叫什么名字等都有，罗列了一大堆无中生有的事，纯粹是造谣诬蔑。最后他们说我们不得不在什么时间以内撤退所有的苏联专家回国。当时杨放之局长还给我们讲了一件事，总顾问说了，蒙古也曾经碰到过这样的问题，泽登巴尔去了一趟莫斯科见了斯大林，问题就解决了。杨放之向上报告总理，然后毛主席说，我们不管他，我们怎么能这样做呢。后来就采取对策，我们要把事实真相告诉广大的苏联专家。针对苏联照会里说到的问题，外专局也马上就收集具体事例，先驳斥照会上提到的问题中的人和事，然后再正面阐述我们如何执行专家建议、如何向专家学习、如何搞好合作共事关系的正面材料，火速上报给中央。原来苏联曾向中方提出的几个问题，都没得到中方答复，没满足他们的要求，如开采新疆的石油问题，开采新疆的稀有金属矿的问题，建立中波电台的问题，建立联合舰队的问题等。于是苏共想用撤退苏联专家向中国施压。这些问题可以追溯到 1950 年 2 月，毛主席和周总理在莫斯科商谈关于签订《中苏友好互助同盟条约》的时候，这几个问题基本上都提出来了，当时毛主席和总理就说，这些问题先不管，回去以后再慢慢研究。经过了这么多年，赫鲁晓夫又重新提出来，但得不到满足，于是决定撤退专家。后来中央提出，要把以赫鲁晓夫为首的苏共上层与一般苏联专家区分开来，很多苏联专家是不了解情况的，对中国是十分友好的。第一步要让在华苏联专家了解真相，争取得到他们的同情。后来我们正式向苏联发了照会来驳斥苏方的污蔑造谣。为了让苏联专家知道真相，中央还决定在发照会的同时，全国有苏联专家的地方，由党委书记召开苏联专家会议，同一个时间宣读中苏两国的照会。持续了一个多月的时间，从大江南北、长城内外撤走了所有的苏联专家。因为要区别苏方上层和一般专家，所以对一般专家没有埋怨歧视，苏联专家也表示希望我们理解这是苏联政府的问题，不是个人的问题。所以各个部门做友好工作还是收到了很好的效果，这就证明我们中央的政策是非常正确的。很多苏联专家对突然回国也感到莫名奇妙，有的也感觉到不满意。全国各地专家回国大部分都要路经北京。总理决定，在苏联专家到达北京比较集中的时候搞两次大型的欢送宴会，第一次是由陈毅副总理主持的，陈毅同志在讲话中大讲中苏友好，大讲苏联专家的作用，大讲中国人民和苏联人民的友谊，讲话充满激情，很多专家受到了感动，有的还流下了眼泪。第一次宴会之后，总顾问就跟杨放之同志说，不要再搞了，没有时间了，大家都在忙于托运行李买纪念品，后来又说你们领导人这么讲话，让苏联专家在感情上难以承受，有的人都流泪，不要再搞了。这样就更证明中央的方针是正确的，更应该搞。第二次宴会周总理也出席了，效果非常好。火车站送行出现了依依不舍的动人情景，真是难解难分啊，握手、拥抱，有的流泪。苏联专家们的感情流露，应该说是真实的，很多技术援助专家的工作项目都未结束，突然把工作停了，除了感情上难舍难分以外，我觉得他们心里都会有些愧疚，对不起中国，对不起中国人民。

访问：谢谢您的详细介绍。

访谈人：过祖贤

时间：2011年6月21日

地点：国家外国专家局老干部活动中心

整理：曹君

苏联专家的生活接待

口述者：杨宝琴

杨宝琴，女，1928 年生，1949 年 1 月在华北人民革命大学学习，1950 年初调到政务院专家招待处（后改为国务院外国专家局，现为国家外国专家局）工作，一直负责管理外国专家的工资待遇和生活接待方面的工作，曾任科员、副处长，1984 年从国家外国专家局离休（正处级）。

访问：杨处长，您是新中国外国专家工作的元老，长期从事外国专家的生活接待工作，请您谈谈建国后有关这方面工作的情况。

建国后，为迎接苏联大批专家来华，接待工作启动

口述：我是 1950 年 1 月到政务院专家招待处（外国专家局的前身）的，当时办公地点在北京饭店老楼。当时的处长是赖祖烈，他还是中共中央办公厅特别会计室主任，管中央党务机关的财政。副处长是张行言。当时只有这样两位处长，主要工作由张行言负责。我们到那里工作的时候，专家招待处尚处于筹建阶段，不过已经有三四个干部了。我们是从华北革大的党校来的，一共来了 6 个同志，5 男 1 女。

建国后，苏联专家已经有在华工作的了，分布比较分散，在北京和东北多一些。当时重工业部、燃料工业部等部门已经聘有苏联专家

了。另外，东北的一些大厂矿企业也有苏联专家。专家招待处看起来很小，但当时是周总理直接领导的。主要负责大批苏联专家来华的接待和管理工作，而没有聘请方面的事务。苏联专家来华后被分散安排到各个招待所，重工业部招待所在南长街中山公园隔壁。人民大学有个招待所，在东四铁狮子胡同1号。当时人大的外国专家已经比较多了。

为了接待大批专家来华，1950年6、7月份，经周总理批准，并与北京市协调，政务院将东交民巷的六国饭店买下。经过装修后，专家招待处就从北京饭店搬到六国饭店来了。为了迎接大批专家来华，申请兴建现在的友谊宾馆。当时我们外专局在国际饭店办公，已经不是几十人的规模了，有了办公室、招待处、基建处，还有自己的汽车公司。1954年8月，友谊宾馆建成。

为了便于管理，将分散在各个部门小招待所的外国专家都集中到了国际饭店，后来大部分专家都搬进了友谊宾馆。这是当时的情况。

之后，在1958年、1959年，预计来华的专家很多，经国务院批准，北京市又拨了两块地。一块是在天桥，我们成立了天桥筹备处，准备盖天桥宾馆。另一块在东四的四王府，也计划在那里盖两个招待所。同时从外地调来了4位干部。当时陈省三、王武强同志就在天桥宾馆筹备处工作，还有罗爱民、孔广仁同志在四王府筹备处工作。

1954年4月政务院决定，将政务院专家工作办公室与专家招待事务管理局合并，成立政务院专家工作局。友谊宾馆建成后，外国专家的招待工作也逐渐划归到友谊宾馆里来了，各部的小招待所就逐渐被撤销了。

当时，中央对苏联专家非常重视。如在国际饭店的时候，每年十月革命节，由我们出资举办庆祝会。刘少奇主席、周恩来总理、朱德总司令等都来参加过舞会。每年元旦还举办晚会等。

访问：请您具体地介绍一下苏联专家的待遇。

口述：苏联专家当时的工资分两部分：一部分是在华工资，月工资500—600元(但我们当时的工资是按照小米来计算的)。一部分是国外的补偿部分，按卢布折算，每人每月1500～3000卢布。这部分是按照中苏两国间的有关合作协定来确定的，其中明确说明了不同级别的专家，如总工程师、工程师、技师等的工资水平（不同部门所标注的职称有所不同，但每个职称都有相应的工资标准）。当时由我们根据专家人数、待遇，报财政部批准，由财政部统一汇兑。

另外还有一部分东欧国家的专家（工程技术人员），有的是通过两国科技合作途径聘请的，还有的是随我国引进该国的机械设备而聘请的安装专家和工程技术人员。他们的工资待遇均随设备安装进口的有关规定执行。当时这部分专家主要由对外贸易部负责。

苏联专家的所有在华的待遇，包括家属来华往返的路费，住宿费，交通、医疗费用等等，都是由中方提供的。为了更好地照顾苏联专家，还从苏联请了大夫和护士，在北京建立了中苏友好医院。我们在友谊宾馆也设立了专家门诊部，那里的医生和护士也都是从苏联来的，负责宾馆日常的医疗服务工作。这些专家每年安排有一个月的带薪休假（教师按学校假期休假），主要是在北戴河，还有一处休假地在青岛崂山附近。随着专家人数的日益增加，开始他们都住在友谊宾馆，之后有的单位为了方便做专家的工作，就自建了“专家楼”，将专家从宾馆迁出，搬到本单位的“专家楼”去住。

当时请苏联专家我们也付出了很大的代价。不过苏联专家对中国的建设和发展也起到了重要作用，比如武汉长江大桥就是苏联专家帮助设计的。

刚开始苏联派来的专家的质量非常高，以后越派越少，质量也有所下降。最初，经济和文教部门的外国专家未分开统计，后来才分开。当时苏联专家从事文教的比较少，主要是在工矿企业中工作。苏联专家撤退后，国内从事文教事业的外国专家比例上升。

多途共举，克服聘请工作中的困难

访问：请谈谈苏联专家撤走后外国专家队伍的变化情况。

口述：1960 年 7 月，苏联政府撤退全部在华专家后，我们在聘请文教专家时遇到了很多困难。当时在京外国专家人数总共约 123 人，其中还包括西方国家的一些专家，还有我国对外文委（即对外文化联络委员会）与东欧一些国家通过两国文化合作协定聘请的语言教师和艺术类的专家。当时一些对外宣传部门，如广播事业部、外文出版局等部门所需的翻译、改稿和播音方面的专家，聘请上都遇到很多困难。首先政治上要可靠，而且业务水平还要过硬，因此很难聘请到很合适的外国专家。

为了解决专家匮乏这个问题，当时主要途径一是通过一些国际友好人士、通过中共中央联络部，请一些资本主义国家兄弟党帮助推荐和介绍，如有些曾在日本销售中国书籍的日共党员，对中国很友好，后来来华被聘为外国专家，从事对外的广播宣传工作；同时从在对外宣传等部门工作多年、政治态度较好的外侨，以及外国专家的一些家属当中选拔了一些人，报到当时国务院外办批准享受专家待遇。在中国人民争取民族独立和解放的战争年代，以及新中国成立后进行社会主义建设的峥嵘岁月里，有一批与中国人民同甘苦共命运、深受中国人民尊敬的外国朋友，为了使他们能在中国安度晚年，中国政府在1984年正式授予他们“外国老专家”称号，享受外国老专家待遇。此外，一些学校由于缺少外国教师，除了国家将其人员聘请的需要纳入到对外友好合作协定中，各学校自己也逐渐开始尝试以校际交流的形式聘请一些国外学者来华讲学。

随着苏联专家的撤退，外国专家工作的重心即转移到东欧及资本主义国家兄弟党专家工作上。为做好这部分专家的工作，当时，外专局相当重视，多次召开会议并根据实际情况对各聘请单位提出要求：一是要求各单位多与专家接触和交流，使他们了解我党的各项方针政策；二是定期组织专家及其家属参观我国的工农业生产；三要加强与专家的友好交流；四是对专家的工作要关心，特别对外宣传部门，对他们的工作要严要求，要以我方为主。

当时对这部分外国专家的工资待遇，按照两国文化合作协定聘请的，其来华后的工资及生活待遇条件均按协定中规定执行；通过友好人士推荐和兄弟党关系聘请的，其来华后的工资及生活待遇条件，均按我方规定执行。当时由外专局统一制定了工资标准（最初为8级，

380—800 元),由聘请单位根据本人经历及担任的工作提出月工资数报外专局审批。

粉碎四人帮,结束“文化大革命”,邓小平同志重新主持工作后,随着深化改革、扩大开放、加速发展的需要,全国聘请外国专家的人数不断增加,外国专家工作有了很大的发展,取得了丰硕的成果。

访谈人: 过祖贤

时间: 2011 年 8 月 16 日

地点: 国家外国专家局老干部活动中心

整理: 马奇　北京大学国际关系学院硕士研究生

为清华大学燃气轮机专业教学建设奠定基础的苏联专家马尔金

口述者：倪维斗

倪维斗，中国工程院院士，1932年10月出生于上海市。1950年入读清华大学，1951年被保送到苏联莫斯科鲍曼高等工业学院读书，1957年毕业后回校任教，1960至1962年赴苏联列宁格勒加里宁工学院攻读研究生，获副博士学位。历任清华大学热能系、汽车系主任，副校长，校务委员会副主任，煤燃烧国家重点实验室主任，国家“攀登计划”B项目首席专家，1990年被俄罗斯圣彼得堡国立技术大学授予荣誉博士，1991年被选为国际高校科学院院士，1999年当选中国工程院院士。现任清华大学热能工程系教授，北京市科协副主席，国家重点基础研究规划专家顾问组第一届和第二届成员，教育部科技委委员，国家电力公司科技委委员，中国环境与发展国际合作委员会(CCICED)能源组中方主席。研究领域为热力涡轮机系统和热动力系统动态学。倪维斗院士在核心刊物上发表论文150余篇，出版著作5部。曾先后荣获国家教委科技进步一等奖(1993年)，电力部科技进步一等奖(1997年)，国家教委科技进步二等奖(1994年)，国家科委科技进步二等奖(1998年)，国家教委国家级优秀教学成果二等奖(1993年)，国家教委科技进步二等奖(1989年)。

访问：倪院士，根据史料记载，新中国成立后，我国聘请了大批苏联专家帮助新生的共和国进行大规模社会主义建设，其中也包括参与高等教育的建设和发展。清华自1952年起至1960年8月先后聘请前苏联和东欧国家专家68名，其中苏联专家63名。8年中，这些专家讲授课程114门，帮助建立和扩充实验室72个，重点培养本校教师518人，外校进修教师611人，听专家授课的总人数（包括企业部门旁听的）达4000余人。专家们在帮助修订教学计划和大纲、新学科建设、指导建立实验室和科研、培养年轻教师等方面发挥了重要作用，为清华建立较为完整的多学科工业大学的教学体系做出了不可磨灭的贡献。

听说您当年刚从苏联留学归来，就被派作动力机械系燃气轮机专业苏联专家马尔金的业务助理，请您讲述一下当年清华大学和您所在的系聘请苏联专家的背景好吗？

口述：建国初期，国家面临百废待兴的局面，急需大量各方面的专业人才。当时以美国为首的西方国家对我国实行封锁政策，我国对外交流渠道只有苏联和东欧社会主义阵营国家，因此，在科学技术、经济管理和人才培养方面都在全面学习苏联。1952年，进行了具有深远影响的高校院系调整，新中国的高教体系和专业设置全面学习和移植苏联。这在当时的历史条件下，既是政治上的选择，也是国际形势所迫，我们别无选择。

院系调整后，清华大学成为一所工科大学。为适应国家百废待兴的社会主义建设需要，清华除了继续开办调整后留下的一些工科院系外，还要创立一些新的院系和专业，为国家社会主义建设服务。我所在的清华大学动力机械工程系，调整后最初下设热能动力装置和汽车两个专业。1954年留美知名学者吴仲华教授回校工作，于1956年成立了燃气轮机专业，同时还设有锅炉设备、汽轮机和热电站及热网三个教研组，并增加了热力设备自动化教研组。学科方向与教研组同名。如何开办这些根据国家建设需要，仿照前苏联教育体制设立的专业，成为当时摆在清华人面前的当务之急。

从国家层面讲，当时正在或将要上马三大动力厂（现哈尔滨电气股份有限公司、上海电气集团和东方电气集团的前身）和长春一汽等骨干工业企业，急需相关专业人才，针对这样具体的工科专业门类，世界上也只有苏联及东欧国家的大学开设，例如，当年的莫斯科动力学院、鲍曼工学院和列宁格勒加里宁工学院等都设有透平制造等相关专业，拥有完整的教学体系、教学内容和教材。

因此，为加快当年新建专业的建设，特别是加快本科教学能力建设，在学校的大力支持下，经教育部批准，我们系开始聘请苏联专家。从 1954 年 9 月开始，先后共聘请了五位，他们是：苏联专家米哈廖夫，1954 年—1956 年在热能动力装置专业任教；苏联专家季瓦科夫，1954 年—1956 年在汽车拖拉机专业任教；苏联专家马尔金，1957 年—1958 年在燃气轮机专业任教；苏联专家齐斯加科夫，1956 年—1958 年在热力设备自动化专业任教；捷克专家梅度纳，1957 年—1959 年在汽车拖拉机专业任教。

访问： 请问当时苏联专家的工作任务是什么？发挥作用如何？

口述： 当年清华聘请苏联专家的主要任务是参照苏联模式，建立起自己的本科专业教学体系和教学能力。当年校内有一个流行的词叫“过关”，即，参照苏联教学大纲，由自己的教师将本科专业的整个教学安排和每门课程内容都过一遍，掌握了，就算作“过关”。

我们系当年新建了燃气轮机专业，为“过关”聘请了一位来自莫斯科动力学院的专家——马尔金副教授。他五十来岁，中等身材，为人和善。我当年正好从苏联留学回校，懂俄语，系里就安排我做了马尔金的业务助理。马尔金的工作任务就是帮助我们“过关”，也就是，帮助我们建立起燃气轮机专业的教学大纲，传授给我们核心专业课程，并指导我们开设课程设计和毕业设计等重要教学环节等。

我记得，马尔金在我们这儿讲授了叶片机原理、透平、压气机、燃气轮机装置、自动调节几门专业课程。他工作非常认真负责，认真编写每一节课的讲义，认真讲授每一节课，认真回答学员的提问。听课的学员是教研组的教师、研究生，还有外校来进修的教师，而不是系里的学生，意在培养专业教师。或许是为了满足我们“过关”的要求，马尔金严格按照教学大纲和讲义授课，这样难免比较刻板，对他的讲课也是很大的束缚。记得有一次马尔金对我说，这样讲课自己放不开，讲不痛快。此外，马尔金还对以他名义招收的三名研究生开设了课程设计和毕业设计。当然，这些设计并非真实的科研或生产项目，而是针对专业培养方案中的对应环节进行“操练”，以指导我们如何带课程设计和毕业设计。

应该说，苏联专家对我们燃气轮机专业本科教学建设，包括教学大纲、课程体系、培养环节、课程内容、教学法和教材的建设都发挥了很大作用，为我们专业的人才培养打下了重要基础，功不可没。我后来给学生讲授的《热机自控》课程就是参照马尔金授课的内容和讲法。当然，后来陆续又有了不少改变。

访问：清华当年采取了哪些措施发挥苏联专家的作用？您是如何配合苏联专家工作的呢？

口述：蒋南翔校长非常重视聘请苏联专家工作。学校里有专人负责，定期召开例会，讨论相关工作。业务方面，学校为每一位苏联及东欧专家配备一名懂俄语的业务助理，全程跟随专家的业务活动，发挥助手的作用。比如，我当年负责给马尔金当业务助理，所做的主要工作包括每节课的现场翻译、每节课讲义的翻译，并要将讲义刻到蜡板上，以便印刷和散发给听课学员。同时，还要负责马尔金与教研组老师之间的沟通，以及陪同他出差等。为发挥苏联专家的作用，学校还专门为苏联专家招收若干名研究生，例如，我们系就从上海交大等优秀本科毕业生中为马尔金招收了三名研究生。此外，为扩大聘请成效，学校还接收了兄弟院系相关专业中的骨干教师作为进修教师来校跟随苏联专家听课。同时，也支持专家到其他兄弟院校访问讲学。我记得，我就曾经陪同马尔金到哈工大、杭州等地去讲学。

在生活方面，学校为每位专家配备一名生活秘书，我记得马尔金的生活秘书是当时外语系的教师周晏茹，她负责在日常事务和生活方面帮助和照顾专家。当时苏联专家住在友谊宾馆，教研组为他安排了专门的办公室。通过在业务和生活两方面的各项措施，有效地保证了聘请苏联专家的工作取得成效，并辐射到更广的范围。同时，我们和苏联专家也相处得十分愉快，彼此结下了友谊。

访问：请您再谈谈苏联专家离开的情况好吗？

口述：马尔金在我们教研组期间工作和生活得都很愉快，对我们专业的教学建设也发挥了重要作用，只是到了1958年后，国内政治运动一个接着一个，正常的业务工作受到严重冲击，经常是听课的学员都保证不了出勤。对此，马尔金感到很茫然，很不解，也很无奈。双方都感到以往正常的教学活动进行不下去了。最后，马尔金就提前回国了。

另外，就来我们系的苏联专家我还想说一点，当年苏联派来的专家基本是副教授，教学人员，按现在的观点看，学术水平不够突出。他们一般仅在教学方面发挥了重要作用，帮助我们“过关”，而在指导科研、指导研究生等其他方面发挥的作用不多。

访谈者：李宇红　清华大学国际合作与交流处副处长

时间：2012年4月29日

地点：清华大学倪院士工作室

整理：李宇红

为清华大学基础物理教学尽心尽力的苏联专家巴巴诺夫

口述者：丁俊华

丁俊华，教授，1930年出生于江苏宜兴，1953年毕业于清华大学动力机械系，1953—1956年在校读研，1956—1960年留校担任物理教研组助教，1960年担任物理教研组讲师，同年担任教研组副主任，1979年担任副教授并继续担任物理教研组副主任，1990年担任教授。曾担任教育部高等教学自学考试委员会物理专业委员会副主任，北京市物理学会常务理事兼组织委员会主任以及《大学物理》杂志副主编。主要著作有《激光原理及应用》（主编，清华大学出版社1987年），《普通物理（上中下）》（主编，清华大学出版社1989年），《高等工业学校自学考试教材：物理（工）及习题集》（主编，辽宁大学出版社1999年）。

访问：丁老师您好，解放后，新中国迎来了百废待兴的建设高潮，当时的方针之一是全面学苏。在教育战线上，经过1952年高等学校院系大调整，把清华大学的所有文科、理科院系都调到了北京大学，又将几所大学的一些工科专业调到了清华。因此，清华大学变成了一所名副其实的多学科性工业大学。为了更好地学习苏联，教育部聘请前苏联专家安·安·巴巴诺夫（前苏联列宁格勒加里宁工业大学副教授）到清华大学物理教研组指导教学工作。您可否详细介绍一下当时苏联专家巴巴诺夫来我校开展的教学和人才培养的具体情况？

口述： 好的。1953年12月苏联专家巴巴诺夫到校，巴巴诺夫与大家见面时，他正式宣布："我来中国的任务就是在一年半的时间里把列宁格勒加里宁工业大学的普通物理教学全部实施一遍，教给中国。"他是这样说的，也是这样做的。他每周来教研组三次指导工作。我记得，专家在教研组开展的多方面工作大致如下：

巴巴诺夫和清华大学的研究生在一起。
（照片由邬淑婉女士提供）

首先，要求制定普通物理（或称基础物理）课程教学大纲、教学计划和教学日历，就是根据不同工科专业，制定出物理课程需要多少学时，其中的讲课、习题、实验各占多少学时？再由学时多少，写出教学大纲，确定讲课内容。再根据内容写出每一堂课的内容，列出进度表和要求，称为教学日历。此外，还有确定用什么教材。在苏联，教学大纲和教学日历是课程的法定性文件，是十分严肃的事情，必须按计划进行，如要变更必须得到教研组主任的批准。

其次是讲课。巴巴诺夫按苏联列宁格勒加里宁工业大学的普通物理课程教学大纲按部就班地讲了一遍。每周来校三次，其中两次的下午各安排一次讲课，每次2小时（包括一次课间休息15分钟）。他把物理教研组的教师、外校进修教师、研究生等全部当做他的学生。他一章一节地讲，由业务翻译一字一句地翻译。从头至尾三个学期把普通物理讲了一遍。解放前，清华的普通物理教材用的是萨本栋编写的《普通物理学》，内容比较少。学苏后，教学内容增加不少，有分子物理、电子论、原子核物理、物理光学等，这些新增内容占全部教学内容的三分之一左右。

1956 年清华大学物理教研组欢送巴巴诺夫

（照片由邬淑婉女士提供）

巴巴诺夫还为我们上了一次习题示范课。课堂上他讲了几道例题，然后就点出习题，要求学生课堂做作业。同时要求学生把上次完成的课外作业放在课桌的一边，他逐一检查学生的课外作业是否完成。他检查时，只在学生的课外作业后面打一个勾"√"，再在自己的本子上登记完成情况。他说，"在苏联，学生的课外作业老师是不批改的"。这与中国的情况很不相同。我校的辅导老师对学生的课外作业每题必改，有的老师还改得相当仔细，对学生帮助很大，深受学生欢迎。在这堂习题课的最后，巴巴诺夫用不长的时间作了这次课的小结，说明重点及要求。

实验课也是学苏过程中教学改革最费时最困难的一件事，专家为此付出不少努力。因为老清华的实验课是学生三人为一组，合做一个实验。实验过程中一般是一人读数据，一人记录，一人在边上看着。实验报告也是三人一份。学苏后，改为每个学生一套仪器，由一个人独立完成自己的实验，并写出实验报告。毋庸置疑，这样对提高学生的独立操作能力的作用很大。但是，要实现这个要求相当不容易，它不必讲课，由一人准备即可。首先是实验设备仪器的配备，从设计到制作，再到装配、试验，以及准备实验讲义等等。工作量之大，可想而知。好在为了学苏,实验室更新得到了领导的支持,教研组投入大量人力最终得以完成。

演示实验是配合课堂讲课在讲台上演示的实验。通过演示,让学生对一些物理原理一目了然,记忆深刻。过去清华一直比较重视,有基础,但也只有三四十个演示实验和模型挂图。在数量和质量上都达不到苏联工科高校的水平。为了达到巴巴诺夫提出的要求,教研组也是排除万难,埋头苦干,终于在三年内新添了上百个演示实验,其中也有比较有现代技术水平的,如半导体发电、X 光管透视、盖革计数器、超声波喷泉等,使我们的演示实验达到了新水平。

考试工作方面,改笔试为口试,改百分制为五分制。笔试改口试后,教师的工作量大量增加。笔试只出一份考卷,一份答案。而同一班口试要出几十份考试卷,几十份答案。如何出题,教师又如何临时性提出问题让学生回答,考出学生的学生水平?这些都一一向巴巴诺夫请教。

访问: 当时苏联专家巴巴诺夫在清华大学物理教研组工作中发挥了哪些积极作用?周围的师生对他评价如何?苏联专家在日常工作和生活中是否能够很好地融入到学校师生中?

口述: 总起来说,1953—1955 年学苏,就物理教学课程的情况来看,还是有收获和有成绩的,物理教学上了一个新台阶。从教学计划、教学内容、教学方法等方面都有更新。特别是对实验课和课堂演示变化更大,得到了很大提高。不过,我们为此付出的代价也是很大的。教师们日夜辛苦赶任务,备课备教。学生负担过重,赶学时严重。学生不断向教务处告状,物理教学内容多,消化不了。这也反映出苏联教学计划过死,没有灵活性。例如,对学生反映课业负担过重的问题,教研组主任询问巴巴诺夫如何处理,是否可以适当减少教学内容和调整教学计划时,巴巴诺夫认为没必要听学生的意见。他说:“征求学生的意见,就好比父亲征求三岁孩子的意见,不必管他。”教学方法上,如讲课与习题课脱节等也有问题,师生双方都为此付出了不少代价。至于付出的代价是否值得,则有着不一致的看法。我个人认为还是值得的,总要付学费买乖。

对巴巴诺夫个人而言，他对在他任务范围内的事还是很认真负责的，但对任务之外的事，基本不过问，例如：他未曾具体指导教研组如何搞科研？对于以他的名义招收的研究生也是基本不管。只是研究生在制定学习计划、实习计划、毕业论文选题时向他汇报，他点点头，此外从未具体指导，包括研究生的毕业论文。此外，能否发挥专家的专长，给教师教授一门新课等，他都一律不做。

我们对苏联专家很尊重，把他的话当成金科玉律，件件照办。生活上也很关心，专门安排一位工友为他打扫办公室及准备茶水，甚至专门为他装修了一个专家厕所。但专家不太接近群众，平时不参加教师的群众活动，也不容易接受群众意见。例如，在讲课中出现一些错误，教师向他提出，而他也无所表示，也不在课堂上纠正，为此引起教师的一些微词。还有一些地方不能满足教师的要求。现在看来，当时苏联派来的专家级别还不是很高，可能认为我国刚开始社会主义建设，就应如此吧。

访问：我校物理教研室对充分发挥苏联专家的作用做了哪些工作？除了教学工作以外，苏联专家还提出了哪些改进工作的新思路？

口述：由于巴巴诺夫是中国高等工业学校中聘请的唯一一位普通物理专家，为了更好地学习苏联，发挥专家的作用，扩大效果，我们采取了一些措施。清华大学在当年的应届本科毕业生中以苏联专家的名义招收了10名研究生(实到7名，我是其中之一)；1953—1955年全国各重点工科院校分别选派优秀骨干物理教师20余名作为进修教师到清华大学向苏联专家学习；同时，教育部还组成了“高等工科院校物理教材编写组”五人小组(王谟显、殷大钧、江之永、王志符、孙瑞蕃)常驻清华大学编写工科物理教材，以便吸取苏联专家经验。

1953年12月巴巴诺夫到校，物理教研组为专家配备了两名翻译。一名是业务翻译廖理儿，一名是生活翻译宋鸿国。在科学馆二楼安置了一间办公室。专家居住在友谊宾馆，食宿教研组不管。巴巴诺夫来教研组除讲课外，基本上由教研组主任徐亦庄和教学秘书张泽瑜两人接待，并询问有关学苏过程中出现的教学诸方面的问题，他都一一回答。为此，教研组还整理了一个专家谈话录。

专家还在教研组推行教师工作量化制度，对每一位教师每学期的工作任务都有制度定量的计划，然后分配到每位教师份内。工作量制度实施过程非常复杂，教师对工作量的计算方式也有不满意见。

访谈者：李宇红　清华大学国际合作与交流处副处长
殷琦　清华大学国际合作与交流处海外专家办公室主任
时间：2012 年 5 月 5 日
地点：清华大学国际合作与交流处
整理：李宇红　殷琦

1973年周恩来总理的"三·八"讲话为外国专家落实政策

口述者：刘益民

刘益民，1929年6月5日生，1948年至1949年6月在上海光华大学学习，1949年7月至10月，华东革命大学三部学习，1949年10月至1949年12月，任上海市公安局秘书处科员，1950年1月至1954年11月，任华东军政委员会机关事务管理局科员。1954年调国务院外国专家局任局办公室秘书，"文革"期间任军管小组外事组副组长，"文革"后任专家工作处接待处副处长，1990年6月从国家外国专家局办公室主任的岗位上离休。

访问：1973年3月8日，根据周恩来总理指示，中联部和外交部在人民大会堂为庆祝"三·八"国际劳动妇女节举行了茶会，应邀出席这次茶会的有来自世界五大洲四十个国家和地区的二百多位女专家和专家夫人。周恩来总理在会上严厉批判了林彪、陈伯达、王力等人对外交工作的干扰和破坏，对遭到错误批判和被迫离华的外国专家表示歉意。这在国内外引起了震动。这里想请您介绍一下当时的情况。

茶会前总理曾多次召集会议，关心专家工作

口述： 在“文化大革命”运动期间，由于受到极“左”思潮的冲击，不少单位对外国专家态度不好，外国专家工作陷入一片混乱、没人管的局面。但我们敬爱的周恩来总理却一直重视外国专家工作，关心外国专家局的工作。1968年外国专家局实行军管，在军管小组领导下，我担任外事组副组长期间，曾两次亲自聆听到周总理的指示。

第一次在1969年“珍宝岛事件”后，全国备战。有一天晚上，我接到军管小组的电话，要我晚上12点前到中南海周总理办公室开会，汇报在京的外国专家人数及专家情况。我带着一些资料赴会，发现到会的有中联部、外交部、公安部等少数几个部门的同志。会上周总理详细询问了在京的外国专家及其家属的人数、专家情况，讨论了如何安排在京外国专家及其家属转移问题。记得当时选定的地址是江苏南京和扬州一带。当时，在京的大部分外国专家住在友谊宾馆，有一部分分别住在广播局、外文局、新华社、一外、二外、北大等部门和院校。这说明周总理对外国专家的重视和关心，亲自抓外国专家工作。后来情况有变化，就没有进行转移。

第二次在1972年2月，周总理召集外事部门的一些负责人到人民大会堂的小礼堂开会。外专局副局长屈志统，军管小组组长李伯时和我一同参加了这次会议。会上周总理点名叫外交部黄华同志负责抓一下外国专家工作。那时候外国专家局属外交部代管，由于实行军管，像外交部黄华这样的部长级干部却被挤在后排入座。但出乎意料的是，总理当场就点了黄华的名。在这次会议之前，周总理还在考虑如何抓好有关外国专家的工作，却得知外交部准备撤销外专局，很是生气。周总理在会上直接问道：“黄华到了么？黄华坐到前排来。黄华你要负责抓一抓外国专家的工作。”会后，黄华同志就找我们外专局的领导商讨如何改进对外国专家的多项工作。

1973年2月5日下午，周总理找中联部耿彪、冯铉谈有关外国专

家工作问题。周总理指出:“我们目前的外国专家工作有点不像话。不是国际主义,而是民族主义,要作自我批评。我们有些单位,平时和外国专家不相往来,专家们的政治、思想和生活没人管。年轻的专家,向往新中国,为接受革命教育而来,结果叫人家失望。”接着在 3 月 4 日,周总理又召集外事部门一些负责人谈话,批评不少单位仍然存在排斥外国专家的错误倾向,指出应向“外国专家公开承担责任,以挽回影响。不要怕这样做又要犯‘右’的错误”。

茶会上总理三次向专家致歉
推心置腹　意义深远

1973 年 3 月 8 日,周恩来总理出席中联部、外交部举办的在京女专家、专家夫人和她们的家属参加的庆祝国际劳动妇女节茶会并做了重要讲话,批判了林彪、陈伯达、王力等人在“文化大革命”中对外交工作的干扰和破坏。

这次茶会给人印象最深的是周总理三次向在场的外国专家表示歉意。

第一次是向英国老专家露丝·史密斯道歉。周总理说,那时正是外交工作受到极“左”思潮严重冲击,许多单位对外国专家的态度不好。我对“文化大革命”运动初期遭到错误批判或受到不友好的待遇的和被迫离开中国的外国专家表示歉意。比如在座的英国老专家史密斯,她原在新华社工作。由于她写了一篇反对武斗的大字报,从此遭受冷遇,1968 年被迫离开中国回国。在她走的时候,单位没有热情相送。我们得到这个消息后,1971 年又请史密斯回来了。周总理又接着说:“今天是我第二次见她。再次相见,亲热得很。我们不应该让史密斯同志回去。……这个事情从头到尾我们是有责任的。”史密斯非常感动,她对周总理说:“我相信毛泽东同志的党总是会纠正错误的。”周总理很赞同她的话,但依然表示:“这个责任在我们身上,我作为政府负责人,应该负更多的责任。我现在向她再次表示歉意。”此时史密斯老人的眼眶湿润了,久久说不出话来。

再有一个例子。哈尔滨外语专科学校（以下称哈尔滨外专）的英国专家亨利·劳埃德全家人也回英国去了。此前，哈尔滨外专对他进行了批斗，说劳埃德反对毛主席。实际上，他当时反对的是形式主义，比如“忠字舞”“早请示”“晚汇报”等。他离开学校来北京，在友谊宾馆也受到不友好的待遇和不应有的批斗。最后他离开了中国。周总理说，听说劳埃德回英国后，失业了，神经也不大正常，“我们得到这个消息后感到很难过。如果英国朋友们能想办法劝他回到中国来，我们很高兴，愿意接他回来”。周总理接着说：“类似这样的情况，外国朋友离开时受到了不友好的待遇，非同志式的批评，如果现在他们愿意回来，我们欢迎。这样可以弥补当时我们未照顾好他们的过失。”后来到了1973年8月23日，劳埃德夫妇终于返回北京。在8月24日接受外专局糜镛局长、黑大林伯星副校长等同志的会见过程中，劳埃德夫人说：“在英国当我们知道总理的‘三·八’讲话后，劳埃德和我感动得直流眼泪。周总理卸下了我们背上背了五年的沉重包袱。我和劳埃德三十年前加入英共，一直为革命而奋斗，周总理的讲话救了我们，我们要继续奋斗下去。”劳埃德说：“在英国我得不到温暖，是周总理以及站在毛主席路线上的中国人民使我再次回到了中国。今后我一定要为毛主席的革命路线而工作。”周总理代表外国专家局和原哈尔滨外专向他们赔礼道歉，并致以亲切慰问和欢迎。

此外，对由于某个案子的关系而被牵连，受了苦，遭到拘留，现已获得自由的在座几位老专家爱泼斯坦、邱茉莉、夏皮诺、柯鲁克等人，周总理代表政府一一向他们赔礼道歉。这是周总理在会上第二次向外国专家表示歉意。

会上，周总理还指出：既然各国革命朋友参加了我们无产阶级文化大革命，这样就自然而然地要卷到各派里头去，这个战斗队，那个战斗队。“当时我们党中央看到这种情况觉得还是隔开吧，外国朋友还是暂不参加为好。从1968年到现在5年多了，把大家的政治生活隔开了5年多，时间拖得太长了，对于这件事，我代表党中央、政府向全体外国专家表示歉意。”这是周总理第三次向与会的外国专家们道歉。

周总理除了代表政府向各位外国专家致歉，还真诚地向她们征求意见。周总理说今年2月我们组织了一个调查组，请中联部、外交部的同志和各单位的外国专家谈话，了解各位在华外国专家的生活情况、政治情况，我们做了几条规定，准备提请党中央讨论通过。

与会的各位外国专家虽然之前有一部分人对在中国的生活有些“不满意”，工作情绪有些低落，但见到周恩来总理能够在百忙中抽出时间，把自己和自己的家属请到茶话会上，并代表政府向自己致歉后，都深受感动与鼓舞，气也就消了，觉得要好好工作。

印象中这次茶会上也准备了酒，所以茶话会的气氛也显得格外地亲切与活跃。

访谈人：过祖贤
时间：2011年8月16日
地点：国家外国专家局老干部活动中心
整理：马奇

具有特殊意义的“三·八”节茶话会

口述者： 许华础

许华础，1942年8月出生在上海。1965年在上海外语学院法语系毕业后分配到国务院外国专家局工作，曾任联络司翻译、处长，培训中心副主任。2002年退休。

一份情况反映，引起周恩来总理的重视

访问： 一份情况反映，引起周恩来总理的重视，请你讲讲具体情况？

口述： 当时的政治背景是轰轰烈烈开展“文化大革命”的时候，大批外国专家离开了中国，只有少数长期在华工作的专家留了下来。专家工作非常薄弱，外专局军管小组外事组只有5个人，我和其他同志都下放劳动去了。由于中国同志忙于“搞革命”，专家们大多只上午工作，下午便无所事事，大部分时间都是在友谊宾馆度过的，很难接触到中国同事和其他中国朋友，他们的情绪比较低落。后来形势有所变化，来华工作的外国专家开始增多了，我们也从干校回到机关，开始为专家们组织一些参观、观剧等活动。这些活动不仅丰富了他们的业余生活，也使我们有机会了解到新老专家的工作和生活情况，以及他们的意见和建议。作为翻译，我写过一些关于他们的情况反映并由外专局向上报送过，其中一份“关于法国专家安妮的情况反映”引起了周恩来总理的重视。

安妮是在“文化大革命”中期应聘到北京大学从事法语教学的。她抵京后被安排住进了友谊宾馆东南区。她平时积极参加我们组织的各类活动，喜欢和我们交谈并反映一些情况，多次向我表达她对生活在友谊宾馆的种种不满和意见。她说，我向往中国，现在我终于实现了亲自来中国工作的梦想，我感到兴奋和骄傲。对我们法国人来说，能够到达中国，就好像到达月球上面一样，所以我很珍惜这个机会，也很想除了努力工作之外向中国同志多学一些知识，多增加一些对中国的了解。但现实和愿望有很大差距。我原以为到中国后能在中国人周围工作，生活在中国人的大家庭之中，但没有想到我的大部分时间竟要在被一些外国专家比喻为“金丝鸟笼”的友谊宾馆里度过。居住在这里的全都是不同国籍的外国专家。中国人很难进来，也不敢随便进来，因为他们怕被怀疑“里通外国”。更让人难以接受的是在这个大院里没有中国的政治生活，但却存在各样的资产阶级思想、作风和生活方式，有的甚至是低级和庸俗的。我们在法国时，周围只有法国人，而在这里接触到的大都是不同国家的西方人，我受到了比在法国更多的资产阶级的不良影响，我自己感到来华后在政治上，在对中国的认识上以及生活方面都退步了。

当时外专局正处在将被撤销的境地，但外专局研究室还是把我写的这份情况反映以及另一份情况反映整理成简报报了上去。过了一段时间，意外收到周恩来总理在这份简报上的批示。批示的主要内容是要加强对外国专家的宣传工作，加强和外国专家的友好交往；要使外国专家来华工作后在各方面有所进步，不能退步。后来总理指示中联部和外交部成立调查组，并派出了外交部的翻译到外国专家中去和他们交谈，了解他们的生活情况和政治情况。从此以后外专局加强了对外国专家的友好交往活动，并经常组织他们到各处参观访问，让他们的生活丰富起来，以免只是孤单地待在友谊宾馆，造成不好的影响。在制订有关对外国专家的工作计划中，我印象较深的便是贯彻了周总理批示的“这样的专家活动要细水长流”，要经常性地开展。

总理茶话会上的讲话感动了外国专家

访问：你参加了具有特殊意义的“三·八”妇女节茶话会，能否谈一下这次活动的情况？

口述：1973年3月8日的下午。中联部和外交部特意为外国专家举办了庆祝“三·八”妇女节茶话会。在京的外国专家及其家属近300人应邀参加了这次盛会。周恩来总理、中央政治局部分成员、有关部委、外专局以及外国专家工作单位的领导和外事干部出席了茶话会。我作为外专局翻译有幸参加并见证了这次活动的全过程。当周总理缓步进入人民大会堂三楼大厅时，全场气氛活跃，大家都惊喜地说，周恩来总理来了。宾主落座后，场内慢慢安静了下来，茶话会正式开始，周总理发表了重要讲话。冀朝铸和齐宗华先后用英语和法语出色地作了翻译。

虽然周总理的讲话加上翻译后时间比较长，但在座的专家们始终全神贯注认真地听取了总理的长篇讲话。总理严厉批判了林彪、陈伯达等人在“文化大革命”中对外交工作的干扰和破坏。他说，那时正值外事工作受到极“左”思想的严重冲击，许多单位对外国专家态度不好。我对“文革”初期遭到错误批判和被迫离开中国的外国专家表示歉意；周总理还代表政府向在座的受到过冤屈和拘留的老专家爱泼斯坦、邱茉莉、柯鲁克等人赔礼道歉；总理还说，从1968年到现在，把你们大家的政治生活隔开了5年多，对于这件事，我代表政府向全体外国专家表示歉意。周总理的这番坦诚大度和感人肺腑的讲话引起了外国专家们的强烈反映，全场多次响起了热烈的掌声。他们纷纷表示，总理的讲话内容太出乎他们的意料了，感到无比激动和振奋。他们说：“当时收到请柬时，我们大家就感觉到了这次茶话会比较特殊，非同寻常。特殊是因为过去的“三·八”妇女节纪念活动是由妇联举办，只邀请女专家和专家夫人，而这次不同，是由中联部、外交部举办，邀请全体外国专家及其家属子女。非同寻常的是周总理亲自出席并讲话，还宴请我们。我们享受了国家级的特殊待遇。”

周总理讲话结束后，在有关领导和翻译的陪同下，举杯来到所有外国专家们的桌位前，向他们致意和问候。当时大厅里设有40多张宴会桌。总理走到曾受到迫害的爱泼斯坦、邱茉莉等专家跟前时，举杯向他们祝酒，鼓励他们“继续奋斗”；当总理走到曾被迫离华后又邀请回来的史密斯老专家跟前时说我们对不起您，这位久经考验的老人感动得流下了眼泪，久久说不出话来；当总理来到法国老专家戴妮丝夫妇(曾是周总理留法的同学)面前时，举杯祝他们身体健康，生活幸福。

最后茶话会在激动、兴奋和温馨的热烈气氛中结束。

访问：周总理的讲话使外国专家们深受感动，反映强烈，能否请你谈谈这方面的具体情况？

口述：虽然茶话会结束了，但外国专家们的激动心情久久不能平静。他们说，“文革”中总理要处理错综复杂的国内外大事，真的是日理万机。据说他每天要工作十几个小时，辛苦万分，但他还时时关心和惦念着我们这些在华工作的外国人，并尽力想办法保护我们。今天他代表政府借纪念“三·八”妇女节的机会设宴款待我们，并在讲话中自我检讨，还向我们和有关专家道歉。事实证明，他是全世界少有的人民的好总理，中国政府是讲信誉负责任的政府。

来华工作不久的新专家们纷纷表示，我们有幸来到庄严的北京人民大会堂，见到了周总理，我们在中国度过了一个特别有意义的“三·八”妇女节，这也是我们终身难忘的一天。我们是因为向往中国而来到中国的，也可以说是来参加中国的社会主义建设的。周总理的讲话增强了我们的信心，我们要努力工作，为中国多做贡献。

这次茶话会让老专家们对总理有了更深的感情，对中国有了更多的了解。法国老专家戴妮丝多次对我说及那次“三·八”茶话会。她说，我和爱泼斯坦等老同志都在前不久接受过外交部调查组的访问，我们都毫无保留地谈了我们的生活状况和政治生活情况，以及发生在我们中间的一些事情。总理“三·八”讲话中的内容是在进行调查研究后作出的，说明中国政府特别是周总理，关心并虚心听取了我们的意见。但没有想到总理会在很短的时间内，在那样一个正式场合作了长篇讲话，并三次当面向有关专家分别道歉。我们都认为这是一次有历史意义的茶话会，影响深远。据我了解，爱泼斯坦、柯鲁克等老同志都是热爱中国，工作认真努力的好同志，他们出狱后，我从未听到过他们对中国的抱怨，依然照常工作和生活，真是太难得了。爱泼斯坦、柯鲁克他们也表示，听了周总理讲话，感到无比激动，使他们在“文革”中所遭厄运及种种不快，顿时烟消云散。总理的讲话，使他们得到宽慰，对往后增强了信心，使他们的心情舒畅起来，精神为之振奋。

访谈者：过祖贤
时间：2011 年 8 月 16 日
地点：国家外国专家局老干部活动中心
整理：马　奇

加快四化建设的战略决策，邓小平发表“七·八”讲话的前前后后

口述者： 宋多经

宋多经，1933年生，1957年毕业于北京航空学院（现航空航天大学）飞机设计系。

1957年9月至1983年8月，历任国防部第五研究院、第七机械工业部（即航天科技总公司前身）研究室主任、主任设计师、副总设计师，七机部科技委委员、教授级高级工程师。

1983年9月至1988年8月，担任中共中央引进国外智力领导小组办公室联络组组长（副局级）。1993年12月，任国务院引进国外智力领导小组办公室、国家外国专家局联络司司长、中国国际人才交流与开发研究会理事、中国国际友人研究会常务理事、欧美同学会前顾问。

访问： 宋司长，您是从中央引进国外智力办公室合到外专局来的，您亲身经历贯彻邓小平同志1983年7月8日的重要讲话的工作，小平同志的“七·八讲话”明确指出要把引进国外智力作为一项战略方针，作为对外开放的重要组成部分。这次讲话内容十分丰富，是邓小平引进国外智力理论的集中体现，您能否讲讲你们引智办贯彻小平同志讲话的情况？

口述： 我是1983年9月才由航天部调到国务院科技领导小组办

公室工作的。已是小平同志讲话后两个多月了。在小平同志“七·八讲话”后，于当年9月7日中共中央决定成立由姚依林副总理任组长，方毅、张劲夫和宋平组成的中央引进国外智力领导小组。我随即转入中央引智领导小组办公室任联络组组长，我有机会聆听了小平同志的谈话、中央文件以及一系列会议内容的传达。我可以把我了解的情况和从事的工作谈一谈。

海外赤子　心系故国

访问：您是否能先谈谈小平同志发表讲话的背景？

口述：据领导介绍，十一届三中全会之后，改革开放的春风吹遍祖国大地，尊重知识、尊重人才，科学技术是第一生产力已成共识，同时也使海外赤子感受到“科学的春天”的到来。一些知名专家、学者如杨振宁、李政道、任之恭、林家翘等纷纷回国讲学，技术交流，参加会议。专家们根据多年国外工作的经历和国内四化建设的需要，都不约而同地向党和国家领导人提出四化建设急需培养和引进科技人才的建议。1983年6月13日至19日，国家科委召开科技政策研讨会，邀请了20位美籍华裔专家如李天和、聂华桐等参会。5月19日邓小平接见了20位海外专家，他说：“四个现代化关键是知识问题，智力开发是我们投资的重点”，美国纽约州立大学石溪分校物理研究所（所长杨振宁）聂华桐教授提出建议：中国搞四化建设急需技术和管理专家，可聘请海外专家参加四化建设。

1983年7月上旬，邓小平第三次（前两次分别在1981年和1982年）会见全美华人协会主席，美国麻省理工学院（MIT）终身教授李耀滋先生，邓小平希望他推荐专家来华工作并协助引进技术。李耀滋说：1976年7月4日，美国总统卡特在纪念美国独立200周年纪念会上发表演说时曾讲“感谢中国人在美国历史中做出的贡献”，今天中国搞四化建设，作为炎黄子孙当然义不容辞、责无旁贷要为祖国的四化建设贡献力量。

雄才大略　英明决策

访问： 下面请您谈谈小平同志讲话发表的经过和内容。

口述： 作为无产阶级政治家的邓小平同志，以他海纳百川，雄才大略的气势，高瞻远瞩，审时度势，提出了加快中国社会主义发展进程的英明决策。1983年7月8日下午，邓小平同志邀请时任政治局委员和国务院副总理的万里、姚依林，国务委员方毅、宋平等人在家里谈话。谈话的中心内容是：要利用国外智力，请一些外国人来参加我们的重点建设以及各方面的建设。要积极行动起来，不要坐而论道，要把引进国外智力作为推进四化建设的战略方针。

访问： 小平同志讲话后，中央是如何贯彻的？

口述： 1983年7月10日，胡耀邦总书记召开中央书记处会议，学习讨论邓小平同志7月8日的重要谈话，认为小平同志提出的引进国外智力问题是改革开放的重要内容，对我国的四化建设至关重要，为此中央要发个文件以提高领导干部的认识，统一思想，同时为加强这一工作的领导，决定成立中央引进国外智力以利四化建设工作领导小组，并责成姚依林同志负责这一工作。

1983年7月13日至14日，姚依林主持召开中央财经领导小组第三次办公会议，传达了邓小平关于引进国外人才的重要讲话和书记处的讨论意见。会议决定由国务院科技领导小组办公室会同有关部门起草引进国外人才的有关文件。

1983年7月29日至8月1日，根据财经领导小组会议精神，国务院科技领导小组办公室会同国家科委召开了驻外科技参赞工作会议，我驻美国、英国、日本、法国、德国等共10个国家的科技参赞和新华社香港分社科技顾问共20多人参会，会上宋平传达了邓小平同志关于引进人才的重要讲话和书记处的讨论意见。国家科委副主任、国务院科技办主任赵东宛讲述了引进国外人才的方针政策并向参会者提出了要求。

1983年8月6日，国务院总理在国务院常务会议上提出把引进国外人才工作作为调查研究的十个重要问题之一。

1983 年 8 月 24 日，中共中央国务院以中发[1983]30 号文发出《关于引进国外智力以利四化建设的决定》文件，共分五个部分，即：1. 引进国外智力是加快四化建设的战略方针。2. 广开渠道，采取各种方式引进。3. 引进国外人才的重点。4. 充分发挥引进专家的作用。5. 有组织、有领导地开展引进人才工作。

1983 年 9 月 7 日，中共中央国务院以中发[1983]199 号文发出《关于成立中央引进国外智力以利四化建设工作领导小组的通知》。《通知》说：为了加强引进国外智力以利四化建设工作的领导，中央决定，成立中央引进国外智力以利四化建设工作领导小组，由姚依林、方毅、张劲夫、宋平同志组成，姚依林任组长，张劲夫负责小组的日常工作。

1983 年 9 月 9 日，国务院总理主持召开国务院扩大会议，特别邀请了三十多位知名科技专家和部分高等院校领导列席。会上宣布了中共中央关于成立中央引进国外智力以利四化建设工作领导小组的决定，姚依林传达了小平同志关于引进国外智力工作的重要讲话，张劲夫就引进国外人才工作的重要意义做了动员。

会议就引进国外智力工作明确了各部门的分工，并对当前的工作做了部署，即：1. 尽快落实第一批引进计划。2. 根据中央文件精神制定出各项具体管理办法。3. 建立全国引进人才资源库。

列席会议的天津南开大学副校长胡国定会后即提出该校数学研究所拟聘请美籍著名华人数学家陈省身教授为该所所长，当即获得中央引智领导小组批准，这是全国第一个引进高层次人才项目。

1983 年 9 月 26 日，国务院以国发[1983]152 号文颁发《国务院关于引进国外人才的暂行规定》文件，对计划管理、经费、生活待遇、保密和安全、出入境手续等 10 个问题做了规定。

中央引智领导小组办公室根据党中央和国务院的文件精神，会同财政部、公安部、海关总署、中央保密委、总参和外国专家局等有关单位，先后制定了关于引进国外人才计划和经费开支，引进专家进出境行李物品管理，引进专家的工资待遇，专家出入境、居留、旅行等共 8

个管理办法。这些管理办法的制定为海外专家来华工作创造了有利的工作和生活条件。

中央各部委、总公司，各省、市、自治区闻风而动，积极行动起来召开引智工作会议，学习贯彻小平同志的重要谈话和中央文件精神，先后成立了引进国外智力的专职机构，并由一名省、部领导主管。开始评估聘请专家项目、申报计划，开辟引智渠道，使引进国外智力工作成为对外开放的重要组成部分。

不平凡的七十八天

访问：从您的介绍可以看出中央对小平同志的讲话十分重视，行动十分迅速，工作很有成效。

口述：从 7 月 8 日小平同志发表关于引进国外人才的重要讲话，到 9 月 26 日国务院颁发 152 号文件的 78 天中，党和国家领导人和领导机关所发表的讲话，颁发的文件，成立的机构（中央引智领导小组及其办公室），召开的会议可概括为：（发表）一个讲话，（成立）两个机构，（颁发）三个文件，（召开）五个会议，（制定）八个管理办法。在仅仅 78 天不长的时间里，党和国家领导人单就引进国外人才这件工作采取如此一系列的重大举措，并把引进国外智力作为加快四化建设的战略方针，充分说明这一工作的重要性，这在建国以来是少见的，是不平凡的。

30 年的历史实践有力地证明小平同志的英明决策加快了建设有中国特色的社会主义进程，具有重要的历史意义。在今天全党为实现全面建设小康社会的宏伟目标的工作中，小平同志提出的引进国外智力是推进四化建设的战略方针，必将发挥更大的作用，具有重大的现实意义。

访问：小平同志“七·八讲话”发表至今已快 30 年了，30 年来我国的引智工作发生了翻天覆地的变化，为我国的社会主义建设和社会发展做出了巨大的贡献，证明了小平同志的讲话之伟大。邓小平同志的引智理论，特别是这次重要讲话，仍然是我国引进国外智力工作的指导思想,现在是这样,以后也会坚持下去。谢谢您的介绍。

口述: 不用客气,我今天谈的大多是到引智办后根据领导和老同志介绍的材料和到引智办后的经历归纳而成的,供大家参考。

访谈者: 过祖贤

时间: 2012 年 1 月 9 日

地点: 国家外国专家局老干部活动中心

整理: 曹君

邓小平亲自批准南开大学引进陈省身

口述者: 胡国定

胡国定,1923年出生于浙江省鄞县。1943年考取了上海交通大学物理系,抗战胜利后,革命学生运动风起云涌,胡国定积极投入学生运动,1945年加入中国共产党,成为重要学生运动的领导人之一。1947年毕业后由当时负责中央研究院的陈省身先生介绍到天津南开大学数学系任教,同时担任地下党天津交通站负责人,转送大批干部去解放区,直到1949年天津解放。从1947年至2011年去世,胡国定一直在南开大学工作。1957年至1960年赴苏联莫斯科大学数学力学系概率教研室进修,1960年至1966年任南开大学数学系副系主任,1980年至1988年任南开大学副校长。1993年至1996年任南开数学所所长,1986年至1990年兼任国家自然科学基金委副主任和天津市科协主席,1990年起兼任国家自然科学基金委顾问和天津市科协名誉主席。

陈省身将我领进南开

访问: 国际数学大师陈省身是我国改革开放后引进的第一位高层次人才,第一个被批准的外籍所长。1984年,在邓小平发表"利用国外智力和扩大对外开放"的重要讲话后不久,美籍华人、数学大师陈省身回到母校南开大学,担任南开数学研究所所长。我们知道您是当时最早提出引进陈省身这一动议的南开校领导。您曾为引进一事积极跑动，并亲自赴美邀请陈省身，最终促成了这次引进。您和陈省身先生之间有何机缘？

口述：1943 年到 1947 年，我在上海交通大学读书。在学校里我搞学生运动，是学生会的党组负责人。1947 年我毕业时，像我们这些学生会的负责人，一般来说学校不仅不留，还要抓起来，我没有被抓起来，因为我家里比较有钱，而他们觉得“穷人才搞共产党”，认为我是被共产党“利用”的。

陈省身当时也在上海，他在中央研究院负责数学研究。我的数学老师把我介绍给陈省身，说这个人数学很好，喜欢数学。陈省身最初想把我介绍到清华，因为陈省身大学是在南开读的，研究生在清华，他除了负责中央研究院的工作，还任清华兼职教授。到清华的手续已经办好了，我临走去跟陈省身告别时，没想到陈省身告诉我：“有人告你密！”原来有清华的国民党老师说，这个人搞学生运动，是积极分子，有共产党嫌疑，最好不要他。陈省身当时说：“岂有此理！老师只有给学生介绍工作、介绍饭碗，哪有砸饭碗的！”这个事情很多人都不知道。

后来陈省身说：“没有关系，我大学在南开，我把你再介绍到南开。”当时南开的教务长是吴大任，他是陈省身大学时的同班同学，陈省身把我介绍给他。陈省身说：“清华认为他有共产党嫌疑，不要他。我不管，他喜欢数学。”就这样我就到南开来了。

我到了南开，给吴大任做助教。我记得“文化大革命”期间，一般来说，像我们这些人都被打成资产阶级分子。如果陈省身点名，可以让我见见陈省身。吴大任他当然是点名了。我没有想到，他还记得个胡国定，他也要见我。所以说明他一直记得南开，记得我，他一直关注着南开的数学。

赴美邀请陈省身来南开

访问：在当时聘请外籍专家担任中国研究机构有职有权的负责人，国内还没有先例，请问您在邀请陈省身先生时遇到了哪些困难，当时做了哪些努力工作？当时陈省身先生是如何表态的？

口述：“文化大革命”结束以后，我也是学校的领导之一，有机会到美国去开会。我就跟吴大任商量，是不是借此机会请陈省身到南开来教微分几何。想到要请他来是因为他的业务很强，当时像微分几何我们还不大懂呢，在数学上我们比他差得老远，南开很需要他。我们本来的意思是只要求陈省身教微分几何一门课程，要求不高，也不敢提出更高的要求。没想到我一跟他提出请他到南开工作，他非常积极，于是我们提出希望他不光是教课，也要做更多的工作。

陈省身对南开很信任，他只有一个顾虑。在谈话中他很坦率地问我，听说你们还有党支部，党支部管不管我？他说我的想法跟党支部不见得一样。我说你这个所长有职有权，你不放心的话，我可以兼任党支部书记、副所长，因为我是校党委副书记。他说那这样我就放心了。所以陈省身是要么不干，干了就是彻底地干。

为了能让陈省身来南开，我跟吴大任天天跑北京。组织部、宣传部都跑了，找相关的人，说陈省身是了不得的数学家，他愿意来南开，应该让他来当所长。当时的教育部部长何东昌说，我对陈省身很了解，要是我个人来说完全同意，但是我没有这个权力，中央还没有给外国人有职有权地担任这种职务的先例。所以，谁也不敢批，因为“文化大革命”，有人还说这是卖国呢。

在这时，美国也怕陈省身走。美国本来只有私立的数学研究所，没有国家的研究所，他们成立了一个国家研究所，让陈省身负责。因为我们这暂时还没办法请他来，我不好跟他说，也正好美国希望他到那边去。他就跟美国的研究所约定：我给你干可以，干一届三年，完了我要回中国去，帮中国搞数学研究。

邓小平批准引进陈省身

访问：在这过程中经历颇多波折，那么到后来是怎么让这个想法实现了呢？

口述：等到1984年，刚好他要来，我们也有条件了。这个时候“文化大革命"完了,不"左"了,邓小平提出来:如果外国人有本事、愿意为中国服务,就让他们为中国服务。因为邓小平发现,很多有本事的外国人中国不要,其实中国很缺乏这样的专家,这问题很严重。于是他在国务院做讲话。我还记得当时总理在新疆,邓小平说不要等他回来,这问题要快点解决啊。

我被邀请去参加国务会议,一开始我还很奇怪,我是个普通教授,怎么国务院会请我去听报告。后来知道讲话是这个主题的,因为我和吴大任跑了中央很多趟,他们知道南开一直很想让陈省身来。我记得邓小平在讲话中说,不能这样来看外国人,外国人要是有本事、愿意为中国服务,就让他们为中国服务,不要害怕。

当时住在国务院招待所,我的心情也很特别,我想我终于能到国务院、听到这番话,我们的努力终于促成了这件事。

邓小平接见陈省身夫妇。左起:何东昌、郑士宁、邓小平、陈省身、宋健、胡国定(1986年11月2日)

陈省身在南开的工作

访问:陈省身的到来给南开大学乃至整个中国数学界做出了卓越的贡献,您能谈谈陈省身当时来南开之后都做了哪些工作吗?

口述:陈省身来了以后,亲自教课,他当时年纪已经很大了(73

岁)。他给大学生、给我们的数学老师讲微分几何。陈省身是每年来南开几个月,讲完课回美国。他跟吴大任接触很多,吴大任慢慢了解了他的管理方法是什么,并且用十二个字概括陈省身的思想,叫做“立足南开,面向全国,放眼世界”。陈省身不光是立足南开,帮助南开搞好数学,他要面向全国,而且还要放眼世界,慢慢使中国数学有世界水平。所以他所做的远远超过了我们对他的要求。

在当时,中国数学不光比不上美国、欧洲,连跟日本比都差得远。陈省身感觉到我们自卑,讲话口气不硬。他就提出来中国人多,要利用这一点,建一个“数学大国”。什么叫数学大国呢,就是搞数学的人多,全世界其他哪个地方都没有这么多人搞数学。他鼓励我们说,你们要跟外国人平起平坐,他们没有什么了不得。为了实现“数学大国”的目标,南开从 1985 年到 1995 年搞了十年的“学术年”。因为数学是分门别类的,一共有十门,像代数几何、微分、拓扑、概率等等。这样每年主攻一门,一共搞了十年。“学术年”的方法是陈省身在南开首创的,全世界都没有人这样做过。具体的做法也很现实:我们每一年分上半年、下半年,因为我们基础差,所以上半年是中国数学家来讲,下半年再请外国数学家来讲,譬如说是拓扑学术年,就先请中国拓扑学家来讲一些必要的基础知识。所以外国人来了之后也觉得很奇怪,他们说中国数学不是不行吗,怎么我讲的他们都听得懂?其实正是因为上半年我们已经打基础了,补课了。

所以学术年搞得很成功,让南开很热闹。我记得王梓坤(曾任南开大学教授,后调北京师范大学任校长)回南开时说,南开发展这么快,一下子这么多人搞微分几何,搞拓扑。我说,这个不仅是南开的而是面向全国各地的,因为每个科目都有外国专家来讲,这么好的条件哪个学校都没有,所以全国各地的人都愿意来,上半年来了,下半年还要来。所以我们这十年进步提速很快。外国人很奇怪,这么多人懂这些学问。我们也没吹牛,数学大国就是大,你们就没有这么多人。

“学术年”每年选择一个主题,聘请国内一流专家担任学术委员,举行为时 3 个月到半年的学习班,全国的研究生都可以参加。国内专家从基础讲起，达到研究的前沿，然后多半由陈省身出面邀请一些国际名家来演讲，使大家迅速接近世界先进水平。这一活动得到了教育部的支持。从1985年开始，每年南开数学研究所学术年就成了当时数学界的盛会。

为了接待数千名国内外专家学者的同时到来，在国家的支持下，南开大学投资兴建谊园作为来访学者的住处。每天早晨，陈省身都绕着未建成的工地大楼散步，他的关心和督促保证了谊园如期竣工。

从1985年到1995年，南开数学所在11年中共举办了12次学术活动，偏微分方程年、几何与拓扑年、可积动力系统年、调和分析年、概率统计年、几何代数年、动力系统年、计算机数学年、复分析年、计算数学年、非交换代数年、微分几何年……此间，应邀来所讲学的外国专家有100多名，来自全国各大学、研究所的专家、教授500多名。可以这样说，享誉国内外的数学家，几乎都参加过这一活动。

访问：大学之大不在于大楼而在于大师，而南开不仅有了陈省身这样的大师，后来又建起省身大楼，这与南开数学的发展有何联系？

口述：在学术年办了十年后，陈省身发现，我们有点自满、觉得现在自己不错了。于是他说，不要骄傲，你只是大国，你不强啊，连日本都不如，不够强。所以他又提出，要建"数学强国"。我们两个人经常是在吃早饭的时候交流，有一天吃早饭时，陈省身忽然跟我提出来，他说老胡啊，你看看我们能不能再盖一个数学大楼？我说，数学系不是已经有一个数学大楼了，也很大，这个我不大好提啊，不能浪费啊。陈省身说，这个不一样，我们原来的数学大楼要开全国水平的会议差不多，如果开世界水平的会议，这个大楼就不够，就没有人来了。所以陈省身提出来要建世界级的数学大楼，要"强"起来，这样外国人才愿意来交流，才能让我们更强。我说这么一个要求我可以给你提。

我给江泽民写信，江泽民是我交大的同学，我提出来陈省身这个志愿，要建数学强国，要盖个大楼。没有几天，教育部就来人了，找到我们说听说你们要盖个新的大楼，你们把计划拿出来。我们还什么计划都没有，所以赶紧赶计划。江泽民很快批准这个事，不是因为我是他同学，而是觉得建“数学强国”只有陈省身能做得到。这个大楼建的时候我跟陈省身都在，大楼一进去就看到的大柱子，那是我跟他一起挑的。这个不是装装样子，气魄就是不一样。本来搞数学不一定要有这么大的大楼，但是我们中国要吸收外国数学人才进来，所以要盖这个大楼。现在我们这里经常开世界级的会议，跟这个大楼有关系啊，因为这个在全世界独一无二，外国有名的数学家都愿意来，看看这么一个有名的数学大楼。

国际数学大师的中国心

访问：陈省身对母校南开大学有着很深的感情，为南开数学、中国数学的发展倾注了晚年全部的心血。这一切的根源来自他对祖国深深的眷恋与热爱，请您谈谈您在这方面的一些感受。

口述：我记得在南开数学所的成立大会上，陈省身讲了很热情的话。因为他觉得自己是个中国人，可一直在为美国服务，还没有为中国服务，现在有机会为中国服务，他非常高兴。他在演讲最后说：鞠躬尽瘁，死而后已。这个话的意思就是说，他最后要为中国数学服务。别人还不知道他这个话是真话，不是客套话。我们数学家，像陈省身，从来是实实在在的，不讲客套话。有人没有注意这个话，我们当时就注意了，他这个话是有分量的，他是已经决定了要把一辈子最后的精力花在中国。所谓鞠躬尽瘁，死而后已。

所以陈省身是竭尽所有的力量来回报祖国。比如订书的事情，他知道我们订书的钱不多，我们也不大懂行。他就亲自跟出版社联系，让他们给打折扣，他说我们这个买卖是个大买卖，以后要经常买书。南开数学方面的图书现在是全国第一。所以只要是他觉得对中国数学有帮助的事，他就做，不管大事小事都是这样。

不止一位数学家感慨颇深，“南开大学的数学所不仅是南开的，也是全国的”。我至今仍记得当时教育部的领导曾对我们说，南开数学所真正地实行了改革开放。这标志中国数学开始和国际接轨，向数学大国迈进，陈省身先生功不可没。

陈省身非常爱祖国，虽然他国籍是美国，但是祖国还是中国。他热爱祖国的这种激情，恐怕一些中国数学家都不如。这话不大好听，但实际上恐怕就是这样。陈省身在外国就已经很有名了，他总觉得为中国没有做很多贡献是个遗憾，所以他总想有机会要弥补这一点。我相信这就是为什么 2000 年以后他就不是每年来几个月，而是完全搬回中国、搬回南开的原因。

所以他逝世以后就葬在南开。今年是陈省身诞辰一百周年，他的墓也要落成。他曾经说过，他的墓上要有个黑板，黑板上面还得写数学公式。

后记：在稿件修改后期，胡国定先生不幸因病逝世，采访人据《南开大学报》1140 期王学军《伟大的教育家陈省身》一文对陈省身教育贡献的总结整理如下：

一、培养了一大批世界级的数学家、科学家和数学人才

陈省身作为一个伟大的教育家，首先在于他一生培养了一大批世界级的数学家、科学家，仅直接培养的博士就约 60 名。一辈子投身于教育实践，在教育、研究一线耕耘 70 多年，中外罕见。从 1937 年到 2004 年，陈省身培养的学生和数学人才不计其数。

首届国家最高科技奖获得者、著名数学家吴文俊是陈省身弟子中的杰出代表之一。迄今为止，华人中唯一的菲尔兹数学奖得主、著名数学家丘成桐则是陈省身所培养博士中的杰出代表。诺贝尔奖获得者杨振宁在西南联大读书时，就选修过陈省身的微分几何。两人的友谊更因为他们各自最重要的工作——数学领域的纤维丛与物理学中的规范场发生联系而成为世界科学界的佳话。而西南联大后来成名的其他科学家，受益于陈省身数学课的也不在少数。在国内数学界，严志达、廖山涛、王宪钟、钟开莱、周毓麟、陈国才、曹锡华、张伟平等一大批早期院士和新院士、知名教授，都曾是陈省身亲自教授的学生。

2004 年 9 月，在首届“邵逸夫奖”评选中，吴文俊与杨振宁共同起草了介绍陈省身的文章，评委会讨论过程中，国际数学联盟秘书长格里菲思认为文章仅仅介绍学术成就尚不足以论证陈省身的一切贡献，陈省身对年轻一代的帮助、鼓励和爱护无人能及，应该大书特书。最后，格里菲思加上了这样一段话："陈教授人情练达，最喜欢和不同年龄及兴趣的朋友相聚，畅谈数学，对有机会与他共事的人，更扶掖不遗余力。今天，陈教授桃李满天下，门生遍布美国各大院校数学系，他在中国的影响更是有目共睹。"这是国际数学界对陈省身作为一个伟大教育家的公认和评价。

在中国，党和国家领导人也十分认可和重视陈省身在我国数学领域的作用和地位。邓小平 3 次接见过陈省身并两次宴请，江泽民则至少有 9 次正式接见陈省身。2000 年 10 月 13 日，江泽民接见陈省身时就曾"感谢陈省身教授多年来为中国培养了大批优秀数学人才，并希望他在中国数学学科的发展方面继续发挥作用，使这个学科早日跨入世界领先行列"。

二、建立三大国家级数学研究所，延揽培养人才

陈省身一生的重要成就之一，包括建立 3 个国家级的数学研究所，为推动数学研究和人才培养作出了不可磨灭的贡献。南开数学所服务全国，对于提升中国数学人才的眼界和学术水平，发挥了不可磨灭的作用。进入 21 世纪，陈省身并不满足于"面向全国"所取得的成就，他再次引导南开数学所"走向国际"。2001 年，他提出并创建了南开国际数学研究中心，为"数学强国"的实现再一次奠定了坚实的基础。

三、作为当代中国数学领袖，组织、推动国际国内交流，提升中国数学人才的整体水平，组织、推动和带领中国成为数学大国，并向数学强国迈进

从南开到清华，从汉堡到巴黎，从西南联大到普林斯顿，陈省身"独步遥登百丈楼"，来到世界数学之巅。这个独特的经历和他独具的广阔视野，使得陈省身高度重视数学的交流与合作。他把交流与合作视为提高数学水平的极其重要的途径，而不是关起门来搞数学。

从1972年重返祖国大陆，陈省身就开始为推动当代中国数学的发展而奔波奋斗。1979年中美建交，中国的政治经济教育科学也在十一届三中全会后重新走上坦途，陈省身看到，尽自己的能力推动中国数学发展的时机逐渐成熟。于是，1980年，他响亮地提出“在廿一世纪中国成为数学大国”的伟大目标。这一目标后来被称为著名的“陈省身猜想”。

以2002年世界数学家大会在中国召开为标志，不仅实现了中国成为世界数学大国的梦想，同时，为中国向世界数学强国迈进打下了坚实的基础。

陈省身的设想得到了南开大学领导和数学研究所同事的热烈响应，在胡国定的积极奔走下，陈省身的设想得到了国家超乎想象的支持。2003年7月，由国家经济计划委员会直接拨款1亿多元的南开国际数学研究中心大楼动工并于2004年投入使用，陈省身将之称为“世界数学中心的Number One”，它也成为中国迈向数学强国的重要基地之一。

四、淡泊名利，毫不吝惜地将自己的财产回报给教育事业

陈省身将自己的一生都奉献给了数学，他成就至伟，声望至高，获誉至高，但他本人淡泊名利，除了奉献自己的全部心血，还把大部分的收入和奖金回报给了数学科学的研究、人才的培养、机构的建设和数学普及上。

五、陈省身的教育思想博大精深，陈省身投身于数学教育70多年，作为世界和中国数学的领袖，他提出和实践了一系列重要的教育思想

第一，主张本土教育，立足于在国内培养人才，建南开数学研究所。他对美国对于高级人才的吸引极具洞察力，积极推动中国数学家到美国交流，但对于国家派遣研究生到美国留学一直持保留态度，对于美国对高级人才的吸引始终保持着高度的警觉。他建立南开数学研究所，正是立足于本土教育的一个实践。

第二，得天下之英才而教育之。陈省身说："'得天下之英才而教育之'，是我一生的幸运。"陈省身的教育对象不分门户，只要是有数学能力的年轻人，他就尽最大的努力去帮助，这也正是陈省身在全世界、在全国各地数学界受到一致尊敬的重要原因。也正因为如此，无数数学家奉他为"恩师"。

第三，搞数学研究不一定是功利性的，它的应用说不定就会在哪里得以实现。"我们甚至可以预见纯数学与应用数学的统一"。

第四，"以培养新人为第一要务"，上世纪 40 年代陈省身就确立并实践了这样的理念。他特别注重倾听、尊重年轻人的想法，认为研究要靠年轻人，从不以权威压制别人。姜伯驹评价说："最要紧的是，陈先生将学术年定位为面向年轻人……也充分体现了他对发展中国数学的看法：就是要培养年轻人。当时如此，今后也如此。"

第五，陈省身高度注重本科教学，九十高龄仍投身本科教育。

第六，陈省身主张，数学研究的管理重要的是"好的人"、好的团队，把"好的人"招来，具体研究的事就不用多管了。

第七，同行交流、国际国内交流是提高的重要手段和途径，推动中国数学走向世界。

第八，注重合作，优势互补才能做出更好更大的成绩，陈省身的许多重要成果都是与其他数学家或自己的学生合作产生的。他说，科学竞争"如果注入人的因素，将会使我们这一门学科更加健康，更加有趣"。

第九，他积极推动提高科研人员、教育工作者的待遇。

第十，注重科普，推广数学的美、数学的好玩，倡导快乐数学理念，让数学为更多年轻人接受。他亲自担任天津科技馆名誉馆长，推动天津科技馆建立数学之美展区。他还亲自制作科普性质的数学之美挂历，影响广泛。

第十一，关心中小学数学教育，持续关注并高度肯定中国中学生参加国际奥数竞赛的骄人成绩。

第十二，注重数学史的教育，注重挖掘中国古代数学的价值，注重数学与哲学联系统一。

访谈人： 董晓璇　南开大学文学院硕士研究生

左　晶　南开大学国际学术交流处副科长

时间： 2011 年 5 月 18 日

地点： 南开大学北村胡国定家中

整理： 董晓璇　左　晶

一次大规模的国际性社会科学研讨会

南开大学召开“明清史国际研讨会”

口述者：南炳文

南炳文，男，1942年1月生。河北省广宗县人。教授，1966年毕业于南开大学历史系，先后在中国科学院中国近代史研究所、南开大学历史系、历史研究所工作。1992年、1999年两次出访日本，任研究员和客座教授。现为南开大学教授、中国古代史博士生导师、天津市文史馆馆员、故宫博物院宫廷史研究中心客座研究员、中国社会科学院明史室客座研究员、中国明史学会会长，国内外多所大学兼职教授。

访问：有史料记载，1980年8月5日到8日，南开大学召开的“明清史国际研讨会”是我国高等学校在粉碎“四人帮”后主办的一个规模较大的社会科学国际学术会议，您作为组织者之一，能讲讲这次会议举办的情况吗？

口述：会议由著名的明清史专家、南开大学副校长郑天挺教授发起，来自日本、美国、澳大利亚、瑞士、德意志民主共和国、德意志联邦共和国、香港等七个国家和地区的30余位学者和国内的90余位学者，共同参加了研讨会。这是改革开放后一次大规模的国际性社会科学讨论会，会上名家云集，成果丰硕，影响深远。我当时作为南开大学明清史研究室副主任、郑天挺先生的助手，是这次研讨会主要的组织者之一，亲自参与了会议从筹备到举办的全过程。

以学术推动时代

访问：这次会议是在什么情况下召开的？

口述：1980 年的时候已经改革开放了，人们的思想也开始解放了。那时候一些学者已经看准方向，认为应该开展国际交流，通过国际交流使国内外互相促进。但是做这个事呢，一定要有一些条件，特别是学术上一定得有地位，有积累。另外在国外的影响也要比较大，要有相当多的学术界的人脉关系。当时南开大学有这个条件，因为当时南开的副校长、历史系明清史研究室的主任郑天挺，是一位全国最受尊敬的史学界的老前辈，在明清史这个领域很早就蜚声中外了。他曾担任过西南联大的总务长、北大的秘书长。解放初的时候北大学生给他送的锦旗就写“北大舵手”，所以他的学术影响是非常非常大的。1952 年全国院系调整时，他调到南开来了，在南开先当历史系主任，后来又当副校长。那个时候，南开的明清史研究室是当时国内外影响最大的学术机构之一，是 1956 年教育部设立的第一批研究单位。

在这个背景下，郑先生跟学校有关领导提议，要开一个明清史国际研讨会。这个会议一方面有学术上的打算，另一方面也是为国家的改革开放加一把力。郑先生的眼光是非常高远、敏锐的，对形势的把握非常准确。那时候我们的政策就是要改革开放，并要让国外知道我们这个政策。所以郑先生从这个大的方面来考虑，希望以学术推动整个形势，以明清历史研究促进中国历史研究的发展。

南开大学的校领导对这件事非常支持，因为这个研讨会是顺应改革开放的潮流。会议的审批手续主要是南开外事处办的，当时各方面都是特别支持，完全没有遇到阻力，会议期间天津市市长都来出席了。

全力以赴做准备

访问：您能具体谈谈筹备这次会议的经过吗？

口述：出席会议的境外学者，多数是郑先生联络的。一些学者在西南联大或北大读书时是他的学生辈，当然现在已经成大家了，像美国的何炳棣，澳大利亚的柳存仁，香港的赵令扬，等等。我们跟日本学者原来没有联系，当时历史系有一个日本史老师叫俞辛焞，他联系到了日本东北大学的寺田隆信，寺田隆信又约请了其他13位日本学者。当时这些外国人是很有兴趣来中国的，一看我们开会了，都愿意来，来看看中国同行在研究什么。

因为郑先生那时候已经81岁了，大主意由他来拿，负责具体事情的是我们底下的人。当时我是明清史研究室的副主任。从会议筹备开始设立了一个秘书组，由我来牵头，加上我们历史系的冯尔康、郑克晟和陈振江，我们四个来筹备这个事情。包括要征集论文啊，处理各方信件啊，准备了大约半年多，那一阵忙得要命。最后把这个事情准备成功了。

各方重视　名家云集

访问：您能谈谈开会的具体情况吗？

口述：“明清史国际研讨会”从8月5日开到8日，一共四天。国家对这个会很重视，开幕式上，那时候的天津市副市长白桦到场了。会议期间还办了一个大型的招待会，当时的天津市市长胡启立出席了。国内主要的媒体，像新华社、《人民日报》、《光明日报》、《文汇报》，还有天津各大媒体都来了。

会议期间，南开上上下下都全力以赴办这个事情。历史系的老师参加会议，硕士生（那时候还没有博士生）齐上阵，为会议服务。除了白天开会，晚上我们这些组织者还要开会，商量第二天的安排。那几天我们都住在天津宾馆，到晚上十一点、十二点了，一回到房间，就看见记者都坐在桌子上、床上等着呢。这些记者也住在宾馆，每天晚上都向我们了解当天的情况和会议的进展。那四天我每天就睡两三个小时，但就是有干劲。

研讨会的规模可以说非常盛大。国内知名明清史学者几乎都来了，像戴逸、王钟翰、商鸿逵、李洵、陈国符、傅衣凌、谢国桢、章开沅等，都是明清史界极有影响的。国外学者大部分也是重量级的，像何炳棣啊，赵令扬啊，柳存仁啊，寺田隆信啊，野口啊，都是非常有影响的人物。那些当时的中青年后来也成了国外有影响的学者，像是滨岛敦俊啊，佐藤文俊啊，那时候他们还都是年轻小伙子。

会议的交流范围非常广，从政治、经济、文化、民族到国内外的研究状况，做了一次内容非常丰富的交流。会议的形式有大会发言，这个是全体都到；另外有分会场，按提交论文的性质和内容类型分几个分会场，没能在大会发言的学者可以在分会上发言。

在全体大会上，我们提供了英文、日文这两种翻译。因为在八十年代以前，国外的明清史研究者没有办法来中国交流，除外籍华人学者外，他们的中文读写能力达到了，但听说方面普遍不行，因为学听说需要语言环境。随着改革开放、能够交流了，这些学者在八十年代以后逐渐具备了中文的听说能力。现在国外的明清史学者肯定是中文的听说读写都没有问题了。这也从一个侧面说明了国际交流的重要性。在英文翻译方面，当时外语系出了大力。日文方面，因为历史系懂日语的人不少，所以主要是历史系来做。

交流起步　意义深远

访问：下面请谈谈这次会议的意义吧？

口述：“明清史国际研讨会”可以说是在国际学术交流上开了个好头，它对于中国学术水平、对中国形象起到了很好的宣传作用，告诉世界中国现在改革开放了，我们抱着非常友好的心态，要跟国外学者进行交流。作为整个改革开放事业中一个早期的国际研讨会使国外了解了我们的政策，也了解了南开。

因为参会的都是造诣很高的学者，大家拿来的都是自己最好的成果，又是挑最精彩的去讲，所以这个研讨会可以说是一个学术盛宴。国内外有不同的研究角度，听到了很多闻所未闻的东西，让人目不暇接、大开眼界。我们在学术方面拓宽了视野，也向世界展示了中国明清史研究的最高水平。

通过这次研讨会，国内外学者之间建立了联系。大家原来看过彼此的文章，但是互相之间不认识，这次见面了，和光看文章感觉就不一样。认识了，熟悉了，你请我去访问、我请你来访问，互相交流也就更多了。比如日本带队的寺田隆信，第二年就来南开进修了，来做郑先生的高级访问学者。再比如，东北师范大学从90年代博士生论文答辩就让我去当主席，到现在还经常请我，几乎每年都让我参加。现在我们这些学者都成了老朋友了。这种人与人之间的联系就是很重要的、无形的资源，为以后的交流和共同进步奠定了良好基础。

一些没能参加研讨会的学者听说了这个会之后，也纷纷主动和我们联系，比如黄仁宇和山根幸夫。因为我们会后曾经打算成立世界性的明清史研究中心，中外学者都建议以南开为中心来搞，只是后来因种种原因而没能搞下去。黄仁宇当时没参加这个会，美国来了好几个人而没有他，会后他给我们写信也是建议成立这个研究中心，而且非常希望能参加中心的工作，对没能参加研讨会也感到非常遗憾。日本明史界八十年代最受尊敬的学者是山根幸夫，他是日本明史学会会长。他听说南开这次会议之后，主动和我们联络、写信。1992年他还约我到日本学术振兴会做研究，他也经常来南开讲学。后来他和我变成忘年交了。

这个会议也给了南开人一个很好的锻炼、学习机会。在1980年我还不到40岁，在这样一种场面里面，和各个学者联系了起来。从会前安排，到会后编论文集（天津人民出版社出版），我们四个秘书组成员全程负责。所以我自己深受其益，参加工作的所有人也都深受其益。

访问： 谢谢您在百忙中接受我们采访。

访谈人： 董晓璇　左　晶

时间： 2011年5月18日

地点： 南开大学范孙楼南炳文办公室

整理： 董晓璇　左　晶

老专家老故事

口述者：傅立群*

访问：老傅，您长期主管外国老专家的工作，能否谈谈老专家的由来。

口述：大约在1978年时，记得是胡耀邦同志担任中组部部长时期，杨放之同志（时任国务院外国专家局局长）提出，为了体现党和国家对老干部的关怀与照顾，对不同时期参加革命的老干部有不同的待遇，如红军、抗战、解放战争、建国后等期间都有不同的待遇。我们对外国专家是否也可以按此精神区分不同的待遇呢？我们根据上述原则，经过研究讨论，在外国专家中选定了一部分参加中国革命早、资历深、贡献大的一些人，确定为老专家。最后报送国务院批准同意这份老专家名单，一共35人。后来，老专家的人数、名单稍有些变动，增加了几个人。

大部分老专家是20世纪30年代来华或参加中国革命工作的，40年代有一部分人，少数是在建国初期的，60年代有两人是在特殊情况下划入老专家名单的。

大部分老专家在新闻、宣传、出版部门工作，少部分人在高等院校从事外语教学工作。

访问：确定外国老专家的原则是什么？

口述：确定外国老专家的原则基本上是1949年中华人民共和国成立以前参加中国革命工作的。当然，对中国友好，一贯支持我方针政策，这是不可缺少的。

访问：您能否谈谈老专家享受哪些待遇？

---

* 简历详见第22页

口述： 党中央、国务院领导同志都非常重视老专家的工作，很多领导同志都亲自出面做老专家的工作，给予老专家极高的政治礼遇。

王震副主席在一次会见美国老专家阳早、寒春时说："你们是中国人民的老朋友、老同志、老战友。"从此都称外国老专家是"三老干部"。

春节是中国人最重要的民间节日，中央领导同志确定在春节时宴请外国老专家，使外国老专家感受到和中国人民一样有回家团圆的感觉，可见中央领导对老专家的关怀照顾多么周到。

每年春节，中央在北京都举行春节团拜会，外国老专家也享受领导干部的政治礼遇，应邀出席在北京的春节团拜会。

不少中央领导同志都会见或亲自主持为老专家过生日的宴会，如：邓小平、邓颖超同志亲自出席爱泼斯坦生日宴会，接见爱泼斯坦及其家人；胡耀邦同志出席英国老专家夏庇若生日宴会；邓颖超、胡耀邦、乌兰夫、王震、廖承志、康克清、李岚清等领导同志也参加过老专家的生日宴会。改革开放以后，江泽民、胡锦涛同志多次会见爱泼斯坦同志。

外国老专家享受的待遇：

一、终身在中国享受老专家待遇不变；

二、除春节出席中央领导同志的宴请、团拜会外，每年还应邀出席国家举办的元旦、国庆招待会；

三、老专家在北京获第一批"长期居留证"（绿卡），当时外国人去外地旅行都必须办旅行证的，老专家可以免办；

四、生病就医、住院都按副部级待遇享受公费医疗，医药费由工作单位报销。包括去医院看病乘车都可以报销；

五、老专家的工资（生活费）是用人民币支付的，但每月可以兑换一定比例的外汇（本国的或其他国家的外币），也可以集中一次兑换；

六、每年夏季都组织老专家去避暑胜地——北戴河，或去海南避暑休养；

七、为了让老专家多了解中国改革开放以后建设情况，也曾经组织老专家去各地参观考察。

中国是个低工资的国家，与一些发达国家相比，中国的工资水平是不高的，但前些年中国对外国老专家实行两种价格，给予优惠待遇。如在北京友谊宾馆或各地各单位的专家招待所餐厅用餐时给予优惠，比社会上的宾馆饭店价格要低。外国老专家享受的一些政治上的礼遇，是一般外国专家最羡慕、最向往的，认为给予外国老专家的待遇是最高的。

访问：您能否介绍一下老专家在解放前参加革命工作，同我国人民并肩战斗中做出的贡献？

口述：外国老专家的功绩和贡献不在今天，也不是现在，而在过去。他们大多是在 30 年代、40 年代在中国以不同方式参加了中国革命工作。有的人一生就是默默无闻，没有什么惊天动地的事迹，而是忠心为中国和人类解放事业贡献了自己的一生。如美国老专家耿丽淑 1897 年生，是老专家中年纪最大的一位。她上世纪 30 年代来到了上海，曾在保卫中国同盟、中国福利会工作，为宋庆龄传递情报。她的住所成为在上海的进步外国人路易・艾黎、史沫特莱、希伯等人的活动场所，也成了中共地下党人士活动的据点。

英国老专家大卫・柯鲁克和加拿大老专家伊莎白・柯鲁克夫妇，他们是研究人类学和社会学的学者，为了研究和报道中国共产党领导的解放区土地改革情况。他们在 1947 年 11 月来到河北省武安县十里店村，他们本打算在解放区待 18 个月，但经中共代表挽留，毅然放弃回国的打算，允诺留下为新中国培养外语人才，改变了他们自己的志向。在解放区当时还十分艰苦的条件下，从事外语教学工作，迎接全国解放首批使用英语的外事干部。外交部有的部长、多位副部长都是他们的学生，连他们自己也万万没想到，中国革命的大潮竟然把他们完全卷了进来，并改变了他们的事业和志向，和中国同志一起战斗。在十年浩劫中，他们又和中国同志一起经历了灾难，但他们无怨无悔。柯鲁克已不在了，但伊莎白老太太还在。

外国老专家中还有几位传奇式人物：如爱泼斯坦、阳早、寒春。

爱泼斯坦 1915 年 4 月 20 日出生在波兰，1917 年随父母移居中国。1938 年在香港参加宋庆龄创建的保卫中国同盟，并任香港《南华早报》、《棘刺报》编辑。在整个抗日期间，他积极向世界人民报道中国共产党和中国人民的英勇斗争。日本投降后，他在美国参加反对干涉中国内政和宣传新中国诞生的活动。1951 年应宋庆龄之邀，回中国参与《中国建设》杂志创刊工作。1957 年加入中国籍。他是第六届至第十届全国政协常委，历任《今日中国》总编辑、中国福利会副主席、中国工业合作协会国际委员会名誉副主席（兼职）。江泽民主席曾多次看望并和他交谈，2005 年在他 90 岁生日的时候，胡锦涛主席专程去他家中，亲切看望这位在中国工作 70 多年的老专家。胡锦涛说："几十年来，你亲身经历了中国共产党领导的中国革命、建设、改革的历史进程，对中国和中国人民怀有真挚的感情，为中国的发展和进步做出了很大贡献。你既是我们心心相印的好同志、好朋友，又是杰出的国际主义战士。"

美国老专家阳早，1918 年生，美国康奈尔大学畜牧系毕业，1946 年 3 月作为美国善后救济总署人员来华，同年 10 月经我地下党同志的帮助到延安参加革命工作。美国老专家寒春，1921 年生，1948 年到延安。寒春学的是核物理专业，曾参加了美国研制第一颗原子弹的工作，后来她放弃了高薪工作和较好的生活条件，毅然来到中国延安和她的好友阳早相会，一起扎根在中国的大西北农村。大西北当时是中国最贫困、最艰苦、最落后的地方，他们几十年如一日，默默无闻艰苦奋斗，在艰苦的战争环境中，他们吃苦耐劳，和群众打成一片，同甘共苦。在夜行军中丢失的奶牛，他们和其他职工一道去寻找，初生的牛犊不会走路，阳早就抱着转移。几十年过去了，提起那一段的工作生活，寒春说："我们喜欢那一段的生活，吃穿是供给制，不用自己操心，只要一心一意搞好工作就行。"她又说："条件虽然很艰苦，但心情愉快，大家一个心眼干社会主义。"她说那一段生活给她们留下了美好的回忆。阳早和寒春于 1949 年 4 月在延安窑洞结婚。

外国老专家就是一批把自己的青春、自己的一生献给了中国、献给了中国人民的外国朋友。用现在流行的话说，他们是最美的。现在大部分老专家都已过世，还有几位健在，但他们业绩仍历历在目，我还经常想到他们。共和国不会忘记他们，中国人民不会忘记。最后，我用2005年4月17日胡锦涛主席在爱泼斯坦90岁生日时的讲话，结束我的发言。胡锦涛主席说："你和一批老专家对中国革命、建设、改革做出的重要贡献，我们永远不会忘记。"

访问： 您年老多病，行动不便，仍关心我们的课题，先后接受了两次采访，我很感动。谢谢您的大力支持。请多保重。

访谈者： 过祖贤

时间： 2012年1月5日

地点： 国家外国专家局老干部活动中心

整理： 过祖贤　曹　君

“友谊奖”的由来与演变

口述者：杨汉炎　边大罗

杨汉炎，1941年4月出生在湖北省武汉市，1961年进入外交学院学习，1966年毕业于北京外国语学院，1968年分配到国务院（国家）外国专家局工作。历任：副处长、处长、副局长、局党组成员；1988年起，兼任国务院引进国外智力领导小组办公室副主任，2002年退休。

杨汉炎

边大罗

边大罗，1934年出生于吉林省洮南市。1954年8月参加工作，任中学教员，1956年10月调入国务院（国家）外国专家局，曾任联络司科长、副处长、处长、副司长。

“友谊奖”的由来

访问：今天我们打算请二位谈谈“友谊奖”是怎么来的，“友谊奖”的历史，颁发以后有什么样好的效果。

杨：50年代就有了，当时我们国家正处于聘请苏联和东欧国家专家来华工作的高潮时期，有些外国专家被授予“友谊纪念章”和周恩来总理签名的“感谢状”，这实际上就是“友谊奖”的前身。1956年国务院先后发出了“国务院关于发给苏联专家‘中苏友谊章’范围的通知”和“国务院办公厅关于发给外国专家感谢状问题的通知”；1959年，国务院又制定了“关于发给苏联专家感谢信、感谢状和纪念章的办法”。

访问：我记得1960年以后还在颁发。

边：是，但到了1963年底、1964年初就不再发了。

1964年准备了，但是停发了。苏联撤退后，来自资本主义国家的专家多了，就不发了，因为友谊纪念章主要都是针对苏联专家和东欧国家专家的。

杨：那个奖章像我们战争年代发给英雄模范的勋章一样，开初也是那样用别针挂在胸前的。

边：我们“友谊奖”那个时候的设计是参照解放军(的五角星)，那个时候给毛主席做五角星形的纪念章，就是参照那个五角星纪念章来设计的，后来通过了，是我和老顾(顾节祥)设计的。

恢复颁发“友谊奖”

访问：粉碎“四人帮”以后是什么时候恢复“友谊奖”的？

杨：1988年，国务院决定，外国专家局和中央引进智力办公室合并，组建新的国家外国专家局，王乃任局长，李明俊、武永兴、徐振元和我任副局长。这时候我主管这个事情，当时我就提议要恢复对外国专家颁发友谊奖章的意见，当时就和王乃商量。一开始他不很了解友谊奖章的历史情况。当时我们几位老一些的同志就提议还是叫“友谊奖”为好，王局长觉得这个名字太俗气了一点，是不是叫“天坛奖”或“长城奖”？我当时就说，还是沿用历史沿革下来的好传统吧，后来王局长同意了。就在这个基础上，以国家外国专家局的名义制定了对外国专家颁发友谊奖的规定，大概是1990年的事吧。在制定这个文件的时候，当时傅立群参加了，顾节祥参加了。经过几次修改，就在原有的颁发友谊纪念章、友好奖状的基础上，在国务院办公厅主管领导的指导下，制定了一个具体的有关规定。经国务院主管秘书长同意就以外专局的名义于1991年6月正式颁发了《关于设立“友谊奖”的暂行规定》，并制定了具体的管理办法。这个正式文件的出台，对于提高“友谊奖”的规格还是起到了很大的作用。

访问：正式文件出台的时候，两个机构（原外专局和引智办）已经合并了？

杨：正式文件出台的时候，引智办已经搬到外专局来了。班子已经形成了，我分管联络司。1985年，当时的中央引智办和国家外国专家局就联合做对外国专家的表彰工作。先是请一些有突出贡献的专家在国庆期间来北京参加国庆活动，出席国庆招待会，接受国家领导人的接见，以后又向外国专家授予荣誉证书、奖章，当时每年评选20至30名。等到1990年，我们正式以外专局的名义向下颁发了《对外国专家奖励办法》的通知；1991年又印发了《关于设立“友谊奖”的暂行规定的通知》，这样才形成了“友谊奖”比较正式的具体的规定，中央各部委地方各省市就按照这个规定来具体执行。《暂行规定》对设置“友谊奖”的宗旨、获奖条件、申报办法、评审程序、授奖仪式和宣传报道都作了明确的规定。“友谊奖”的规格提高了，一个是参加国庆招待会，国庆招待会之前总理接见讲话；在接见前专门召开颁奖大会，请国家领导人向获奖专家颁奖。我们还制作了一些有关的纪念品。这样就比较完备了。各地和各部委也形成了相关的班子来负责这个事情，在各部委和省市的基础上，由外国专家局统一评选荣获“友谊奖”的外国专家，以外专局的名义通知获奖专家，请他们到北京来参加十一的庆祝活动，接受国务院总理的接见，形成了一系列的制度。负责具体操办的联络司有时很为难，因为经济专家基数大，成果比较明显，创造的经济效益显著；文教专家少一些，出成果所需时间长，创造的经济效益不显著。经过几年的摸索后来基本形成了三七开，按这个比例来评选。还要组织友谊奖评委会，每年都是根据所报的数量和单位，来决定请哪些部门的人来参加，有一些是常务成员，比如教育部，国家计划委员会，科技部等。开始这个奖章像战争年代那个勋章，是用别针别的，有个小绶带。这个别针在佩带的时候很不方便，后来改进了，做成像运动员的奖牌，可以挂在脖子上，就比较方便了。从 1956 年，就有了“友谊奖”，当时以国务院的名义，周总理和陈老总都给外国专家颁发过奖章，这个在温家宝总理的讲话中也有提到。恢复是 1988 年，而具体执行的制度办法是在 1990 年以后形成的。到了上世纪 90 年代中期才逐步完善，形成一套成熟的具体操作的制度办法。

“友谊奖”的影响

访问：最近我看到一份报道，说到自 1991 年中国政府设立“友谊奖”以来，已有 62 个国家的 1199 名在我国经济建设和社会发展中做出突出成就的外国专家获得了这一荣誉，在国内外引起了极大的反响，你认为它的意义何在？

杨：我觉得这个“友谊奖”是做好外国专家工作的一面旗帜，这个旗帜在外国专家中和在中国人当中都产生了很大影响，中央领导都很重视。其次，友谊奖是我国改革开放政策的最早体现之一。第三，我觉得“友谊奖”在调动专家的积极性、对外国专家进行感情投资方面起了不少好作用。再一个“友谊奖”也是我们广交朋友、深交朋友的具体体现。

访问：您长期主管联络司的工作，老边长期负责联络司的工作，做了大量的友好交往工作，你们能否谈谈这方面的情况？

杨：联络司做了很多这方面的工作。在交朋友这方面，我们除了重点以外，主要的还是通过各个单位、合作共事者，与外国专家交朋友。和外国专家交朋友方面，我们有很多教训，做得不那么高明。改革开放以后，联络司一方面是结合国家的重大活动，重要会议，政策变化，及时地向外国专家介绍情况，以前叫做宣传工作，后来我们觉得叫“宣传”不太好，就说向外国专家介绍情况。每年针对外专感兴趣的问题组织一些活动，比如人代会开了以后，我们请国家领导人和国家计委和经贸委的有关负责人给专家介绍国家的经济发展和经济规划，回答专家感兴趣的问题。党代会开了以后，专门组织座谈会向外国专家介绍情况。还有我们针对外国专家提出的一些感兴趣的问题进行专门解答，比如有外国专家对中国文化、文学创作感兴趣，我们请王蒙来介绍情况，有的专家对中国的电影事业感兴趣，我们请赵丹、白杨等老艺术家来。还组织外国专家参观部队，春天一次，秋天一次。我们还经常组织一些参观访问活动。我认为，我们和专家交朋友，是潜移默化，要体现在生活当中，要从解决专家在实际生活中遇到的问题入手。

边：我们一直很重视交朋友。当时50年代苏联赫鲁晓夫时期，很多人都反华，周总理做工作，阿尔希波夫（苏联专家顾问）就不反华，“文革”结束后还来了两三次，是我们外专局接待的，他对中国非常友好。1986年的时候，外专局还邀请曾来华工作过的捷克专家来华访问参观，效果特别好，他们感觉跟50年代比中国是富起来了。还有一个日本人，他的爸爸对华特别友好，他对中国也特别友好。后来，胡耀邦在任的时候，曾邀请3000名日本青年来华访问，他也是成员之一。他到了南京，胃部穿孔出血，南京的大夫给他治好了，输了好多中国人的血，回到北京后，北京的接待单位给他请中医用中医调养，他身体好了，还生了孩子。他说我的孩子有中国血统，他从不反华。胡锦涛主席访问日本接见日本友好人士时，他和他夫人还有孩子都应邀参加了，通过这些例子说明，我们做好外国专家的友好工作还是很有成效的。

访谈人：过祖贤

时间：2012年1月9日

地点：国家外国专家局老干部活动中心

整理：曹君

杨振宁谈人才交流与培养

采访者：梁伯枢*

作为全球著名的科学大师，杨振宁对人类社会各领域的思索，其深度和广度都是惊人的，他所出版的文集和相关著作记载了他的思想轨迹。在中国迎来改革开放30周年之际，我们一行三人冒着滂沱秋雨，来到绿树掩映的清华园，探寻杨振宁先生对人才交流和人才培养的灼见。

记者：1986年前后，您和田长霖先生提议，美国有数万名即将退休的华裔专家，这是巨大的海外智力资源，中国政府应该采取有效措施，让他们长期或者是短期回国服务。这一建议很快得到采纳。20余年过去了，您可否对此作一些评价？

杨振宁：不错，在1986年前后，田长霖跟我曾经分别地向中国政府、中国的学术界提出过这样的建议。我很高兴，当时中央引智办对这件事很重视，中国政府也很支持。所以这些年确实没有问题，引进了很多人，有长期的也有短期的。20多年过去了，现在海外退休的华人专家人数又大大增加了；而国内的生活条件、医疗条件都比以前好，对人才的吸引力增强了。所以我想，现在朝这方面再作努力，成功率会大大增加。

记者：随着国力增强，在引进海外华人方面也出现了一些新的

---

* 梁伯枢现为《国际人才交流》杂志总编辑

变化。

杨振宁：当然。其中重要的一个方面是医疗条件的进步。关于医疗问题，我还有一个特别的建议。在美国，退休的人通常都享有两种医疗保险。如要做手术，全部或者多半费用就由这两个保险给付了。但是到目前为止，享有美国医疗保险的人，在中国就医，美方一概不管。这一点呢，如果中国政府能跟美国政府去商讨，也许会达成共识：一个在美国有医疗保险的人，到中国来就医，美方可以支付相关费用。如果能这样做，是一个"三赢"的结果。为什么说是"三赢"呢？第一，中国的医疗费用目前普遍要比美国便宜2/3，如果美国人到中国治病，美国的保险机构可以少付很多钱。这对美国当然是好事。第二，对于那些来中国服务的专家，尤其是老年专家，消除了医疗方面的后顾之忧，当然也是好事。第三，中国政府因此而能够引进更多的海外专家回国服务，这对中国更有好处。美国保险机构不一定会认可中国的所有医院，这个呢，双方可以商量共同来认证并指定大城市的几所医院。我想这是一件很重要的事。

记者：在引进年轻的海外华人专家方面，这几年形式越来越多样化，在这方面您认为应该注意些什么？

杨振宁：年轻的海外华人专家回国人数每年都在增加，他们普遍都存在一个子女的教育问题。人才引进是一件长期而重要的大事情，政府应该采取多种措施，使得年纪大的和年纪轻的人才都能引回来。

记者：1978年，为了开辟海外留学渠道，中国第一个教育代表团赴美谈判，一波三折，相当困难。据说在13天的谈判中，您和李政道先生全程参与。请您回忆一下，当时中美人才交流到底存在哪些障碍？

杨振宁：1978年，在邓小平的倡导下，中国想清楚了，下决心要派人到美国学习；可是一开始美国不太了解，搞不清到底是怎么一回事。美国政府高层，包括白宫的幕僚中，采取怀疑或者反对态度的人当然很多。不过我可以告诉你一件事情，到了1978年底，美国终于也想清楚了。当时的美国总统卡特有一个科学顾问，叫Frank Press，他打了一个电话给我，希望我跟他去谈谈。他一共请了三个科学家，除我以外，还有林家翘、丁肇中。

那天，除了Press和我们三人以外，还有一个很重要的人物，就是卡特总统国家安全委员会的中国问题专家。谈话的主要目的是，了解我们对这件事情（中美人才交流）的态度，问我们中国为什么要做这件事情。很清楚，在我们这一次谈话之前，美国政府已经决定要做这件事了。等到谈话快要结束时，我问那位中国问题专家，是否可以告诉我为什么美国政府也愿意做这件事情？他有一个很直接的回答。他说，中国在20世纪初期开始，派出了很多留学生，其中到美国的数目最多。这些人回国以后，对于中国，尤其是对于中国跟美国的关系有巨大的贡献。这些人现在年纪都大了，美国希望培训出下一代这样的人。我回来时想，这人脑筋很清楚。换句话说，他很明白：中国需要借机培训自己的人才，但不因为这个缘故而觉得对美国不利，从长远的眼光看对美国也是有利的。

记者：首次商定交流的人数，中国到美国是500人到700人，而美国派到中国的只有60人……

杨振宁：第一批被派去的大约有50人，我妹妹（杨振玉）就是其中的一个。她当时在中国科学院（上海）生理研究所工作，突然有一天通知她去北京。到了北京后，才知道要派他们到美国去学习，每人发一个护照，叫他们尽早动身，他们感到很意外。不过很快就有好几百人被派送到美国，这几百人的态度和学问给美国的学术界留下了非常好的印象，美国各个学校都觉得这些人是人才。当然，如果要说有缺点的话，就是他们年纪比较大，英文发音比较差；可是因为他们的表现出色，美国很多学校都希望找更多这样的人，并且很快就希望直接招收中国研究生。很快，几年之内就有好几千人出去了。到了上世纪80年代末，去的人数就非常之多了。现在我想每年应该有上万人。美国现在每年的外国研究生中，中国去的应该是最多的。

记者：上世纪90年代，您倡导成立了清华大学高等研究中心，这个中心在筹集资金、吸引和使用海外人才方面有些什么样的特色？

杨振宁：清华的王大中校长、梁尤能副校长找我来帮他们成立高等研究中心，因为我是在清华园长大的，跟清华的关系非常深远。我当然义不容辞，就答应了。

高等研究中心成立第一件要做的事情就是筹集资金。这些年先是在香港设立基金，筹集了一笔钱。这些钱现在看来非常重要，因为国内引进一个特殊人才，往往需要一层一层申报，一个轮回下来就是好几个月。一个非常优秀的人，很多机构都在盯着，如果拖好几个月，可能早就被别人弄走了。如果自己有一笔钱呢，就比较主动。

我可以给你举个例子，我们怎么能够把姚期智（计算机“图灵奖”获得者）聘请来的呢？这是非常幸运的一件事。他的太太那时在香港城市大学做计算机系主任，他自己是美国普林斯顿的终身教授，两边来回跑很不方便。我们想到如果请他到清华来，清华到香港之间来回跑当然要方便得多，所以有了一个先天的“地利”优势。不过如果当时没有我们募集来的钱，那就比较麻烦，我们要跟学校去说这人怎么怎么好，在美国有多少薪水，需要多少引进费用，学校就得层层上报审批。而我们很简单，我和高等研究中心主任聂华桐请姚期智吃饭，跟他说，你来了，我们保证你所拿到的薪水不低于普林斯顿薪水加上美国退休金的储备（也是由学校付的）两项加起来的总数。为什么敢这么保证？因为我们有从香港募集来的钱作后盾。清华不出钱，我们也没有问题。后来他答应了，辞掉美国的终身教职，卖掉美国的房子，来到清华。他回来以后学校当然非常高兴，教育部也非常高兴，弄来弄去，所有费用都是由教育部、外专局等部门支付。尽管，我们香港的钱最后没有用上，但是这笔钱对引进姚期智这样的顶尖人才，依然起到十分关键的作用。我一共帮清华搞了两个基金会，一个在香港，是专门为中心的；一个在洛杉矶，是为整个清华的。迄今已经成功筹集了1500 万美元。

记者：看来基金和人才是联动的，除了引进姚期智、林家翘先生，在年轻的国际化人才聘用、管理方面情况怎么样？

杨振宁：清华所给的薪水不会太高，我们从基金会每年的收入中，提取一部分作为补充。薪水比一般的清华教师要高一些。

记者：2006 年春节前夕，您以中国政府“友谊奖”获奖专家的身份，曾就中国的教育问题当面向温家宝总理提了三点建议，充分肯定了中国教育的成功。

杨振宁：当时，有很多人在骂中国教育，尤其是中国的高等教育。我对温总理说，中国教育对中国经济发展贡献巨大。我这么说主要依据两个方面：一方面是教育普及。我小时候在北京，走在街上大多数人都是文盲。今天，你在北京这个地方，在10岁到30岁的人群中，要找出一个文盲，恐怕很难。大家对这个好像不太注意，但是它的影响无法估量。这是中国教育政策的极大成功。另一方面，我小时候，中国几乎什么工业产品都不会做，而现在几乎什么都能做，这表明中国拥有大量的工程师和技术人员，他们都是这些年从中国各个大学里毕业的学生。我公开说：中国最好的大学如北大、清华对今天中国的贡献，比美国最好的大学哈佛、耶鲁对今天美国的贡献来得大；中国二流的大学对中国的贡献，比美国二流的大学对美国的贡献来得大。为什么这么说呢？美国社会已经发展到稳定期，不像中国是一个走上坡的艰难期，两个国家大学毕业生对社会所作的贡献、影响力也因此而各不相同。

可是为什么有人要大骂中国教育？的确，中国的教育体制在许多地方是有问题的，这些问题是应该提出来讨论的，但不能因为有问题就把整个抹杀了。一个好的教育体制或传统的建立，不是一朝一夕能完成的，不能太性急。

（原载国家外国专家局《国际人才交流》，2008年11期；高叔静、张晓参与了对杨振宁先生的专访活动，谨此致谢）

忆　文

周恩来总理是外国专家工作的奠基人

作者：李明俊

李明俊，1929 年 11 月 29 日出生于天津市。1949 年 7 月于华北人民革命大学毕业，1949 年 8 月于中共华北局党校学习半年，1950 年 1 月调入政务院外国专家局（其前身为政务院专家招待处，后为国务院外国专家局）。历任外专局党团办公室干事、局长秘书、秘书科副科长、科长，局办公室副主任、局党组秘书；1981 年 11 月任外专局副局长，1986 年至 1988 年任国家外国专家局局长，1991 年 12 月离休时任副局长（正局级）。

外国专家工作是关系到我国社会主义建设的极其重要的工作，受到历届中央领导同志的重视。回想起建国初期苏联专家工作，在周恩来总理的直接领导下，从无到有，从建立到发展，许多往事仍然历历在目，他的教诲和音容笑貌仿佛就在昨天。周总理从新中国成立以后，为了改变我国一穷二白的面貌，把我国建设成为强大的社会主义国家，在他那繁重的政务活动中总是把对外国专家的工作放在祖国建设事业的极重要的位置，直至 1973 年他患病期间，一直对这项工作给予热情的关怀，倾注了他的全部心血。

建国初期，我们接受了国民党的烂摊子，没有像样的工业，百废待兴，不仅没有汽车、飞机制造业，就是有轨电车也是比利时建造的。当时我国被帝国主义封锁，只有社会主义阵营苏联等国可以给予我们帮助。从1950年至1960年的十年期间，经中苏双方商定苏联先后向我国派出了经济、文教专家12215人，为我国第一个五年计划的建设打下初步基础。

建国初期，苏联专家的工作是一项全新的工作，周总理没有把苏联专家工作设在财经、文教、政法和监察四个管理委员会之一的综合部门管理，于1950年和1953年专门成立了专家招待处和专家工作办公室两个机构，放在政务院下，由他直接领导。随着专家增多、业务发展，为了加强专家工作的领导和管理，先后将两个机构升格，并于1954年将其合并为国务院外国专家局。在国务院秘书长协助下，仍在他领导下开展这项工作。

周总理当时不仅组建起外国专家工作机构，而且从对外谈判、聘请专家规划、制定工作方针政策到一系列制度法规以及中央和地方领导体制的组建，都投入了极大的精力。多少份下达文件和请示报告，他都亲自审定，不少重要文电都是周总理亲自主持或起草的。他是外国专家工作的开创者和奠基人。1950年4月3日，周总理为确定外国专家工作方针，亲自为中央起草电报，他在电文中指出："既请专家就要准备花钱，因此必需请好的、必要的，同时也逼得专家的部门赶快在一两年内向专家学好，免得专家走了仍不能自立。我们要认真向专家学本事，同时也有责任帮助专家了解中国情况，了解我们的政策，更重要的是帮助他们工作并解决他们的生活困难，这就是我们请专家的方针。"周总理还经常向我们强调做好专家工作的重要意义，在一次召集中央部长参加的会上，他指出：专家工作是关系到我国建设速度的大事，是关系到能否早日实现我国工业化伟大目标的大事。他要求我们要胸怀祖国、放眼世界，发扬国际主义精神，认真从各个方面做好外国专家工作，要设身处地，想到他们背井离乡，要创造条件为他们提供便利的工作和生活条件。他还严肃提出，外国专家工作"只许做好，不许做坏"。以上这些指示要求，对我们从事专家工作的同志说来，正是久旱逢甘雨，明确了方向和要求，为开展工作起了根本性的推动作用。不仅如此，更使我们难以忘怀的是日理万机的一国总理，还几乎手把手教我们如何安排具体接待工作。1953 年 9 月外专局向总理上报了国庆节请总理宴请在京近五百名专家和夫人及陪同的计划，他对主宾席座次名单都逐一进行审查并作了补充和修改，他批注“要照此排列”并指出“先约在小茶厅，到齐后，再进大餐厅”。总理在批示中这样具体地教我们如何从礼仪上接待客人，使我们受到莫大的鞭策。

1953 年 6 月周总理为了配合国民经济第一个五年发展计划和苏联援建 156 项经建项目及 122 项科技合作项目的实施，他就苏联专家工作专题向毛主席和中央其他同志写报告，在总结三年多工作基础上，他亲自组织为中央起草《中共中央关于加强发挥苏联专家作用的几项规定》，规定中强调正确地学习和运用苏联先进经验，是胜利完成我国各项建设任务的一个重要因素，要求各级领导干部必须巩固确立学习苏联先进经验的思想；要有专家参与制订工作计划；组织专家去现场检查工作；要认真研究采用专家建议和组织好培训中国干部；各部门要有负责人和专门机构负责专家工作等九项改进办法。此规定于当年 9 月经中央批准颁布，这是中央关于外国专家工作发布的第一个重要的指导文件。

建国初期外国专家工作没有任何法规可资遵循，但仅根据从 1950 年到 1953 年的不完全统计，在周总理亲自领导或组织下制定的重要政策性法规就有三十一项，涉及内容广泛，囊括外国专家工作的各个方面，共有九大类：(1) 专家聘请、延聘；(2) 专家薪金等待遇；(3) 外国专家的工作安排和发挥专家作用；(4) 向专家学习和培训中国干部；(5) 向专家介绍政策、作报告和提供资料；(6) 专家出差、医疗、用车、文娱等待遇及费用支付办法；(7) 专家节假日放假规定和招待办法；(8) 给专家颁发感谢状和纪念章等办法；(9) 外国专家家属参加工作和子女教育。以上这些法规制定的内容都贯穿着周总理的政策思想，其中许多原则精神至今仍有着现实的指导意义。这是周总理为我国建设事业留下的宝贵财富中的一个重要部分。

周恩来总理高度重视各国人民之间的友谊，他对外国专家满怀深情、关怀备至，他在百忙之中总是利用各种机会为增进外国专家对我国的了解和促进与我国人民之间的友好和团结不遗余力。他规定由他和副总理级各部门负责人定期向外国专家作报告;他在节日、专家休假或返国时,常常一批一批地接见专家,同他们亲切交谈、介绍我国情况、讲解方针政策;每逢重要节日亲自或请其他领导出面宴请全体专家,向他们祝贺节日、感谢他们对我国的帮助。周总理经常教诲我们要体会专家处在异国他乡,要同他们多交往、交朋友,增进同他们的相互了解和友谊。他还时常身先士卒地走到外国专家中间,参加节日联欢,与他们共舞或歌唱,共同分享友情和快乐。1965 年的五一节有部分外国专家在劳动人民文化宫参加游园活动,当他们看到五彩缤纷、群众欢腾的场面,非常兴奋,有十几位外国专家主动上台演唱“大海航行靠舵手”等革命歌曲,当时周总理也在那里与群众联欢,当他见到专家在台上唱歌时,也兴高采烈地登上台去,同专家一起歌唱,之后又热情地同专家一一握手合影留念,这一热烈场面使在场的中外朋友非常激动。

周总理不仅要求我们要关心外国专家的冷暖和困难,他也是率先垂范,对专家满腔热情备加关注。1971 年一位美国专家的母亲来华访问,在去无锡访问期间心脏病突发并患急性肺炎,病情危重,当周总理得知后,亲自指示由上海派医疗小组乘专机前往抢救,并要外专局等负责人前往看望,经过半个多月的治疗,病人终于脱险、恢复了健康。专家和其母亲都甚为感动,表示此行终生难忘。在“文化大革命”的不正常年代里,由于林彪、“四人帮”的破坏,有的外国专家受到冲击和不友好的待遇,有的被迫离开中国。1973 年 3 月尽管周总理患病在身,他仍组织几个部门和人员调查了解外国专家的情况和专家工作中的问题。3 月 4 日他在专门召开的研究专家工作会议上尖锐批评一个部门的军管负责人说:“我一方面在抓专家工作,你们却甩手不管,想把麻烦事都推出去。”他并指示中联部等部门组织好三八节茶会,请在京全体专家和夫人参加。周总理利用这次茶会机会作了长时间讲话,介绍了反党集团等情况,重申了我党的政策,并且代表我国政府对九位受到不友好待遇的专家予以平反、表示道歉。会上他还逐一向专家及夫人祝酒,祝贺女专家、专家夫人节日愉快,使得她们非常感动。

周恩来总理在领导外国专家工作方面所展现出来的杰出智慧、领导魄力和光辉业绩，很难在一篇文章中得以全面展示，但是他那兢兢业业、公而忘私、一丝不苟、鞠躬尽瘁的精神，是留给我们永久学不完的宝贵财富。

2011 年 3 月

附件：

国家外国专家局机构沿革和领导人名录(1950—1991)

一、政务院专家招待处(1950 年 1 月—1953 年 8 月)

1950 年 1 月 7 日政务院成立专家招待工作联席会议，由政务院秘书长齐燕铭及各部门负责人周子健（机关局）、师哲（编译局）、朱早观（军委）、杨奇清（公安部）、戎子和（财政部）、周荣鑫（中财委）、武竞天（铁道部）、成仿吾（人民大学）、薛子正（北京市）、何廷一、王拓（交际处）、赖祖烈（中办特会室）、张行言等人组成。齐燕铭为主席、赖祖烈为副主席。其办事机构为专家招待处。

1950 年 1 月政务院批准成立政务院专家招待处。

处长：　赖祖烈（兼）

副处长：张行言

1951 年 2 月中财委报经政务院批准成立专家工作联络室。

主任：　杨放之（兼）

副主任：李国钧（兼）

二、政务院专家工作组——政务院专家工作办公室和政务院专家招待事务管理局(1953 年 8 月—1954 年 4 月)

1953 年 8 月政务院决定成立专家工作组及其办事机构——政务院专家工作办公室和政务院专家招待事务管理局。

政务院专家工作组由伍修权（外交部）兼组长和齐燕铭、肖向荣（军委）、杨放之、王光伟（计委）、钱俊瑞（文委）、朱其文（政法委）、赖祖烈、马列（周恩来总理秘书）其他八人组成。

专家工作办公室主任：杨放之（兼）

副主任：吴凡吾

专家招待事务管理局局长：赖祖烈（兼）

副局长：张行言

三、政务院专家工作局（1954 年 4 月—1964 年 9 月）

1954 年 4 月经政务院决定，将政务院专家工作办公室和政务院专家招待事务管理局合并，成立政务院专家工作局。1954 年 9 月改名为国务院专家工作局，为国务院直属机构。

1956 年 5 月 12 日经全国人民代表大会常务委员会第 40 次会议决定，将国务院专家工作局更名为国务院外国专家局。

局长　　杨放之（国务院副秘书长兼）

副局长　赖祖烈、张行言（1959 年调离）、屈志统、吴凡吾（1961 年调离）、李梦夫（1961 年调离）、张世英、高富有（1963 年调离）、陈旭东。

四、国务院外国专家局（1964 年 10 月—1966 年 6 月）

局长　　糜镛

副局长　屈志统、张世英、陈旭东、王锐夫

五、国务院外国专家局（1966 年 7 月—1978 年 11 月）

代理局长　屈志统（1966 年 6 月—1968 年 6 月）

副局长　　张世英、陈旭东、王锐夫

1968 年 6 月至 1972 年 8 月实行军事管制期间，正副局长均被停职。

军管小组组长　李伯时

副组长　　　　潘振高、王华富、王希凡

1972 年 8 月至 1973 年 8 月军管撤销后成立党的领导小组。

组长　　糜镛

副组长　屈志统、李伯时

1973 年 1 月外交部报经上级核准拟撤销国务院外国专家局，拟在外交部领事司下设外国专家工作小组并将友谊宾馆移交北京市。当年 3 月经周恩来总理发现过问，对此进行批评纠正，友谊宾馆交北京市已成事实，但外国专家局最后未撤销。

1978 年 9 月国务院通知，恢复国务院外国专家局仍作为国务院直属机构，暂由外交部代管。

六、国务院外国专家局(1978 年 11 月—1979 年 1 月)

局长　　糜镛

副局长　屈志统、龙舒林、张世英、陈旭东

七、国务院外国专家局(1979 年 1 月—1980 年 12 月)

局长　　杨放之

副局长　屈志统、龙舒林、吴凡吾、张锦川、陈旭东、邢松鹧

顾问：张世英

八、国务院外国专家局(1980 年 12 月—1982 年 9 月)

局长　　吴凡吾

副局长　屈志统、龙舒林、陈旭东、张锦川

顾问：杨放之、张世英

其间 1981 年 8 月陈宝琛、李明俊任副局长。

九、外国专家局(1982 年 9 月—1985 年 11 月)

1982 年 9 月机构体制改革，外国专家局由国务院直属局改为国务院办公厅厅属局。但为工作需要，国务院办公厅通知，对内对外仍享受直属局部分职权，印章带国徽，对外称中华人民共和国外国专家局。

局长　　张锦川

副局长　陈宝琛、李明俊、徐振元

1985 年 11 月国务院机关党组通知，由李明俊副局长主持外国专家局的工作。

十、国家外国专家局(1986 年 5 月—1988 年 7 月)

1986 年 7 月经国务院批准，外国专家局改名为国家外国专家局，仍由国务院办公厅归口管理。

局长　　李明俊(1986 年 8 月兼任引进办副主任)

副局长　徐振元、杨汉炎

十一、国家外国专家局(1988 年 7 月—1991 年 8 月)

1988 年 7 月国务院决定将中央引进国外智力领导小组办公室与

国家外国专家局合并，组建新的国家外国专家局，作为国务院直属局，并作为国务院引进国外智力领导小组的办公室，仍由国务院办公厅归口管理。

局长　　王迺

副局长　李明俊、武永兴、徐振元、杨汉炎

材料整理：李明俊

2009 年 5 月

外国文教专家工作
在不断改革、创新中发展前进

作者：徐振元

徐振元，1935年3月1日出生在上海，祖籍江苏省无锡市。1960年中国人民大学毕业后，在上海同济大学任教。1964年9月从同济大学调入国务院（国家）外国专家局工作，曾任研究室主任兼《专家工作通讯》主编、文教处处长，从1984年至1998年退休前一直任国家外国专家局副局长、党组成员、国务院引进国外智力领导小组办公室副主任，并兼任中国国际人才交流与开发研究会副会长、中国国际人才交流协会副秘书长、同济大学顾问教授、华东政法学院兼职教授等。

我是1964年调到国务院（国家）外国专家局工作的。因为1964年中央从全国选调1000名干部来北京充实到各外事部门工作。当时同济大学党委负责同志找我谈话，我表示自己喜欢在大学教书，不愿意到政府部门工作。但当时中央主管部门已审查通过，并发来调令，我也就只好服从组织的决定。我从1964年9月调来国务院（国家）外国专家局工作至今已有40多年，其中在1969年曾到河南“五七”干校劳动锻炼，1972年从河南干校调回北京时，我曾向当时军管小组负责人提出要求回大学教书，但没有得到同意。我在外专局工作了几十年，从1984年任副局长到1998年退休前，一直分管外国文教专家工作，亲身经历过的事情很多，我想在这里只能概括地回顾一下改革开放30年来外国文教专家工作的主要情况。我认为在改革开放新的历史时期里，我们认真贯彻周总理、邓小平等中央领导同志的重要指示，适应深化改革、扩大开放、加速发展的需要，不断进行改革创新，从而使外国文教专家工作发生了很大的变化，有了很大的发展，取得了很大的成绩。回顾改革开放30年来走过的历程，我认为大体上可分为两个阶段：一个是拨乱反正，端正思想路线；一个是改革创新，逐步实行六个转移。

拨乱反正、端正思想路线

我认为，在我国文教、科技、新闻、出版、文化、艺术、卫生、体育部门和单位工作的外国文教专家绝大多数对我国友好，工作认真负责，为我国培养各种专业人才，提高教学质量和科研水平，为促进新闻、出版、文化、艺术、卫生、体育事业的发展作出了重要贡献，并增进了中外人民之间的友谊。

但是，在“文化大革命”期间，由于受极“左”思潮、排外思想、无政府主义的影响，大批外国专家被辞聘或赶走，最少时只留下59人。有些外国专家对我们师生手举毛主席语录进行“早请示”、“晚汇报”、“跳忠字舞”等行为表达了一些不同的看法，就被扣上“反对毛泽东思想”、“反对文化大革命”等帽子，受到冲击、批斗；有的被扣上“特务间谍”等反革命帽子，遭到逮捕迫害。因此外国文教专家工作受到了严重破坏，造成了很坏的影响。很多做外国文教专家工作的干部、教师被扣上“洋奴哲学”、“崇洋媚外”、“里通外国”等帽子，受到冲击和迫害。我们国务院外国专家局交给外交部代管，成立了一个临时领导小组维持局面，大批干部被下放到河南农村“五七”干校进行劳动。

周总理对外国专家工作一向都十分重视，亲自过问，对重大问题及时作出明确指示。对当时在外国专家和外事干部中存在的上述情况和问题，周总理非常关心、非常着急。1973年2、3月间，周总理先后召集外交部、中联部等外事部门负责人谈话，他严肃地指出，目前的外国专家工作有点不像话，不是国际主义，而是民族主义。有不少单位仍然存在排斥外国专家的错误倾向，平时和外国专家不相往来，外国专家的政治、思想和生活没人管。他对要撤销外专局的错误做法提出了批评。他指示要成立一个调查组，请外交部、中联部的有关同志找外国专家谈话，了解他们的情况和存在的问题，并提出解决的办法。1973年3月8日在人民大会堂举行纪念三八国际劳动妇女节招待会，周总理亲自参加并发表了重要讲话，他严肃批判了林彪、陈伯达、王力等在“文化大革命”中对外交工作的干扰和破坏，批判了排外主义、无政府主义等错误倾向，明确指出要进一步肃清极“左”的流毒。周总理代表党中央向在“文化大革命”期间受到冲击和迫害的外国专家赔礼道歉，表示对有的已被迫回国的外国专家要请回来，认真做好对他们的工作。周总理还亲自举杯走到每个桌子向专家们敬酒，很多专家感动得热泪盈眶，激动得说不出话来。我们从事外国专家工作的干部也深受教育。

粉碎“四人帮”，结束“文化大革命”，邓小平同志重新主持中央领导工作后，把我们从农村接回北京，外国文教专家工作开始逐步恢复起来。但当时的困难和问题还不少，我们经过调查研究，认为主要的困难有：一是要不要聘请外国文教专家，如何看待外国文教专家？当时有些人认为没有必要聘请外国文教专家，把付给专家的高工资拿来给我们多加些工资，我们会比他们干得更好。有的大学的总务长说，老子干革命几十年了，还没有享受过空调、现代化的卫生设备等生活条件。有的担心聘请外国专家来会在学生中传播资产阶级思想和生活方式，或窃取我国的情报，搞宗教渗透等活动。因此对外国专家采取了种种限制措施，严加管理。当时有不少外国专家反映，在中国工作和生活感到孤单、寂寞，像生活在“金丝鸟笼”（即整天待在宾馆）里一样；每天只能“隔着玻璃窗看中国”（即每天坐汽车从宾馆到学校上下班，只能透过车窗了解中国）。二是不少干部、教师心有余悸，不敢与外国专家联系，不愿再做外国专家工作。有些曾受到过冲击和迫害的干部、教师还没有落实政策，没有平反和恢复职务，也就没有工作的主动性和积极性。三是极“左”的流毒还没有肃清，思想路线不端正，方针政策不明确，这是最重要的。因此要改变上述的状况，首先必须着力解决这个问题。

1978 年 12 月召开的党的十一届三中全会确立了解放思想、实事求是的思想路线，确定了把党和国家的工作重点转移到经济建设上来，做出了实行改革开放的重大决策。邓小平同志明确指出：“任何一个民族、一个国家，都需要学习别的民族、别的国家的长处，学习人家的先进科学技术。我们不仅因为今天科学技术落后，需要努力向外国学习，即使我们的科学技术赶上了世界先进水平，也还要学习人家的长处。”“现在我们的方针是，尽量吸收国际先进经验，引进资金和技术，加速我们的发展。”因此时任党中央副主席和国务院副总理的李先念同志提出“以后来华的专家不断增多，要做好专家工作是一件很重要的任务”。他建议“开一次全国性会议，写出几条办法以便遵循”。当时华国锋、叶剑英、邓小平等中央领导同志都圈阅同意。

在邓小平、李先念同志的关怀下，国务院外国专家局于 1978 年 6 月正式恢复为国务院直属局。外专局的领导面对这样有利的形势，很受鼓舞，同时深感责任的重大。为了能做好改革开放新时期的外国文教专家工作，开创一个新的局面，外国专家局首先组织干部认真学习领会周总理、邓小平同志的讲话精神，学习十一届三中全会文件，提高认识，解放思想，肃清流毒，端正思想路线。通过学习，我们检查批判了过去在外国专家工作中存在的“左”的思想和错误做法。如在聘请工作方面，片面强调政治标准第一，因此当时有不少外国专家是通过兄弟党、友好组织和友好人士选派、推荐来的，他们对我国友好，但业务水平不够高。在合作共事方面，片面强调“以我为主”，和外国专家的关系搞得比较紧张，也影响了外国专家积极性的发挥。有的外国专家生气地说“一切都得听你们的，那还要请我们来干什么?”在中外交往方面，采取了种种限制措施，有的院校规定必须“两人同行”，进外国专家招待所要登记验证，要事先请示事后汇报等，引起外国专家的强烈不满，造成了很不好的影响。所有这些都必须认真检查，切实改正。

同时，外专局的领导根据中央领导的指示，积极筹备召开全国外国文教专家工作座谈会，由局领导杨放之、屈志统、龙舒林同志带领严立宇、冯忆罗、杨宝琴、张吉录、常栖凤等同志分赴各地搞调查研究，由李景先、陈宝琛、徐振元、常栖凤同志负责大会报告、《会议纪要》和《外国文教专家工作条例》的起草工作。

1980 年 4 月 15 日召开了“全国外国文教专家工作座谈会”，中央领导对这次会议十分重视，由姬鹏飞副总理代表中央给大会作了重要报告，他明确指出“外国专家工作在四个现代化建设中应当占一个很重要的地位。为了搞好四个现代化，当然主要是独立自主、自力更生。同时也要争取外援，学习外国先进的科学技术、管理经验，我们除了引进设备和外资，还应当聘请专家来帮助工作。中央把引入人才、聘请专家作为一项重要的政策，一项长期的政策。一定要充分认识引进人才是加速四化建设的一项重要政策”。杨放之老局长在会上作了报告，并形成了《会议纪要》。由外专局起草的《外国文教专家工作条例》也提请大会讨论修改。会后，国务院很快批准颁发了《会议纪要》和《外国文教专家工作条例》，要求各部门、各地方认真贯彻执行。《会议纪要》指出“十一届三中全会以来，随着全党工作重点的转移，外国专家工作也进入了一个新的时期”。“新时期外国专家工作的方针任务是有计划地聘请外国专家，积极主动地团结他们，调动他们的积极性，充分发挥他们的作用，虚心学习他们的专长，加速培养建设人才，为四个现代化服务，并增进中外人民之间的友谊”。

这次全国外国文教专家工作座谈会是一次非常成功的重要会议，会议贯彻了十一届三中全会的精神，明确了聘请外国专家工作是一项重要的长期的政策；通过拨乱反正，肃清流毒，端正思想路线，明确了我们聘请外国专家的目的是培养急需人才，加速四化建设；外国专家在政治上是我们的朋友，要多做团结友好工作；在工作上是我们业务工作中的老师和成员，要尊重他们，学习他们的专长，充分发挥他们的作用；在合作共事方面，要多沟通、多协商，给他们一定的主动权，不再片面强调“以我为主”，从而确定了一系列正确的方针政策，为今后的外国专家工作指明了方向。因此这次全国外国文教专家工作座谈会是改革开放新时期外国文教专家工作的重要转折、新的起点。

改革创新　实行六个转移

改革开放30多年来，外国文教专家工作得到了很大发展，发生了很大的变化。这是由于我国深化改革、扩大开放、加快发展的有利形势，对外国文教专家工作提出了新的更高的要求；由于我国教育、科技等事业迅速发展和加速培养各种专业人才的需要；由于我国的政局稳定，经济持续快速发展，国际地位不断提高，我们的朋友不断增多，合作渠道不断扩大。回忆起在改革开放初期，我曾率领外专局的一个代表团赴美国考察访问，开辟渠道，聘请专家。当时有的美国大学校长傲慢地对我们说，我们给你们派专家教授去讲课，你们的师生能听得懂吗？你们能付得起他们的机票费和高额工资待遇吗？而现在的情况已经完全不同了，很多国外的著名大学和国际机构都愿意和我们合作。

外国文教专家工作所以能有今天这样好的局面，最重要的是邓小平同志两次重要的讲话，指引着我们不断改革创新、发展前进。一次是1983年7月8日，邓小平同志召集一部分中央领导同志对引进国外智力工作发表了重要讲话，他明确提出要把引进国外人才作为一项推进我国四化建设的战略方针，而不是权宜之计。这也是实行对外开放政策的一个重要方面。他还说，我们对这项工作认识晚了一点，抓得不够好，现在再也不能慢慢腾腾坐而论道了，要立即行动起来。另一次是1992年春天，邓小平同志的南巡重要讲话。他说，我们“必须吸取和借鉴当今世界各国包括资本主义发达国家的一切反映现代社会化生产规律的先进经营方式、管理办法”。他还说：“不要抽象地在姓‘资’姓‘社’的问题上争论，只要符合‘三个有利’的，即有利于发展我国社会生产力的，有利于增强我国综合国力的，有利于提高我国人民生活水平的，我们就应该积极支持，大胆试验。”邓小平同志的这两次重要讲话，使我们深受教育和鼓舞。对照检查我们的工作，我们在过去主要聘请的是外国语言专家、教师，对聘请外国经济、管理、法律、社会科学方面的专家就顾虑重重；对聘请专家的规模、计划也控制得很严，管得过死；对聘请渠道限制很多，对聘请单位也管得过多过死，捆住了大家的手脚。凡此种种，都不符合邓小平同志的讲话精神，也不能适应形势发展的需要，不利于外国文教专家工作的发展前进。

我们通过不断地学习领会邓小平等中央领导同志的指示精神，广泛地进行调查研究，听取各有关方面的意见和建议，从而解放了思想，放开了手脚，不断进行改革创新，逐步实行了六个转移。

一、从偏重聘请外国语言专家、教师向增聘理工、经济、工商管理、法律、农业等专业专家转移

我国高校在50年代主要学俄语，“文化大革命”期间取消了外语教学，改革开放后外语人才奇缺。为此聘请了大批外国语言专家、教师（据1997年的统计，共聘请了4万多名30多个语种的外国语言专家、教师）来帮助我们培训了大批外语人才，并大大提高了我国的外语师资和外语教学水平。

深化改革，扩大开放，准备参加世界贸易组织，逐步与国际接轨，这些都急需大量国际化的高层次人才。根据有关部门预测，在10～15年内急需培养出30万律师、30万会计师、30万税务工作人员，并需要培养出一批能承担国际业务、具备国际资格的高层次人才。因为当时有些外国投资者反映，到中国的律师事务所、会计事务所，找不到合格的令人满意的懂得国际业务的律师和会计师，只好付高工资从香港聘请律师和会计师来华洽谈合作业务。

另外，当时选择了100个大中型企业实行现代企业制度试点，要对这些企业的厂长、经理和高级管理人员进行培训。中央领导同志提出要对这些企业的16000多名高级管理人员分期分批进行培训，争取能达到MBA的资格。

国家批准了“211工程”和“培养跨世纪人才工程”，要求在10—15年内重点建设100所重点大学，这100所重点大学和800个重点学科要逐步达到或接近国际先进水平。

所有这些，都要求我们能聘请更多的理工、经济、法律、工商管理等专业的高水平专家教授来帮助我们培训急需的国际化人才，加强重点学科、新兴学科、重点实验室的建设。因此经国务院批准，我们及时调整了聘请专家的专业结构，适当减少了聘请外国语言专家、教师的名额，增加了聘请理工、经济、法律、工商管理等专业的专家名额。王迺局长对以上改革非常重视，亲自在“全国外国文教专家聘请计划工作会议”上作报告，阐明了进行改革的必要性。据 1997 年的统计，聘请外国语言专家、教师的名额比例已由过去的 85% 下降到 30%。当时也有不少反对削减聘请外国语言专家、教师名额的呼声，经我们调查研究，并和教育部商量后，对外语院校、综合性大学和师范院校的外语系（专业）可给予适当照顾，仍保留一定数量聘请外国语言专家、教师的名额，如确有需要，还可自筹经费聘请一部分外籍教师，纳入计划内统一管理。

另外，我们还适当增加了社会科学、艺术院校聘请外国专家的名额。

二、从偏重聘请长期外国专家向增聘短期外国专家转移

过去聘请的外国语言专家、教师，大多数是聘期为一年或二年的长期专家。而需要聘请的理工、经济、法律等专业的高水平的专家教授，大多数只能来华工作 1～3 个月。为了适应聘请专家专业结构调整后理工、经济、法律等专业的短期外国专家大量增加的情况（据 1997 年统计，这类短期专家已占专家总数人数的三分之二），我们及时采取相应措施，即改按“人年”为单位计算，一年内累计满四个“人月”的短期专家可使用一个长期专家名额的经费。同时要求各中央部委成立聘请专家指导评审委员会，采取立项管理的办法，确保重点项目和急需人才的培训，避免撒芝麻、重复聘请等现象。

根据邓小平同志讲话精神，我们报请国务院同意，对一部分外国老专家和有真才实学的著名专家聘任实职，如陈省身任南开大学数学研究所所长，爱泼斯坦担任《中国建设》杂志社主编，阳早和寒春任农机部顾问兼农机所副所长，柯鲁克和伊莎白任北京外国语学院顾问。还有一批专家聘任为大学的系主任、杂志社的编委等。

三、从偏重聘请外国专家单纯讲课向多种合作形式转移

由于我国教师的外语水平和专业知识不断提高，出国机会和对国外学术动态的了解增多，因此请外国专家来作一般的讲学已不太受欢迎。我们经过调查研究，总结有关院校、单位行之有效的中外合作方式，及时提出了在具备一定条件的院校可采取中外合作办学，合作科研，合作指导研究生，合作办培训中心（班），合作举办国际学术研讨会，合作开发新技术、新产品等合作形式，并积极推广运用。由于中外双方有共同的需求和兴趣，共同投入和承担风险，共同分享成果，因此很受欢迎，取得了很好的效果。有些中外著名高校采取强强合作的方式，效果更为显著。

我们国家外国专家局和司法部合作，以政法院校为依托，和美国、加拿大等著名法学院合作，先后在上海、北京、重庆创办了三个中国国际高级法律人才培训中心，培养出了一批又一批高级法律人才。我局还和国家体改委、中国社科院联合举办了“市场经济与中国”国际研讨会，邀请60多位中外著名经济学家参加，其中有两位是诺贝尔奖获得者。江泽民同志对这次国际研讨会非常关心，十分重视，他亲自参加了研讨会，认真听取了中外著名经济学家对在中国建设社会主义市场经济的意见和建议。

四、从主要由国家拨款聘请外国专家向计划内拨款和计划外自筹经费聘请外国专家相结合方面转移

由于国家的经费有限，不能满足需求。因此有条件的院校和单位可以自筹经费聘请外国专家，纳入计划内统一管理，同样可享受外国专家的优惠待遇。这样既调动了各方面的积极性，又弥补了国家经费的不足，取得了较好的效果。据1998年统计，计划外自筹经费聘请外国专家人数已占外国专家总人数的35％。

另外，我们还放宽了民办院校聘请外国专家的限制，制定了相应的管理办法。

五、从偏重由欧、美、日等发达国家聘请外国专家向全方位、多渠道聘请外国专家转移

为了博采众长、取长补短，同时吸取1960年原苏联赫鲁晓夫单方面撕毁协议，撤走全部专家，给我国造成重大损失的教训，我们必须采取全方位、多渠道聘请外国专家。据1997年统计，当时来华的外国专家有15000多人，是1980年的25倍。他们来自54个国家和地区，通过政府协定、国际机构、友好城市、民间组织、校际交流等各种渠道聘请来华。

在过去，我们国家外国专家局主要和外国政府部门、国际机构建立友好合作关系，现在已逐步冲破了这些限制。我们先后和美国、日本、加拿大、澳大利亚等著名院校、国际机构、友好组织建立了很好的交流合作关系。比如我们和日本早稻田大学建立了很好的交流合作关系。他们每年派教授来华任教，机票和工资由日方负担；每年还接受我方5名教师或外事干部去该校进修，不仅免收学费，还提供食宿等助学金。我们以每年接待该校的一个考察访问团作为回报。我们和美国英语学会、美中教育服务机构已友好合作30多年，他们每年为我们选派300多名英语教师到各大学任教。美方在这些教师来华前进行一个月的教学方法等方面的培训，并介绍中国有关的情况，因此这些教师来华后很快就能适应，教学工作认真负责，很受师生的欢迎。他们为我国培养了大批英语人才，提高了英语教学水平，做出了重要贡献。他们派来的教师绝大多数是信教的，开始也发生过个别美方教师在课堂上传播宗教和发展教徒的情况，我们约这两个组织的负责人谈话，说明我们尊重他们的宗教信仰自由，他们可以在自己的家里或到教堂过宗教生活；同时我们向他们宣布了“三个不准”的原则：即不准在中国传布宗教、不准发展教徒、不准干涉中国的宗教事务。如再发生类似事件，由这两个组织立即将有关教师调回国，另派教师来接替。以后这类情况就基本上没有了。另外，我记得1988年初美国驻华大使洛德约见我们，向我们提出希望派美国“和平队”来华教英语。在座的美国使馆参赞对我们说，我过去也是“和平队”的成员，曾到过很多国家帮助工作，这就像你们中国的上山下乡一样，是为了培养锻炼年轻人。我们的“和平队”成员和情报部门没有关系，是不准搞情报活动的。我当时表示，过去“和平队”的名声不太好，我们的师生不易接受，希望能考虑换一个名称，建议用“美中友好志愿者”的名称来华任教。过些日子后，美方表示理解，同意用“美中友好志愿者”名称。经中央外事主管部门同意后，第一批来华的“美中友好志愿者”教师安排在四川绵阳地区的院校任教。

另外，我们每年举办一次聘请外国文教专家洽谈会，由各聘请院校、单位和国外介绍外国专家来华的机构的代表参加，通过双方洽谈，商定聘请人选，签订合作协议。

六、从主要以行政手段，按内部文件规定办事，向规范化、公开化、法制化、逐步按国际惯例办事转移

我们先后和国家教委联合制定和发布了《学校和其他教育机构聘用外籍专业人员管理办法》，和外交部、公安部联合制定和发布了《聘请外国文教专家单位资格认可办法》，制定发布了《外国文教专家聘用合同管理暂行办法》（一号令），制定发布了《外国文教专家聘用合同争议仲裁规定》（二号令），和外交部、公安部、安全部、国务院宗教局、国家教委联合制定和发布了《关于对介绍外国文教专家来华工作的境外组织和境内中介机构管理的暂行办法》（三号令）。马俊如局长对以上改革非常重视，亲自签发了一、二、三号令。1996年对聘请外国文教专家单位资格进行年检的结果，被取消资格的有37个单位，另有48个单位受到黄牌警告。

这样可以做到有章可循，有法可依，转变政府职能，提高工作效率；有利于增加透明度，依法办事，公正合理，维护外国专家和聘请单位的合法权益。

为了使做外国文教专家工作的干部能正确理解和掌握以上有关的方针政策和规章制度，并提高他们的外语水平和业务工作能力，我们采取了国内培训和国外培训、外语培训和业务培训等方式，分期分批对外事干部进行培训。我们先后组团送他们去美国、日本进行考察培训，每年选派外事干部去加拿大里贾纳大学、日本早稻田大学和拓殖大学等院校进修半年或一年；我们委托中国人民大学行政管理学院办培训班，讲授人事、行政管理知识，我局有关司、处长也参加讲课，介绍有关的方针政策和规章制度等；我们还委托美中教育服务机构和有关大学合作，举办外事干部外语培训班，提高他们的外语水平。通过以上培训，提高了他们从事外国文教专家工作的能力，也调动了他们的工作积极性。

江泽民、胡锦涛、温家宝等中央领导同志对外国专家工作非常关心，十分重视，曾作过不少重要的指示。每年春节，他们都亲切会见外国老专家和夫人，和他们一起过年。每年国庆节，他们都在人民大会堂接见在京的外国专家，和他们亲切座谈，并听取专家们的意见和建议。对有突出贡献的外国专家，他们代表中国政府授予“友谊奖”。所有这些，使外国专家们受到了很大的鼓舞。国家外国专家局的领导和同志们，坚决贯彻执行中央的方针政策，努力工作，积极进取，不断开拓新的局面。

2011 年 5 月

我国的外国文教专家管理工作逐步走向规范化、公开化、法制化

作者：陈阳进

陈阳进，1945 年 10 月生。1970 年 7 月毕业于北京对外贸易学院外语二系西班牙语专业，1970 年 8 月—1974 年 3 月，在河北省高阳县工作，1974 年 4 月—1980 年 2 月，在北京市丰台区教育局、丰台区委教育部工作，1980 年 2 月担任国务院外国专家局研究室干部，1981 年 9 月担任国务院外国专家局研究室科长，1983 年 4 月担任国务院外国专家局研究室副主任，1986 年 7 月担任国家外国专家局文教处处长，1989 年 4 月担任国家外国专家局文教专家司司长，1998 年 6 月担任国家外国专家局党组成员、副局长，2003 年 7 月担任国家外国专家局党组副书记、副局长，2006 年 9 月从国家外国专家局退休。

聘请外国文教专家来华工作，是我国对外开放政策的重要组成部分，也是我国高等院校引进国外智力的重要途径。

我是改革开放的初期（1980 年 2 月）开始从事引进国外智力工作的，并且在 1998 年前主要从事与外国文教专家工作相关的业务。期间，我参加了不少有关外国文教专家工作的座谈会、经验交流会、教学评估会和专题研讨会，参与了许多政策规定、管理办法的制定和贯彻

实施工作。所以,对外国文教专家工作的一些情况还算比较了解。

改革开放的头几年,我国的外国文教专家工作多以红头文件方式,发出指令、传达上级精神、指导工作,采取内部管理模式。随着改革的不断深入和对外开放的不断扩大,我国聘请外国文教专家的单位和来华专家人数逐年快速递增,介绍外国专家来华工作的境外组织和境内中介组织也应运发展。为了适应新的形势和任务,保证我国外国文教专家工作的健康发展,国家外国专家局按照中央的精神,联合各有关部门,陆续出台了一批政策规定和管理办法,并且采取了多种措施加以贯彻落实,使我国的外国文教专家工作逐步走上规范化、公开化和法制化的轨道。

我国的外国文教专家工作,涉及面广,内容丰富。本文仅从外国文教专家管理工作的几个侧面作些回顾。

外国文教专家管理工作大致可分为:(1) 对外国文教专家的管理,包括教学管理、社会管理、生活管理、工资待遇和友好交往等;(2) 对聘请单位的管理,包括聘请资格、聘用效益、接待条件和安全措施等;(3) 对介绍专家来华工作的境外组织及境内中介机构的管理,包括资质审查、注册登记等。此外,对一些特殊行业和敏感专业聘用外国专家,还要采取相应的措施进行管理。

为了便于回忆过去的一些工作情况,也有助于阅读的连贯性,本文基本按照时间先后顺序叙事。

1978 年我国实行对外开放政策后,国际交流逐步增多,为了适应形势发展的需要,要求聘请外国文教专家的单位迅速增加。然而,由于刚刚对外开放,与国外联系的渠道并不多。当时的一个迫切任务是如何开辟渠道,如何请到外国专家。当时,有的单位曾一度出现饥不择食的情况,只要有愿意来的,不论条件如何,不论是否符合要求,来者不拒。随着对外开放的扩大,特别是 1983 年 7 月 8 日邓小平同志发表关于引进国外智力工作的重要讲话,随后,中共中央、国务院作出“关于引进国外智力以利四化建设的决定”,局面很快打开了,一些比较知名的高等院校对外联系频繁,可供挑选的专家人数也多了,可以请来的外国文教专家越来越多。这里有几个数字可以证明:1978

年，全国只有 79 个聘请文教专家的单位，当年聘请专家的计划名额为 608 人年，实际只请到 300 多名，短期来华讲学的外国专家也很少，一般的外教只是个别外国专家的家属参加工作。到了 1988 年底，全国聘请外国文教专家的单位达到 680 多个，当年的聘请专家计划名额是 2328 人年，还有 1400 多名外教。由此可见，当时的发展速度是很快的。

聘请单位和来华外国专家的不断增多，外国文教专家的管理工作随之摆上了各相关部门和单位的重要工作日程。1980 年 4 月召开的全国外国文教专家工作座谈会，是我国实行改革开放政策后召开的第一次全国性的外国文教专家工作会议，这是一次非常重要的并对后来的工作产生着重大影响的会议。同年 10 月，国务院批准了由外国专家局、教育部共同制定的《外国文教专家工作试行条例》（即四十条），对新时期的外国文教专家工作的方针、任务、管理体制、管理办法等，都做了明确的规定。多年来，《试行条例》一直是做好外国文教专家工作必须遵循的基本原则。

20 世纪 80 年代初，我国的高等院校一般都没有自己的外宾招待所，大多数外国文教专家只能住宾馆、饭店。这样，一是开支比较大，学校感到经费负担很重；二是不利于教学，不利于师生交往，学校和专家都感到不方便，都不满意；三是不能随时掌握外国专家的情况，担心专家的安全。所以，解决外国文教专家的接待条件问题，成了 1982 年之前一段时间的中心问题。那时，不少院校开始筹建专家楼、专家招待所，有的院校把职工宿舍进行改造装修，安排外国专家住宿。由于刚开始时经验不足，标准比较低，住宿条件还是比较差，服务水平和服务质量也不高，外国专家住到学校后不满情绪比较大。为了解决专家生活接待方面的这些问题，国家外国专家局及时提出要求并组织检查。当时从山西省开始，先后有 20 多个省、区、市都组织了由当地外办、教委、公安等部门联合组成的检查组，对各聘请单位生活接待情况进行巡回检查，主要检查外国专家的住宿、食堂的设备条件和卫生状况，检查是否存在安全隐患。这项工作当时抓得很紧，也很有成效。到 80 年代末，除个别地方的少数院校外，绝大多数外国专家都住进了单位的专家楼里，设备条件和服务质量也有很大的改观，大多数专家都表示比较满意。再后来，我国高等院校的接待条件不断改善，不少院校都盖起了宾馆、饭店，外国专家的生活接待不再成为主要问题了。

1982、1983年，国家外专局集中抓了外国文教专家的教学管理工作，要求聘用单位必须为外国专家配备合作教师，强调搞好合作共事关系，院系要切实加强对专家的教学管理工作。国家外专局与教育部联合制定了《关于加强对外籍教师教学管理的意见》，对外国专家的教学管理提出具体要求，比如，规定外国专家在课堂上不得从事与教学无关的活动，规定外国专家每周的授课为12～16学时，等等。1983年7月，在上海召开了全国16所高等院校外国专家教学工作经验交流会。这样，使外国文教专家工作的重点，从抓生活接待开始向抓教学管理方面转移。

1984、1985年，集中抓了解放思想、积极开展友好交往和对外宣传工作，强调"两个相信"、"两个放手"的原则，即相信中国同志的绝大多数，相信外国专家的绝大多数；放手与外国专家交朋友，放手向外国专家介绍中国的情况。这"两个相信"、"两个放手"是根据当时的中央领导同志（胡耀邦）在国家外专局的一份《专家工作简报》上的批语归纳出来的。1985年11月，国家外专局印发了《关于对同外国专家交往等方面几个问题的改进意见》，针对当时存在的一些问题进一步明确政策界限，并提出了具体的改进措施。比如，对与外国专家的日常往来不必事事请示，本单位人员访问专家免予登记。又比如，对于同专家接触较多的人员每年可发给50元以下的交往补贴费。这在当时，对广大外国专家工作干部进一步解放思想、消除疑虑、解除心有余悸，对增进中外人员的相互了解和友谊，对调动外国专家的工作积极性，都起到了较好的作用。

1985年底，国家外专局提出外国文教专家工作要抓聘用效益，1986年进而明确要以提高聘用效益为中心。在1986年底召开的全国外国文教专家工作会议上，明确要求对外国专家的教学工作进行考核、评估，对外国文教专家工作实行目标管理。随后，教学评估和目标管理的试点和推广工作全面展开。就此，我国的外国文教专家工作开始从接待型、经验型向管理型转变,开始向管理工作科学化、规范化和制度化迈进。

自从提出对外国文教专家工作实行目标管理后,各地区各部门对这项工作都很重视,迅速召开会议进行研究,制订实施方案,选定试点单位。当时,国家外专局在国家机械委所属的几所院校进行了试点工作。1987 年,国家外专局召开全国性的理论研讨会,对目标管理的相关理论和方案进行探讨、论证。1988 年外国专家的教学评估和目标管理方案正式出台,国家外专局委托上海机械学院研制的"外国文教专家目标管理评估决策支持系统"软件于 1989 年 10 月通过了技术鉴定,并于 1990 年举办了软件使用培训班,为在全国外国文教专家工作系统中推广应用做好了准备。1990 年在长春市召开的全国外国文教专家工作目标管理经验交流会上,进一步明确提出,从"八五"第一年开始,凡是聘有外国专家、外籍教师的院校都要进行教学评估,各省市、各部委都要有目标管理的试点单位,否则就不审批下年度的聘请专家计划名额。所以,各省市各部委的主管部门对这项工作都抓得很紧、很认真、很有成效。所谓目标管理,就是以目标为激励手段,以实现组织目标(整体目标)为目的的管理,是使参与实现组织目标的有关部门以至每个个人,都围绕总目标制定各自目标,确定行动方针,安排工作进度,有效地组织实施,并对成果进行严格考核的一种管理方式。它是全员管理的一种形式。就外国文教专家工作目标管理来说,就是从聘请、使用、管理到效益都要有目标,从而构成外国文教专家工作目标体系。

20 世纪 80 年代末至 90 年代初的这个时期,国际风云变幻,东欧突变,苏联解体;1989 年春夏之交的政治风波。当时,中央领导同志对如何防止西方资本主义思想、文化渗透极为重视,多次反复强调:我们一方面要同西方国家交往,另一方面要对西方的渗透和颠覆活动保持高度的警惕,如丧失警惕就会有亡国的危险。江泽民同志在 1989 年的国庆讲话中深刻指出:"国际反动势力从来没有放弃敌视和颠覆社会主义制度的根本立场。……在他们有机可乘的时候,就制造谣言,挑起事端,策划动乱,进行颠覆活动。"

针对当时国际形势和国内状况，根据中央的精神，国家外国专家局在认真地分析了我国外国文教专家工作的情况后认为，我国实行对外开放十多年来，先后聘请了近三万名外国文教专家，他们中的绝大多数，政治上对我国友好，工作上认真负责，与中方的合作关系融洽，为我国的现代化建设事业做出了积极贡献。对外国文教专家的主流，对聘用专家的必要性和取得的成绩，应当充分肯定，对改革开放政策的正确性应当坚信不疑。与此同时，我们也必须清醒地看到，我国每年聘请几千名外国文教专家和外籍教师来华工作，国际反动势力和宗教组织必然会利用这个渠道，对我国进行思想、文化和宗教渗透。十多年来，在外国文教专家中确实有从事非法活动的。比如，曾有几个国外特务以外国专家的身份为掩护，大肆收集我国内部情报，被我国公安机关逮捕，驱逐出境；有以社会学、新闻学专家为掩护，在课堂上发调查表，进行社会调查，或闯入我国非开放地区，收集各种情报的。还发生过多起外籍教师秘密从事传教活动，在学校师生中发展教徒，与我国的地下非法宗教组织联系，进行宗教渗透。因此，我们必须保持高度的警觉，切实做好防渗透、防演变的各项工作。在1990年6月召开的全国引进国外智力工作会议上，认真地研究了在引智工作中(包括外国文教专家工作)如何防止西方思想、文化对我的渗透问题。随后，在对外国专家和境外组织的管理方面，采取了一些必要措施。比如，1990年8月，国家外专局和国家教委联合召开了聘用外国社会科学专家工作座谈会，中央18个部门和部分聘用社科专家较多的院校的代表参加了座谈。大家充分交流了情况，深入分析了聘用外国社科类专家中出现的问题，认真讨论了会后如何加强管理和防止渗透的意见。又如，1991年8月国家教委、国家外专局联合制定了《高等学校聘请外国文教专家和外籍教师的规定》，对来华专家的标准、对聘用专家院校的条件，以及审批原则等，都提出了明确而具体的要求。

1992年初，邓小平同志视察南方时发表了重要讲话，从理论上深刻回答了长期困扰人们思想的许多重大问题。在同年10月召开的党的第十四次全国代表大会上，确立了邓小平建设有中国特色社会主义理论在全党的指导地位，同时提出："我国经济体制改革的目标是建立社会主义市场经济体制。”

为了贯彻落实小平同志南巡重要讲话和党的十四大精神，国家外专局于 1992 年 10 月下旬至 11 月初召开了外国文教专家工作座谈会。这次座谈会是分片举行的，地方上分三片：华北、中南片在石家庄市，西北、西南片在西安市，华东、东北片在杭州市先后举办。全国 30 个省、区、市教委，外办的同志及 130 多所院校的代表，共计 230 多人参加了座谈会。紧接着又在北京召开了中央各部委的会议，这次座谈会全面总结交流了“七五”期间外国文教专家工作的经验和成果，深入分析了存在的问题，集中研究了“八五”后几年外国文教专家如何转变观念，深化改革；如何在社会主义市场经济条件下进一步拓展工作，更好地为促进教育科技发展和经济建设服务等问题。通过这次座谈会，大家进一步提高了认识，统一了思想，初步形成了外国文教专家工作的改革思路，就是“要逐步建立起与国家新的经济体制相吻合的、与国家机构改革相适应的新型的外国文教专家工作宏观管理体制，使管理工作逐步走向规范化、公开化、法制化”。

围绕上述改革思路，在中央和地方各有关部门的积极配合下，先后出台并实施了一批公开法规和管理办法，主要的有：1992 年 6 月，国家外专局、公安部、外交部共同颁布了《聘请外国文教专家单位资格认可办法》，该《办法》规定，凡已经聘请外国文教专家的单位，均须在 1992 年 9 月底之前，向其主管部门提交申请，各省、区、市和国务院各部委的外国文教专家工作归口管理部门，分别负责本地区、本系统申请单位的资格认可工作，会同有关部门，逐一认可并签署意见，然后报送国家外专局复核批准。《办法》还规定，凡准备聘请外国文教专家的单位均可申请聘请资格证书。《办法》规定，聘请的资格实行年检制度，管理不善的单位有可能被吊销资格认可证书。该《办法》一颁布，很快就有上千个单位提出聘请资格申请，并有 800 多个单位首批获得资格证书。为了方便聘请单位使用资格证书，并有利于有关部门的管理，国家外专局又于 1993 年 6 月发出《关于使用和查验〈聘请外国文教专家单位资格认可证书〉的通知》。

聘请单位资格认可制度的建立，使全国的外国文教专家工作从上到下，从中央到地方，从部门到单位，形成了一个操作性较强的宏观管理调控机制，使所有聘请单位的管理工作纳入了全国统一管理的网络，做到了宏观上管住；同时，所有拟聘请单位均可申请聘请资格，经过资格认可的单位均可依据国家法规和政策自主地开展聘请工作，实现了微观上搞活。

《外国文教专家聘用合同管理暂行办法》和《外国文教专家聘用合同争议仲裁规定》于1993年5月以国家外国专家局第1号、第2号令的形式，同时向国内外公开发布，并举行了新闻发布会。这一举措，在国内外产生了强烈的反响。在此之前外国文教专家工作的有关规定管理办法，都是以内部文件的方式印发各地各部门实行的，这种管理方式很不适应改革开放的新形势和社会主义市场经济的新体制。国家外国专家局经与全国人大法工委、国务院法制局、最高人民法院、司法部及有关法律专家的反复研究后，决定公开发布，我国的外国文教专家管理工作由此走向公开化、法制化。按照规定，全国各聘请单位都采用有国家外专局统一印制的格式合同。这样，聘用双方的权利和义务更加明确清晰，合同格式更加规范统一。紧接着，国家外专局开始筹建合同争议仲裁委员会，其成员由教育、司法、公安、安全、宗教和外专局等相关部门的司级干部组成，并设立了秘书处负责处理日常工作。1994年3月，仲裁委召开第一次会议，决定选聘10名仲裁员。根据两年多的合同争议仲裁中的一些情况，1997年仲裁委又研究制定了合同争议仲裁规则和文书格式，进一步健全和规范了仲裁工作。

1993年6月，国家外国专家局《关于对介绍外国文教专家来华工作的境外组织和境内中介机构管理的暂行办法》（即第3号令）的发布，使外国文教专家人才市场有了可操作的调控手段，逐步改变了当时对聘请渠道管理和外国人随意求职的不规范状况。当年9月，国家外专局又发出《有关对介绍外国文教专家在华工作的境内中介机构实行资格认可的通知》。1995年8月，国家外专局和国家工商局联合颁发了《外国专业人才来华工作中介机构暂行管理办法》。《管理办法》规定，设立中介机构需经国家外专局批准，并要在工商行政管理机关办理登记注册。随后，国家外专局又出台了一系列的配套措施，如：

统一使用《外国文教专家职业介绍证明》、《外国专家推荐信》、《外国专家证》和《聘请外国专家确认件》等。至 1997 年底，注册登记的境外组织 29 个、境内中介机构 25 个，外专局对他们每年进行一次年检。

为了加强管理，促进对外交流，落实专家人选和保证专家质量，1994 年 11 月国家外专局印发了《关于加强境外渠道派遣外国文教专家合同管理的通知》，规定自 1995 年 1 月 1 日起，各省级外事办公室和教育部门凭《聘请外国文教专家单位资格认可证书》和聘请单位与外国专家签订的，由国家外专局统一制定、翻译、印刷、编号的标准合同原件，发放《外国专家证》。1995 年 4 月，国家外专局在湖南省长沙市召开了介绍外国文教专家中介机构工作座谈会，认真地分析了中介机构的情况，提出了进一步改进中介工作的意见。1996 年、1997 年，国家外专局连续举办外国文教专家供需洽谈会。如 1997 年 4 月在云南省昆明市召开的供需洽谈会，来自美国、英国、加拿大、比利时等国的 18 个境外组织的 33 名代表，国内 27 个省区市外办、教委及中介机构的 59 名代表出席。洽谈会上，中外代表分别介绍了各自的情况，交流了具体做法，增进了互相了解，达成合作意向书 83 份，意向派遣专家 679 人，并达成合作项目 24 个。洽谈会期间，18 个境外组织通过了国家外专局的年检。1998 年 11 月，国家宗教局、国家外专局、公安部共同制定了《宗教院校聘用外籍专业人员办法》，对聘用原则、聘用资格的申请和审批，对聘用人员的教学管理等，都作了详细的规定。

对于实施《关于对介绍外国文教专家来华工作的境外组织和境内中介机构管理的暂行办法》的目的、意义和作用，在 1993 年 12 月的外国文教专家管理工作研讨会上，曾做过如下的分析和概括：颁布这个《暂行办法》的目的是为了促进我国文化教育、科学技术的国际交流与合作，是为了保证聘请专家的质量，提高聘用效益，而不是限制和收缩。这个《暂行办法》的实施，有以下几个好处：(1) 使政府部门的职能更好地转变，宏观管理的能力得以增强；(2) 可以加强对境外组织和境内中介机构的指导和管理，保障他们的正常业务活动开展和合法权益；(3) 对境外组织和境内中介机构实行必要的审核登记、资格认可和定期评估制度，可以不断地提高外国专家人选的质量和改进对专家的管理工作；(4) 有利于对外国文教专家在地区分布和专业结构方面进行宏观调控，做到统筹安排、合理布局；(5) 有利于对一些以营利为目的因而派遣专家质量差或进行违法活动的组织进行有效的干预和限制，保障我聘请单位的利益，并有利于维护我国的社会稳定和国家安全。后来多年的工作实践证明，当时的指导思想是正确的，所采取的各项措施是适当的，效果也是好的。

我国的外国文教专家工作千头万绪，并且随着国际形势和国内情况的不断变化而变化。本文只是根据个人所经历的和在以往工作中所感受到的，并且现在手头保存的有限资料，作了些回顾和梳理，实难反映整个外国文教专家管理工作之全貌。对外国文教专家的生活待遇(包括工资、住房、交通、医疗、纳税、换外汇和探亲等)、社会管理、安全保卫和表彰奖励等方面的情况，基本没有具体涉及。1998 年以后，由于工作岗位的变动，我不再直接从事外国文教专家的工作，于是，只能就此搁笔。实际上，此后的外国文教专家工作，内容更丰富、更精彩，管理工作更规范、更科学。历史的长河总要不断地向前延伸，后来者定会续写出更加光辉、更加优美的历史新篇章。

新中国首席俄文翻译眼中的苏联专家

摘编者： 王子立*

编者按： 据悉，李越然先生曾于1953年担任过政务院专家工作办公室资料翻译组组长。

李越然，我国俄语界资深翻译家，曾担任苏联专家顾问团团长翻译，并在许多重要的国际活动中为毛泽东、刘少奇、周恩来、邓小平等党和国家领导人担任主要俄文翻译。因为工作的关系，李越然与苏联专家有过多次深入的接触，他眼中的苏联专家是一个什么样的群体？抹去历史的尘封，苏联专家曾经与中国人民共同建设新中国的那段历史，又有哪些令人感慨的故事？若干年后，李越然在他撰写的回忆录中对此有着生动的描述。

周恩来强调指出：我们要请专家“必须请好的、必要的，一改过去多请、滥请而又想讨便宜的作风”。这些指示精神都贯彻在整个专家工作中间。

摘自《中苏外交亲历记——李越然回忆录》

豪爽的科瓦廖夫

共和国成立之初，百废待兴，在全国人民协力共建新中国的时候，也得到来自国际上友好国家的无私援助，尤其是苏联，当时的新中国，无论是政治构架、经济管理，还是文化、教育等诸多方面，都大量地借鉴了苏联的经验。

---

* 王子立为《国际人才交流》杂志特约编辑。

1957 年伏罗希洛夫访华，李越然（二排中）任翻译。

1949 年 8 月上旬，李越然在沈阳铁路局局长办公室担任翻译科科长兼铁路局中苏友协秘书。一天，东北局外事处处长卢竞如同志拿着东北局的调令找到他，对他说："刘少奇同志受中共中央委派，7 月远赴莫斯科会见斯大林，商谈新中国的建设问题，并寻求援助。斯大林给中国派来了以科瓦廖夫为团长、由 200 多名副部长级以上干部和高级工程师组成的顾问团，参加新中国的建设。这次接待任务非常重要，你在苏联学习过，又长期搞俄文翻译，所以组织上决定调你参加这次接待任务，担任翻译。"李越然激动地接下了这个任务，从此与苏联专家结缘。

李越然在回忆录中特意提到了科瓦廖夫，他认为科瓦廖夫虽然称不上领袖人物，但在中苏关系上也曾起过相当的作用："科瓦廖夫中等身材，40 多岁，有些发胖，但人很英俊，肤色黑红，浓眉毛下有一双圆圆的大眼睛，表情丰富，善于演讲。作为军人，他又有一股豪爽气。在东北局欢迎苏联专家的晚宴上，他将杯中酒一饮而尽，更令人吃惊的是，空杯子离开唇际时，科瓦廖夫顺势举起手臂，将空酒杯猛地用力摔下。砰！地上一声爆响，碎玻璃四散迸溅。我们中国同志怔愣间，苏联同志已经发出热烈的欢呼。后来我才明白，这是一种习惯。每逢节日聚会，科瓦廖夫都要祝酒，喝了酒照例将酒杯用力摔碎。那砰然一响，象征着幸福，可以引爆人们热烈的情绪。"

"科瓦廖夫衣着考究，无论是用料还是做工都要求是一流的。每换上一件华贵漂亮的衣服，便对着镜子欣赏一番，显出得意的神气。

周恩来总理访苏，李越然(右二)任翻译。

他开始坐一辆‘道吉’车，车垫都用很高级的红绒布装饰起来。后来改乘‘吉斯’车，他同样要求加上高级的缎子软垫。”

李越然回忆，新中国成立之前不曾设苏联大使馆，中苏之间主要的联系人就是科瓦廖夫。他多次去香山双清别墅同毛泽东等中国党政领袖商谈有关建国和苏联承认中国及双方正式建交等问题。毛泽东去苏联会见斯大林，科瓦廖夫也参加了这一工作。中共中央军委常送“皮口袋”到科瓦廖夫这里来，里面装的全是绝密文电，由他自己带的5位译员负责翻译。

科瓦廖夫是一位很有组织才能的人，带领几百名苏联高级专家，分布在各个部门工作，与中国同事朝夕相处，结下了很深的友谊。他对工作要求很严格，常常召开专家组长会，汇报检查工作，使一些工作人员不敢亲近他。新中国成立前后，科瓦廖夫在华工作期间做了不少工作，对发展中苏友好关系起到了积极的作用。

我们要请专家“必须请好的、必要的”

1949年8月20日，苏联的高级顾问团离开沈阳，次日抵达北京，他们坐了整整一个专列，周恩来总理亲自到火车站迎接。

根据李越然的回忆，这些苏联高级专家后来分布在各个部门工作，与中国同事结下了深厚的友谊。中国政府对于这些专家的接待全部是免费的，待遇也很高。他们有特配的厨师，伙食安排都照顾到他们的生活习惯。

1950年1月，周恩来总理到莫斯科同苏联方面谈判并签署了《中苏友好同盟互助条约》,关于派遣专家的问题也是此次谈判的一个重要内容。谈判中涉及苏联往中国派遣专家的事情,应该说,苏联方面还是很积极的,愿意支援中国的建设。但是,斯大林在谈判中提出的条件也是非常苛刻的,比如要求中国同意,派到中国工作的苏联专家如果犯什么错误要由苏联方面自己来处理,这是不平等的,是不应该提出的条件。另外,在经济上要求的条件也比较高。然而,中国政府除了在大的政治方面、涉及主权的问题上做了些探讨外,只要是符合《中苏友好同盟互助条约》精神的条件,基本都接受了。在经济上,给予苏联专家较高的报酬,还承担他们包括他们的家属在中国和往返中苏的全部旅费,在国内还对他们的食宿、交通、医疗等一些事情都做了应有的保证。谈判之后,派遣专家来华的事情就定下来了。

毛泽东主席、周恩来总理签订《中苏友好同盟互助条约》后不久回到了北京。1950 年 3 月 27 日,中苏两国政府正式签订了《关于苏联派遣专家工作条约》,中方代表是驻莫斯科大使王稼祥同志,苏方代表是外长维辛斯基。“协定”的主要内容大概有这样几条:苏联派遣的专家要由中国政府支配,专家在华工作期限为一年,如需延长或提前,由双方来协商,同时还规定苏联专家享受同等中国专家的薪金标准及粮食工业品的供给和其他补贴。当然,这只是一个一般原则,当时中国专家的薪金比较低,实际上付给苏联专家的工资则是比较高的。中方还承担了向苏方偿付专家及其家属在苏联境内、来华往返的旅费、食宿费用,还给他们一个月的薪金作为安家费,在华工作一年按一个月的标准休假。“协定”还确定中方向苏联每位专家支付 1500～3000 卢布的企业派出的补偿费。此外,免费向苏联专家提供在华工作期间的住宅,他们生病在三个月之内不停发工资。应该说,中国方面向苏联专家提供的这些条件是极其优惠的,对苏联专家给予了很大的帮助。

当年 4 月初,周恩来总理还亲自起草了给李富春、王稼祥、叶季壮、伍修权等同志的指示电报,强调指出:我们要请专家“必须请好的、必要的,一改过去多请、滥请而又想讨便宜的作风”。这些指示精神都贯彻在整个专家工作中间。有了这个指示,派遣专家就有了正式的政策依据。

“对所有专家都要热情以待，不能让他们坐冷板凳”

李越然在回忆录中提到，从 1949 年第一批苏联高级顾问团来到中国，直到 1960 年苏联专家全部撤出中国，专家工作始终都在周恩来总理的直接领导之下。组织机构方面不断健全、不断加强。最初，是由师哲、赖祖烈、齐燕铭组成的专家执行委员会，后来，日常工作全部由伍修权负责，更名为专家工作领导小组，专家工作一步步正规化起来。在政务院时期，中央财政经济委员会专门成立了一个专家联络室，主任由杨放之担任，专门负责中财委系统各个财经部门的专家联络工作。1953 年，专门设立了专家工作办公室，后来专家工作办公室又同专家接待处合并，专门成立了国家外国专家工作局。为了更好地接待苏联专家，中国政府不仅改造了原来的国际饭店，而且，在北京西郊专门修建了友谊宾馆，主要用于接待苏联专家。

苏联方面，最初，苏联专家顾问团的经济专家和文教专家是合在一起的，由阿尔希波夫任组长。1954 年，经济专家和文教专家就分成了两个组，经济方面继续由阿尔希波夫主持工作，文教方面则由马里采夫负责，他后来在中国工作了近十年的时间，主管文化教育部门苏联专家的工作。

1958 年阿尔希波夫回国之后，在中国担任专家组长的是弗明。这几位总顾问在中国工作期间同中国各级领导的关系非常融洽，双方友好合作。绝大多数来华的苏联专家在中国期间工作表现良好，在中国人民和各个单位中，都留下很好的印象。

李越然先生如是评价：苏联方面派出的专家绝大多数是好的，既有学问又积极努力，注意了解中国的实际情况，与中国人民结下了深厚的友谊。虽然少数偶尔有这样那样的不足，但都得到了及时的处理。弱点主要是有些专家习惯了苏联的那套工作方式，讲起话来、做起报告来引经据典比较多，具体的、实际的东西显得少，中国方面工作人员接受起来有时觉得空洞。但是，在具体的技术方面，他们确实发挥了很重要的作用，高科技经验丰富。因此，绝大多数在中国工作的专家跟各个部门的合作是愉快的、协调的。

从中方来看，苏联专家反映出的问题都得到了以周恩来总理为首的国务院的及时纠正和正确的解决，专家工作一直是在正确的方针指导之下进行的。

随着工作的发展，专家的人数不断增多。周恩来总理针对中国党内在学习苏联经验问题上存在的两种倾向“全盘苏化”和“不重视苏联经验，不听专家意见”，特意在国务院的会议上强调说：“对于苏联的经验，不能完全照搬，要结合中国实际来运用。凡属方针政策性问题，必须自己拿主意，要自己思考判断作出决策，不能依赖苏联专家。在专业技术性问题上可以多听专家意见。对所有专家都要热情以待，不能让他们坐冷板凳。”

李越然(二排左一)为刘少奇、邓小平等国家领导人担任翻译。

当时，有些单位只顾请、不会用，在怎样发挥专家的作用方面有所欠缺。导致有的专家请来了，工作量不是很充分，发挥的作用不是很明显。另外，向专家介绍情况不够及时，使得一些苏联专家提出的建议不太切合实际情况。为了解决这些问题，经过周恩来总理的批准，国家外国专家局内部出版了一本刊物《外国专家工作通讯》，刊名就是周恩来总理亲自题写的。刊物专门介绍中国对待外国专家方面的有关方针、政策，并将其翻译成俄文。为此，在外专局里专门组织了翻译科，专门给外国专家翻译这些文件，供他们参考。此外，根据国务院领导的安排，杨放之定期与阿尔希波夫见面，向他传达中央政府关于经济建设方面重要的方针和任务，保持工作上的联系。冶金部的王鹤寿、铁道部的滕代远、煤炭工业部的陈郁郁因与苏联专家顾问合作得好，多次受到周恩来总理的表扬。

从1949年8月直到1960年，在这十多年的时间里，特别是在第一个五年计划期间，在新中国建立工业基础方面，得到了苏联专家的大力帮助。中国的社会主义建设，特别是初期社会主义工业化打基础的阶段，许许多多的冶金、煤炭、机械制造、航空等领域的厂矿都有大量的苏联专家工作，他们给予中国人民的帮助永远铭记在中国人民的心中。

苏联单方面撤回专家

1960年7月16日，苏联政府给中国政府发来照会，片面决定召回所有苏联专家。李越然认为，这样做，无论在法律上、道义上，还是政治上都是无法解释的，召回去的苏联专家绝大多数在中国的工作合同期限还没有满，现在突然把他们全部撤走，显然是破坏了两国政府所签订的有关协定和合同，必然对中国的社会主义建设造成损失，带来诸多困难。中国政府一再向苏联政府表示要挽留这些专家，可是时任苏联最高领导人的赫鲁晓夫坚持这样做。

“在这种情况下，中国政府还是决定对全部即将被召回的专家给予热情的欢送，不仅给专家们发送了‘友谊纪念章’，还专门在人民大会堂组织了宴会，欢送全体在华工作特别是在北京工作的苏联专家。周恩来总理亲自到会即席发表了讲话。周总理在讲话中间回顾了两党、两国人民的传统友谊，感谢全体苏联专家在中国工作期间对中国给予的帮助。同时也指出，现在苏联政府决定把各位朋友撤回去，我国虽然一再表示挽留，但是没有得到苏联方面的同意。周恩来总理就此表示了深切的惜别心情。讲到最后，周总理很动感情地说：‘我不能再讲下去了，我的感情已经不允许我再讲下去了。’周总理这次热情的、得体的即席讲话使得全体在场的苏联专家深受感动。不少专家，包括他们的夫人，都流下了热泪。”李越然回忆道。

苏联专家来华在中苏关系史上占有重要的地位。当年来华工作的苏联专家不仅人数比较多，而且专业范围涉及我国国民经济建设的各个方面，包括军事、政治、经济、文化、教育、卫生、科学技术等许多领域。可以说，专家问题是一个涉及全局的问题。

根据有关方面的统计,1960年7月底,也就是赫鲁晓夫决定撤走全部苏联专家的时候,在华的苏联专家总人数有1230人左右。如此规模的专家同时全部撤退,无疑对中国有关方面的工作产生了很大的影响。至此,苏联专家在中国工作的历史暂时告了一个段落。

(原载国家外国专家局《国际人才交流》,2010年12期)

中国人民大学部分教授回忆苏联专家

编者：安启念

安启念，1947 年生，中国人民大学哲学院教授。现为中国俄罗斯哲学研究会会长，中国马克思主义哲学发展史学会常务理事，从事马克思主义哲学和苏联俄罗斯哲学研究与教学。曾多次赴前苏联和俄罗斯进行学术访问，在研究中曾得到凯列教授的关心与帮助，并结下了深厚友谊。出版有《苏联哲学 70 年》、《苏联解体后的俄罗斯哲学》、《俄罗斯文化与列宁主义问题》等著作。

1949 年 12 月 16 日中华人民共和国政务院发布的《关于成立中国人民大学的决定》明确指出，设立中国人民大学，“接受苏联先进的建设经验，并聘请苏联教授，有计划、有步骤地培养新国家的各种建设干部”。根据这一指示，中国人民大学确定了“教学与实践联系，苏联经验与中国情况相结合”的教育方针，聘请大批苏联专家。1950 年 8 月起，大批苏联专家陆续到校，当年为 41 人，1951 年至 1952 年为 48 人，1952 年至 1953 年为 42 人，其中多数于 1953 年夏天离开，1953 年至 1954 年有 21 人，1956 年至 1957 年为 7 人。

在 1950 年到 1955 年间，共达到 169 名，专业包括马列主义、俄文、财政、工业、贸易、法律、统计、政治经济学。学校商请苏联专家安德里扬诺夫为顾问，协助为本科生、专修生及研究生制定了一套完整的教育计划;建立了新的教学机构,如教研室、资料室;采取了新的教学方法,如"小先生制",即由苏联专家先给565位中国教员授课,再由中国教师给学生上课。苏联专家还担任科学指导员,直接帮助各教研室进行教学、培养研究生和科研工作,编写讲义、提纲、教材达718种,训练俄语翻译150人。到1956年,由苏联专家培训的教师已能够独立承担大学本科和专修科的教学工作。苏联专家在1950年到1955年期间共培养了1698名研究生。

苏联专家在人大的工作情况可见诸于一些历史资料。这里搜集了一些当年作为苏联专家的学生、翻译,后来成为人大教师的几位老教授的口述记录,即使从这些片段的回忆中,仍可见苏联专家留给人大的影响。

高铭暄教授口述:

在人大读研究生这两年,我接受了四位苏联专家的授课。这四位专家中有一位叫贝斯特洛娃,来自苏联的斯维尔德洛夫斯克法学院;后来有一位叫达马亨,来自列宁格勒大学,现在叫圣彼得堡大学;还有一位是尼可拉耶夫,来自莫斯科大学;柯尔金主要是搞物证技术的,也兼搞一些刑法,他也来自莫斯科,好像也是莫斯科大学的。这四位老师对我们进行了系统的苏联刑法传授,既讲总则与分则,同时也给我们做过一些辅导,讲授一些学习方法。他们的讲授使我对刑法有了更全面、更系统、更深入的了解,研究兴趣也越来越浓,这为我的专业思想奠定了坚实的基础。

王作富教授口述:

法律系的各教研室都派来了苏联专家,他们的主要任务是培养教师。刑法教研室先后来了四位:一位是女教授贝斯特洛娃,另三位男教授是达马亨、尼可拉耶夫和柯尔金。当时的教学方案中,法律专业课基本上都是参照莫斯科大学的计划、方案制订的。比如,在法律专业课方面,就有苏维埃宪法、苏维埃国家和法权历史、苏维埃刑法、苏维埃民法、苏维埃刑事诉讼法、苏维埃民事诉讼法等。苏联专家首先向各专业教师讲课,教师再向学生讲课。因为教师一般也是缺乏苏联法律知识的,基本上是边学边教,现趸现卖。有的教师刚听了专家讲课不久，就拿着翻译成中文的讲稿给学生去讲；有的翻译错了，教师也就讲错了，自己也不知道，学生更不可能听出来。当然，这些都是暂时的现象，是教师成长过程中难免的。

张向枢教授口述：

1950年，我在大学政治经济学班还没毕业，就被抽去当研究生了。当时人大、北大、清华都有一批，叫“拔青”。因为当时的任务很紧，缺青年教师，所以大学没毕业就去念研究生了。我的导师叫卢哥夫斯克依，是进攻冬宫的老布尔什维克。他教农业经济，这样我就从经济系调到计划系农业经济教研室了。这时研究生班已经开始上课，我是中间插进去的，从大学生蹦到研究生，跟着他们上课。当时要求直接听俄文讲课，后来加上翻译了。不过辅导课有时候有翻译，有时候可以用俄文直接跟苏联教师谈，我还能说上几句。苏联的教授卢哥夫斯克依上课比较死板，都是念现成的讲稿，但是个别辅导的时候他什么话都说。当时我们就提了一个问题：苏联在全盘集体化基础上消灭富农，“全盘集体化基础上消灭富农”是什么含义？我们的潜台词是：是都从肉体上消灭了，还是作为一个阶级消灭了？当然他上课时就说是作为一个阶级消灭了富农。实际上，苏联那时候大概死了不少。这些他在下边就随便讲。

关怀教授口述：

人大刚成立就来了大批苏联专家，我们教研室的专家是亚依契科夫，他是莫斯科大学的教授，到这里来做教研室的顾问，由他给我们中国教师讲授民法教研室的各门课程。他非常强调劳动法的重要性。他说：“我们是社会主义国家，劳动法很重要，要关心职工群众，要保护劳动者的切身利益，劳动法在社会主义国家的法律院校中应是重要的课程。苏联在1918年就颁布了《劳动法》，1922年又重新修订颁布新的《劳动法》。这门课程应受到重视。”我说行，我就干这个。这样我就到了劳动法教研组，从事劳动法的研究。

刘佩弦教授文章(摘录)：

负责各单位授课的苏联专家，都是从苏联各高校优秀教师中选派来中国的。他们都学有专长，在我校各自的工作岗位上尽职尽责，因而在人大的师生中享有崇高的威望。在这期间，苏联专家也经常调换，就马列主义教研室来说，前后换了六七位之多。他们是高尔尼洛夫、阿芙节伊、来米卓维奇、米高扬等等。对于苏联专家，中国教师是非常尊重的。有的彼此私人关系也较好，直到他们回国之后，双方还保持着长期的友好联系。

胡钧教授口述：

当时的教研室主任是宋涛，秘书是徐禾，讲课的都是苏联专家。我们第一批学生可以说都是苏联专家培养出来的。我们的第一个苏联专家，同时也是最有名的苏联专家阿尔玛佐夫，他对我们的影响很大，可以说我们这支队伍真正是由他培养出来的。他帮助我们建立了教研室，教我们学习《资本论》。他的方法就是必须认认真真一句一句、一段一段地弄懂，一章一章、一页一页、一句一句地“抠”，这种方法是他创立的。考试的时候他问马克思的哪句话在哪儿，你就必须马上翻出来在哪儿。他要求我们熟悉到这个程度，所以我们这批教师的特点就是基础比较扎实。他的教学方法也是深入浅出的，在帮助我们学校建立政治经济学教研室和培养理论队伍方面起到了最重要的作用。实际上，他也影响了全国整个政治经济学的发展，因为后来的政治经济学教师基本上都是从这里出去的。因此可以说，他奠定了中国政治经济学的理论基础。后来还有几个专家，如伊然明、诺沃肖罗夫等等，他们的水平也都不错，但是比起第一个，还是弱一些。

赵中孚教授口述：

1950 年 9 月，学校一建校苏联专家就来了。1951 年在民法教研室先后有两位专家，开始的时候来了一个老赤卫队员叫亚若齐科夫。我有一张照片，是他在白米斜街跟何思敬教授和他女儿何理良（黄华的夫人）一块照的。后来民法教研室来的叫克拉沙夫契柯夫，是个年轻人，回苏联后可能当过斯诺尔诺夫法学院的院长。他很有见解。宪法国家法的专家叫沃尔沃金，他是这些专家里最年轻的一位，也挺英俊的，在卫国战争中战火把他的眼睛弄瞎了，所以专家中只有他带着夫人来了。干什么呢？他口述，他夫人帮他打字，先打出来，然后咱们翻译，翻译完了老师再拿到课堂上去讲，就是现学现卖的一种教学方式。当时中苏友好，我也从苏联专家身上看到了无私。当然他们是按斯大林的指示来人民大学的。这些专家都亲身参加过卫国战争。他们的思想也都深深地感动了我。他们确实都是很好的同志，很怀念他们。

钟宇人教授口述：

苏联专家中最杰出的是凯列，年纪不是太大，但是个天才，聪明，研究也好，思想也非常活跃，在我们这儿影响特别大。其他的有些专家不行，政治资历很好，在苏联部队里当过大官，但学问不行。凯列年轻又聪明，又是科班出身，优势很大。他对中国哲学界的影响很大，像萧前、黄枬森等都是通过他培养出来的。

现在我校哲学院任教的安启念教授于1979年考入人大哲学系马克思主义哲学专业的研究生，专门从事苏联哲学的研究，1989年他第一次去苏联学习一年，认识了凯列教授，并请教了很多研究中的问题，此后的二十多年里，他跟凯列教授建立了直接的联系，凯列教授以各种形式回答他提出的各种各样的问题，把他介绍给俄罗斯哲学界，帮助他在俄罗斯发表著作。安启念教授目前是研究与介绍俄罗斯哲学的主要专家之一，中国哲学界许多人是通过他的著作了解俄罗斯哲学的，而他自己的每一步成长都离不开凯列教授的指导和帮助。在2010年凯列教授逝世后，安启念教授撰文对他做出高度的评价，以下是其文章的一段：

> 作为援助中国建设的苏联专家，凯列教授于1952年初来到中国，在中国人民大学从事哲学教学，1954年7月回国。在中国工作的两年多里，他的渊博学识和高尚品德给他的中国同事和学生留下了极为深刻的印象。他在中国哲学界，特别是在中国人民大学，至今享有很高的威望。凯列教授对马克思主义哲学的深刻理解与出色讲授，极大地促进了马克思主义哲学在中国的传播与发展。他是今天中国实力最强的哲学系——中国人民大学哲学系之父，是苏联哲学以及整个马克思主义哲学与古老中国之间的桥梁，是中国人民的伟大朋友。
>
> ……
>
> 1950年8月，中国人民大学成立了马克思列宁主义基础教研室，教研室内设有哲学组。1952年年初凯列来到中国人民大学，

作为苏联专家，既承担教学任务，又担任教研室的顾问，指导工作。在他的参与下，全中国第一个辩证唯物主义历史唯物主义教研室于1952年6月成立，1952年10月又成立了马克思列宁主义研究班并开始招收研究生，其中包括哲学班。新中国从此开始自己培养专门从事马克思列宁主义哲学教学与研究的专家。在20世纪50年代，先后有6位苏联哲学专家在中国人民大学工作，其中教学效果最好、贡献最大、最受中国同志欢迎的，是凯列。在中国期间，凯列给哲学研究班的学员讲授了辩证唯物主义历史唯物主义、马克思列宁主义哲学经典著作、西方哲学史、各种哲学专题（如自然科学哲学问题）。听课的人除了中国人民大学自己的学生和教师外，还有其他学校或单位的人。北京大学就经常有教师乘坐大轿车来中国人民大学听凯列讲课，其中有贺麟、张岱年、庞朴等中国的著名哲学家。此外他还到其他学校讲课或做学术报告。在北大讲课时听众几乎集中了当时全中国所有的重要哲学家。可以毫不夸张地说，凯列最早在中国开始了系统的马克思主义哲学教育。

他的工作是很重要的，其重要性不仅在于直接传播了马克思主义哲学知识，更在于他培养了中国自己的第一代马克思主义哲学教师，从而为直到今天为止的中国马克思主义哲学教育奠定了基础。萧前，新中国培养的最著名的马克思主义哲学家，中国人民大学哲学系教授，曾长期担任中国辩证唯物主义学会会长；黄枬森，北京大学哲学系教授，曾经是中国马克思主义哲学发展史学会会长、中国人学学会会长、北京大学哲学系主任；高清海，中国最具独创精神的马克思主义哲学家，曾任中国东北地区最大的哲学系——吉林大学哲学系系主任、吉林大学副校长，他们都是凯列的学生。凯列培养的学生，成为中国各地马克思主义哲学教育的开创者。特别应当提到的是中国人民大学。凯列1954年7月离开中国人民大学回国，两年后，也即1956年，在凯列积极参与创建的辩证唯物主义历史唯物主义教研室的基础上，成立了中国人民大学哲学系，当时哲学系的专业只有一个——马克思主义哲学。系的负责人以及重要教师几乎都是凯列的同事或者学生。凯列是名副其实的中国人民大学哲学系之父。这个哲学系的成立受到中国共产党中央的高度重视，成立当年在全中国的高中毕业生中提前招生，共招收了200多名优秀学生，这些人毕业后成为中国马克思主义哲学教学的骨干，许多人担任了各地哲学系的领导。在上个世纪80年代，全中国有将近30个哲学系，其中26个系的系主任是中国人民大学哲学系的毕业生。这些情况充分说明，凯列是中国高等学校马克思主义哲学教育的奠基人，直到今天为止，从事马克思主义哲学教学与研究的中国哲学家，都是凯列的学生或者学生的学生。

……

人所共知，在凯列的理论贡献中，至今得到俄罗斯哲学界高度评价的思想之一，是他对历史唯物主义的独特理解。早在上个世纪60年代，凯列就和科瓦尔宗合作提出，作为研究历史过程的方法论的历史唯物主义，有着丰富的内容。按照历史唯物主义，我们应该从三个方面研究人类的社会历史：第一，历史唯物主义揭示了社会发展的规律，因此它把社会历史看做一个服从客观规律的自然历史过程；第二，历史唯物主义要求把社会历史看做人们的活动的过程和结果；第三，人创造历史，历史也创造人，历史唯物主义要求把社会历史看做人自身的发展过程、发展历史。凯列的这个重要思想中国哲学家早就知道了，并且给予高度评价，但是只有在今天，才在中国显示出了它的现实意义。当前中国哲学界进行的关于历史唯物主义的讨论，哲学家们自觉不自觉地从不同的角度对凯列上述思想中的第二、第三两个观点做了论述。今天的中国哲学家阅读凯列的著作，还可以从中得到许多有益的启示。

作为苏联专家的凯列早在1956年前就离开中国了，但是在中国朋友的心中，在当前中国正在进行的哲学讨论中，哲学家凯列仍然和我们在一起。

不论今天的中国人民大学已经有了怎样的发展，我们仍然是从历史中走过来的，而且这段历史会继续产生其不可代替的影响，因此客观全面地认识和评价历史能帮助我们在未来走得更加稳健。这也是搜集整理人大教授对苏联专家的回忆所具有的意义。

历史系来了苏联专家和德国专家

作者： 夏自强

夏自强，1929 年出生，安徽人，研究员。1951 年在燕京大学毕业后留校任教；1952 年调入北京大学，曾先后担任历史系副主任、社会科学处副处长、副教务长；1982 年调入教育部高等教育一司任副司长、司长；1994 年离休。

1952 年高校院系调整开启了中国教育特别是高等教育全面学习苏联的新阶段。院系调整按照苏联的模式来安排调整中国高等教育的结构和布局，形成了综合大学、多科工业大学、师范大学、多个单科学院的格局，由此也产生了许多新兴的学校，如北京的八大学院。原有的各个高校院系进行了大调整、大拆卸、大合并。在院系调整基本稳定之后，紧接着进行教育教学改革。为此，大批的苏联专家来到中国，帮助指导进行改革。

当时，中央人民政府提出"我们的教学改革，必须采取学习苏联先进经验并与中国实际情况相结合的方针"。而实际上，高等教育部进一步要求全国高校"全面地、系统地、有计划地并且全心全意地学习苏联"。1952 年 10 月 4 日，北京大学举行开学典礼，也是院系调整后第一次全校大会，在东操场进行，来了许多领导和嘉宾。我有幸参加，记得很清楚，那时高教部的实际负责人钱俊瑞同志就说，对待苏联经验"先搬过来"再说，也就体现了"全心全意"的精神。这是由整个国际国内大背景所决定的，早期孙中山提出"以俄为师"，新中国成立前夕毛主席又提出“一边倒”，加以解放区没有举办正规高等教育的经验和人才，于是，只有全面照搬苏联经验了。

苏联高等教育特点

苏联的高等教育传统上受法国影响比较大，彼得大帝的改革就多以法国为摹本，特别在文化教育上。苏联在建国以后，又强烈地带有计划经济体制的影响。其实，人才培养正是计划体制很重要的组成部分。我们在学习苏联的过程中，也把苏联高等教育的特点体现在教育教学之中。就我所知，有这样几点：

一是培养目标提得比较高。在本科阶段就要求培养专门人才。在北大这样的综合性大学，要求培养科学研究人员和高等学校教师。

二是强调专门化训练。为了培养专门人才，在学完基础课程之后，要进行专门化培养。为了适应计划体制，办学是按专业进行对口培养。所以，专业是教学的基本单位。1956 年，历史系制定 12 年远景计划时，系务委员会就决定设置中国史、世界史、亚洲史、苏共党史、中国革命史、考古学六个专门化。而在 1953 年历史系打算设置中国古代史、中国近现代史、汉族以外中国各民族史、苏联与欧洲人民民主国家史、中国和苏联以外的亚洲史、美国及欧洲资本主义国家史、近代国际关系史七个专门化，其中中国古代史、中国近现代史、国际关系史三个专门化是重点。而考古学和历史学则是两个基本专业。

三是重视基础课程，两个通史，“中国史”和“世界史”是主要的基础课程。一度要开八个学期，一般也要开六个学期，分量很重。所以，北大历史系自 1955 年起，改为五年制。这样，基础课和专门化课程才能得以安排。后来，有的理工科专业包括清华改为六年制。

四是课程分量重。按照苏联教学计划设计安排课程。当时，尽可能寻找苏联莫斯科大学的教学计划，照猫画虎，移植过来。有些学校还尽可能找苏联专家，询问苏联教学计划的课程设置和教学环节。苏联计划分量很重，学时很多，周学时一般在 30 左右，一节课一般为 50 分钟（过去曾是 45 分钟），五节一贯制，学习成绩按五分制计算，考试采用口试。有的甚至把计划当成法律，不得轻易变动。有的学校“全面地、系统地、有计划地并且全心全意地学习苏联”，执行得很严格、死板。

不久，问题逐渐暴露出来，最先是负担过重，“消化不良”。填鸭式，满堂灌。后来，认识逐步深化。随着对计划经济体制的反思逐步加深，问题暴露得更为充分，仅从教学而言，专业口径过窄，基础面不宽，学生学习不生动活泼，等等。

在1954年《北京大学校刊》第24期，刊登了历史系副主任周一良教授的文章：《两年来学习苏联教学计划的几点体会》。他写道：“苏联的教育计划是积三十余年的经验制定的，其中包含着先进的教育思想和一切先进的教学组织、制度、方法，内容是非常丰富的。学习苏联教学计划是我们教学改革的根本道路。”当时人们真诚地响应号召，努力学习苏联经验，推进教学改革。当问题逐步暴露，特别是“文革”以后，人们的认识有了很大变化，关于解放初期学习苏联推进教育教学改革的功过得失，是一个严肃的课题，需要客观、全面、冷静地进行总结研究。不管怎样，对绝大多数专家的热心教学，努力工作，对华友好则应该予以充分肯定。

安东诺娃：热情开朗，真诚友好

1952年11月3日，苏联政治经济学专家古马青珂教授到校任职，这是北大聘请的第一位苏联专家，同时兼任校长顾问。随之，一批批的苏联专家来到北大。1955年8月31日，历史系也来了专家，她是莫斯科大学历史系副教授安东诺娃。当时，专家大部分在理工科，人文社科方面，也多在马列主义理论方面。只有文、史、哲三系各有一名专家。中文系是主讲文艺理论的毕达可夫，开办了一个马列主义文艺理论讲习班。哲学系是较后的沙波什里柯夫，主讲西方哲学史。安东诺娃则主讲苏联史，培养苏联史方面的人才。这些专家大多经过第二次世界大战的洗礼，他们精力旺盛，热情工作，对华友好，与北大师生结下了深厚的友谊。

安东诺娃是一位老革命，在青年时代就积极投身革命活动，带头反封建，主张妇女解放。苏联的封建传统很深，对妇女的束缚也多，甚至在一些地区，妇女参加舞会都不允许。她就积极组织活动，争取妇女权益。后来她进了高等学校，研究历史。她是苏联著名历史学家潘克拉托娃（苏联科学院院士）的学生，主要研究苏联工人运动史，她来华的主要目的就是帮助中国建立苏联史学科，培养有关方面的人才。她的爱人在战争中牺牲，她一直独身，很爱学生，把他们看成自己的子女。

安东诺娃主讲“苏联通史”，每周 6 学时。据当时专家的研究生刘瑜回忆，课程内容和学时分别为：导言和史学史计 18 学时；封建时期以前为 3 学时；封建时期为 63 学时；资本主义时期为 42 学时；社会主义时期为 50 学时。由于 1957 年的反右斗争，课程不得不仓促结束。在第二年，同时要求研究生和进修教师准备撰写论文。

课堂讲授外，在讲完每个单元之后，要进行一次“习明纳尔”（Seminar，课堂讨论），目的是引导研究生更深入地掌握苏联历史中主要的而研究生又未深入了解的课题，以便提高他们掌握史料和科学分析的能力。研究生们要做好充分准备。如何更好地进行“习明纳尔”，也在不断改进。如在大标题下，要求每个人选择一个小题目，准备好书面发言，也类似一个学术报告，使研究生有更多的收获。

安东诺娃所培养的主要是研究生，当时共有七位，有五位是本校留下的，有两位是外招的，来自四川大学和中山大学。此外还有九名进修教师，分别来自兰州大学、东北师大、云南大学、民族学院、外语学院等。兰大的历史系主任也亲自来进修。因此，安东诺娃的工作量也是很大的，个别辅导的任务很重。

除教学活动外，安东诺娃还进行了很多有益的活动。1955 年 10 月 28 日，到校不久的安东诺娃出席了历史系召开的学习苏联专家座谈会，由系主任翦伯赞主持。这是对安东诺娃的欢迎会，会上安东诺娃作报告，介绍苏联历史科学界的状况。1956 年 5 月 8 日，历史系又举行报告会，请安东诺娃谈历史专业的生产实习。关于历史专业学生如何联系实际，进行生产实习，安东诺娃介绍了苏联学生去档案馆、博物馆、图书馆等处实习的情况，颇有启发。同年11月7日，校刊报道，苏联莫斯科大学高尔基图书馆和苏联历史学家齐霍韦罗夫教授送给北大图书馆一批珍贵书籍，这批书籍是在历史系工作的苏联专家安东诺娃向苏联国内各方征集的。10月19日，亚洲史教研室致信安东诺娃，对她的帮助表示感谢。安东诺娃十分热情好客，每逢十月革命节或其他节日，她都自己出资邀请历史系的主要人士赴莫斯科餐厅举行丰盛的宴会。她和我们一家的关系也很好，不时邀请我们夫妇带着孩子到友谊宾馆她的住所聚会。她热情开朗的性格，对华真诚友好的心赢得每个人的喜爱，大家都喜欢和她在一起促膝交谈或共度佳节。在工作快要结束之际，有关单位安排她到上海、江浙一带参观访问，欣赏了中国的江南风光，结识了一些学术界人士，这些使她十分兴奋。

洛赫：备课充分，认真细致

1955年10月，来自民主德国莱比锡大学的洛赫（Werner Loch）先生，也来到历史系，主讲德国史。

据参与工作的许杜美教授说，洛赫备课充分。一般是由许先生先将讲稿译成汉语，为检验翻译是否准确，洛赫先将讲稿收回，要许教授按译稿再译成德语，反馈给他，进行斟酌，直至颔首肯定为止，再上课堂讲授，足见认真细致，再把汉语讲义发给学生（苏联专家也基本如此）。德国专家的课程主要为历史系本科高年级学生开设，同时也招了两名本校留下的研究生，进行深入培养。这本讲义于1958年在中国出版，洛赫先生在前言中写道："是根据科学社会主义的理论编写出来的，并且已把德国史的最新研究成果包括进去。"又说："它还可以帮助读者更深刻地理解德国今天的复杂问题。我希望这部资料公诸读者之后，会有助于进一步加深我们两国人民之间的友好关系。"随着讲义出版的还有由中国同志编写的"德国史大事年表"和"重要译名对照表"附于书后以供读者参考。

洛赫先生除了讲授德国通史以外，还开设了"法西斯时期德国帝国主义对内对外政策"专题课，培养研究生，指导本科生毕业论文。此外，还帮助我们解决有关德国历史上的一些问题，向我们介绍民主德国的历史教学和研究情况，并应北京市其他高等院校的邀请作学术讲演。他还去了广州和云南，和有关方面进行交流，以便更多地了解中国情况。历史系也定期举行招待会，洛赫都积极参加，大家一起共舞，欢聚一堂。

时光过了 20 年，1986 年我参加以彭珮云同志为团长的中国高等教育代表团出访苏联和民主德国，也正好是两位专家所在的国家。我们访问莫斯科大学，参观历史系，可惜没能见到安东诺娃。据中国访问学者告诉我，前些年，由于勃列日涅夫反华，对亲华的人进行限制，安东诺娃也在此列，而她仍坚持对华友好。不知借助什么关系，她知道我来了，十分高兴，一定要见我。有一天晚上，我被带到她在郊区的住所，她准备了丰盛的晚餐，兴奋极了，我们有说不完的话，回忆她在中国的情景，直到深夜，依依惜别。后来我们到了莱比锡，参观莱比锡大学，我也到处打听洛赫先生，得知他已经去世，不胜遗憾。回国后，我设法和安东诺娃保持联系，寄去贺卡，而她毕竟老了，行动不便，逐渐失去联系，但愿这位热爱中国、热情奔放的专家健康长寿！

（本文原载北京大学国际合作部编《北大洋先生》一书）

哈工大老研究生班，培养新中国第一代高质量人民教师的摇篮

——忆苏联专家为哈工大培养教师的点点滴滴

作者：周　定

周定，1926年生，哈工大教授、博士生导师，中共党员。1950年上海复旦大学化学系毕业后，到哈工大老研究生班学习。1952年负责组建化学教研室，1980年参加创建应用化学系，1986年所创建的哈工大环境工程学科被评为博士点。她指导已获硕士学位的研究生66人、已获博士学位的36人、博士后出站7人。她承担与完成了20多项国家自然科学基金课题、863课题、国家攻关课题、省部委课题和重大横向课题。获国防科工委、省部级奖16项，在国内外杂志与重要会议上发表论文300多篇，被SCI、EI等四大检索收录的有100多篇次。她曾是全国科普积极分子，受到毛主席、邓小平等国家领导人的接见，多次被评为黑龙江省与哈尔滨市环保先进工作者；是航空航天部有突出贡献专家和环保先进工作者；全国妇女"环保百佳"；2001年被评为全国优秀老科技工作者，2009年评为省离退休干部先进个人，2010年，纪念国际三八妇女节百年纪念，被选为哈尔滨市一百位"百年风采女性"之一。

作者以1950—1952年在哈工大老研究生班学习的亲身经历，深

切体会到哈工大老研究生班是培养新中国第一代高质量人民教师的摇篮，同时也满怀深情地叙述了苏联专家为此做出了巨大的贡献。

一、哈工大老研究生班培养目标明确，备战俄语，迎接苏联专家

1950年春，我从上海复旦大学化学系毕业，党和政府把学习苏联先进经验和建设东北重工业基地作为重要的战略方针，东北轰轰烈烈搞工业建设急需大批人才，我毫不犹豫地响应党的号召，谢绝了很多同学和亲属让我留在上海的善意劝告，拿着组织和老师给我的介绍信，怀着革命的豪情壮志，只身走上建设祖国东北的漫漫征途，来到了哈尔滨。

组织上介绍我到哈工大老研究生班学习，当时，老研究生班共有4个班，一班成立于1949年秋季，其学员与三班、四班一样，基本上都是响应党的号召，主要是由招聘团从南方招聘来的，或是为支援东北工业化建设自愿来的大学刚毕业或工作过1～3年的理工科大学毕业生，只有二班的同学，全部是东北工学院的年轻教师，我被安排在四班。4个班共有一百多名学员，我是其中唯一的女生。

那时，哈工大规模小、设备陈旧，教师与学生大多数是本地苏侨，并用俄语教学。学校领导明确地提出要办好哈工大首先要解决教师问题，还多次组织招聘团南下招聘人才，同时，上书中央要求派苏联专家来校传经送宝，把学习苏联先进教学制度、教学经验作为哈工大的重要任务。因而，虽然没有见到哈工大老研究生班培养目标的明文规定，但我们深切体会到学校对我们的培养目标十分明确：就是要我们在短时间内打好俄语基础，再通过两年左右跟随苏联专家学习，成长为新中国第一代德、智、体全面发展，掌握并传播苏联先进教学制度、教学方法等，有利于改革旧教育制度的高质量人民教师。

我们四班的俄语主讲老师是苏侨乌兰诺娃，她教学认真负责、热情活跃，不仅有计划地充分利用课堂上的每分每秒，课后，还要求完成繁重的课外作业，因而，晚上每个教室灯火辉煌，清晨，校园内外，处处

都能听到朗朗的俄文背诵声。老研究生班学生会还规定同学之间见面交谈要说俄语，否则受罚，这些措施都是为了加速达到俄语的“四会”。事实表明：我们中的大多数人，学习俄语仅8—9个月的时间，就迎来了苏联导师，在苏联专家指导下，较快地适应了学习要求，迅速地成长为高质量的人民教师。

二、苏联专家为培养新中国第一代高质量人民教师功不可没

1951年初，第一批10位苏联专家来校工作，其中到我们原化工系的有3位，一位是科学院院士、石油化学专家斯特隆，另一位是物理化学专家米海依洛夫，第三位是有机化工专家康却林果，他参加过二战，执教于列宁格勒化工学院。学校安排我和沈文建、贾崇智、许国津等拜康却林果为师，学习有机化工专业。随他学习不到几个月，陈康白校长任命我任有机化学教研室代理副主任，中国成员只有我和沈文建两人，其他教学工作人员都是苏侨。而化工系听有机化学课的学生有一个班，其中，苏侨有20多人，中国学生不到10人，校领导有意识、大胆地启用我们年轻的老研究班学生进行教学，决定把苏侨与中国学生分成两个班，要求我们用中、俄文分别讲解。因而，对我来说，康却林果不仅是研究生学习的导师，还是指导我讲好有机化学课和做好当时以苏侨为主的有机化学教研室工作的导师。

我们都是毕业于英美教育体制的旧大学，对比研究生班随苏联专家学习的过程，对苏联教学的先进性有比较深刻的体会。跟随他不到两年的学习过程，我不仅学到了先进的《有机染料中间体的合成》、《化工原理》、《有机化学》等课程的理论与实践知识，更重要的是在他身上体现出的对中国的真挚友情、高尚的师德、认真的教学态度、清晰的教学思想、灵活的教学方法、严谨的学风和严格的要求，也就是后来被李昌校长总结为“规格严格、功夫到家”的精神，使我明确了做一个高质量人民教师的方向，初步了解了教研室的主要作用，学会了如何做好教研室有关教学组织工作的思路与方法，这些为我以后的工作打下了

十分珍贵而坚实的基础。苏联专家为哈工大培养我们这第一代“八百壮士”①，功不可没，为哈工大的建设与发展做出的巨大贡献，永不能忘。

导师康却林果留给我的精神财富非常丰富，事例不胜枚举，仅举几例：

1. 要求严格，教学尽心。针对我们的学习目的与工作需要，他编制有明确的教学计划，主要关于《有机染料中间体的合成》、《化工原理》和《有机化学》3 门课的讲课和相应实验和实习的时间分配及安排，制定了各门课程相应的教学大纲及要求，全部用苏联教材。此外，他还安排经常性答疑和不定期的小测验。20 世纪 50 年代初，政治活动比较频繁，正常的教学安排常受到冲击而被打乱，面对这种不正常的情况，他没有批评我们或生气，他能理解我们目前的政治形势，因为，他有过参加二战的经历，他给我们介绍过苏联在二战时的困难以及如何打败敌人迎接胜利的亲身经历及体会。他主动召集我们，关切地告诉我们(大意)：你们现在有不少政治活动要参加，很忙，但我有责任想尽办法完成我们国家派我来把你们培养成新中国新一代教师的任务，这也是我们共同的政治任务。怎么办？他鼓励我们和他一起设法克服困难，一定要按要求努力完成共同的任务。他让我们每周尽量把已知的政治活动时间表给他，在我们没有活动的任何时间，晚上或星期天，他一定会准时地、耐心地在实验室等我们，把课补上。

2. 重视理论教学，不放松实践训练。他非常重视理论教学，备课认真，基本概念讲解清晰，对理论的建立过程分析得有条有理，讲课内容重点突出，并指明本学科的发展方向，还常引用俄罗斯学者对本学科的学术贡献，启示我们讲课中要贯彻爱国主义思想教育。他对我们的实践学习也毫不放松，除了领我们去化工厂参观生产过程外，还重

① 1949 年中国政府接管哈工大时，学校的中国籍教师只有 20 多人。1957 年，学校教师队伍迅速发展到 800 多人，他们平均年龄 27.5 岁，承担了全校的教学和科研任务，成为哈工大发展的基础和依靠力量。“八百壮士”成为哈工大教师的代名词。

点放在工厂检修时段，他带我们到江北糖厂和沈阳化工厂去进行较长时间的生产实习，为什么？因为在这段时间内，我们可以看到各类化工设备的内部结构，更有利于理论联系实际。他重视“有机化学”的讲课，但又抓紧时间要我们到实验室做相应的实验，因化学本身就是实验性的科学。

3. 教书育人，为人师表。他在指导我们学习的过程中，在我们的头脑中已刻下了他教书育人、为人师表的崇高形象，他在指导我讲课的过程中，这种形象又进一步得以加深。例如：在指导我与沈文建讲课的开始，就讲解“有机化学”这门课程在培养化学工程技术人员教学计划中的地位和作用、制定其教学大纲的原则、讲课与其他教学环节如实验等的关系，他强调这是讲任何一门课程的教师对自己所讲课程必须首先明确的问题。同时，他强调讲课也是一门艺术，老师不能照本宣读，而是要像演员一样，融入讲课内容以吸引同学的注意力，提高学生学习的兴趣，我们知道，他就是这么做的。在我每次预讲后的讨论中，常涉及以下内容：(1) 指出我讲解中的缺点、不恰当之处及板书方面的问题等。(2) 进一步明确本章内容的教学目的、重点与难点、学生可能提出的问题、我预备在课堂向学生的提问等。(3) 如何注意提高启发性讲解、如何贯彻爱国主义教育，要我查找中国科学家在“有机化学”领域所做出的贡献，在讲课中给学生们恰当地介绍。每一次预讲的讨论，都对我教育深刻，对我讲课水平的提高，有很大帮助。还有，我在第一次预讲时，穿了一件套头红毛衣，预讲完了，他突然问我：“你上课穿什么衣服？”我很奇怪，我想这与讲课有什么关系？他说：“你今天的衣服就不合适，作为教师穿着要整齐、严肃，不能花花绿绿，以免分散学生听课的注意力，”接着，又特别警告我：“周定，你记着，你是教‘有机化学’的老师，上课时不能随意和学生开玩笑，影响教学，有损教师尊严，否则，我会写小字报批评你，但下课后，你与学生一起玩，我不会管你。”他知道我比较活跃，和有些苏侨学生与中国学生年龄相当、关系都还不错，头脑里根本还没有树立做老师的概念，所以，他这些要求我树立为人师表的亲切教导，使我牢记在心。我每次讲课他都来听，中间休息时，随他到教室外的走廊，听取他的意见与建议，课后，他又加以综合分析，他这种有针对性的、面对面的、情真意切的指导，使我受益匪浅，进步较快，我的课居然还受到学生的欢迎与好评，当然，我知道这也是学生们对我初为人师的一种鼓励。我暗下决心，一定要以我老师康却林果为榜样，做到教书育人、为人师表。由于他还指导“化工原理”的研究生，工作繁忙，当化工系又来了一位有机化学的苏联专家特洛兴果时，我的导师把指导我讲课的工作转交给他负责，他与康却林果一样，认真负责地组织我预讲，听我的课，从内容、方法、如何为人师表各方面给予我太多的关怀，师恩难忘啊！

1952 年 7 月，由原化工系几位苏联专家组成了答辩委员会审查我们的学习成果，我顺利地通过了答辩，从老研究生班毕业。康却林果对我的学习成绩很满意，并对我在讲课与教研室工作方面的进步给予表扬，为他完成了祖国交给他培养新中国第一代高质量年轻教师的任务而感到高兴。不久，他就回国了。时值 1952 年院系大调整，哈工大原化工系的 3 位苏联专家和全体师生都转入大连工学院（现为大连理工大学）。鉴于工作需要，陈康白校长把我留在哈工大任化学教研室主任，负责组建化学教研室，承担全校的化学基础课教学任务。1957 年末至 1958 年春，苏联专家康却林果应邀来我国讲学，在中科院长春应用化学研究所工作的老同学沈文建在北京见到他，他很想念我，让沈文建叫我去北京会面，我十分高兴，但当时我正处于反右挨批斗的管制状态，组织上不让我去，也不让我与导师通话，我毫无办法，只有偷偷流泪，这是我一生中感到沉痛而难以弥补的遗憾。

从回忆中我深切体会哈工大老研究生班是培养新中国第一代高质量人民教师的摇篮，这其中有苏联专家杰出的贡献。

1949 年，哈工大还是隶属于苏联中长铁路的一所以苏侨师生为主的规模很小的学校，在新中国建立后，经过 50 多年的建设，迅速位于全国重点高校前列、“985 工程”中国家重点建设的前 9 所大学之一。我体会其主要经验，一是建国初期，党和政府针对哈工大的特点，把哈工大作为学习苏联先进教育制度和经验并对旧教育制度进行改造的学校。在哈工大建设过程中，几批苏联专家给我们的真诚帮助，特别是成功地通过老研究生班为新中国培养了一批骨干师资，哈工大“八百壮士”就是实例。二是建国初期，党中央委派了一批有远见卓识、特别重视教育、特别爱惜人才的优秀校领导干部像冯仲云、陈康白、李昌、高铁等，能紧抓决定学校发展的关键问题，充分发挥苏联专家在培养师资方面的重要作用，同时，对我们年轻人充分信任、大胆使用，以“不压不成才”、“在战斗中成长”的思路，让我们在苏联专家指导下，在边学、边教、边建的实战中加速成长。第一批“八百壮士”为哈工大的腾飞打下了扎实的基础，立下了汗马功劳，这是公认的事实。但没有苏联专家真心实意的培养和无私奉献，没有具有海纳百川的胸怀、为培养年轻教师与发挥其聪明才智而搭建广阔的平台使我们健康成长的英明的校领导，也不会有我们第一批“八百壮士”。三是“八百壮士”都是热爱党、热爱祖国的青年。大家胸怀报国之情，忠于党的教育事业，不怕艰难困苦，认真学习苏联先进教育经验，不断提高政治素质、教学与科研能力，为哈工大的发展、提高而奉献一生的精神，也是不可忽略的重要因素。

忆帮助哈工大发展的苏联专家们

作者：陈雨波

陈雨波（原名陈燕），1922年8月生，江苏无锡人。中共党员，哈工大教授。1945年西南联大毕业，获土木学士学位。1946年应聘回清华大学土木系任教，1949年从清华大学土木系应聘到哈工大，是哈工大第一位中国专业教师。历任哈工大教务科科长、土木系助理系主任、基建设计室主任、土木系副主任，同时，在老研究生班随苏联专家学习并参加教学工作。后任教务长助理、教务处副处长。1959年调入哈尔滨建筑工程学院（1959年从哈工大分出，2000年与哈工大合校），历任教务处副处长、教务部副部长、建筑设计院负责人、学院副院长、院长、党委书记兼院长。

1950年6月7日，中央就关于哈工大办学方针电告东北局："中长路已决定将哈工大交给中国政府管理。""已决定为该校聘请首批苏联专家10人。"电报并指示哈工大"应着重招收国内各大学理工学院的讲师、助教和研究生，学习俄文并向苏联专家学习，两年毕业后分配到各大学任教"。这个指示，不但对哈工大的建设和发展具有决定性的意义，而且，对当时国内各高等学校全面学习苏联，进行教育改革，也起了十分重大的推动作用。

我是1949年7月从清华大学应聘来哈工大任教的，那时哈工大的本科教师，除了极少数是中长铁路派来的苏联技术人员外，绝大多数是“十月革命”前后来哈尔滨的苏侨。学生大多数也是苏侨。老师在课堂上用俄语讲课,学生用俄文做作业,教材用的也都是俄文课本。从学制和师生的实际情况来看,当时的哈工大,好像是一所小型的俄式大学。我想,当时中央政府之所以将地处偏僻的边疆又名不见经传的哈工大,选为全国重点学习苏联高等教育制度的一所大学,并为它先后聘请了几十位苏联专家的原因之一,恐怕与哈工大当时在国内是唯一一所俄语教学的工科大学有关。

1951 年 3 月,以古林教授为首的 10 位苏联专家陆续到达哈工大,由于那时我是在教务科工作,与苏联专家们接触较多,后来被调至土木系任助理系主任,主要任务之一也是为苏联专家服务,特别是担任系主任与系顾问苏联专家之间的翻译,那时土木系的顾问是建筑力学专家库滋民副博士、副教授。1952 年 9 月他回国后,由钢筋混凝土结构专家特里丰诺夫副教授继任,再以后由于我被调至教务部工作,土木系是哪一位专家接任系顾问就记不清了。

20 世纪 50 年代初,中央下达哈工大的办学任务是:“仿效苏联高等工业大学的办法办学,并及时总结推广其学习苏联的先进经验,推动我国高等教育的改革。”因此,来哈工大任教的苏联专家,他们的第一个任务就是帮学校领导进一步熟悉苏联高等教育的体制、了解像鲍曼工学院或古比雪夫土建学院那样的苏联高校的发展史和那个时期的概况,并结合实际,帮助学校制订了“哈尔滨工业大学五年发展计划”,草拟了哈工大第一份发展规划蓝图。这些,对后来哈工大在原来的基础上改建、扩建和发展起了一定的导向作用。

在研究、制定学校发展规划时,学校领导清楚地看到,根据规划提出的发展规模,如果哈工大要发展,首先必须解决基建用地问题。因为那时的哈工大,校本部已被四条马路所包围,再往外已无地可扩。因而,当时的冯仲云校长、高铁副校长以及教职工们都主张将学校迁至市郊,像关内一些老大学那样,建设一个美丽、幽静、与世隔绝的封闭式校园。可是苏联专家们却一致反对搬迁。因为他们认为:大学的教学工作是培养为社会服务的人才,大学科研工作的原则也是“从社会来,到社会去”。因而,大学必须紧紧面向社会,大学生在校学习期间，就要尽可能地去融入社会、了解社会。为此，他们认为，哈工大应该仍维持原来马路大学的形式，在苏联就都是这样做的。专家们对此问题态度坚决，最后学校采纳了这个建议，决定申请在附近征地建设新校舍，并得到了市政府的批准，同意将复华街以西、教化街以东、大直街以南的“巴扎尔”（俄语，市场的意思）原址拨给哈工大建设校舍，也就是现在工大的主楼、电机楼和机械楼这一个建筑群体所占的地块。它虽然不大，但是以此为基础，通过60年的努力，逐渐地建设成现在这样一个硕大的、完整的校园。此外，由于学校地处市中心，学生有更多的机会去接触社会，理解社会，与各色各样的人打交道，毕业后正式踏入社会时，就能比别人心胸广、视野宽，更容易受人欢迎。这一点，用人单位就有所反映。同时，由于学校地处市中心，交通方便，使学校的教研室、研究室有更多的机会与省、市企事业单位接触、交流、学习。这样，选题较方便，推广成果也较容易，因而大大促进了学校科研事业的发展。这时，我们才认识到当时苏联专家提出的建议是何等英明！

在扩建新校舍的过程中，有一件事我至今没有忘记：基建用地解决后，学校就开始筹备先建造机械楼。这时，校内在由谁来设计这一个问题上，意见有了分歧。那时，以克雷洛夫为首的第二批苏联专家正在陆续到校。那一年去土木系任教的专家有5位之多。那时刚开始授课的是：钢筋混凝土结构专家特里丰诺夫副教授，钢结构专家维琴尼阔夫副教授和建筑学专家普里霍吉柯副教授。因而，土木系的师生认为：这3位苏联专家刚刚来到，其他两位也即将到校。土木系应该全力以赴地组织教师、研究生和本科学生系统地向专家们学习，不能再分出这么大的精力来搞设计。而苏联专家的意见却与此相反，主张在苏联专家与苏侨教师的指导下，依靠土木系的教师、部分研究生和本科学生，来完成机械楼（包括主楼和电机楼的初步设计）、第二学生宿舍、镜泊湖专家疗养所以及运动场等几项任务。理由是：第一，在设计的时间上、质量上可以较好地保证；第二，可以在教学中更好地贯彻理论联系实际的原则。边教、边学、边干，能收到“事半功倍”的效果。学校领导接受了苏联专家的意见，决定成立“基建设计室”，调我去设计室担任主任。于是，在设计人员抽调齐全后，设计室就开始进行上述的各项设计了。

实际上，基建设计室真正的领导并不是我，在总体上是3位苏联专家，在技术上也是他们3位和几位苏侨教师。在他们的亲切指导下，通过设计人员边学、边干的辛勤劳动，终于在预订的时间内，保质保量地完成了上述4项任务，得到了学校领导的充分肯定。设计任务结束前，参加设计的青年教师和研究生们在一起交流心得，他们都表示，要感谢学校，感谢苏联专家，给了他们这样一次难得的学习机会，边学边干，使他们学得更扎实，对设计也更有信心，以后再碰到这类的设计心里就有底了。

苏联专家们来哈工大的另一个主要任务，是要把苏联高等学校的教育制度、教学进程、教学方法，系统地介绍到中国来。苏联自“十月革命”后，一直实行计划经济。高等教育作为建立在经济基础上的一种上层建筑，当然也只能在国家的统一计划下进行和发展。如院校的专业设置、培养目标等都必须满足生产部门的要求。为此，国家按专业制订出全国统一的教学计划、教学大纲，组织编写统一的教材和教学方法指导书，以保证上述计划任务的完成。而教师的主要任务，就是把教学大纲规定的教学内容，在教学计划规定的课时内传授给学生，并培养学生相应的实践技能和独立工作能力。

我记得土木系顾问、苏联专家库滋民副教授，一到校就带来了苏联高校“工业与民用建筑”专业、“工业与民用建筑结构”专业的全套教学文件，并让我们复制后分发给研究生和进修教师，通过他们传播给国内有关的兄弟院校。

此外，苏联专家们还都不辞辛苦，亲自给研究生和本科学生讲大课。那个时期，我一直随同研究生听库滋民讲的“材料力学”和“结构力学”两门课程，并担任他的助教，用俄语辅导本科一个班(全是苏侨学生)。这个时期，对我的触动很大，使我认识到，苏联专家们不但在学术上是我们的好老师，而且在如何做一个称职的教师方面，也是我们的好老师。他们都认真备课、一丝不苟。例如，库滋民每次给学生讲课。上课铃一响，他走进教室，拿起粉笔就开讲，从不拿讲稿。一堂课讲完,他把手中的粉笔一扔,正好响起下课铃。堂堂如此,天天如此。如果不是在课前认真备课,不是对教学内容熟悉到"炉火纯青"的地步,是不可能这样"神通广大"的。

苏联专家是我们的好老师,同时也是我们的好朋友。就拿我的老师库滋民来说,他既毫无保留地传授给我知识,教我如何当一名好老师,又十分热情地关心我的生活、关心我的前途。例如,他知道我的心脏不太好,那一年夏天他回国度暑假,回来后特意送给我几盒治心脏病的苏联新药。又如,1952 年夏,库滋民因聘任期满回国。回国前曾为我专门和高副校长交谈了一次,谈的目的是:希望学校能尽快解除我的行政职务,让我一心一意做一名专职教师,教好书,搞好科研,他认为我在业务方面是有发展前途的。但在这以前,我从没有跟他谈过这件事,更没有为此求过他,因而充分说明了他对他的学生,是何等的关心了。不过,库滋民离开后,学校并没有采纳他的建议,仍然让我干我的助理系主任。但是,在我的心里,对我这位恩师,还是非常非常感激的。

苏联专家在哈工大期间,既教我们专业知识,又教我们应该如何做人。记得有一天我去后楼办事,由于我穿的是美军大皮靴,在走廊里走起路来发出咯吱咯吱的响声。正在教室里上课的冶金专家斯米尔诺夫副教授闻声走出课堂,对我大声斥责:"你是官员,就这么威风?不让学生上课了?"弄得我面红耳赤,一句话也说不出来。那时,我既感到后悔,又非常佩服这位专家的正直和坦率,他既对工作负责,又不怕得罪人。这件事对我的教育意义很大,使我终生难忘。

像我这样的青年教师和研究生,大多是在解放前后毕业于仿效欧美教育制度的高等学校,对苏联的教育制度一开始是毫不了解的。但是,通过向苏联专家的深入学习,以及对当时哈工大毕业生情况的了解,使我认识到,苏联高校的教学制度,与欧美的相比较,除了具有高度的计划性以外,主要还有下列三个特点:第一,基础较扎实。数、理、化、力学等基础课的学时数较多,围绕本专业的技术基础课和旁系专业课,开设面也较广。但由于他们的学制是五年,对我国绝大多数的高校来说都做不到;第二,专业培养较深化。由于是按专业培养人才，专业理论和专业知识的学时数比较多，专业面窄而深。例如“工业与民用建筑”专业，主要围绕房屋建筑的结构设计与施工工艺安排课程。而我在旧中国的大学里学的是土木系，是“通才”。除了房屋建筑结构的内容外，还学习了有关铁路、公路、桥梁、给排水、暖通、建筑学以及造船等专业的部分专业课，因而专业面比较广。从长远来说，从事其中的哪一方面都能干好，但由于哪一方面的专业知识和技能都学得不够多、不够深。因而一般都要通过两三年在实际中模索，还要有人指导、帮助，才能胜任工作；第三，较注重理论联系实际。苏联大学的教学计划规定，学生在校的五年内，必须进行两次生产实习和一次毕业前实习。要做的课程设计也要比我们在校时做得多，要求也高。另外，学生还必须完成毕业设计或毕业论文，答辩通过才能毕业。

由于是五年制，按专业培养，并且密切结合实际，学生一毕业就基本上能拿得起一个“工程师”的工作。新中国建立初期，百废待兴，在苏联的帮助下，工农业又遍地开花，正到处急需人才。而从旧中国培养出来的技术专家又实在太少，无法满足大量的传、帮、带的需要。因而那时急需很快能独当一面的大学生。而学习苏联经验，按专业培养，学校与业务部门密切结合，不仅符合当时计划经济的原则，也满足了上述人才急需的要求。因而对当时的社会主义建设，对四个现代化的建设，确实起了不可磨灭的作用。而这也要归功于那些具有伟大国际主义精神，远道而来帮助我们进行建设的苏联专家们。

自 1950 年起至 1960 年为止，哈工大先后一共聘请了 74 位苏联专家。在他们直接或间接的帮助下：学校培养出了一批教师、研究生和本科学生，成为李昌校长号称的“八百壮士”中的骨干；成立了相关的教研室；建立了一整套教学文件；筹建了先进的、有特色的实验室。也就是说，按照苏联高等学校的模式，基本上完成了这些专业的教学建设。与此同时，苏联专家还特别重视科研工作，一开始就要求教师和研究生边学、边教、边从事科研，并获得了可喜的研究成果。此外，在此期间，学校还召开了 5 次“教学法及科学技术报告会”。在会上，苏联专家们除了给大家介绍苏联高校这些专业的教学过程和办学经验外，还向教师、研究生们分别介绍了他们的科研成果。每次会议都得到了从全国各地来参加会议的兄弟院校代表们的肯定和赞扬。

苏联专家们上述无私的忘我劳动，使哈工大成为当时全国理工学院学习苏联高等教育的前哨，也为哈工大后来的发展和提高打下了十分雄厚的基础。为此，我们哈工大人，要向曾经热情帮助过我们的苏联老师们，再一次地表示我们的感谢。你们，永远铭记在我们的心中！

把晚年献给了中国的叙利亚专家奥贝德*

作者：仲跻昆

仲跻昆，1938 年生。1961 年于北京大学东语系阿拉伯语专业毕业留校任教。现为北京大学外国语学院阿拉伯语言文学系教授、博士生导师，中国外国文学学会理事、阿拉伯文学研究会名誉会长、中阿友协文化委员会副主任、中国中东学会理事、中国译协文艺委员会委员、中国作家协会会员、阿拉伯作协名誉会员。著有《阿拉伯现代文学史》、《阿拉伯文学通史》等；译有《一千零一夜》、《阿拉伯古代诗选》、《米拉玛尔公寓》、《纪伯伦散文诗选》等诗文、小说。2005 年获埃及高教部表彰奖；2006 年专著《阿拉伯现代文学史》获中国高校人文社会科学研究优秀成果奖一等奖；2009 年获“资深翻译家”荣誉证书；2011 年获阿联酋谢赫·扎耶德图书奖之第五届年度文化人物奖（2010—2011）、沙特阿拉伯国王国际翻译奖之荣誉奖、北京大学卡布斯苏丹阿拉伯研究讲席项目学术贡献奖、中阿友协中阿友谊贡献奖等。

记得是 2000 年 10 月，我随中国作家代表团访问叙利亚。我坚持在日程安排中要去访问山城苏韦达，因为那是曾在北大工作了十余年

---

* 本文征得作者同意，经对作者提交给北京大学国际合作部编《北大洋先生》一书的原稿修改而成。

的叙利亚专家奥贝德的故乡。我们去了奥贝德的家，一进门，见到挂着的他的遗像，见到那曾朝夕相处熟悉得不能再熟悉的形象，我的泪水就不禁流了下来，而且怎么也止不住，一边听着他家人的讲话，一边流泪，上了汽车，一路什么话也不说，我还是在流泪。现在想起来，真有些不好意思，一个大男人怎么可以当着那么多人的面让泪水流得那么不管不顾。惹得我们代表团的团长——作协书记处书记、著名诗人高洪波在为我写的两首诗中的一首《再赠仲教授》中就提到这件事：

万千话语一口传，
左逢甘霖右逢泉。
舌绽莲花眼含泪，
天方别后不夜谭。

他还特地在“眼含泪”处加以注释：“仲教授为阿拉伯语世界译界名人，笔译口译堪称双绝。此行中东，多次座谈均赖教授勉力支撑。然教授重感情，常落泪，遂有此句。”

其实，高大诗人的话说得并不十分恰切，这不仅表现在那些显然是溢美之词上，而且说我“常落泪”，也有点冤枉。人上了年纪，感情虽比年轻时脆弱多了，泪腺也比年轻时难以控制，但也似乎更知道了泪水的价值而更加珍惜，不肯轻易抛洒。

我流泪，是因为我想起了很多往事，越想泪流得越凶，越止不住……。

奥贝德（SaLāmah’Ubayd，1921—1984）先生是德鲁兹人。德鲁兹人是居于叙利亚、黎巴嫩的阿拉伯穆斯林中一个特殊的族群，约有三四十万人。他们信奉轮回，认为德鲁兹人死后都要托生为中国人，因而会认为中国人可能是他们先辈转世托生的，见了中国人就感到特别亲切。我的同班同学，曾任叙利亚、黎巴嫩武官的曹彭龄将军告诉过我一件有趣的事：一次他们到德鲁兹山区要找奥贝德的家，向一位德鲁兹老人问路，那老人得知他们是中国人后，竟开玩笑地对他们说：“怎么？你们是从这里到中国去的，现在回来连老家的路都不认识了？”

据我所知，奥贝德先生当然不会相信那种神奇有趣的传说，但他无比地热爱中国，把中国当成他的第二个祖国、第二个故乡，把这里当成是自己的家，把中国人看成是自己的亲人，倒是千真万确的事实。记得他在1984年离开中国的时候，写了一首《别了，北京！》的诗，内中就表达了这种深厚的感情：

千丝万缕让我与北京紧密联系，
万缕千丝让我与北京联系紧密。
那里是故乡，有家与往事的回忆，
可这里是第二故乡，
也是家，
也有数不清的往事回忆。
北京在我的脑海中总是挥之不去，
桩桩往事历历在目，
深远而又清晰，
五彩缤纷，
洋溢出馨香的气息……

我最早听说"奥贝德"这个名字是在1966年夏天。我们一些搞外语的人被圈在西郊宾馆，为"亚非作家紧急会议"作翻译。奥贝德当时是叙利亚作家代表团的代表，好像还是副团长。不过那时我是在后台搞笔译的，整天忙得焦头烂额，根本与这些作家没有直接接触，更不要说与之交往。

但那次到中国来参加会议，并在会后到各地访问，似乎是圆了奥贝德先生的一个梦，给他留下了深刻的印象。他回国后，竟写了一本书，书名就叫《东方红》，向阿拉伯世界全面、客观、翔实地介绍了他访华的全过程及其亲身感受，对中国政府和人民给予了很高的评价。此外，他还写了很多诗，对中国的山山水水、一草一木的热爱溢于言表。我曾读过他在当时(1966年)写于杭州的一首题为"在西湖"的诗：

美不胜收的西湖啊！
　　你还记得

恶霸与倭寇在这里
花天酒地，
耀武扬威，
淫威一片，
充满湖岸。

* * *

当年美丽无比的湖
是一个睡梦中卖与陌生人的姑娘。
她的呻吟在他听来
是鸟儿歌唱；
她的泪水在他杯中
是美酒佳酿。

* * *

美不胜收的湖啊！
如今你唱着
胜利之歌，
枝叶、花、鸟在舞蹈，
群星、月亮在微笑。
但我在你的双眼中，
读到轻微的颤动，
忆昔的苦痛。

* * *

不要焦虑不安！
往昔不会复返，
黎明已把它砸烂。

奥贝德先生当时已是叙利亚著名的诗人、作家、历史学家、教育家。他于1921年生于苏韦达，父亲阿里·奥贝德是一位著名的民间诗人、历史学家，也是一位革命领袖，曾参与了1925—1927年德鲁兹人反对法国殖民主义统治的武装起义的领导工作。起义被镇压了下去，奥贝德的长兄纳伊夫为这次起义献出了生命。起义失败后，5岁的奥贝德曾随家人背井离乡远去沙特纳季德沙漠地区流亡。他后来辗转到了黎巴嫩，在那里念完了高中后（1930—1940），回到了祖国叙利亚，一面教学，一面从事反法国殖民主义统治的斗争，同时诗作不辍。其诗曾收入在1960年出版的诗集《火焰与馨香》（*Lahīb wa Tīb*）中，从诗集的名称就不难了解其中的内容。1943年，他还出版了一部诗剧《雅尔穆克》（*al-Yarmūk*）。诗剧取材于公元636年阿拉伯人在雅尔穆克战役中大败东罗马（拜占庭）的故事，寓意于叙利亚阿拉伯人的反法斗争。1946年在殖民主义从叙利亚彻底撤军后，年轻的诗人奥贝德曾参加了叙利亚阿拉伯军队进行曲歌词的征文活动，并获得一等奖。1947年，他再度去贝鲁特，在美国大学进修，于1953年获历史硕士学位。回国后，曾任苏韦达市教育局长（1953—1960）。他到中国在一定程度上是寻梦来了。因为也是在1966年于杭州西湖畔，他还写下以“梦”为题的一首诗：

早晨，我睡醒，
醒自一个美梦，
比清晨还美的梦境。

* * *

在梦中我看见了
一个美丽的湖泊，
五光十色，充满欢乐。
还有花儿千千万万，
那是荷花，妙不可言：
金似的叶片，
心似火焰。
还有小桥、堤岸，
处处是欢笑，
载歌载舞，锣鼓喧天，
伴着丝弦。
万道霞光
直落九天。

　　美梦可会重现？
也许不会再现了，
　　因为那是梦幻。

奥贝德第二次以专家身份来到中国在北大任教是在1972年。在这之前，在1971年，他曾发表了两部颇有影响的著作：一部是长篇小说《艾布·萨比尔——被遗忘了两次的革命者》；另一部是历史专著《据一些未发表过的文献反映出的叙利亚大革命》。那部长篇小说曾获得叙利亚文化部颁发的长篇小说奖，被认为是阿拉伯抵抗文学最好的作品之一。小说获奖后，他将所有的奖金都赠与了当时生活颇为拮据的小说的主人公。那部历史专著长达500多页，以翔实的史料，令人信服地论证了叙利亚大革命是具有深远的历史根源和广泛的社会基础的。文献中特别突出地介绍了妇女在起义中的作用。这部著作毋庸置疑地证实了作者不仅是一位诗人、作家，同时也是一位名副其实的历史学家。

奥贝德先生更加当之无愧的称号是语言学家、教育家。这不仅是因为他有在叙利亚多年任教师、校长、教育局长的经历，更可以为他自1972年至1984年在北京大学任教12年的资历所证实。其实，他教中国学生远不止始于1972年，早在1964年，他已是中国在叙利亚留学生在使馆的课外辅导老师了。而在北大的12年，他更是把培养中国阿拉伯语人才，提高中国阿拉伯语教学、科研和翻译水平当做自己的事业，将其一生中最后的12年奉献给了中国，对中阿文化交流做出突出贡献，被周围的中国人誉为阿拉伯的白求恩。

1972年来到中国后的感受、心境，不难从他1973年春写于北京的一首题为“雨之歌”的短诗中看出一些：

啊，大地！如同你
　　为雨的进行曲
欢笑，欣喜，
　　如同园圃的枝叶
梦想春风

和万紫千红，
我的心也在歌唱
——为雨的进行曲。
因为我，大地，来自你，
也归向你。
我活着，不再孤寂，
这里，我的亲人在建设，在奔忙，
他们一手拿镐，
一手握枪。
而在那里，
大地为我勤劳的民众笑逐颜开
他们一手拿镐，
一手握绷带。
何时会治好伤？
武器在人民手中歌唱？
我不知道。

我个人与奥贝德先生较为密切的接触似乎较晚。他1972年到北大时，我正好被借调出国到苏丹援外，1974年回国后，头一年让我校译《阿拉伯半岛》一书，那是当时中央下达落实到教研室的任务，我自然不敢怠慢，就没有机会多接触外国专家。过了一年，1975年，让我带着新生去昌平太平庄“开门办学”，跟着那帮工农兵学员一起去学农基地，听任他们“上、管、改”了。1978年，经考试后去开罗大学进修，在那里镀了两年金。真正与奥贝德“过从甚密”起来，大概是1980年我从开罗进修回来。

我1980年开始随奥贝德先生搞词典，到1983年，我又奉命去也门萨那技校教书去了。细算起来，我同奥贝德先生较密切地接触满打满算也就两三年。可就这短短的两三年，让我受益一辈子，记住一辈子了。

算起来，奥贝德先生长我17岁，因此，他除了是我的良师益友外，我还暗自把他当成一位“叔叔”。他刚来中国时，也就五十多一些，但已经退休了。到中国来，照我们现代流行的说法叫“发挥余热”。其实，那哪里是余热，简直就是一团火，燃烧着自己，把光和热全部奉献给了中国——他的第二祖国。

望着眼前这本 1989 年商务印书馆出版的《汉语阿拉伯语词典》，我都有些惊异当年是怎么把它搞出来的：长达约 2300 页的大开本，收单字条目 6000 多，多字条目 50000 多。除一般词语外，还收进一些常见的方言与文言词语、常用的社会科学和自然科学术语，以及有关阿拉伯和伊斯兰教的专门用语。各类条目加上词话短语共 100000 余条。这本词典是参照当时社科院语言研究所编的《现代汉语词典》与北外编的《汉英词典》的体例编纂而成的。当时没有电脑啊！手抄，打字，一个一个条目翻译，一遍一遍地审核、校对、讨论、议定……如今我翻着这本厚厚的词典，看着那密密麻麻的条目、词语，感谢我们的祖先创造了“心血”这个词，我的确感到那里渗透着奥贝德的心血。

我们当年到奥贝德下榻的友谊宾馆去讨论词典的问题时，常使我想起下象棋或围棋的“车轮战”：我们当时还是“中青年教师”，每人在一周中有规定的一天去同专家讨论问题，而他，当然一周中天天都得“迎战”。

回想起来，每次到奥贝德那里都是让人感到开心、惬意的日子。让我感觉最深的是老爷子那种珍惜时间，不肯浪费一分一秒的精神。他通常是坐在床上，用枕头把两脚垫起来，因为他的两腿静脉曲张，有脉管炎。他告诉我这种病的阿拉伯术语同葡萄藤是一个词，那一条条弯弯曲曲粗胀的血管的确有些像葡萄藤。他工作起来什么伤痛都不顾了，是个十足的“工作狂”。到了中午，我们一起做午饭。大概因为大学教师不坐班，又经过“文化大革命”的锻炼，教研室的同事们个个都会烹调，每逢到他那里，都会各自大显神通，也可借此改善一下生活。后来，他觉得做饭耽误工夫，影响工作进度，就出钱请宾馆为他找个人做饭。宾馆为他找了一个刚失去老伴不久的职工家属来做。那个农村老太太，平时做的当然是农家的粗茶淡饭，讲究一些的饭菜见都没见过，更不要说做了。宾馆方面似乎也想为他换个人。但奥贝德是个人情味、怜悯心十足的人，说什么也不肯换，而且还在空闲时间教那个老太太如何做菜。奥贝德其实也是个美食家，曾教给友谊宾馆餐厅的厨师们做诸如比萨饼和一些阿拉伯的料理。只是他觉得工作时间能省就省。

节约似乎已经成了他的天性。记得我们同他一起做饭时，用的是一种粗杆的火柴。点过火后，他总是要把那些未烧完的火柴杆儿留下来，为的是用另一个灶眼时可以用它们引火，免得浪费。每到这时，我总是要嘲笑他“捡了芝麻，丢了西瓜”，他也总笑着说：“喏，又是一粒儿芝麻！”我说他丢了西瓜，是因为他这个人太慷慨好客了。每有叙利亚或阿拉伯客人访华，他往往总要设法掏钱请客。有一次从叙利亚回京的途中，遇到一个南斯拉夫的妇女，听说中医针灸有神效，就带着自己先天弱智的孩子马尔科来北京看病。我们的专家为那位妇女的母爱所感动，竟一直倾囊相助，为此，那时的专家待遇虽然不低，他老人家竟有时会不到月底就囊空如洗。

说奥贝德是“工作狂”其实不太确切，但从他身上我们的确认识到什么叫认真工作，又如何工作。他好像脑子里有个发动机，时刻都在转动而不停息。他总是备有很多大信封和塑料口袋，碰到有关的例句、念头（就是人们通常称作的“思想的火花”）赶紧拿笔记下来，分门别类地装在那些口袋里。他常教导我们：“好脑筋不如烂笔头。”

奥贝德的工作从来不是单打一，大部头的《汉语阿拉伯语词典》只是他参与的工作之一。在华的 12 年，他除担任各年级的教课任务、编写教材和帮助青年教师提高外，还开办过很多短训班，参加培训的多是各个学校、机关、部门的中青年阿拉伯语教学、翻译骨干，他还为新华社、外文出版社、国际广播电台以及《中国建设》（现称《今日中国》）、《中国画报》等我国的宣传媒介单位译稿、改稿、培养人才，对阿拉伯语在中国的传播，对中国阿语教学、研究、翻译水平的提高做出了突出的贡献。在工作以外的业余时间，他翻译了大量的唐诗宋词和中国古代神话故事。此外，他还经常被请去为一些重大会议的主要文献，以及一些经典著作的阿文译稿进行修改润饰。他时常加班加点，从不索取报酬。

我们还可以从奥贝德先生在这 12 年中及其后出版的著作及他留

下的尚未出版的文稿看出他工作的业绩。已出版的有《中国古诗选》(1983)、《民间成语》(1985)、《童年忆事》(短篇小说集,1987)、《为我国孩子写的童谣》(1997)、《真主与异客》(诗集,1997);未出版的文稿有《阿拉伯语的同义、近义词》、《从贾希利叶时期至20世纪阿拉伯诗歌发展简介》、《阿拉伯语读本》(为学习阿拉伯语的外国学生编著)、《穆罕默德时代的反对派》、《〈古兰经〉中的哈拉姆(禁止的)与麦克鲁海(可憎恶的)》、《三大宗教的比较文摘》、《中国典故》、《织女与牛郎》、《布尔特尔牧师1853年在豪兰山的游记》(翻译)、《〈一千零一夜〉中的成语、典故》。

奥贝德先生于1984年3月离开北京回国。在他到家的第二天就溘然病逝。人们在他的口袋中发现他在辞世的前一周写下的他最后以"真主与异客"为题的一首诗:

主啊!求你别在这里合上我的双眼!
在这里,人们的心纯洁无瑕,
在这里,江山如画。
但我思念我的故土,
要对那里的山川、海岸
看上最后一眼。

* * *

求你对我的心不要下手太狠,
我们之间没有什么仇恨。
你是从来未见过我在你的神殿
双膝跪下把祈祷词诵念,
我没在节日里宰牲祭奠,
我没在生日点蜡许愿。
但我对你的祈祷
是微风催着花儿开放,
是鸟儿对着晨曦歌唱

* * *

让我在那里活上最后一天!

那里有我心爱的亲友，
难忘的往事有苦有甜，
苦难流亡的童年，
青春似花一般，
也伴着刺刀、皮鞭，
是因为他不肯为侵略者、傀儡或神像
献花，烧香

* * *

如今我白发如冠，
仍手拄棍杖
继续赶路向前。
奔跑的队伍排挤我，
他们不问这路是谁修建，
这辉煌的火炬是谁点燃。

* * *

主啊！我无悔无怨！
你难道没看见我的心洁白如雪一般？
那么就让我在那里合上我的双眼！
那里有我心爱的亲友，
他们流着血红的泪水，
男子汉知道哭的滋味。

据当年在北京为先生送行的张甲民教授告诉我，先生临离别北京的时候似乎有一种预感，他是提着请人为他画的两幅像上飞机的，一幅是穿西装的，一幅是穿民族服装的，那似乎是他为自己准备好的遗像。先生临回国的时候，似乎心里很乱，他真舍不得离开这块他为之献出了晚年的土地。他在《别了，北京！》那首诗的后半段是这样写的：

他希望能再回到中国，他的钟爱之地，
看看他为之祈福的她的明日。
有朝一日回来，

他也许会看到这座古老的城市
如被施了魔法，变得
年轻、亮丽，欢笑而有魅力，
充满希望、热情，神采奕奕。

如今，中国——他的钟爱之地，北京，这座古老的城市，真像他所希望的"如被施了魔法，变得/年轻、亮丽，欢笑而有魅力/充满希望、热情，神采奕奕"。但先生却再也回不来了。

我得到奥贝德先生逝世的消息时正在也门萨那技校教书。不知道是不是太重感情，晚上我躲在被窝里哭了很久。

我细想想，奥贝德先生把他的晚年献给了我们中国，他对我们国家的阿拉伯语教育、翻译事业，对我们这一代阿拉伯语人才的培养、成长是有恩德的。我们中华民族是一个具有感恩美德的民族。俗话说："点滴之恩当涌泉相报。"但我什么泉都没有，竭尽所能，能涌出来的唯有泪水。我若有一点权的话，我一定设法在明年(2011 年)先生 90 华诞时，搞个活动，以资纪念。

一位德国大夫在中国战场上*

作者：麦慧君**

汉斯·米勒(Hans Mueller,1915—1995),原籍德国,内科学家。1915 年生于德国莱茵区,1939 年获瑞士巴塞尔大学医学博士学位。同年 7 月来到中国延安,参加中国抗日战争医疗工作。1951 年加入中国国籍,1957 年加入中国共产党。1972 年至 1994 年担任北京医学院(1985 年更名为北京医科大学)副院长、北京医科大学(2000 年与北京大学合并,现为北京大学医学部)副校长,主管外事与医疗工作,领导研制出乙型肝炎疫苗。1973 年米勒和路易·艾黎合著出版《西方的帝国主义在中国》,1981 年米勒在德国《自然科学》杂志发表了《医学科学在中国的发展》。1995 年 12 月,米勒在京逝世。

汉斯·米勒

* 此文根据对汉斯·米勒的夫人中村京子以及前北京医学院党委书记彭瑞聪的采访撰写而成。图片均由中村京子女士提供。

** 麦慧君,女,北京大学元培学院 2007 级本科生。

北京地安门油漆作胡同一座安静的四合院，是米勒大夫和中村京子的家。院中修竹摇曳，花草淡雅；屋内整洁典雅，古色古香，若你不小心踏进门去，还以为这里住着一个典型的中国传统人家。汉斯·米勒，这位从战火纷飞的年代中走过来的白衣战士，于 1995 年 12 月 4 日溘然辞世。现在的院子里，住着中村京子和她的护理人员。每周日下午四点，中村和米勒在瑞士的女儿米密总会打一通越洋电话来，和母亲唠家常。平常的日子，米勒和中村的同事、朋友们，也时不时来串门儿聊天。中村老太太每逢这个时候，就会特别高兴——用她自己的话说，“每次和你们年轻人聊天吃饭，我会乐上好几天”。谈起丈夫，中村京子总是带着亲切温暖的笑意——“米勒大夫这个人啊！”

莱茵河时代：一个青年的战斗理想

听说过米勒大夫事迹的人，都不禁心生疑问：这位德国人为什么要来中国？

1915 年生于德国历史小城杜塞尔多夫的汉斯·米勒是“半个犹太人”，他的父亲西蒙·米勒(Simon Mueller)是犹太人，母亲则是日耳曼人。20 世纪 30 年代，米勒高中毕业，一心想上大学继续深造。如果是在风平浪静的和平年代里，青年米勒可能就顺顺利利地一步一步完成大学学业、努力工作并组建家庭，在欧洲城市里过上安稳惬意的生活了，他的人生也可能不会有那么充满戏剧意味的转折。但是，当时正值世界动荡，风云更迭，米勒自己的国家正是这风起云涌的中心。希特勒上台后，要求中学毕业的青年一律接受一年的义务劳动和军事训练，取得相关证明才有资格进入大学。于是米勒不得不前往家乡杜塞尔多夫的一个小镇乌德福特郊外的苗斯小村参加义务劳动，挖土开沟。米勒注意到，在那里劳动的人之中，有不少像他自己那样的高中刚毕业的学生。米勒和伙伴们团结一致，想尽各种办法对付可憎的军官，在这个过程中米勒和伙伴们成为了好朋友。有一天，劳动队员们从工地回到住地，猛然发现工地上升起了“卐”字旗，放哨的门岗，也换成了党卫队的士兵。聪明的米勒马上明白了——这个地方已经被希特勒控制。希特勒针对犹太人大范围的迫害，米勒已早有耳闻，他清楚地知道眼下若继续待在工地劳动，随时有被希特勒的党卫军抓入集中营的可能。此地不宜久留，米勒下决心逃出去。在伙伴的帮助下，米勒几次努力，终于成功逃回了家乡。回家之后怎么办？在希特勒的控制下，升学无望、就业无门，米勒感到压抑和苦闷。后来，通过父亲西蒙·米勒的一位在瑞士巴塞尔大学任医学系主任的老朋友卢德维克教授的帮助，米勒进入瑞士巴塞尔大学，开始了盼望已久的大学生活。

在巴塞尔大学期间，米勒主修医科，如饥似渴地学习各科知识，参加医学实践。也正是在大学期间，米勒结交了几个对他的一生都将产生重大影响的朋友，这其中便包括来自中国的蒋兆先。这几位青年时常聚到一起讨论社会时事政治和世界格局，满腔改革社会的热情。作为犹太人，米勒起初对希特勒政权就十分不满，在这几位朋友的影响下，他逐渐意识到法西斯势力不仅控制了德国，在世界范围内也正大肆其虐。原本保守谨慎的米勒渐渐变得激进。后来发生在他这几位朋友身上的一件事，却直接激发了他对法西斯政权下社会不公的愤怒和反抗。有一天，米勒去找蒋兆先，发现蒋兆先的屋内一片狼藉，人已不见，米勒急忙去寻找另外几位朋友，却发现他们也一样，被瑞士警察局逮捕了。米勒满腔怒火跑到警察局要为他的同学们鸣不平，然而瑞士警察局却斥责他多管闲事，并给米勒下最后通牒，勒令他在半年内离开瑞士。幸好，当时他的学业快完成了，只差最后的博士论文。论文通过后，米勒顺利取得医学博士学位，从巴塞尔大学毕业。正值此时，蒋兆先被瑞士警方无罪释放。米勒与蒋兆先在离别之前匆忙见面，二人谈及未来，对欧洲形势充满担忧。蒋兆先决定返回中国参加抗日战争，并动员米勒："你不是希望帮助人们脱离法西斯的魔掌吗？现在世界上最大的反法西斯战场就在中国！"米勒决定采纳蒋兆先的建议，前往中国战场。1939 年，刚刚大学毕业的青年米勒将自己的照相机卖掉，换来一张船票，只身一人从法国港口搭乘轮船到达香港。几经辗转，米勒在香港通过蒋兆先与宋庆龄"保卫中国同盟"组织取得联系，在同盟组织中结识廖承志，后者把他带到了延安。

延安时代："米拉"大夫

初到延安的米勒反法西斯情绪强烈，主动请缨去前线。但是当时八路军卫生部领导认为要确保外国专家的安全，不希望他们在时刻有生命危险的前线工作。然而，米勒要求到前线的愿望非常坚决。1939年冬天，经毛主席批准，米勒与当时印度政府援华医疗队的三位大夫柯棣华、巴苏华和爱德华一起奔赴太行山区——山西省武乡县王家峪八路军总部。朱德总司令接见了他们。不久，爱德华因患病回印度治疗，巴苏华调回延安工作，柯棣华则患癫痫于1942年逝世，外国专家团队只剩下米勒一人。

在太行山八路军总部，米勒作为医生碰到的第一个病例异常棘手——这是一位年轻的士兵，摔倒后不知何故无法排尿，导致膀胱肿胀，非常痛苦，军中的医护人员急得团团转，却丝毫没有办法。米勒大夫了解情况以后，也不能确认是什么原因，但是凭着丰富的医学知识和经验，认为无法排尿一定是尿道出了问题。于是他果断地进行手术，果然发现原因在于尿道断裂。米勒大夫麻利地为战士缝合了断裂伤口，成功地解决了第一个难题。这一次治疗，确立了战士们对米勒大夫医术的信任。

米勒的名声不胫而走，太行山区村民们之间口口相传有这么一个神奇的"大鼻子"医生。有一日半夜，米勒医生房主的家中响起急促的敲门声，门外站着一位村民，急着要找米勒大夫。当时是深夜，没有随军翻译在场，米勒初来乍到还无法听懂乡亲的话，但是料想情况紧急，便二话不说坐上了这位乡亲的牛车。来到村民家中，米勒就明白了八九成——屋里围了一圈邻居，中间躺着一位妇女，大概是这位村民的妻子，她分娩时遇上了难产大出血，接生婆慌张得不知如何是好。那个年代，农村只有接生婆负责接生，没有妇产医生，这位米勒大夫不仅是个外国人，还是位男士，乡亲们从未见过这样的情景，都捏了一把汗。米勒也很紧张，毕竟接生这样的事自己完全没有经验，只在大学解剖课上学习过相关知识。但是人命关天，周围这么多乡亲都指望着他能救下母子二人，于是他镇定下来，在脑海中飞快回忆以往学过的处理方法。好不容易帮产妇止住了血，婴儿的臀部却先出来了。米勒稍稍放下的心又提了起来，另一方面又庆幸——孩子至少没有腿部先出来，否则情况将更糟糕。米勒用手托着婴儿的臀部，用劲往里一推，过了一会儿，婴儿的头部就露了出来，母亲顺利地生产了。孩子“哇”地发出第一声啼哭的那一刻，乡亲们提着的心放了下来，村民夫妇俩对米勒感恩不尽。此后，太行山的村民们常常说起这个特别的“接生婆”，都亲切地称他为“米拉”大夫。

在前线待了三年后，米勒由于营养不良，得了细菌性痢疾。治好了不久又发高烧，断断续续昏迷了四个星期。1943 年，米勒大夫被调离前线，回到延安国际和平医院工作。

1943 年秋冬之际，从山东转移来了一批士兵驻扎在延安。当时流行斑疹伤寒，由于传染源是虱子，疫情蔓延，失去控制。有些战士因此而死亡，战士们普遍情绪低落。米勒了解情况后，发现除了药品不够、医护人员少等主要原因外，战士们住地分散、士兵不配合治疗也是疫情得不到控制的重要原因。山东士兵性格倔，不轻易服气。米勒于是决定把预防计划上报给上级，通过上级下达命令的形式强制士兵配合治疗。命令下来后，米勒弄来了几个大铁锅，铁锅内放水，用火烧沸，吩咐士兵把衣物、被褥全部拿来放到烧着沸水的铁锅内煮。当时天气早晚温差大，中午出太阳，这时候就把煮过的衣物晾干。两个星期后，传染病得到控制。在缺少药物、没有条件的艰苦环境下，米勒用土办法控制了疫情。米勒大夫就这样在一次次的诊疗

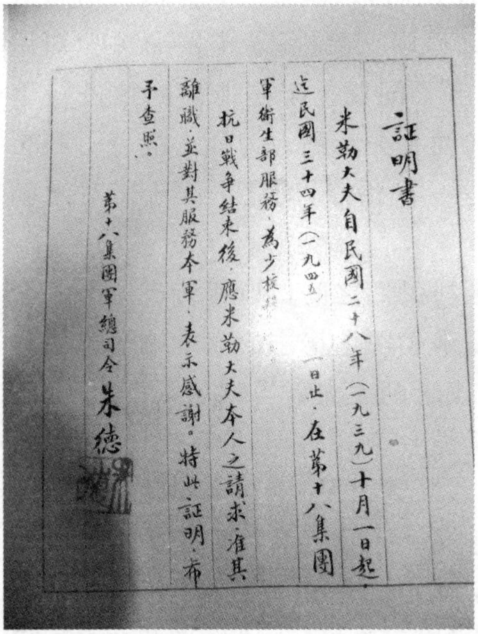
証明書

米勒大夫自民國二十八年（一九三九）十月一日起，迄民國三十四年（一九四五）[illegible]日止，在第十八集團軍衛生部服務，為少校[illegible]。抗日戰爭結束後，應米勒大夫本人之請求，准其離職，並對其服務本軍，表示感謝。特此証明，希予查照。

第十八集團軍總司令 朱德

朱德总司令为米勒开具的证明书

中，根据具体情况，不断学习，原本就很精湛的医术愈发高超。

1945 年 8 月 15 日，日本投降，抗日战争胜利。在战火纷飞的前线中连续工作了 7 年的米勒从未能回家，也没有家人的消息。战争胜利后，米勒提出回国的请求得到批准，朱德总司令为他开了工作证明，表达谢意，并请各方确保米勒安全返家。米勒本打算从哈尔滨经苏联回德国，但当时国共内战打响，国民党已经把东北部分地区占领，米勒回家的路被切断了。迫于形势，米勒留了下来，在冀察热辽军区野战医院担任总院长，成为内战时期共产党后方强有力的支持。

北医时代："米勒日"与乙肝疫苗的研制

从战乱年代到和平年代，米勒同中国人民一起承受了战争的苦难，又以满腔热情投入新中国的卫生建设中。1950 年，米勒任长春第三军医大学第一临床医院院长，在长春历经了抗美援朝的三个年头，其间，米勒加入中国国籍；抗美援朝胜利之后，米勒被调往沈阳中国医科大学担任内科教授，在那时他加入了中国共产党。从军队到地方，从长春到沈阳，工作单位和职务的变更没有影响米勒工作的热情。

1962 年，在经历一场大病和两年修养之后，米勒逐渐恢复了健康，被调到积水潭医院任职。然而，正当他准备在新岗位上发挥才干的时候，一场大动乱开始了。在"文革"十年"横扫一切牛鬼蛇神"、"打倒一切"的呼声中，米勒身边的不少朋友都遭受到迫害，米勒本人也因为耿直、认真、直言不讳的个性而被贴大字报。米勒已经不能在医院里正常工作，凄凉地感到，自己成了一个"狗不理"的人，连自己的家人儿女也受到了牵连。痛苦之下，米勒决定返回德国，执意要走。

在周总理的挽留和关怀下，米勒被调到北京医学院工作，担任副院长，主持北京医学院外事活动和医疗工作。在北京医学院及其附属医院里，米勒严格的工作作风给大家留下了深刻的印象。据妻子中村京子回忆，米勒非常讲究个人卫生和衣着礼仪，认为医生干干净净是对别人的尊重，这样才能赢得病人的信任。他平时出门总是穿戴整洁、西装革履，皮鞋擦得一丝不苟。在医院中，他常常带着主任、护士长、卫生员洗刷地板和污水池。当看到别人擦得不干净时,他总要亲自刷洗得干干净净才肯罢休。对待病人,他不仅热情、认真,而且十分耐心亲切。米勒除了负责院长的工作以外,还坚持每周出诊,亲自参与医疗工作。为了提高医疗工作人员的技术水平,他顶住了当时的政治压力,坚持恢复每周三的业务学习制度。北京医学院当年的工作人员,都把星期三这个学习日称为“米勒日”。

米勒(右)与妻子中村京子

在外事接待中,米勒以中国专家的身份,接待外国医疗代表团的参观访问。同时也在日本、美国等地进行访问,促进了北京医学院的国际交流和技术引进。20世纪六七十年代,肝炎在中国是一种高发常见病,这种病夺走了不少人的生命。米勒深感预防和治疗肝炎的重要性。制服肝炎疾病,便成为当时米勒从事科研工作的重要课题。1972年,米勒利用去日本探亲的机会,拜访了研究乙型肝炎的日本专家西冈久寿弥教授,并在日本卫材制药厂的支持下,引进了日本检测乙型肝炎的先进技术,带领当时工作于北医附属人民医院检验科的陶其敏大夫进行反复的试验。1973年,米勒邀请西冈久寿弥教授来中国传授乙肝试验方法;同年十月,又率领代表团前往日本参加肝炎实验室国际会议。1975年,米勒受国外杂志上关于美国生产肝炎疫苗的文章启发,鼓励科研人员用带乙肝病毒者的血清制作疫苗进行试验。陶其敏等科研人员在米勒的鼓励和支持下,不负众望,终于制作出了中国自己的乙肝疫苗，震惊了世界。西冈久寿弥教授后来在《马海德博士和米勒博士》一文中回忆起自己和米勒大夫的交往，写道："他（米勒）一提到肝炎这种疾病，就表示一定要消灭它，那种决心和气势，就像当年为了反对纳粹党，由祖国出奔异国他乡。自从到达延安以来，他的眼光始终盯着敌人，在历次战争的战场上，都不愧是一位为中国人民献身的勇士。"

（本文原载北京大学国际合作部编《北大洋先生》一书）

拨乱反正，做好对外国专家的团结友好工作

作者：闭良干

闭良干，笔名门蕴才、敝人、关深，广西灵山县人，1939年生，1964年武汉大学毕业后参加工作，1975年到国务院（国家）外国专家局工作，1985年起任局研究室主任；1989年起任信息研究中心主任，并同时兼任中国国际人才交流与开发研究会秘书长、《国际人才交流》杂志总编辑、《专家工作通讯》月刊总编辑。

对外国专家的团结友好和宣传，是引进国外智力工作的重要组成部分，是在“文革”结束特别是在十一届三中全会（下简称“三中全会”）以后到上世纪80年代中期的十多年里，邓小平和党中央十分关注的重要问题之一。邓小平等中央领导同志，在这方面既率先示范，又有许多指示，中心是要解放思想，拨乱反正，进行改革开放，从而充分调动中外各方面的积极性，发挥他们的作用，提高聘用专家的效益，促进中外人民友谊，更好地为社会主义现代化建设服务。

我是从1975年11月起到国务院外国专家局工作的，在粉碎“四人帮”、特别是在三中全会后，逐渐进入局的政策研究圈子和开始在一些部门担任负责工作，曾参与过一些全国性会议的筹备和文件起草工作，发表过若干文章，并从1985年起担任局研究室主任，对外国专家的团结友好和宣传工作又是研究室的职责之一。据我所了解，包括从

我所接触到的资料来看，当时邓小平等中央领导同志对外国专家的团结友好和宣传工作的关注和指示，以及国务院（国家）外国专家局加以积极推动贯彻的，主要涉及以下几个方面：

从实际情况出发，端正工作目的
把重点集中到为社会主义现代化建设服务上来

新中国成立以来，我国对专家的团结友好和宣传工作，取得了显著的成绩。但随着上世纪50年代后期指导思想有时开始出现“左”的偏差和错误，在这方面也一度提出过一些不切合实际的要求。在“文革”中，更发生了对持不同观点的专家进行批斗的乱象，产生了恶劣影响。

在邓小平的指导下，我们党于1978年召开了三中全会，作出改革开放，把工作重点从“以阶级斗争为纲”转移到社会主义现代化建设上来；于1981年作出了《关于建国以来若干历史问题的决议》（下简称《决议》），从端正思想路线入手进行了拨乱反正，为端正对专家的团结友好和宣传工作的目的指明了正确的方向。

为了贯彻三中全会的精神，经国务院批准由国务院外国专家局于1980年先后召开的全国外国文教专家和经济专家工作的两个座谈会，以及经国务院批准的两个《会议纪要》、两个《工作条例（要点）》，都明确提出：外国专家的方针任务是：有计划地聘请外国专家，积极主动地团结他们，调动他们的积极性，充分发挥他们的作用，虚心学习他们的专长，加速培养建设人才，为我国四个现代化服务，并增进中外人民之间的友谊；对外国专家的宣传工作，目的是帮助他们正确了解中国和有利于同我合作。

1981年，外专局党组在组织全局认真学习《决议》的基础上，联系外国专家工作的实际，在充分肯定过去所取得的成绩的同时，也系统地清理了对外国专家的团结友好和宣传工作中的一些“左”的做法，对端正对外国专家的团结友好和宣传工作的目的和改进工作方法起到了很好的指导作用。

1986年2月23日，外专局在给国务院和胡耀邦(时任中共中央总书记)报送的一个报告中，进一步明确：对外国专家团结友好和宣传工作的目的，就是帮助外国专家正确地了解我国，调动他们的积极性，增进中外人民之间的友谊，为四化建设的总目标服务，为促进祖国统一和世界和平服务。报告得到胡耀邦的肯定并经国务院批准转发各部门各地方参照执行。

为外国专家“正名”
把他们看做是我们的同事、朋友、老师

“文革”开始之后，当时在华的外国专家普遍不受信任，有些无端被怀疑为“间谍”、“特务”、“反动分子”，从而受到围攻、批斗，有的被遣返回国，像国际著名记者爱泼斯坦等几位长期以来对中国革命建设作出了重要贡献的老专家，甚至被错误地关押了几年。1973年，周恩来在外交部、中联部联合举办的招待外国专家及其家属的纪念三八节宴会上对排外主义进行了批评，代表中国政府向被受到错误对待的专家及其家属表示道歉，使以上状况有所改观，但直至“文革”结束的最初几年，不信任专家的现象还时有发生，这是导致有些干部仍不敢同专家交往的重要原因之一，因为他们怕受牵连，说不清。

如何看待专家，实质上是如何看待知识分子的问题。邓小平复出之后抓科教工作，进行拨乱反正，很重要的一条，就是给知识分子“正名”。他反复阐明的一个重要论点是：“一定要在党内造成一种空气：尊重知识、尊重人才。要反对不尊重知识分子的错误思想。不论脑力劳动、体力劳动，都是劳动。从事脑力劳动的人也是劳动者。”“知识分子的名誉要恢复。”他在1978年中央召开的全国科学大会上代表中央指出：历史上的劳动力，也都是掌握了一定的科学技术知识的劳动力。强调：“在社会主义历史时期”，“知识分子”“已经是工人阶级自己的一部分”，“是社会主义社会的劳动者”。邓小平在1978年12月的中央工作会议上发表了重要讲话，这个讲话实际上成为随后召开的三中全会的主题报告，报告和全会是邓小平实际上成为第二代中央领

导集体核心的重要标志。他在这个讲话中又郑重地指出："要发现专家，培养专家，重用专家，提高各种专家的政治地位和物质待遇。"

邓小平和党中央对知识分子政策的拨乱反正，对给外国专家"正名"、正确地看待他们起了重大的指导作用。

1978 年秋，经国务院批准，外专局召开了新聘外国专家工作座谈会，经邓小平、李先念(时任中共中央副主席、国务院副总理)以及其他中央和国务院领导同志同意的《座谈会纪要》提出："政治上一定要把专家当朋友和同志，一视同仁，团结他们多做工作。"

1980 年 4 月召开的"全国外国文教专家工作座谈会"指出："对外国文教专家，政治上要把他们当做朋友，有的并要当做同志；业务上，要把他们当做教师；生活上，要关心体贴，热情照顾。"该年夏，新华社记者在《国内动态清样》上报道了天津石油化纤厂做外国专家工作的经验，胡耀邦即予以批示："这样的经验怎样采取有效办法使有外国专家的单位都能掌握。"为了研究贯彻胡耀邦的这个批示，外专局即于 7 月在北京召开了专门会议，中央 23 个部委的外事单位和除青海、西藏外的 27 个省、市、自治区的外办负责人参加了会议。国务院批准转发了会议情况的报告。天津石化厂的经验中有一条是"排除极左思潮干扰，教育职工和外国专家友好相处。指出，这些专家都是受雇于资本家的劳动者"。1980 年 12 月召开的全国"外国经济专家工作座谈会"进一步明确："外国经济专家的绝大多数是受雇于资本家的劳动者，不能把这些人统统看成资本家或代理人，他们是有文化有技术专长的劳动者。""对经济专家，政治上应看做朋友，技术上应当做教师，""即使有的专家是资本家，只要他们遵守我国法律，不违反合同，就要利用他们的专长，做好对他们的工作。"至此，从党中央、国务院以及引智工作主管部门来说，对外国专家的"正名"任务已经基本完成，从而为广大干部群众放手去做对专家的团结友好和宣传工作扫除了政治和思想障碍。

给从事引智工作的干部落实政策
信任和依靠他们开展工作

要做好对专家的团结友好和宣传工作，必须信任和依靠广大干部群众。但粉碎“四人帮”之后的一段时间，他们许多思想上还有一些沉重包袱。

林彪、“四人帮”曾经炮制过所谓“两个估计”，一个估计是认为“文革”前17年教育战线是“资产阶级专了无产阶级的政”，是“黑线专政”。另一个估计是“知识分子的大多数世界观基本上是资产阶级的，是资产阶级知识分子”。后来林彪、“四人帮”又把这“两个估计”推广到其他战线和广大干部，在全国造成“怀疑一切”、“打倒一切”的恶果。许多从事过引智工作的干部，也受到不公正的对待，不少领导干部、业务骨干和一线工作人员，被无端污蔑为执行“修正主义外交路线”和搞“洋奴哲学”、“爬行主义”、“崇洋媚外”，有“里通外国”嫌疑，因而受到批判，被“靠边站”，有的甚至被揪斗和关押。所谓“两个估计”实际上成为压在包括引智干部在内的广大知识分子和干部头上的两座大山。

邓小平在1977年复出之后抓科教工作，进行拨乱反正，很重要的一条，就是推翻错误的“两个估计”。他指出：“‘两个估计’是不符合实际的。”对“两个估计”“要进行批判，划清是非界限”。后来随着三中全会召开、对建国以来的若干历史问题作出决议之后，邓小平和党中央在彻底否定“文革”、纠正“文革”及其之前指导思想出现过“左”的偏差和错误的同时，也明确指出：“建国后十七年这一段，有曲折，有错误，基本方面还是对的。”并积极平反“文革”以及其之前历史上所造成的冤假错案，为外专局和有关部门、省市、单位落实引智干部政策，指明了正确方向，作出了榜样。

1978年10月29日，杨放之(1951年担任中央财委专家办公室主任，1953年任政务院专家办公室主任，1954年—1964年任政务院〔国务院〕副秘书长兼政务院〔国务院〕外国专家局局长。他此时刚恢复工作担任北京〔今国家〕图书馆的领导)给康世恩(时任国务院副总理)等写信，就如何做好对外国专家工作提出建议，其中他提出“目前做中国同志的工作比做外国专家的工作更重要。有些人心里害怕‘里通外国’、‘崇洋媚外’等帽子”，“必须打破这种精神枷锁”。康世恩批示：“此信很好，请给外专局领导同志阅。看来除解决一些必要的具体问题外，外专局领导一定要振作精神把工作做好。”1979 年初，国务院调整了外专局的领导班子，杨放之重新担任局长兼党组书记。杨放之上任伊始，从贯彻三中全会精神入手，用了 8 天时间召开全局干部“民主大会”，让大家把在“文革”中所受到的冤屈、怨气完全倾诉出来，然后宣布一律予以平反，并重新起用了一些“文革”开始以来被长期“靠边站”的领导骨干。1980 年经国务院批准先后召开的外国文教和经济专家的两个工作座谈会，充分肯定了“文革”前 17 年在以毛泽东为核心的第一代中央领导集体领导下外国专家工作所取得的成绩，这对引智战线的广大干部从林彪、“四人帮”所炮制的“两个估计”枷锁中解放出来，消除“以阶级斗争为纲”的影响，解放思想，做好对专家的团结友好和宣传工作起了重要促进作用。

解放思想，打破老框框
开展内容丰富、形式多样的活动

开展对外国专家的团结友好和宣传工作所遇到的阻力，原因是多方面的。除了林彪、“四人帮”的流毒作怪和过去指导思想上出现“左”的偏差、错误影响之外，还有一些不适当的管理制度和工作方法以及其他一些实际问题，也束缚了大家的手脚，产生了消极作用。这是“文革”结束之后全国各方面工作所遇到的共同问题，邓小平和党中央深切关注，在从端正思想路线入手进行拨乱反正的同时，也强调要根据新的情况改革和完善各种制度，改进工作作风和方法，其中有一些指示是针对对专家的团结友好和宣传工作的，起了重要的指导作用和推动作用。

一、从总体上阐述了改革、完善管理制度、管理方法的必要性。

1978 年 12 月，邓小平在中央工作会议上谈到“尤其要注意研究

和解决”的“三个方面的问题”中，有两个方面就是“管理方法、管理制度”。1980年8月，邓小平在谈到党和国家制度的改革问题时，又指出：“党和国家现行的一些具体制度中，还存在不少的弊端，妨碍甚至严重妨碍社会主义优越性的发挥。如不进行改革，就很难适应现代化建设的迫切需要。”“我们过去发生的各种错误，固然与某些领导人的思想、作风有关，但是组织制度、工作制度方面的问题更重要。这些方面的制度好可以使坏人无法任意横行，制度不好可以使好人无法充分做好事，甚至会走向反面。”“如果不坚决改革现行制度中的弊端，过去出现过一些严重问题今后就有可能重新出现。”这为改革对专家团结友好和宣传工作中的一些不合理的规章制度、方法指明了正确方向。

二、要放手同专家正常交往和交朋友。

1979年，邓小平在党的理论工作务虚会上指出：“我们提倡中国人和外国人发展正常交往，这对于加强我国和各国人民的了解和友谊是必要的，对于引进国外技术和资金也是必要的。”此前，邓小平于1978年5月对《人民来信摘报》反映的北京语言学院部分留学生要求多同中国学生、中国社会接触一事，作出批示：“此事应予重视，由教育部调查提出方案（不是一校问题）。”该年10月，他又批示同意《关于外国留学生同我师生交往、同社会接触问题的调查及我们的意见》提出的解决问题的办法。邓小平还批准给中国留学外国的学生增发活动经费，使他们有条件多接触所在国各方面的人士。邓小平的这些批示对开展同外国专家的友好交往活动起了重要的指导作用。

胡耀邦对与专家的友好交往中所发生的问题也十分关切。1982年9月16日，他将一份反映某油田对专家工作情况的材料批给康世恩、张劲夫（时任国务委员、国家经委主任）等领导看：“这个材料反映了一些荒唐事，看了之后，真使人又气又可笑。现在，全党都同意要开创新局面，要提高效益，如果不重‘创’这些可恶的东西，新局面如何开创出来？效益怎么能提高？几年来，我深感我们许多规定、做法，加上某些人，根本不是为了搞社会主义，而是妨害社会主义。这些问题要下决心，有多少扫多少，否则一切都会流为空谈。”1984年，胡耀邦询问外专局领导是“如何对外国人做工作的？对过去的做法是否有发展？对过去许许多多不高明的东西是否纠正了？”在随后中央书记处集体听取外专局领导汇报工作的时候，他又关切地问：“外国专家有些什么反映？他们的思想有什么变化？”该年 7 月 16 日，胡耀邦在一份有关外专局机构和对专家工作的汇报材料上批示：“要有正确的工作方法，每年每个人要有一半时间（即 6 个月）到外国专家中去，同他们一起生活。要常看望他们，陪他们看戏、逛街、游园、打球、聊天等等。友谊交往要生动活泼，难舍难分。”

1984 年，胡耀邦作出要“放手同外国专家交朋友，放手向外国专家介绍我国情况”的批示，为贯彻这个批示，外专局制定了《关于对外国专家交往等方面的几个问题的改进意见》，明确提出：要广交和深交相结合，提倡我方人员与外国专家自由交往，同时选派与外国专家合作共事的有关人员深入细致地做好对专家的工作，简化与专家会见的手续，在一般交往中取消必须二人同行的规定，等等，有力地推动对专家的友好交往工作。

三、要认真做好专家的来信来访工作。

外国专家的诉求和建议，不少是通过他们的来信来访进行表达的，如果能重视他们的信访并能进行妥善处理，就能密切同他们的联系，加深友谊，调动他们的积极性，并可能直接从中听取到一些十分有价值的建议。“文革”结束之后，由于积累下来的问题很多，也由于引智工作的改革发展和新聘用外国专家部门、单位迅速增多，遇到了许多新情况，专家的来信来访在一个时期相当多。有的问题因为在下面得不到解决，他们就直接向外专局以及党中央、国务院领导同志写信。这引起了邓小平等中央领导同志的深切关注，邓小平、李先念、胡耀邦等亲自接见了大批来访的专家，他们对专家的来信有的亲自答复，有的批转有关部门认真处理。

1978 年 10 月，有几十位专家提出要建立“专家协会”，以便与中方交涉，维护其正当权益。外专局一方面热情接待了他们的代表，并主动派人走访专家，听取他们的诉求，另一方面向上写报告，提出具体解决办法。邓小平、李先念等中央领导同意这个报告，并指定康世恩等相关的几位领导一议。后来，由康世恩出面召集外专局、外贸部、国家科委、教育部等部门和北京市开会，传达和落实中央和国务院领导人的批示。外专局还专门派干部在友谊宾馆设立接待室，使接待、听取专家意见的工作成为常态。由于中方上上下下表示出的诚意和问题得到逐步解决，专家们以后就不再提成立“专家协会”的事了。

邓小平和其他中央领导同志在日理万机中总是要挤时间接见一些像李政道、杨振宁、陈省身等有影响的专家，邓小平的一些重要决策思想就是直接从他们那里得到启发的。如在大学里举办少年班、建立博士后流动站、建设正负电子对撞机就是李政道在受到接见时提出来的。对于建设高能正负电子对撞机，来访专家和国内一些专家有赞成的，也有不赞成的，邓小平都一次次耐心倾听，并指示进行论证，最后下决心按照李政道的建议办。

胡耀邦要求把外国专家的来信、来访当做“大事”来处理好。1985年，他对一位专家的来信作出批示：“你们要以适当形式表达我们国家是不忘朋友的帮助的。这不是小事，而是关系国家的形象问题。”同年，两位日本驻京记者来信建议中方成立一个机构，专门受理常驻中国的外国人员的来信、来访，负责收集和处理他们的意见和建议，这样，中国的领导人能听到不少好的意见和建议。胡耀邦阅后批示：“日本朋友这条意见很值得重视。对外友协和专家局应把受理外国常驻中国的外国人的来信来访主动征求意见这件大事筹办起来。要克服只应付场面的做法。”于是，对外友协、外专局提出了《关于贯彻落实胡耀邦同志要认真受理常驻外国人来信来访问题重要批示的建议》，由中办、国办转发全国实施。

四、要做好对专家的宣传工作，帮助专家正确了解中国。

由于过去我国长期处于封闭半封闭的状况，国外人士对中国了解不多，甚至有种神秘感。粉碎了“四人帮”，开始改革开放之后，中国发生了重大深刻变化，更吸引了世界的眼球，也引起了不少外国人对中国的发展方向的种种猜测。当时外国专家，特别是文教专家，他们大都有了解中国的强烈愿望。邓小平和党中央对此是十分重视的。胡耀邦很早就提出，对外宣传是具有战略意义的一件大事。1980年，中央在文件中指出：外国专家是送上门的宣传对象，也是一支很重要的对外宣传力量。1982 年,中央宣传部和国务院办公厅转发了外专局《关于加强对外国专家宣传工作的几点意见》。

(一) 给专家介绍情况和组织报告会

1977 年 9 月,外专局根据过去对苏联专家工作的经验,就给外国专家组织报告会的问题写报告,提出拟请国家计委、教育部负责同志以及社科院、文化部、新华社有关负责同志给专家做情况报告。李先念批示:“意见很好,可照此办。”邓小平和华国锋圈阅同意李先念的批示。外专局转发了上述报告和批示,要求有关部门执行,并将具体计划和安排的情况通知外专局。各种报告会采取报告人先做一般情况介绍,然后进行现场答问的做法,受到专家们的热烈欢迎,在京参加听报告的专家有时多达二三百人。专家们反映,报告会对他们了解我国情况和党的方针政策很有帮助,希望今后继续组织这样的报告会。1978 年 8 月,外专局将相关情况向国务院写报告,李先念阅后批示:“很好。”

1980 年经国务院批准的关于外国文教专家和经济专家的工作《条例》和《要点》,进一步明确:根据工作需要和外国专家的要求,应当有计划地向外国专家介绍我国各方面的情况和对内对外的方针政策,帮助他们正确地了解中国。凡让我国群众知道的事情,原则上也可以让他们知道。个别外国专家要求深入了解某些问题,聘请单位可以根据具体情况,适当给予介绍。凡允许外国专家参加的报告会和为国际国内重大节日、纪念日和重大事件举行的各种活动,都可邀请他们参加。

(二) 扩大专家的活动接触范围,鼓励为专家组织多种形式的参观访问活动

由于历史原因和复杂的国际环境以及其他一些因素,新中国在一个相当长的时期对来(在)华外国人的活动范围有严格的限制,粉碎“四人帮”特别是实行改革开放之后,对外国人开放的区域才一步步扩大,专家经特许也可以到一些当时还未对外开放的地区参观访问。如 1978 年,经邓小平、李先念等中央领导批准,先后有两批共 50 多位专家到西南当时还未开放的地区参观访问。

1982 年 10 月,胡耀邦看到一份关于新华社组织在该社工作的外

国专家到山东德州地区农村参观反映很好的材料后，致信主管外事、新闻、公安、对外友协的负责人，指出这方面要教育你们下面的同志下决心丢掉老框框，开辟招待这些外国人的新套套、新局面。

1983年1月，胡耀邦从外专局的《专家工作简报》上看到一些地方对专家的活动范围限制过死的情况之后，批示：各地对外国专家的活动范围限制过死的现象应予改变。

（三）对专家的宣传工作要有针对性，要有重点，要生动活泼，不要强加于人，反对不真实，八股调

“文革”给对外宣传带来的消极影响之一，是“八股味太重”，“缺少新鲜的思想”。1977年8月，邓小平在得知一位外国朋友对此提出批评之后，批示：意见都重要，无论宣传和文风等等方面，都值得注意。建议印发给作宣传、外事的同志看看。不久他在会见另一位外籍华人教授时，再次肯定那位外国朋友“提的意见很好，已印发所有搞宣传的人，主要是反对不真实、八股调。我就不愿意看那些八股调”。

为落实小平同志的指示胡耀邦多次提出，同外国人谈话和回答外国人的提问时，要诚恳，谈吐中间要体现人情味。谈问题时，要把本质点出来，同时注意技巧。不要太沉闷，不要说套话，不要只是把领导的话照搬过来、照搬过去，要有新话，要幽默一点，要有些俏皮话，要生动活泼，娓娓动听，要用一些外国名言来提高我们的说理性、逻辑性、感染力。要破除那种怕人家提怪问题、挑衅性问题的心理。确实有人提挑衅性问题，但也确实有人提问题并不是挑衅，而是想了解情况。我就喜欢提怪问题，提刺激性问题。越有刺激性，回答得好，越能引起广泛注意。

加强内部思想和纪律教育
抵制和消除不顾国格人格的现象

随着国门打开，开放范围扩大，中外交往增多，正如邓小平所指出的那样，“也出现了一些不健康现象”。比如“一些青年男女盲目地羡慕资本主义国家，有些人在同外国人交往中甚至不顾自己的国格和人

格”。“现在许多人一到香港、国外，什么话都说”，还发生有的“留学生和工程技术人员向外国政府请求政治庇护事件”。

邓小平认为采取对外开放政策，出现一些不健康现象，是“难免的”。我们的态度是，首先不要怕，“什么都怕，什么事情都办不成”。但同时，“这种情况必须引起我们的认真注意。我们一定要教育好我们的后代，一定要从各方面采取有效措施，搞好我们的社会风气，打击那些严重破坏社会风气的恶劣行为”。“这需要有清醒的头脑，既不要大惊小怪，又要认真抵制，采取有效的手段包括法律手段，消除这些坏的东西。我们要提倡精神文明，在这方面我们有自己的传统，要教育我们的后代有理想，有道德，讲礼貌，守纪律，要艰苦奋斗。我们国家的每个人包括娃娃都要有爱国主义精神，有民族自尊心，这与实现四个现代化是密切相联的。”1982 年修改宪法的时候，邓小平指出：“保护国家名誉、保守国家机密要单独设一条。”根据邓小平和党中央的精神，外专局也对一些具体政策界限进行了划分，注意教育引智干部遵守外事纪律和对外宣传纪律。

1983 年，邓小平发表《利用外国智力和扩大对外开放》的重要谈话，接着中共中央和国务院作出《关于引进国外智力以加速四化建设的决定》，全党对引智战略意义的认识进一步提高，各级领导对外国专家的团结友好和宣传工作更加重视了。外专局对邓小平和党中央的相关指示是坚决贯彻执行的，除了出台体现这些指示精神的政策规定之外，还注意总结经验，组织经验交流。《专家工作通讯》每期都开辟有宣传专栏，大量报道对专家团结友好和宣传工作的先进经验，及时解答大家所关心的问题。1985 年，外专局还在武汉召开中南五省对外国专家的团结友好和宣传工作经验交流会议，借以推动全国面上的工作。在邓小平和党中央的指导下，在外专局的积极推动下，到上世纪 80 年代中期，我国对外国专家的团结友好和宣传工作出现了生动活泼的新局面，涌现了许多先进集体和个人，增进了中外友谊，调动了专家的积极性，还有不少专家主动利用各种形式对外热情地介绍中国改革开放后所发生的喜人变化。1986 年，外专局系统地总结了几年来贯彻邓小平和党中央的指示，开展对专家的团结友好和宣传工作的成绩、经验，指出存在的问题和改进的意见，并向胡耀邦和国务院提交报告。胡耀邦对报告批示："这个报告值得一看。看来这个单位工作有进步。他们的一些想法要支持，以便把这个工作做得更好。"胡启立(时任中共中央政治局委员、书记处书记)指示把外专局的报告和胡耀邦的批示印发中央书记处各位同志阅知。国务院领导同志批准将报告和批示印发各部门、各省市参照执行。

1980年外国文教专家工作座谈会的回顾

作者：李景先

李景先，1923年出生于辽宁省。1944年在贵州省遵义就读于国立浙江大学。1945—1947年，在贵州遵义、浙江杭州国立浙江大学从事民主运动。1947年—1948年在浙江杭州国立浙江大学地下党从事学生运动。1948年底调河北省平山县西柏坡党中央青委。1949年2月北平和平解放，1950年调全国学联、新民主主义青年团中央。1950年—1952年，调政务院中央民族事务委员会。1952年—1965年，调新民主主义青年团中央团校。1965年—1980年，调国务院外国专家局，任二处处长。1980年—1985年，调中国社会科学院青少年研究所任所长。1985年调中国社会科学院社会学所，1986年底离休。1986年—2002年，在成人高校从事教学，担任中国老教授协会理事。

我是1965年调来国务院外国专家局工作的，不久就遇到了"文化大革命"。在"文化大革命"期间，由于"四人帮"推行排外主义等极"左"路线，把当时聘请的外国专家几乎都赶走。把在北京工作的外国老专家李敦白、夏皮诺、爱泼斯坦打成"洋三家村"，其中李敦白又被打成"国际间谍"，关押在秦城监狱长达十年之久。从事外国专家工作的干部教师，被扣上"崇洋媚外"、"里通外国"、"执行修正主义路线"等帽子。外专局成立临时领导小组并由外交部代管，外专局直属的友谊宾馆移交北京市旅游局。外专局面临被裁撤的局面。

粉碎“四人帮”之后，在华工作的外国老专家寒春、阳早等20多名专家纷纷写信给中央，提出由于“文化大革命”十年浩劫造成中国经济、文化、教育和科技十分落后的局面，认为引进外国专家对加速中国现代化建设是非常必要的。

时任党中央总书记的胡耀邦同志对在华外国老专家的建议非常重视，认为对内对外全面改革开放，打开国门，今后不断引进外国专家和工程技术人员，对复兴我国现代化建设事业是非常必要和紧迫的，并指示国务院外办认真处理。国务院外办经中央同意决定，调曾在50年代担任过国务院外国专家局局长的杨放之同志出任外专局局长。根据中央领导同志的指示，由外专局积极筹备，召开外国文教专家工作座谈会，再召开外国经济专家工作座谈会。

为了筹备召开外国文教专家工作座谈会，外专局领导决定到北京和各大城市外国专家工作部门和大学进行调查研究，了解各有关单位对聘请外国专家工作中存在的问题和需求等情况，杨放之局长带领李景先、冯亿罗、徐振元、梁绍欣等同志到上海调研；副局长龙书林带领陈宝琛、常栖凤、张吉禄、柯大权等同志到广州调研；副局长屈志统带领严立宇、杨梓桢、杨宝琴、傅立群等同志在北京进行调研。

外专局在调研的基础上，杨放之局长给国务院外办写报告。国务院副总理李先念批示，今后引进外国专家将会不断增多，是一件很重要的任务，要写出几条以便遵循，批准由外专局召开外国文教专家工作座谈会。

外专局杨放之局长根据指示，决定先召开外国文教专家工作座谈会，再召开外国经济专家工作座谈会。杨放之局长为召开外国文教专家工作座谈会，专门成立了会议起草小组，由李景先、陈宝琛、徐振元、常栖凤同志负责，为杨放之起草大会报告和会议总结，并负责起草《外国文教专家工作座谈会纪要》和《外国文教专家工作条例》。

全国外国文教专家工作座谈会于1980年4月15日至24日在北京召开。这是粉碎“四人帮”后召开的第一次会议，参加会议的有20个省、市外办、高教局(教育局)和83所高等院校的负责同志和专职干部，以及教育部等有关部委、直属机构的代表共230人。

会议期间，万里同志和姬鹏飞同志听取了汇报，姬鹏飞同志到会作了重要讲话，局长杨放之做了报告和总结。座谈会开得很好。会议着重批判了林彪和“四人帮”在文化大革命期间对外国专家工作的严重干扰破坏，研究了新时期外国专家工作的方针任务，讨论修改了《外国文教专家工作条例(草案)》，研究了外国文教专家的工资待遇问题，提出了改进外国专家工作管理办法，并交流了工作经验。座谈会上大家敢讲真话，畅所欲言，热烈讨论，取得了共识。大家认为，这次会议对于新时期时外国专家工作，充分调动外国专家的积极性，为四化建设服务有十分重要的意义。会议形成了《全国文教专家座谈会纪要》和《外国文教专家工作试行条例》，先后于 1980 年 6 月 3 日和 1980 年 10 月 29 日以国务院的名义发全国执行。在《纪要》中，国务院明确指出：“在当前四化建设中，有计划地引进人才，聘请各种专业的有真才实学的外国专家来帮助我们工作，以加速建设和培养人才，这是党和国家的一项重要政策。”《纪要》明确了新时期外国专家工作的方针任务，并提出了加强领导和改进管理的具体措施。《外国文教专家工作试行条例》则是贯彻新时期改进外国专家工作的具有深远意义的纲领性文献，至今仍具有现实意义。很多原则和做法仍在实际工作中应用。

一次难忘的出访

作者：徐振元*

1992年2月应俄罗斯高教科技部的邀请，由我率领国家外国专家局代表团赴俄访问。通过这次访问我们想聘请一批俄罗斯专家来华帮助我们培养急需人才，加快我国教育、科技和经济事业的发展，并探讨通过合作研究合作开发一些双方共同感兴趣的项目。这次访问给我们留下了不少难忘的回忆。

当时原苏联已解体，政局动荡，社会混乱，经济困难，不少政府部门和单位处于不正常状态。为了能顺利地进行这次访问，取得较好的成果，我们决定拜访原国家外国专家局老局长杨放之同志，向他请教。

杨放之同志在河南大学附中念书时就是学生运动的积极分子。1925年9月杨老和张闻天、王稼祥等同船去苏联莫斯科中山大学留学，同年12月由王稼祥同志介绍入党。由于他的俄语水平提高很快，又有一定的英语基础，不久在莫斯科担任赤色职工国际东方部中国代表团的翻译，同时还担任中共早期领导人、著名工运领袖邓中夏的秘书，《太平洋工人》杂志的主编，直到1931年他回国从事革命活动。新中国成立后，西方国家实行封锁政策，企图把新中国扼杀在摇篮里。我国领导人刘少奇、周总理先后亲自访问苏联，请求苏方能选派专家来华帮助我国进行社会主义建设。为了做好对苏联、东欧专家的聘请和管理工作，周总理亲自点将杨放之同志（时任国务院副秘书长）兼任国务院外国专家局局长（开始称政务院专家工作局）。在周总理的直接领导下，杨老统一领导管理全国先后被聘请来华工作的26000多名

---

* 简历详见第103页

苏联、东欧专家工作，为加快我国社会主义建设事业的发展作出了重要贡献。为了表彰杨老长期以来为中俄（俄中）友好事业作出的贡献，中俄友协和俄中友协分别授予他中俄友谊奖章和俄中友谊奖章。

当我们代表团一行来到杨放之同志家中时，杨老非常热情地接待我们。他说俄罗斯的教育、科技水平都比我们高，原苏联专家帮助我国加速社会主义建设的功绩中国人民是不会忘记的，中俄两国人民之间的友谊是牢不可破的。他说赫鲁晓夫在1960年单方面撕毁协议，撤走全部苏联专家，给我国的社会主义建设事业造成了很大的损失。当时周总理高瞻远瞩，指示我们要把苏联政府和苏联人民、苏联专家分开，一定要认真做好对苏联专家的友好工作，热情欢送。根据周总理的指示，我们在人民大会堂举办了盛大的欢送宴会，周总理亲自参加，作了热情洋溢的讲话，他代表中国政府对苏联专家的帮助表示衷心的感谢，并以他的名义向专家们赠送了"友谊纪念章"。很多苏联专家感动得热泪盈眶，并表示还会回来的。各聘请苏联专家的部门和单位，也都展开了热烈的欢送活动，向苏联专家赠送感谢信、感谢状和纪念品，调运专家们喜爱的物品，组织联欢和宴请活动，到火车站热烈欢送，出现了一场又一场依依惜别的感人情景。这些都表达了中国人民对苏联专家的感激之情，也播下了中苏人民之间友谊的种子，必将生根发芽，开花结果。

杨老还特地向我们介绍了在1950年至1958年由原苏联政府派来北京任苏联专家总顾问的阿尔希波夫。他说阿尔希波夫对中国人民非常友好，对工作认真负责，为我国的社会主义建设事业作出了重大的贡献。在1960年苏联政府单方面撤走全部苏联专家时，他曾经提出反对的意见，但未被采纳。杨老说，在阿尔希波夫任苏联专家总顾问期间，同时被聘为我国国务院（政务院）的经济总顾问，他和周总理、陈云、薄一波等我国领导人和各经济部门的负责人联系很多，并提出过很多宝贵的意见和建议，给予了我们很多帮助。杨老说，在阿尔希波夫任总顾问的八年期间，我和他合作得非常融洽、愉快，结下了深厚的友谊。你们这次去俄罗斯访问一定要去看望他，他一定会很高兴地帮助你们的。当时我随即请求杨老给阿尔希波夫总顾问写封信，我们去拜访时可以面交给他，并转达杨老对他的亲切问候。杨老欣然答应了。

我们经过认真地准备后，于 2 月 17 日启程，经过 8 个小时的飞行抵达莫斯科。俄罗斯高教科技部的同志热情地接待我们，为了安全考虑，安排我们住在西南饭店。这里是原苏共中央为各兄弟党培训干部的党校，因此有特殊供应，伙食较好；还可以记账用餐，最后结账；管理很严，验证出入。在俄高教科技部同志的帮助安排下，我们进行了紧张的访问活动。

真诚的友谊

我们和俄中友协联系后，很快就得到了回应，原苏联专家总顾问阿尔希波夫同志在俄中友协的“友谊之家”热情地接见了我们。当他见到我们时，走上前来和我们热情地握手、拥抱。当我把杨放之老局长写给他的亲笔信和礼物送给他，并转达杨老对他的亲切问候时，他很高兴，并激动地说我是多么想念这位老朋友啊，他身体好吗？请你们回去一定转达我对他的问候，希望他健康长寿。他接着说，俄中人民之间的友谊是牢不可破的，苏联专家和中国人民之间的友谊是长存的，他们都非常怀念在中国工作和生活的日子，尤其不能忘记周总理亲自宴请欢送他们的感人情景。很多苏联专家至今还保存着周总理赠送的“友谊纪念章”，他们希望能有机会再去中国工作。他说，原苏联已经解体，很多部门处于半瘫痪状态，因此成立了很多协会、联合体，你们要多和这些组织联系、合作。有很多专家、学者和科技人员的水平很高，但没有正常的工作可做，人心浮动，你们不要错过这个机会，要争取更多的专家到中国去工作。他说，俄中友协愿意帮助你们推荐、物色一些高水平的专家去中国工作，但是活动经费少，有一定困难。他说目前俄罗斯的经济困难，专家教授的工资很低，尤其是已退休的教授和科技人员的退休金更是少得可怜，可以把这些退休专家组织起来，根据中方的需求分批派去中国工作。他希望我们能提出具体的需求，他将通过各方面的朋友帮助我们物色推荐专家人选。他过去为增进苏中人民之间的友谊作出过重大贡献，今天他依然热忱地为加强两国人民之间的友好合作操心、努力，他的一言一语都深深地感动着我们。

在莫斯科和圣彼得堡我们先后访问了莫斯科大学、莫斯科动力学院、莫斯科矿院、圣彼得堡机械学院、加里宁工学院等十多所有名的高等院校，都受到了热情接待，并表示愿意和我们加强交流合作。他们诚恳地说，我们一定会选派最好的专家、教授去中国工作，但由于目前我们院校的经费困难，希望中方能为俄方专家提供往返机票；给俄方专家的工资中的50%最好能支付美元，俄方院校还将从俄方专家所得的工资中适当提成，以补充学校经费之不足。最感人的是莫斯科州立师范大学校长的一席讲话。他听到中国代表团要来访，就不顾老父亲刚刚病逝的悲痛，特地赶来热情地接待我们。他说中国人民永远是我们的好朋友，俄中人民之间的友谊是牢不可破的，中国是一个了不起的伟大的国家，不仅解决了十几亿人民的吃饭问题，而且经济发展蒸蒸日上，社会各方面都发展得很好，21世纪将是中国世纪。他说，我们不愿派教授去西方发达国家工作，那是为资本主义干活，一去就回不来了。而中国不同，我们派教授去任教，是为了帮助社会主义国家的建设发展，中国也不会截留我们的教授不回来。他的办公室挂着一幅列宁的像，一幅列宁和高尔基的合影。他说，我们都受过传统教育，热爱自己的祖国，我们希望俄罗斯能像中国一样好起来，让人民过上幸福的生活。他还欢迎更多的中国留学生去留学，只要带一台计算机给学校，我们就不再收学费。最后他希望我们能推荐一两所中国比较好的大学和他们建立友好合作关系，我们表示一定会尽力给予帮助。

我们都是第一次到莫斯科，又听传闻列宁的遗体将被从红场列宁墓迁走，为此我们决定不错过这次难得的机会，一定要去瞻仰列宁的遗容。不巧，那天(2月23日)是俄罗斯军人节，军人正在集会，为怕聚众闹事，各条交通要道都被军警封锁不准通行。当时我们拿着护照去找哨兵，说明我们从北京来，明天就要回国了，我们不想错过这次机会，希望他能照顾放行。他仔细查看了我们每个人的护照后说，你们是来自中国的朋友，可以特别照顾放行。我们用这种方式一连闯过了几个关卡，终于见到了我们崇敬的列宁的遗容。因为不允许久留，我们向列宁遗体行礼致敬后匆匆离去。

我们步行着回饭店，一路上遇见不少俄罗斯人民，他们都对我们竖起大拇指，微笑着说：中国，您好！我们也招手向他们致意。

伤感的见闻

我们出访前听说当时莫斯科的经济困难，社会状况不好。百闻不如一见，情况果真出乎想象，令人伤感。当我们推着行李车出机场慢慢行走时，突然听到两位俄罗斯妇女叫我们，说有小偷要偷你们的东西。我们急忙停下来查看，发现小郑肩上背的小包的拉锁已被小偷拉开，小偷已吓跑了，幸亏未丢东西。我们向这两位俄罗斯妇女表示感谢后，就更加小心地护送着行李前进。

由于当时俄罗斯的经济困难，物资缺乏，因此到处都看到排队购物的现象，但是他们的素质较好，从未遇见插队、抢购或吵架的情况。最令人难忘和伤心的是，在沿路的街旁和商店的过道里，随时可看到众多的男女老少手持着家中的各种物品在叫卖，或相互交换物品。可见当时他们的物资缺乏、经济困难到了什么程度。我们在通过海关、住饭店、坐车时，都要给有关工作人员送酒、烟、方糖等物品。在地铁的过道里，多次见到躺着或跪着乞讨的老人和残疾人。

当时俄罗斯政府部门工作人员的工资很低，局级干部每月 2500 卢布，副局级每月 2000 卢布。而市场的物价却很高，牛肉每公斤 80 卢布，土豆每公斤 5～10 卢布。教授和科技人员的工资更低，且无法开展正常的工作，因此人心浮动，人才外流。当时西方发达国家尤其是美国乘机以高薪和优越的生活条件挖走了一大批俄罗斯高水平的专家、教授。

以上这些令人伤感的情况早已过去，但是历史的教训值得记取：有一个坚强团结的党的领导，坚持以经济建设为中心，保持和谐稳定的政治局面是何等重要。

共同的愿望

俄罗斯高教科技部对我们代表团的来访非常重视，真诚希望加强俄中之间的友好合作。我们和俄高教科技部国际合作局负责人进行了友好的会谈，很快达成了十条合作协议草稿。俄方同意每年为中方选派10名俄语专家，并根据中方需要选派其他专业的学者、教授；中方于每年3月提出申请，俄方于5月给中方发送专家人选材料，6月由双方共同确认。俄方要中方选派汉语教授、稻草制纸浆专家、烹饪专家、针灸医师等。每年经双方同意选定合作研究、合作开发、联合举办学术研讨会等项目。协议草案经送俄高教科技部领导审定后，举行了签字仪式，由诺维奇科夫副部长和我共同签署了合作协议。晚上，诺维奇科夫副部长盛情宴请我们，双方频频举杯，共同祝愿我们的合作成功。

莫斯科大学坐落在列宁山上，是直属中央的著名大学。该校与北大、南开已建立良好的合作关系。经过会谈，也愿与我局建立合作关系，并共同起草了合作协议草案，我们邀请该校派代表团来北京回访，签订正式协议。莫斯科动力学院在动力、电工、电子学等方面实力非常强，和清华、交大已建立合作关系，也愿与我局建立合作关系。他们说，我校过去为中国培养了一位优秀的国家总理李鹏同志，今后我们愿继续为中国培养更多的高级科技人才。圣彼得堡机械学院是一所著名的军工院校。校方人员说学校过去是保密的，对外不开放，现在也逐步开展了国际交流活动，尤其是对中国朋友，我们更愿意与你们进行交流合作，我们有很多重点专业和著名的专家教授，可以由你们选聘，也欢迎搞合作研究、合作开发。他们说台湾已向我们发出邀请，要求和我们合作，我们没有同意。我们愿和北京合作，帮助中国加快社会主义建设，并向我们推荐了六位著名教授，随时可派往中国帮助工作。我们每访问一所院校，都充满着友好、融洽的气氛，俄罗斯朋友们热情友好的话语深深地感动了我们。我们深信，加强中俄人民之间友谊的共同愿望一定会实现。

我国驻莫斯科大使馆王荩卿大使在我们抵达莫斯科的第二天就接见了我们。在我们访问结束前，沈参赞又专程来看望我们，听了我们的汇报，他对我们这次访问取得的成果很满意，并表示对今后的工作一定给予大力支持。

2011年5月

在外国文教专家工作中开展目标管理和教学评估

作者：梁绍欣

梁绍欣，1932 年生。毕业于华南农业大学土壤农化系。1960 年—1965 年，在广东省农科院工作，其中 1961 年—1962 年被派往越南，负责帮助一个大学搞农村规划的项目。1965 年—1993 年，调往国务院外国专家局文教专家司工作，退休时为国家外国专家局文教专家司副司长。

我记得是在 1986 年全国外国文教专家工作会议上，第一次提出要把目标管理运用到外国文教专家的管理工作中来。当时我主管这一方面的工作，参与了这一工作的全过程。为什么要在外国文教专家中开展目标管理和教学评估工作呢？

第一，因为目标管理要求聘请外国文教专家的单位和院校，在聘用外国专家、外教前要制订聘请计划，明确聘请外国专家、外教的目的(目标)是什么。是为了培养博士生、硕士生、本科生，还是开办培训班，培养多少人；是为了加强学科建设，还是合作科研、项目等，并要求在管理上建立健全各种规章、制度和办法，使管理工作有章可循。同时对外国专家、外籍教师在教学等方面进行评估、奖励。从而使外国专家的管理工作采用系统的、先进的、科学的目标管理方法。

第二，实行目标管理是对外国专家工作的重大改革。通过对各地区、各部门和各单位的评估奖励，可以调动有关地区、部门和单位管理干部的积极性，提高工作效率，做好外国专家的各项工作。

第三，对外国专家进行目标管理、教学评估和奖励办法相结合，可以调动外国专家的工作积极性，促进教学管理，保证教学质量，从而提高聘用外国专家的效益。

开展外国文教专家工作目标管理和教学评估的情况

由于各级领导的重视，各级外事教育部门认真抓这项工作，有关部门密切配合，这项工作得到了顺利发展，取得了很好的效果。

从 1986 年至 1987 年 12 月，是外国文教专家工作实行目标管理的准备阶段。全国外国文教专家工作部门和单位都积极认真探讨目标管理方面的知识，掌握目标管理的概念、内容、原则和方法。为了探讨目标管理的理论和实践问题，很多省市、部委先后召开了各种形式的研讨会、座谈会。如广东还召开了“广东省高等院校外国文教专家工作研讨会”，确定研究课题，目标管理被确定为重要研究课题之一。辽宁教委拨出专款设立专门研究课题。外国专家局于 1987 年底召开了外国文教专家工作科学管理研讨会。这次研讨会收到各省市教委、外办和院校的论文百余篇，很大部分是关于目标管理和教学评估方面的论文。这一阶段为外国文教专家工作实施目标管理做了理论上和思想上的准备。

从 1987 年 12 月至 1988 年底为试点阶段，是实行外国文教专家工作目标管理和教学评估的试点阶段，主要做了以下四项工作：

1. 以目标管理的理论为指导，结合各地区、各院校的情况研究指导外国专家工作目标管理和教学评估方案。在一些部委、省市教委、院校制订的方案基础上，推荐机械委教育司制订的《外国文教专家工作目标管理方案》(理工类)，湖南省外办、教委共同制订的《外国文教专家目标管理方案》(语言类)和东北师范大学制订的《外国文教专家教学评估方案》，在各试点院校试行。

2. 进行试点工作。经外专局和国家教委商定委托机械委教育司和上海市高教局分别对理工类专家和语言类专家进行目标管理试点工作,同时各省市教委也选择一些条件较好的院校进行试点。他们都十分重视,对这项工作抓得很紧。机械委教育司两年内先后召开了四次专门会议,反复研究修改理工类专家工作目标管理试点方案,并确定吉林工大、上海机械学院、北京理工大学等七所院校作为试点单位。机械委教育局长亲自到合肥工大主持研究方案,部署试点工作,年底又组织巡回评估,对评估出的先进单位和个人进行奖励。机械委教育局抓目标管理工作抓得早,搞得也好。上海市高教局也很重视搞目标管理的试点工作,召开了研讨会和经验交流会。湖北省教委制定了《湖北省外国文教专家教学质量评估试行办法》,并要求聘请文教专家单位开展对外国文教专家的教学评估工作。辽宁省教委、外办联合对辽宁大学、东北工学院等单位进行了检查评估。江西省教委向全省院校发出了《关于对外籍教师试行目标管理的意见》。上海外语学院、上海师大、湘潭大学等院校,在目标管理和教学评估方面也取得了很好的效果和宝贵的经验。

在开展外国专家工作目标管理和教学评估试点工作的同时,外专局为上海机械学院开发了"外国文教专家工作目标管理评估决策支持系统"软件,同时武汉水运工程学院也研制了计算机管理软件,以解决外国文教专家工作目标管理和教学评估中的数据处理问题。把计算机技术应用到外国文教专家管理工作上,使这项工作逐步走向现代化、科学化与规范化。

3. 总结试点经验。通过一年外国文教专家工作目标管理的试点工作,各试点院校对目标管理工作进行总结。外专局于 1988 年 2 月在北京召开了第一场外国文教专家工作目标管理经验交流会。

4. 修改、确定、推荐外国文教专家工作目标管理和教学评估方案。外专局于 1989 年 3 月在湖南长沙召开会议,对机械委教育司制订的《外国文教专家工作目标管理方案》(理工类),湖南省外办、教委共同制订的《外国文教专家目标管理方案》(语言类)和东北师范大学制订的《外国文教专家教学评估方案》进行了认真讨论和修改。1989 年 4 月由外专局发出通知,并将以上三个修改确定的方案印发全国各聘请外国文教专家的院校、单位实行。

从 1989 年 4 月以后，进入外国文教专家工作实行目标管理和教学评估的全面推广阶段。各省市外办、教委召开会议，传达关于目标管理和教学评估经验交流会和外国专家局的通知精神，提出了全面推广外国文教专家工作实行目标管理和教学评估的要求。目标管理工作做得较早的省市部委还开了外国文教专家工作目标管理和教学评估经验交流会。

教学评估是目标管理的重要一环，对加强教学管理、保证教学质量、提高聘用效益起到了积极促进作用。湘潭大学对教学评估工作做得很细，很全面，研制了七个评估表。除教学评估外，对院校一级的管理工作，对外事、教务、系室、后勤、安全保卫等管理工作，都有评估表，并进行评估。江西师大则采取领导、同行教师、学术权威分别就每个外国专家、外籍教师的教学态度、教学能力和教学效果等方面进行打分评估，并将评估结果通报给外国专家和外教本人的做法。四平师院组织学术权威对外教进行评估，外教同时进行自我评估，结合系里评估小组对外教进行综合评估，此外还对毕业生进行追踪调查。总之，各地做法各有特点，都取得了较好的效果。

到 1990 年底为止，全国 641 个聘请外国文教专家的单位中，有 300 多个单位开展了目标管理和教学评估工作，约占 50%。

开展外国文教专家工作目标管理和教学评估的影响及成果

首先，大大调动了各方面的积极性，加强了责任感，增强了效益观念，取得了显著的效果。在外国文教专家工作中实行目标管理和教学评估的目的是为了提高聘用效益。每一项外国专家工作的好坏，都将直接影响到聘用效益，因此调动和加强外国专家工作干部和各相关部门的积极性和责任心，使他们做好合作共事，生活接待，开展友好交往，组织旅游参观，表彰奖励优秀外国专家和外籍教师等每一项工作，有利于调动外国专家和外籍教师的积极性，以提高聘用效益。

自 1986 年全国外国文教专家工作会议上提出在外国文教专家管

理工作中推行目标管理和教学评估，至1990年底的“七五”期间，据统计，全国聘用外国文教专家和外籍教师取得的成果有：

1. 聘请了长期专家6395人，短期专家8151人，外籍教师5210人，总计19756人。

2. 中外专家合作培养人才：培养教师74644人，培养专业人才55314人，培养博士生6099人，硕士54592人，本科生347211人。

3. 中外合作建立新专业435个，新学科387个，实验室284个。

4. 中外合作召开国际学术会议433次。

5. 举办专业人员培训班2698次(班)。

6. 国外赠送的科研教学设备价值25874亿元。

7. 国外赠送的图书资料价值2643.6万元。

8. 国外提供的奖学金名额3088个。

9. 合作科研和开发项目：国家级项目344项，省部级项目5152项，本单位项目993项。

具体的各省市、各地区、各院校所取得的成果不胜枚举。

其次，强化了外国专家的管理工作，初步建立健全了各种规章制度，使外国专家管理工作逐步走上系统化、规范化、科学化的轨道。

从前的外国专家工作主要凭经验和上级指示、规定办事，并且着重在接待工作上，对我国专家的教学管理抓得不够，缺少一套行之有效的方法。推行外国专家工作目标管理和教学评估以后，从制订聘请外国专家计划填写目标管理表开始，到进行教学评估、管理工作评估、效益评估，加上奖励办法，有一整套科学管理办法，从而强化了对外国专家的管理工作。

搞了外国专家工作目标管理和教学评估的单位、院校，都建立和健全了各种规章制度。如《外国专家须知》、《专家工作各部门职责》、《外国教师管理实施办法》、《外国专家管理联席会议制度》、《外国专家招待所管理制度》、《关于外国专家工作评估办法》等。不少院校还建立了外国专家工作档案，要求外专、外教学期初要制订教学计划，期末要做出教学工作总结。

同时，外国专家和外籍教师的积极性也被有效调动起来，他们端正了教学态度，积极改进教学工作，主动承担新的教学任务，要求增加教学课时,并充分利用课余时间,想方设法提高学生的学习兴趣和口语水平,提高了教学质量。湘潭大学评估小组采取听、看、谈的办法,听外国专家、外籍教师讲课;查看教学档案及对学生作业的批改情况;经常与学生代表座谈和与外专、外教座谈,即时沟通情况,分析问题,提出改进意见,效果很好。江西师大为了解外国专家和外籍教师的教学情况,由主管系主任召开学生座谈会,听取他们对外专、外教的意见,会后把意见转达给外专、外教;同时听取他们对学生学习情况的看法,还组织中国同行老师听外专、外教的课,要求合作老师定期写出对外专、外教的教学质量鉴定书,这样大大加强了对外专、外教的日常教学管理,从而有效地提高了教学质量。

进行目标管理和教学评估也能增强外国专家和外籍教师的责任心和荣誉感。开展目标管理和教学评估的单位,普遍认为目标管理和教学评估在国外是常见的做法,外专、外教比较习惯,只要方法得当,就能有效地调动他们的积极性,增强责任感。有的外国专家说:"对我们的教学工作进行评估,说明学校对我们教学工作的重视,希望你们多关注我们的教学工作。"还有专家说:"实行目标管理改变了过去什么工作都没有具体要求的状况,现在大家都向一定的目标努力,各方面的工作都得到了加强,办事效率也提高了。"

实行目标管理和教学评估也对各部门如何开展密切合作,做好外国专家工作提供了极具参考性的做法。外国专家工作涉及面广,就院校来说,外事、教务、系室、科研、后勤、安全保卫等各部门和外国专家工作都有关系,哪一个环节配合不好,都会影响到聘请专家的总体效益。目标管理的特点是参与性管理,各有关部门都有各自的目标,并且都要进行考核评估。机械委七所目标管理的试点院校都是院校长挂帅,担任各院校目标管理和教学评估小组组长,外事、教务、系室、后勤、保卫等都有成员参与目标管理和教学评估工作,明确了各有关部门的职责和岗位责任。为了实现总体目标,学校要求各有关部门除各自完成自己的职责和目标外,还要同心协力,互相配合去完成总体目标。在领导小组的领导和协调下,理顺了各部门的关系,消除了过去工作中相互扯皮推诿,甚至"内耗"的现象,从而提高了工作效率和聘请外国专家、教师的效益。

国际交流合作点点滴滴

作者：郑新生

郑新生，1951年生，江苏人。1978年在对外经贸大学英语系毕业后留校工作。1990年调入国家外国专家局工作，曾任文教专家司聘请处处长、国际交流合作处处长、副司长，外专局驻澳大利亚办事处总代表，法规联络司正司级驻纽约办事处总代表，经济技术专家司、政策法规司巡视员。英国伯明翰大学公共政策学院硕士。2011年2月退休。著有《往事新韵》及《郑景皋肖平书画选集》等。

我1978年1月开始从事外国专家工作，1990年调入国家外专局，上世纪90年代在文教专家司任聘请处处长、国际交流合作处处长和负责国际交流合作工作的副司长。

上世纪90年代引进国外智力工作，以经济建设为中心，突出重点，广开渠道，改善管理，逐步建立起适应社会主义市场经济的全方位、多层次、引进国外智力工作体系。在提高质量和效益的基础上，逐步扩大引进国外人才和派员出国培训的规模。这就要求积极开展国际交流合作，拓宽渠道，博采各国之长。强调充分利用与国外政府间的双边、多边经济技术合作、科技文化交流、友好城市、校际和学术团体交流、贸易、旅游等官方或民间的关系，进一步扩大聘请和派出的渠道，为经济和社会发展服务。在国际交流合作方面我经历和印象较深的有以下一些事：

1998 年 6 月 5 日下午，国家主席江泽民在中南海瀛台会见了以校长李亚克若斯(Peter Liacouras)为团长的美国天普大学代表团。代表团成员包括副校长兼法学院院长罗伯特·莱因斯坦、牛满江教授、段开龄教授等。天普大学曾在 1979 年授予邓小平同志名誉法学博士学位。国家外专局和司法部于 1995 年 11 月在北京中国政法大学联合建立了“中国国际高级法律人才培训中心”，由徐振元副局长率团访问美国天普大学、林肯大学等法学院，商谈了中美联合培训高级法律人才有关事宜。这次天普大学来华访问，通过洽谈和中国政法大学签订了联合开办美国商法和国际法学硕士项目的合作协议，共同培养具有独立处理法律事务能力、通晓对外交往法律业务、适应新时代需要的国际法律人才。王忠禹国务委员、人事部宋德福部长、国务院外办刘华秋主任、司法部高昌礼部长、外专局万学远局长等参加了会见。1999 年 1 月，万学远局长率团访美时专程访问了天普大学，与天普大学签订了培养高层次法律人才等事项的协议。十多年来，在各方面的共同努力下，培养了数百名优秀的高级法律人才。

难忘的 1998 年 5 月 4 日下午，国家外国专家局在友谊宾馆举行盛大的招待会，招待来京参加北京大学百年校庆和大学论坛的世界著名大学的校长和专家学者，共有 300 多位大学校长和专家学者参加了招待会。北京大学李岩松副校长回忆那次活动时说：“那次招待会确实是一次增进友谊促进合作的活动。”

1992 年 11 月 9 日至 11 日，对外经济贸易部和国家外专局在北京联合举办“关贸总协定与中国”国际研讨会。11 月 10 日至 14 日举办“关贸总协定与中国”高级研修班。几十位国内外专家，几百名主管外经、外贸的部委、省、市、自治区的厅局级干部和大中型企业集团、外贸企业的总经理、副总经理济济一堂，就“中国恢复缔约国地位后对中国经济贸易发展带来的机遇与挑战”、“恢复缔约国地位后我国经贸体制的改革”等重要问题展开热烈的讨论。这次国际研讨会开得很成功。李岚清副总理接见了国内外专家并做了重要讲话。

值得提及的是国家外国专家局与几十个境外机构签订了聘请境

外专家来华工作的合作协议，文教专家司做了大量的工作，取得了很好的效果。例如：我们和美国英语学会、美中教育机构的友好合作。美国英语学会是一个非政府、非营利机构，总部设在美国科罗拉多州科林斯堡，项目分布在加拿大、中国、蒙古、越南、老挝、柬埔寨、朝鲜、泰国以及中国香港特别行政区。自1981年至今，美国英语学会向全国31个省、市、自治区近300所院校先后派遣北美英语文教专家和教师12000余人次，为1300万名中国学生提供英语教育。1985年建立暑期英语教师培训项目，培训中国英语教师50000余名。美国英语学会有大学教学项目、短期和年度教师培训项目、领导力开发中心、乡村教育援助项目、暑期封闭英语夏令营、英语教材等教育合作项目，为中国贫困的西部地区、正在发展的中部地区、东北老工业基地等培养了一大批英语和专业实用人才。

30年来，美国英语学会和我国很多大学也建立了友好的合作关系。北京理工大学胡海岩校长说：北京理工大学与美国英语学会的合作始于1992年。19年来，美国英语学会累计派遣100多名外国教师来校工作，在我校的外语教学和校园文化建设中发挥了十分重要的作用。他们参与了学校举办的“走向世界——美国文化月”活动和“北京理工大学国家外国专家局西部外语人才培训工程之西部英语人才培训计划”等项目。在学校中关村校区和良乡校区设立了英文资料图书室。1995年，北京理工大学与美国英语学会联合开始创新型的合作项目，率先在全国开展了面向北京理工大学教师和国有企业职业经理人员的太平洋工商管理中心实验研讨班等。

吉林师范大学国际交流处处长李文富说：吉林师范大学与美国英语学会有着近30年的合作历史，自1983年开始英语学会向我校派遣了150余名合格的英语教师，为推动我校英语教学的提高做出了很大的贡献。同英语学会合作有许多好处，总结起来两点非常重要：“一是聘请英语学会的教师，使我们省去了很多中间环节，节省时间，人员质量有保证；二是管理起来很容易，英语学会自己会主动管理他们的教师，减轻了我们的工作量。即使是有了问题，学校会与英语学会沟通解决。”

在美中教育机构(ESEC)在华服务30周年之际,美中教育机构总裁余国良博士说:"中美两国的友好来往是21世纪世界和平的重要支柱。中美民间的交流,推动着两国间的进一步理解,克服在东西方不同文化背景下所产生的沟通障碍和误解,集所有爱好和平者的关注,谋求人类共同的福祉。ESEC将继续执著这一理想,并且不断以努力的工作答谢厚爱我们的各方友人。"

早在上个世纪70年代末80年代初,北京大学迎来了一批心系祖国的美籍华裔人士访问团。时任北京大学副校长的季羡林先生等盛情接待了访问团一行,并与余国良、彭永宁博士探讨了与美中教育机构合作的相关事宜。

同时ESEC与国家外国专家局开展了愉快、有效的合作。例如:

一、国际商务与国际商贸培训

ESEC在中国的第一个培训班是贸易英语培训班,为北京市经委属下的70家有外向型活动的公司训练涉外贸易谈判人员的口语。1983年根据中国的国情和实际需要,设计了国际商务与国际商贸法课程。先在上海交通大学做试点,在国家外专局的统筹安排下,ESEC先后在50多所单位/高等院校举办了国际商务与国际商贸法培训班。从1984—2009年共举办了227期的国际商务与国际商贸法班,训练了14610名学员。

二、英语培训

1981年起,就该项目与ESEC合作的单位/高等院校近200家,共举办了1260期的培训,接受培训的人数达九万人,包括大学教授、中等学校教师、企事业单位科技人员、政府高级管理人员、社会工作者、研究生与本科生等。北京大学曾经就有多半的教职工参加过该培训班。

ESEC于1987年在北京成功举办了第一次美中高等教育评估研讨会,30多所国内大学应邀出席了此次研讨会;1990年的第二次研讨会有一百五十所大学参加。1993年第三次高等教育评估国际研讨会在美国的夏威夷举行,来自中国内地、美国、日本、菲律宾、澳大利亚、新西兰、俄罗斯、中国香港等国家或地区的200多位代表参加了会议。

1996年与中国高等教育评估研究会以及香港学术评审局联合举办了“高等教育教学评估和质量保证”国际研讨会。除非洲地区，世界各地，特别是英国等欧洲国家及香港地区有更多的代表与会。

自上世纪80年代末起，ESEC参与了发展农村、扶助贫困地区的工作，包括资助一些地区办起了木雕厂、制衣厂、塑料制品厂等企业，也曾经资助和派遣医疗队到贫困地区服务，还参与过血吸虫病防治的工作。

ESEC出版了《全人护老手册》一书，而且围绕着这一培训手册，ESEC与中国老年学学会、中国基督教社会工作部，分别举办了三期护老院管理人员的培训；后来也参与了劳动与社会保障部社会保障能力建设中心的老人护理技能标准的审核。

自1989年起ESEC就与江西大学合作出版了《乡村残疾儿童》一书。1993年，ESEC与南京大学和南京师范大学合作编写和出版了《聋儿早期康复教育——理论与方法》、《聋儿早期康复教育——整合教学活动设计》。1994年起，ESEC与南师大和中残联合作举办了特殊教育骨干教师大专班，培训了七届学员。此外，ESEC与南师大共同合作开办了特殊教育研究生班。自1992年起美国聋哑康复专家、前联合国聋哑大使Peter Blackwell博士代表ESEC每年访问中国，举办聋哑学校校长和骨干教师培训班。ESEC近年来还与美国残疾人服务机构合作，坚持每年为国内捐助5000个轮椅。同时，随着国内康复业的发展，ESEC还把服务拓展到了“自闭症儿童康复”的培训。中国残疾人联合会邓朴方先生曾这样说过：“二十年来，ESEC……为中美教育和职业培训、康复医疗专业和管理人员培训等方面进行了有益的尝试。我对于你们的一片爱国挚情及二十年来在中美交流方面付出的努力表示崇高的敬意。”

迄今ESEC协助国家外国专家局等部门安排了80多个团队赴美进行培训考察。

三、TIP全封闭英语培训班

TIP(全封闭英语培训)是全封闭培训，为期18天。此项目特别服务于西部或边远贫困地区的基础教育。目前TIP已培训了54期、超过 12000 名学员。TIP 的发展得到了国家外专局，北京大学等部门的大力支持。2011 年国家外专局、北京大学与 ESEC 三家共同签署了在中西部地区发展 TIP 的协议。

上世纪 90 年代，每逢暑期快结束时，由美国英语学会、美中教育机构、日中技能服务中心、澳大利亚海外服务局和英国志愿者协会等机构派遣的几百名外国专家分批地抵达北京，各有关聘请单位的代表从全国各地先后集中在北京。那时中外朋友们一起听培训，一起参观北京的名胜古迹，一起参加招待会等相关活动留下了许多激动人心和美好的回忆。

国家外国专家局与有关部门共同举办了各种类型的国际研讨会和培训中心等，如："中英浦东高级国际商务英语培训中心"、"中英英语培训中心"、"中国国际高级法律人才培训中心"；举办了"市场经济与中国国际研讨会"、"第二届亚太经贸教育国际研讨会"、"二十一世纪法学教育暨国际法学院校长研讨会"等。

国家外专局与国外的政府和非政府机构以及联合国有关部门等国际组织建立了友好的往来和合作。上世纪 90 年代的国际交流与合作给我们留下了一段段难以忘怀的经历。

信仰使他们留在中国

——北外元老柯鲁克夫妇

作者：陈伟源*

大卫·柯鲁克1910年8月14日出生于英国伦敦，1935年美国纽约哥伦比亚大学毕业，翌年回国。他参加过国际纵队赴西班牙战斗，到工会国际组织纽约分部为中国抗日募捐。中国解放战争时期，他又来到华北解放区研究农村土地改革运动。1948年任教于外事学校（今北京外国语大学），2000年去世。

伊莎白·柯鲁克1915年12月15日生于四川成都的一个加拿大传教士家庭。1938年获加拿大多伦多心理学硕士后回四川从事人类学方面的研究。她年轻时就冲破旧的势力，追求进步思想，和丈夫柯鲁克一道为中国的社会主义建设培养出了一批又一批的英语人才。

他们把自己的命运同中国人民的命运紧密联系在一起，为中国的教育事业不辞辛苦，兢兢业业，迄今奋斗不息。

---

* 陈伟源为《国际人才交流》杂志副编审。

受《西行漫记》的启发

“埃德加· 斯诺是中国人民的好朋友，也是我的好朋友。说真的，我的人生道路的改变很大程度上是受到了斯诺同志的影响。”柯鲁克教授在他的会客室里对笔者说。

那是第二次世界大战初期，柯鲁克在西班牙国际纵队参加战斗，他在被派往后方执行任务时有机会读到了斯诺撰写的《西行漫记》。他说：“书中关于中国苏维埃区域的报道：五次反围剿；伟大的长征——特别是强渡大渡河、飞越泸定桥、爬雪山、过草地；革命根据地延安和那里的生活气息；中国工人、农民、知识分子和广大老百姓抗击日本侵略军主力的英勇精神等。这些都深深地打动了我。”那时，在他看来，中国的抗日战争和西班牙的反法西斯战争有着共同之处。所以，当国际纵队撤离西班牙时，他就下了来中国的决心。

1938 年，柯鲁克克服了重重困难，终于来到了中国，并准备加入战斗。但令他遗憾的是，出于各方考虑，他的这一愿望没有能够实现，而是到了上海的圣约翰大学和成都的华西大学教书。“身在曹营心在汉。”柯鲁克虽在校园，但却时时关心着中国抗日战争的进展，密切注视世界反法西斯斗争的形势。

1941 年德国法西斯入侵苏联后，柯鲁克再也待不下去了，决定回国参加反法西斯的斗争。他途经美国时，到了工会国际组织纽约分部去帮忙。当时斯诺、艾黎等一批进步人士也参加了工会运动。

那时候，战火虽没有燃及大洋彼岸，但是，设在夏威夷州瓦湖岛南岸港湾的美国太平洋舰队基地却被日本人偷袭，损失惨重。美国的利益受到威胁。为此，美国劳工组织纷纷发起捐款，支援抗战国家。中国劳工组织也不定期地收到它的捐款。但渐渐地他们中许多人发现，向中国民主的工会运动捐款比向腐败的中国劳工协会捐款更起作用。柯鲁克的工作就是帮忙说服美国劳工组织的其他人，使他们增加给中国工会组织的捐款。由于工作的关系，柯鲁克认识了斯诺，并从斯诺身上得到了启发，也想到中国去实地采访，将中国人民的革命情况报道给世界人民。但付诸实施却是在他服役英国皇家空军5年之后。

1947年，柯鲁克和家人吻别后偕夫人伊莎白走上了正如火如荼的中国解放战争的战场。

十里店村的新村民

1947年秋，柯鲁克夫妇带着英国共产党的介绍信到了香港，经我党有关同志的安排，穿过国民党的封锁线，转道天津来到了晋冀鲁豫解放区的河北省武安县十里店村。他们原计划在那里待一年半，以研究中国的土改运动，搜集资料最后编写出书。伊莎白还想要完成她的人类社会学方面的博士论文。他们身穿便服，深入农户，常常端着饭碗蹲在地上和农民一起吃饭，无拘无束地促膝谈心。渐渐地，村民们都不把他们当外人了。

1948年，国民党大势已去，中国革命胜利在即。柯鲁克撰写的书名为《十里店——中国一个村庄的革命》的书稿已大功告成，并准备打道回国。恰在这时，王炳南同志去找柯鲁克夫妇，要求他们留下。过后，我党的一些领导人也找他们说：“中国革命斗争取得胜利以后，外语仍然是一种斗争的工具。你们留下教授我们外语也是革命斗争的需要。”

柯鲁克和伊莎白对这突如其来的邀请和挽留，虽思想上毫无准备，但这两位早年就追求思想进步、献身共产主义事业的战士毅然将自己的原计划抛到一边，到石家庄附近的南海山外事学校（即今北京外国语大学的前身）去报到了。

1948年6月，柯鲁克夫妇告别了十里店村，随解放大军进了北京城。他们任教的外事学校发展成外语学院，学生也由35名增到几百名。任务加重了，工作更紧张了，但他们没有忘掉十里店村那忠厚朴实、献身革命的人民。

十里店村地处太行山区，喝水成了村民的头等问题。柯鲁克为此给河北省委寄函，给武安县委去信，要求他们尽快解决十里店村人民的喝水问题。不久，省里派人去勘察，很快打出了水井。

随着交通事业的发展,来往北京的十里店村村民多起来了。他们总忘不了柯鲁克夫妇,更忘不了给他们捎上些红枣和小米等家乡特产。1985年春节期间,一位十里店的年轻党支部书记到北京治病,老俩口知道后拿出800元给他作医疗费。

俯仰之间,已为陈迹。可十里店村的人民永远不会忘记他们的朋友柯鲁克夫妇,河北省武安县的县志里还专门辟出一节,详细记载了柯鲁克和伊莎白的历史。

如今,十里店村的人民不再穷了,十里店村的全体村民时刻恭候着他们的朋友——柯鲁克夫妇的再次到来。

献身中国教育事业

柯鲁克和伊莎白一夜之间当上了中国的教师,这是他们始料不及的,更没想到这是他们在人生道路上的根本转折。

刚移迁北京的外国语学校,校舍简陋,师资力量不足,教学设备缺少。对这些,柯鲁克夫妇没有怨言,只有不辞辛苦、兢兢业业地忘我工作,为了解决图书资料之不足,他们就利用回国探亲的机会,自费购买,向亲朋好友"募捐"。

50年代初期,柯鲁克曾担任英文部的副主任、英语教研室主任。那时候,几乎所有的教学活动他都要参加。他除了承担学生的实践课外,还参加了《汉英词典》的编纂工作。70年代末,为全面提高学生的文化知识,他带领两名中国教师,开设了"世界史"课程。

伊莎白在教学上更有着丰富的实践经验。她不墨守成规,敢于创新;她对学生要求严格,既热心又耐心,尤其注意分析,针对学生学习中的问题,具体加以指导。她为此积累下来的学生学习和作业的难题就有十几个笔记本。

"北外"常年举办有各类培训班。柯鲁克夫妇深知边远地区学习英语条件差,所以,在开办边远地区中学师资培训班期间,他们主动要求将这个班分成两个组,每周一晚培训人员轮流到他们家去练习会话,只要是对教学有利的,他们从来不看做是额外的负担。为了提高边远省份的外语教学水平，他们还利用假期，千里迢迢亲赴新疆、青海、内蒙等地讲学，走到哪教到哪，而且总是用英语同别人交谈。

“我们有很多中国朋友，我们也要及时了解中国的新情况，但我们普通话的表达能力还有困难，所以不能很好地……”伊莎白用带洋味的汉语结结巴巴地说出半句又吞了回去。

是啊，伊莎白生在中国长在中国，柯鲁克在华时间也有半个世纪之多，但是他们还不能驾驭汉语。他们为此惋惜，但决不遗憾。因为，他们用自己的实际行动培养出了成批成批的英语工作者，“桃李满天下”，当他们看到像韩叙、周南等一批叱咤风云的外交家时无不充满着自豪感。

1980 年，柯鲁克和伊莎白双双被聘担任“北外”顾问。但是他们仍常给学生上课、作报告，少不了操英语教学的那份心。他们 40 多年如一日，为“北外”、为中国献出了自己的大半生。对此，原英语系副主任梅仁义教授用了两个“绝对”说：“柯鲁克夫妇对‘北外’绝对有贡献，是‘北外’的绝对元老。”

是的，他们有中国“学生三千”，在所有随迁北京的原南海山外事学校的教职员工中，现在还健在并任职的仅有柯鲁克和伊莎白两人了。

信仰使他们留在中国

在柯老的房子里，几乎看不到我想象中的洋摆设，一切如同中国知识分子那般。柯老看见我在凝视挂在墙上的毛泽东和周恩来的画像和字画时，动情地谈起了他对两位领导人的感慨：“毛主席有过错，但他是非常伟大的；做人就要像周总理那样，鞠躬尽瘁，死而后已。”

他清楚地记得自己站在天安门观礼台时的心情：“当我看见毛主席在天安门城楼、听到毛主席庄严宣布中华人民共和国成立了、看见天安门广场升起第一面五星红旗时，我几乎抑制不住内心的激动。”

我望着面前这位对共产主义事业忠诚不渝的老人，联想起那些到了西方便以为是到了“天堂”的中国年轻人，感慨万千，不禁想起两位老人的许多感人事迹。

在中国三年经济困准时期，他们和中国的老百姓一样同甘共苦，始终没有一句怨言，坚持认为中国走社会主义道路没有错。1959—1960年，他们还重返十里店村等地去搜集资料，决定写出中国农村革命“三部曲”后回国。但当他们搜集好资料并决定回国时，中苏关系恶化，苏联专家突然撤走。柯鲁克夫妇知道后说：“中国正值经济困难时期，在这样的关键时刻我们不能走。”柯鲁克和伊莎白夫妇放下了英国利兹大学的聘任书，继续留在了中国。

“文革”期间，柯鲁克夫妇也遭到了迫害，柯鲁克被诬为“国际间谍”，被关押了5年多。伊莎白则一人住在校园，失去自由。3个孩子也受到株连，到工厂去参加劳动。有人猜测，他们会对此感到委屈，从而会告别中国，但是人们的猜测又错了。

柯老谈到“文革”时他全家受冤但为什么不走时说：“我们之所以没有回国，是因为我们清楚，整我们的决不是中国共产党，而是中国人民的敌人。更主要的是，我们始终认为中国是最坚定的社会主义国家。”

在谈到国际风云变化时，他们夫妻俩都一致认为，中国与东欧国家不同，中国的社会主义是自己打出来的，有着广泛深厚的群众基础。

1954年，“北外”第一次分房子。分配原则是：共产党员住朝北的，非党员住向阳的。柯鲁克虽然也是共产党员，但生怕人家把他们当成客人，让他们住向阳的。“还好，他们把我们当同志看待，也让我们住朝北的。我们为此特别高兴。”以后，他们又一再谢绝了学院让他们住高级宾馆的安排，一直住在普通教师的一套单元房里。

为不使自己的生活水平同中国教师的差距太大，他们主动并坚持少领工资。到现在为止，他们所领到的工资只有外国文教专家的一半多一点。这并非一般人所能做到的，因为他们得招朋接友，得供养一名过去与之共患难的老阿姨，还有现在的新阿姨。有人估算，如果不是孩子们资助的话，他们的经济会拮据。

1980年柯鲁克和伊莎白担任了学院的顾问后，更是积极挑起教学和顾问的两副担子。从如何搞好英语系的长期建设、提高教学质量,到职工、老师们对分房子、评职称的意见,学生对食堂和洗澡堂问题反映等大大小小的事他们都要提出建议和意见。柯老说:“既然我是顾问,就得顾,也要问。”

目前,83 岁的柯老除了参加一些必要的活动外,主要是撰写他的自传,每天骑自行车到友谊宾馆室内游泳池去游泳。78 岁的伊莎白则是忙着完成她的那篇 40 多年来尚未完成的社会调查。

柯鲁克夫妇有 3 个儿子,其中老三在国外。哥仨相会,自然少不了大侃一通,风趣而幽默。他们相当标准的普通话让我这个从南方来的人也自叹不如。

现在柯鲁克夫妇已取得在中国永久居住权。他们认为,中国有困难,有坎坷,有办法,有希望。中国的社会主义道路会越走越宽。

(原载《国际人才交流》1993 年第 1 期,柯鲁克先生已于 2000 年 11 月 1 日逝世)

为推动祖国科教事业潜心做事

——访诺贝尔奖得主李政道博士

作者:梁伯枢*

今年82岁的诺贝尔奖得主李政道博士,每天仍然坚持用笔纸演算,从事专业研究。今年6月,李先生从美国回上海、北京讲学,期间在北京外国专家大厦接受国家外国专家局局长季允石为他颁发的"改革开放三十年中国最有影响的海外专家"奖牌,并接受了本刊记者专访。

1946年,国民党政府启动原子弹专家培育计划,派遣青年学子到美国学习最新的原子物理科技,学成回国再参与原子弹计划。经吴大猷推荐,19岁的西南联大大二学生李政道成为幸运儿之一,获得政府奖学金留学美国。

这一机会改变了他的一生。尽管原子弹专家培育计划很快就夭折,但是李政道在美国导师的指导下,一步步走上物理学顶峰。1957年,他和杨振宁一起,摘取了诺贝尔物理学奖桂冠,成为炎黄子孙永远的骄傲。当时,他只有31岁,风华正茂。

---

* 梁伯枢现为《国际人才交流》杂志总编辑

20 世纪 70 年代后，随着中美交流的重新开始和逐渐正常化，身在美国的李政道除了科学研究，又多出了一项事业：潜心推动祖国科学教育事业发展。

首倡大学“少年班”

中国的大学“少年班”，曾经以培养“神童”出名。但是很少有人知道，“少年班”的最早倡导者是美籍华人科学家李政道，倡导者的初衷也并非是为了培养“神童”。

那是 1974 年，李政道夫妇第二次回国。在参观复旦大学时，发现情况比两年前还糟糕，绝大部分学生下乡劳动去了；少数在校的工农兵学员连最基本的科学常识都缺少了解，几乎完全是科盲。

国内除了芭蕾舞和乒乓球等个别领域，几乎完全放弃人才培养。这样下去，中国科技将越来越落后于世界。再看看美国等突飞猛进的发达国家，李政道忧心如焚，却又不知从何入手。就在这时，李政道夫妇参观考察了为样板戏训练人才的少年班，触发灵感，觉得这也许是当时环境下培养科学人才的一条可行之路。

于是，他起草了一份少年基础科学人才培养的建议书，提交给周恩来总理。

样板戏芭蕾舞演员需要从小就开始培养，基础科学人才不也是一样吗？为什么不行？在周恩来主持的会见中，李政道与“四人帮”进行了一个多小时的面对面的交锋。直到后来，毛泽东接见了他，李政道的这一建议终于获得同意，促成了基础教育的部分恢复。

1978 年，中国科技大学少年班正式开始面向全国招生，我国人才培养超常教育模式的探索从此起步。

打开美国一流大学深造之门

1979 年春，李政道利用假期再次来到北京，在北京友谊宾馆大礼堂系统讲授粒子物理和统计力学两门课程。每周讲 5 天，每天讲一个上午。国内知名的物理学家、大学老师、科研院所的科研人员和在校学生共计近千人前来听讲。

“文化大革命”长达十年的动乱和浩劫，使年轻人失去了系统的受高等教育的机会。学员们对知识的渴望，深深感染了李政道。李政道从自己成长的经历中深切感到：国家科学技术人才的培养，只在国内举办讲座补课是远远不够的，必须尽快为年轻人创造到世界一流大学去系统学习的机会。这才是培养国际高水平科技人才的长远之计，也是自己义不容辞的责任。

当时，国内尚未开设托福等考试，美国一流研究生院无法通过正常招生途径录取中国学生。为此，他设计了中美联合招考物理研究生项目（CUSPEA），打开了改革开放后中国学生进入美国一流大学深造的大门。

该项目从 1979 年启动到 1989 年结束，成功派出 931 名优秀学子，全部得到美方资助，共争取到美方资助费用近亿美元；不但造就了我国众多科技栋梁之材，也培育出搜狐创始人张朝阳等 IT 精英。

项目实施十年，每年约有 100 名学生去美国，每一个学生都需要十几封推荐信。粗略估算，李政道每年都要花费约 1/3 的时间和精力，书写推荐信、申请材料，承担各类艰难而烦琐的协调工作。因为邮寄联系函太多，塞满住所附近的邮筒，引来纽约当地邮局的抱怨，李政道夫妇和他的助手不得不推着装满邮件的小车到离家较远的邮局去投寄。遇到学生生病需回国调养，李政道都要亲自协调联络，把学生送到机场，嘱咐专人把学生安全带回国内。“CUSPEA 项目是我生命中最有意义、最有价值的成果之一，对我而言，这个项目和拿诺贝尔物理学奖一样重要。”李政道说。由他开创的这种每年从一个国家破例招收近百名物理研究生的招生方式，在美国历史上前所未有。

推动设立高端人才培养资助机制

CUSPEA 项目为中国培养了一批优秀的博士生。不过，根据长期在国外的经验，李政道认为，取得博士学位只是人才培养的一个环节，青年博士必须在学术气氛活跃的环境里再经几年独立工作的锻炼，才能逐渐成熟；因此，中国应该建立博士后制度，挑选一些新获得博士学位的人员在这里从事一个阶段的博士后研究，使之成为具有较高水平的专业人才。

1983 年 3 月和 1984 年 5 月，李政道两次写信给中国领导人，建议借鉴发达国家做法，在中国设立博士后流动站，实行博士后制度。1984 年 5 月，邓小平会见李政道，在搞清楚博士、博士后的功能和区别后，当即表示赞成，并对中国实行博士后制度的目的、意义、发展方向以及具体措施等都作了明确指示。

中国博士后流动站和中国博士后科学基金会很快成立，迅速壮大，在鼓励留学生回国工作、加速培养一批拔尖人才、推进人才流动等方面发挥了积极的作用。截至 2008 年，全国共设博士后科研流动站 1796 个，累计招收博士后研究人员 6 万多人，有近 3 万人出站，年轻的高层次专业人才在这片沃土茁壮成长。

为了吸引海外优秀人才，资助基础科学研究，1985 年 7 月，李政道向中央建议成立国家自然科学基金委员会，得到邓小平的赞成。1986 年 2 月，经国务院批准，国家自然科学基金委员会正式成立。20 多年来，基金从初创时期的 8000 万元增长到 2009 年的 64 亿元，成为国家科技创新的重要支撑。

帮助开展中美高能物理合作

中国发展高能物理，迫切需要与美国这样的发达国家建立合作机制。从 1972 年到 1978 年，虽然中国多次派遣代表团访问美国，但一直未能达成真正的合作。由于渠道不畅通，我国的科研人员很难接触到美国最尖端的科研项目。

为此，李政道专门在美国设立了一个高能物理实验领域的“中国访问学者项目”。自 1979 年开始，40 多名中国物理学家通过这一项目被派到美国接受全面训练，并顺利进入了高能物理的前沿研究领域。

这些学者也被称作“李政道学者”。后来学成而归，成为建立北京正负电子对撞机（BEPC）、进行高能物理实验的骨干。早在 1976 年，针对中国高能物理研究，李政道就提出建造正负电子对撞机开展粒子物理研究的建议。1983 年，中央决定把建造正负电子对撞机列入国家重点工程建设项目。在此后的 4 年中，他定期回国，在方案设计选择、机制运营等方面发挥独特作用。

李政道还全力促成了中美两国高能物理领域合作协议的签订。1979 年 1 月，李政道和潘诺夫斯基（Panofsky）一起在美国组织了第一次中美高能物理会谈。会谈结束，两国正式启动中美高能物理合作项目。通过这一合作渠道，在李政道的精心安排下，美国 5 个高能物理研究国家实验室的科学家为北京正负电子对撞机的设计、建造提供了大量的技术支持。

1988 年 10 月，中国第一座高能加速器——北京正负电子对撞机首次对撞成功，为我国粒子物理和同步辐射应用研究开辟了广阔的前景，被称作是继“两弹一星”之后，我国取得的又一伟大科技成就。对撞机运行 20 余年，取得了一系列具有国际影响的重大物理成果，成为世界八大加速器中心之一。李政道为此付出了很多。

创立中国高等科学技术中心

为了创造一个良好的学术环境，促进科研人员在国内的工作和交流，组织海外中国青年学者回国短期工作和讲学，1986 年，李政道争取到意大利的经费，在中国科学院的支持下，创立了中国高等科学技术中心（CCAST）并担任主任。中心成立后，每年回国主持国际学术会议，指导开展多种形式的学术活动。每年都有来自全国各地的近千名科研人员参加研讨。

1998 年，李政道从美国、欧洲聘请了 30 位国际著名的加速器物理和技术专家，以及两位中国加速器物理专家作为教师，不拿薪金，对 118 名学员进行培训。学员们来自全国各地，中心不但不收学费，而且免费提供食宿和往返旅费。学员们和老师自清晨工作学习到深夜，场面十分感人。

同时，李政道还在北京大学建立了北京现代物理中心（BIMP）；其后，又组建了浙江大学浙江近代物理中心、复旦大学李政道实验物理中心和北京大学高能物理中心。在北京大学、苏州大学、兰州大学等学校设立基金，奖励优秀学生。几十年来，李政道对发展祖国科技和教育事业、推动基础研究以及人才培养等作出了大量卓有成效的工作。1999年，李政道荣获中国政府“友谊奖”。目前，李政道依然往返中美两国间，专心从事他的研究和教育工作。

（原载《国际人才交流》，2009年第9期）

编后记

《引进国外智力工作亲历者纪实》一书的文稿，在国家外国专家局（以下简称外国专家局）的大力支持和精心指导下，经课题组和中国高等教育学会引进国外智力工作分会全体会员单位的共同努力，终于脱稿了。这个课题是在中国高等教育学会引进国外智力工作分会和外国专家局共同策划和组织下完成的。外国专家局李兵副局长亲自为本书作序。教科文卫专家司赵立宪司长、陈化北副司长和王嵩处长都参加研究、制订研究计划，并亲自主持外国专家局老领导的座谈会。外国专家局原副局长徐振元在采访和征稿对象以及口述、忆文的要点等方面都提出了详细的完整的建议，并亲自参加每次座谈会和采访，审阅口述记录和文稿，对完成这项课题起到了决定性的作用，还写了两篇忆文。参加课题策划的还有原副局长陈阳进同志。接受采访的老领导们，不畏年老多病，热情积极地参加座谈会，接受采访、书写忆文，特别是94岁高龄的吴凡吾老局长、88岁的陈宝琛副局长，还有李明俊局长、杨汉炎副局长、傅立群副司长、闭良干主任、刘益民主任、宋多经司长、郑新生巡视员、边大罗副司长、梁绍欣副司长、杨宝琴处长、许华础处长、李景先处长等老领导，他们生动的口述和翔实的文稿，使我们深受感动。感谢《国际人才交流》梁伯枢总编辑的大力支持，提供他们采访著名外国学者的文稿。感谢原教科文卫专家司庄庆云司长，他在传递和修改文稿等方面给予了协助。

令我们十分感动，并为之痛惜的原南开大学胡国定副校长是改革开放初期促成引进数学大师陈省身的承办人。在接受采访后不到两个月因病去世，我们在表示感谢的同时，向他表示沉痛的哀悼。

我们还要感谢哈尔滨工业大学、北京大学、清华大学、中国人民大学,以及南开大学相关机构提供了口述稿和忆文。

本课题由本会会长、北京大学李岩松副校长任课题组组长,直接领导本课题的研究工作。具体的操作,从策划、组织、协调、采访、征稿、改稿到最后统稿由特邀常务理事过祖贤负责。课题组成员、原秘书处萧若同志工作变动,但仍在文稿的传递和汇总等方面做了不少工作。参加这一课题研究的还有四位学生助理,他们是英语系硕士研究生曹君,国际关系学院硕士研究生马奇、陈曦、刘武鑫,他们的辛勤工作,保证了本书的顺利脱稿,我们谨向他们表示衷心的感谢。本书出版得到了国家外国专家局原文教司副司长、现任信息中心主任陈化北,北京大学国际合作部严军副部长以及北京大学出版社王明舟社长的大力支持,在此表示衷心的感谢。

这份书稿,在 2012 年 3 月底形成初稿,印了 50 册,由外国专家局和引智工作分会分发给相关负责同志审查,根据大家的意见和建议,我们作了反复核查、修改和补充。尽管如此,由于时间跨度大,涉及的内容丰富,时间紧迫,加上水平有限,如有错误和疏漏之处,敬请领导和读者批评指正!

过祖贤

2012 年 10 月